ZHENGFU CAIGOU
LILUN YU SHIWU

◎张　璐／编著

政府采购理论与实务

首都经济贸易大学出版社
·北京·

图书在版编目(CIP)数据

政府采购理论与实务/张璐编著. —北京:首都经济贸易大学出版社,2011.6
ISBN 978-7-5638-1917-1

Ⅰ.①政… Ⅱ.①张… Ⅲ.①政府采购制度 Ⅳ.①F810.2

中国版本图书馆 CIP 数据核字(2011)第 093976 号

政府采购理论与实务
张 璐 编著

出版发行 首都经济贸易大学出版社
地 址 北京市朝阳区红庙(邮编 100026)
电 话 (010)65976483 65065761 65071505(传真)
网 址 http://www.sjmcb.com
E-mail publish@cueb.edu.cn
经 销 全国新华书店
照 排 首都经济贸易大学出版社激光照排服务部
印 刷 北京泰锐印刷有限责任公司
开 本 787 毫米×980 毫米 1/16
字 数 356 千字
印 张 20
版 次 2011 年 6 月第 1 版第 1 次印刷
印 数 1~4 000
书 号 ISBN 978-7-5638-1917-1/F·1091
定 价 33.00 元

序

记得20世纪90年代中后期,政府采购对于许多人来说,还是一个很陌生的名词,即便对从事财政支出管理的人来说,也是如此。在经历了十几年理论探索、制度建设和操作实践之后,政府采购已经成为人们普遍熟悉及普遍关注的热点问题。如今关于政府采购的消息已经占据了不少新闻版面。事实表明,政府采购已经成为与社会公众利益息息相关的事业,也是各级政府部门不得不高度重视、认真对待的事业。

就我个人认识而言,十几年来,一直认为政府采购是一项十分特殊的事业,总是喜欢把它称为“三件事”。首先,政府采购是一项事关乎社会公共利益的“大事”。政府从社会不同方面集中了大量财力,其中大部分最终需要通过采购方式满足社会公共对于货物、工程、服务的需要。因此,政府采购中如何解决采购什么、采购多少、为谁采购、向谁采购、如何采购以及由谁采购等问题,其对于社会公众利益、社会经济发展、政府公共政策目标的实现,显然会产生巨大影响,是了不起的大事!其次,政府采购制度化和规范化是一项极其复杂的“难事”。许多人以为,政府采购只是政府部门买东西而已,对实现政府采购科学化的复杂性并没有足够的认识。事实上,要解决政府采购什么、采购多少等问题,不仅是一项意义巨大的事情,更具有相当的复杂性。政府采购直接关系采购人、供应商以及社会公众的切身利益,如何处理这些利益关系具有复杂性;政府采购制度建立、政策设计、操作程序与方式、纠纷处理等,都具有相当的复杂性。就我国的情况看,由于政府级次多、政府资金属性复杂,部门管理权限差别大,加上市场经济体制还不够十分完善,政府机构仍一定程度上存在官僚主义作风,使政府采购这种高度利益相关的工作要实现科学化和规范化,必然面临更多的困难。再次,政府采购制度建设在我国仍然是一件“新事”。虽然政府采购制度规范在许多国家已经有很长的时间,但在我国仍然属于起步阶段。事实上,在过去很长的时间里,人们对于政府采购,无论是从主观意识方面还是行为方式方面,都没有依法办事的习惯。显然,在这种背景下建立政府采购制度会面临许多新问题,包括理论观点的探讨和形成、法律制度的设计和完善、人们观念和行为习惯的改变等,都需要一个转变的过程,需要不断的探索、归纳、总结和大胆创新与实践。

显然,要做好政府采购这样的“三件大事”,理论探讨和实践中学习与完善都不可或缺。早在十年前,少数学校已经着手开设了政府采购课程,也编写了政府采购方面的教材，并受到学生的欢迎。但是过去的教材大多更偏重理论性，特别是相对于发展迅速、内容丰富的政府采购活动实践，在政府采购的相关理论、法律法规与政府采购实践紧密结合方面还不够理想，特别在实际案例比较方面比较欠缺，启发性和生动性相对不足。张璐副教授近些年来致力于政府采购的教学与研究，通过不断探索和努力，写成了《政府采购理论与实务》一书，很值得庆贺！该书在汲取理论界和学术界众多专家的研究成果的基础上，对政府采购原理及制度进行了比较系统的阐述，尤其是结合政府采购理论与制度内容，通过国内外政府采购正反两方面的典型案例，比较深入透彻地解决了政府采购理论、制度与操作实践的对应问题，让学习者能够从理论到实践、从问题到解决问题的途径与方式，加深对政府采购全面、系统的了解和掌握。该书编写思路清晰，结构新颖，逻辑性强，形象生动，是一本集政府采购基本理论与实用教材于一体的难得的成果。

笔者相信，在当前政府采购知识面临急需普及和传播、政府采购诸多问题需要总结、探索和研究的时候，张璐的辛勤劳动和丰硕成果，一定会为政府采购理论和实践的完善发展增添力量，并由此而不揣冒昧，是为序！

中央财经大学　徐焕东

目　　录

前言 …………………………………………………………………… 1

第一篇　政府采购基本理论

第 1 章　政府采购概述 ……………………………………………… 3

1.1　政府采购的概念与特征 …………………………………… 4

1.2　政府采购制度 ……………………………………………… 9

1.3　我国政府采购制度的建立与发展 ………………………… 14

1.4　本章实务案例分析 ………………………………………… 18

第 2 章　政府采购的功能、原则和范围 …………………………… 23

2.1　政府采购的功能和原则 …………………………………… 23

2.2　政府采购的范围 …………………………………………… 30

2.3　本章实务案例分析 ………………………………………… 35

第 3 章　政府采购的当事人 ………………………………………… 38

3.1　政府采购的当事人及其权利 ……………………………… 38

3.2　政府采购当事人的义务与法律责任 ……………………… 46

3.3　本章实务案例分析 ………………………………………… 52

第二篇　政府采购工作程序与采购方式

第 4 章　政府采购的方式 …………………………………………… 57

4.1　公开招标采购方式 ………………………………………… 58

4.2　邀请招标采购方式 ………………………………………… 66

4.3　竞争性谈判采购方式 ……………………………………… 72

4.4　单一来源采购方式 ………………………………………… 79

4.5 询价采购方式 …… 87
4.6 本章实务案例分析 …… 90

第 5 章 政府采购招投标制度 …… 97
5.1 政府采购招投标概述 …… 98
5.2 政府采购招标的流程 …… 105
5.3 政府采购投标的流程 …… 113
5.4 政府采购的开标 …… 121
5.5 政府采购的评标 …… 127
5.6 政府采购定标 …… 136
5.7 本章实务案例分析 …… 140

第 6 章 政府采购的管理 …… 143
6.1 政府采购的管理机构 …… 144
6.2 政府采购预算管理 …… 149
6.3 政府采购代理机构的管理 …… 154
6.4 政府采购供应商的管理 …… 164
6.5 政府采购执业资格的管理 …… 170
6.6 政府采购信息的管理 …… 179
6.7 政府采购合同的管理 …… 193
6.8 政府采购质疑和投诉的管理 …… 199
6.9 本章实务案例分析 …… 204

第三篇 国际政府采购规则及外国政府采购制度

第 7 章 国际政府采购规则 …… 213
7.1 《政府采购协议》 …… 214
7.2 《采购指南》 …… 221
7.3 《采购示范法》 …… 232
7.4 《政府采购指令》 …… 241
7.5 我国政府为加入 WTO《政府采购协议》积极努力 …… 253
7.6 本章实务案例分析 …… 260

第 8 章　外国政府及香港特区政府采购制度 …… 263
8.1　美国的政府采购制度 …… 265
8.2　德国的政府采购制度 …… 276
8.3　英国的政府采购制度 …… 286
8.4　日本的政府采购制度 …… 294
8.5　韩国的政府采购制度 …… 300
8.6　中国香港特别行政区政府采购制度 …… 305
8.7　本章实务案例分析 …… 308

前言

在高校从事专业课教学工作多年,一直致力于不断提高自身教学水平,培养学生更多地运用所学经济理论分析和解决热点经济问题。为做到这一点,我花费大量时间搜集与课程相关的各种案例资料,将最热点问题交给学生讨论,激发学生的学习兴趣,取得了良好的教学效果。但是也为此耗费许多时间和精力。一直企盼拥有一本教科书能将理论与实务密切结合,让我讲到每一部分都有案例信手拈来,也能让学生阅读时加深对理论的理解。基于这样的思路,我编著了《政府采购理论与实务》一书。本书根据国家教育部对高等学校本科教育改革教材编写提出的"厚基础、宽视野、重实践、求创新"的教育改革要求,结合当前教学实际需要而编写,不仅适合各经济类高等院校本科生和专科生使用,也可作为政府采购业务的培训教材。

全书共分八章,第一章和第二章为政府采购概述及功能、原则与范围,介绍了基本概念及功能和政府采购制度产生的背景;第三章为政府采购的当事人,全面介绍政府采购的当事人及其相应的责任义务;第四章为政府采购方式,介绍各种政府采购方式的特点、适用条件及程度;第五章为政府采购招投标制度,介绍政府采购招标、投标的相关法律规定和流程内容;第六章为政府采购的管理,全面介绍政府采购预算管理、从业人员管理和信息管理等内容;第七章为政府采购国际规则,重点介绍《政府采购协议》、《采购指南》等国际通行的政府采购规则;第八章为外国政府及我国香港地区政府采购介绍,集中介绍具有代表性的外国和我国香港地区成熟的政府采购制度。

本书的写作主要有如下几个特点:

1. 对政府采购制度及原理简明完整的阐释。内容上力求全面,广泛汲取理论界和学术界众多专家的研究成果,全面介绍政府采购的基本原理和主要法律制度;阐述力求简明,深度力求适度。

2. 编写体例规范,结构新颖,形式丰富多样。每章以导入案例开始,提出相应的问题,明确该章主要内容和学习目标之后引入对应的理论知识,最后运用掌握的理论讨论分析问题和解决问题。这种形式使人从感性认识上升到理性认识,再回到实践中指导实践,思路清晰,逻辑性强,深入浅出,通俗易懂。

3. 注重将政府采购理论知识与采购实践相结合,大量吸收最新政府采购实践案例。每一小节都配有典型实例和拓展阅读,通过具体事例进行阐述,突出应用性，并力求体现科学性和先进性，能够加深读者对理论知识的理解。

本书的编写得到我国知名的政府采购专家、在政府采购领域从事十几年研究工作的中央财经大学徐焕东教授的鼎力支持，他不仅提供大量的参考资料，还对书的终稿进行审阅，对结构及内容提出了修改意见，并亲自为书写序，在此表示衷心的感谢，同时还得到首都经济贸易大学出版社薛捷老师的耐心指点和帮助，在此一并表示感谢！

本书在撰写过程中，参考了本专业的某些著作，参阅了大量参考文献和资料，这些参考资料已在各章正文中一一列举并注明出处，在此向各位著者表示衷心的感谢。由于水平有限，书中定会存在不尽如人意和缺憾之处，恳请各位专家、同行和读者不吝指正。

第一篇　政府采购基本理论

第1章

政府采购概述

案　　例	对应知识	学习目标
导入案例： 《政府采购作用大　前四月节支268万元》 讨论案例： 《我国政府采购新政策及改革走向》	1.1 政府采购的概念和特征 1.1.1 政府采购的概念 1.1.2 政府采购的特征	1. 掌握政府采购的基本概念、特征 2. 理解政府采购的功能和作用 3. 浏览政府采购网及相关网站，阅读政府采购报等相关资料，对政府采购实务加深感性认识
导入案例： 《美国联邦政府集中采购制度的确立》 讨论案例： 《公务车政府采购新标准呼之欲出　可能屏蔽多数合资车》	1.2 政府采购制度 1.2.1 政府采购制度的概念 1.2.2 国外政府采购制度的产生和发展	1. 掌握政府采购制度的概念；区分政府采购与政府采购制度的不同 2. 了解政府采购的产生与发展过程
导入案例： 《中国政府采购进入全面发展期》 讨论案例： 《〈政府采购法实施条例〉出台时间延至2011年》	1.3 我国政府采购制度的建立与发展 1.3.1 我国政府采购制度建立的背景 1.3.2 我国政府采购制度的发展历程	1. 了解我国政府采购制度建立的背景，加深对我国建立政府采购必要性的认识 2. 了解我国政府采购制度的发展 3. 探究我国现行政府采购制度中存在的问题及解决对策
	1.4 实务案例分析 《国外政府采购新趋势对北京的启示》	1. 通过浏览各种媒体，搜集政府采购的案例进行分析；对政府采购概念加深理解 2. 通过本案例分析，形成政府集中采购的理念，指导采购实践

1.1 政府采购的概念和特征

导入案例

政府采购作用大　前四月节支268万元

2008年上半年,浙江省金华市某行政单位通过招投标交易中心采购了一批办公家具和网络设备,已经与供应商签订合同。之前,该单位因为对政府采购存在误解,准备自己和上海一家供应商直接谈合同,其办公家具的预算是49.9万元,网络设备的预算是136万元。最终通过政府采购,两项中标金额分别为21.895万元和86.5万元,共节省资金77.5万元。

2008年1月至4月,浙江省金华市招投标交易中心数据显示,本级政府采购成交64笔,成交金额26 461 132元,为本市行政事业单位节约资金2 688 178元,节约率为9.22%。政府采购可以使采购人获得的产品和服务得到最大限度上的优化组合,它为生产商、供应商和销售商提供了公平竞争的条件。采购人完全可以就自己的要求在招标书中设立条件,供应商根据采购人的要求一一报价,这样采购人就可以选择质量更好、价格更低的商品签合同了。政府采购成交金额低于该产品市场平均价,实行政府采购后,厂家和供应商靠的是货真价实,靠的是物美价廉,靠的是良好服务。

案例详情链接

金华新闻网 http://www.jhnews.com.cn/site1/jhrb/html/2008-05。

案例引出的问题

1. 政府采购是如何发挥作用的?其具有的哪些特点适应了市场的需求?
2. 政府采购与国家的经济目标有着怎样的关系?
3. 政府采购为生产商、供应商和销售商提供了什么条件?

原理知识

政府采购制度是规范政府采购行为的一项公共管理制度,被誉为"阳光下的交易"。在世界范围内,已经有200多年的历史,在市场经济发达的西方国家,政府采购法律制度体系非常完善,制度作用也越来越明显。我国自 1996 年开始在部分省市进行政府采购试点。国际经验表明,政府采购不仅为国家节约财政资金,降低交易费用,提高资金利用率;而且其遵循公开、公正、公平原则,使采购在财政直接监督下进行,减少了采购过程中的寻租行为,促进了廉政建设。

1.1.1　政府采购的概念

政府采购,也称公共采购,是指各级政府及其所属机构为了开展日常政务活动或为社会公众提供公共服务的需要,在财政部门和其他有关部门和社会公众的监督下,以法定方式、方法和程序,采购货物、工程和服务的行为。

对政府采购概念的理解,应重点把握以下几个层次。

第一,主体特指政府。即政府采购主要由政府部门计划、组织和主持确定,这就有别于个人采购和企业采购。对于"政府"一词的范围,具体包括政府机关、事业单位和社会团体。

第二,采购资金的公共性。即采购资金是具有公共性质的财政资金,按照国际惯例及我国相关法律,运用财政性资金进行的采购,都属于政府采购的范畴。

第三,采购行为规范性。即采购是在财政部门和社会公众监督下,按照国家有关政策和法定程序运作的。

1.1.2　政府采购的特征

作为以政府为主体的采购,政府采购既是一种政府行为,又是一种市场行为,它具有不同于其他社会主体采购的特征,主要表现在以下几个方面。

第一,采购规模巨大。政府为开展日常活动和满足公共需要从市场采购工程、货物及服务,按照西方国家支出法计算 GDP,通常是 $GDP = I + C + G + (X - M)$,其中 I 为投资,C 为消费,G 为政府购买,X 为出口,M 为进口。不难看出,政府是各国国内市场最大的消费者,其采购规模在国内生产总值中和公共支出中都占有相当大的比重,国际资料表明,各国政府采购规模一般占本国年度 GDP 的 10% ~15%,欧盟成员国各国政府采购的金额占 GDP 的 15% 左右(不含公用事业部门的采购);美国政府在 1989 ~ 1992 年间每年仅用于货物和服务的采购就占 GDP 的 26% ~27%,每年有 2 000 多亿美元的政府预算用于政府采购。我国政府采购规模在 1996 年试点初期只有几亿元,1998 年为 31 亿元,2002 年突破 1 000 亿元,达到 1 009.6亿元,2007 年高达 4 660.9 亿元,但目前我国政府采购规模只占 GDP 的 3%,因此还有很大的发展空间。

第二,采购遵循市场原则。当政府以采购者身份在市场中购买所需商品时,其角色同其他社会主体一样,其采购行为也是一种市场行为,具有典型的市场性。这意味着政府作为采购人,一方面与供应商是一种平等的贸易关系,政府采购人与供应商签订的采购合同,属于民事合同范畴;另一方面,政府作为买者,必须像其他社会主体一样,按照市场经济规律办事,将政府采购形式的商业机会给予每一个供应商,不得采取歧视性措施,剥夺他们应有的权利,遵循市场的买卖公平、公正原则,营造公平竞争的环境。

第三,采购行为非营利性和公众性。政府采购的目的是为履行政府管理职能和满足公共利益需要,没有赢利的动机,不具有商业性,这与私人采购截然不同,私人采购是为本身生产销售和赢利的需要。同时,由于政府采购资金来源是财政资金,是广大纳税人上缴的税收,所以政府采购必须对社会公众负责,实现公共财政资金使用价值最大化目标。因此必须增强政府采购的公开性和透明度,使社会公众能够参与政府采购的管理和监督。

第四,采购的政策性。财政支出的宏观调控功能形式多样,实行政府采购制度是财政支出发挥宏观调控作用的重要方式之一。国际资料表明,一个国家政府采购规模占年度GDP的10%以上,或者财政支出的30% ~40%。规模如此巨大的政府采购,对实现社会和经济政策目标可以发挥巨大导向作用。政府在进行政府采购决策时,综合考虑政府全局和整体目标,主要体现在通过采购规模的增减调节经济运行,促进产业结构调整;通过优先购买国产品,保护国内产业;扶持本国中小企业发展。

讨论案例

我国政府采购新政策及改革走向

抵御国际经济环境对我国的不利影响,中央审时度势,做出了一系列重要决策部署,这些政策都与政府采购息息相关。新的形势,新的政策,赋予政府采购新的目标和新的任务,且看我国政府采购新政策及改革走向。

当前,由美国次贷危机引发的国际金融危机持续时间长,波及面广,危害程度大。金融危机由美国向其他国家蔓延,由发达国家向新兴经济体蔓延,由虚拟经济向实体经济蔓延,国际市场需求减弱,世界经济增速放缓,许多国家经济面临严重困难。

作为世界经济的一部分,我国经济不可避免地受到了国际金融危机的影响,在一个时期内,我国将突出面临国际金融危机影响持续加深、全球经济增长明显放缓的压力;外部需求明显减少、我国传统优势逐渐减弱的压力;国际竞争日趋激烈、投资和贸易保护主义上升的压力;人口资源环境约束不断增强、转变经济发展方式要求更为迫切的压力。

为抵御国际经济环境对我国的不利影响,中央审时度势,做出了一系列重要决策部署,采取进一步扩大内需的重大措施,即通过积极的财政政策扩大公共投资,特别是固定资产投资和生产性投资，以调节市场，带动社会投资、企业生产和市场需求。我们应该看到，所有这些政策都与政府采购息息相关。

支持社会经济发展的新政策

目前，涉及支持社会经济发展的新政策有：一是加快建设保障性安居工程；二是加快医疗卫生、文化教育事业发展，如加强基层医疗卫生服务体系建设，加快中西部农村初中校舍改造，推进中西部地区特殊教育学校和乡镇综合文化站建设；三是加强生态环境建设；四是加快地震灾区灾后重建各项工作；五是提高城乡居民收入；六是加快农村基础设施建设，如加大农村沼气、饮水安全工程和农村公路建设力度，完善农村电网，加快南水北调等重大水利工程建设和病险水库除险加固，加强大型灌区节水改造，加大扶贫开发力度；七是加快铁路、公路和机场等重大基础设施建设；八是加快自主创新和结构调整；九是在全国所有地区、所有行业全面实施增值税转型改革，鼓励企业技术改造，减轻企业负担；十是加大金融对经济增长的支持力度。

以上支持社会经济发展的10项措施、4万亿元人民币的投资计划，有多项涉及基础设施建设。这说明，从2009到2010年，我国有数万亿元的政府采购项目开始实施，这是有史以来规模最大的政府采购合同授予过程。

创新政府采购制度的新政策

《国家中长期科学和技术发展规划纲要(2006～2020年)》中明确要求：实施促进自主创新的政府采购。制定《中华人民共和国政府采购法》实施细则，鼓励和保护自主创新。建立政府采购自主创新产品协调机制。对国内企业开发的具有自主知识产权的重要高新技术装备和产品，政府实施首购政策。对企业采购国产高新技术设备提供政策支持。通过政府采购，支持形成技术标准。

《国家中长期科学和技术发展规划纲要(2006～2020年)》若干配套政策还规定：建立财政性资金采购自主创新产品制度；改进政府采购评审方法，给予政府采购自主创新产品优先待遇；建立激励自主创新的政府首购和订购制度；建立本国货物认定制度和购买外国产品审核制度；发挥国防采购扶持自主创新的作用。大力支持中小企业发展。抓紧完善中小企业担保体系，加大银行信贷支持力度，提高中小企业产品的政府采购比重。

《建立健全惩治和预防腐败体系2008～2012年工作规划》要求：深化政府采购制度改革。扩大政府采购范围和规模。严格实行"管采分离"，加强对政府采购各个环节的监管。研究建立统一的电子化政府采购系统。规范国有企业物资采购招标投标工作。

财政部2007年出台了《自主创新产品政府采购预算管理办法》、《自主创新产品政府采购评审办法》、《自主创新产品政府采购合同管理办法》、《自主创新产品政府首购和订购管理办法》、《政府采购进口产品管理办法》等支持自主创新产品和国货的政策。财政部近期还出台6大举措支持中小企业发展。这6项政策措施明确要求:完善政府采购制度,拓宽中小企业市场空间。加快开展中小企业产品和服务政府采购工作,推动各级政府将政府采购资金向中小企业倾斜。

新的形势,新的政策,赋予政府采购新的目标和新的任务,我们一定要努力构建富有效率、更加统一、有利于科学发展的体制机制。世界上没有放之四海而皆准的发展道路和发展模式,也没有一成不变的发展道路和发展模式,我们要把改革创新的精神贯彻落实到政府采购工作的各个环节,要深入贯彻落实科学发展观,将政府采购制度改革与科学发展观的要求、中国特色社会主义事业总体布局、完善社会主义市场经济体制相适应,把政府采购贯穿于社会主义经济建设、文化建设、社会建设的各个领域,服务于社会经济的发展。

政府采购改革趋向

目前,我国政府采购已经由改革初期进入到纵深发展的新阶段,面临的既是黄金发展期,也是矛盾凸显期。尤其是在当前的经济形势下,政府采购承载着更多的政策功能,要实现政府采购自身的健康发展,并在扩大内需、促进经济平稳较快增长等方面发挥积极作用,必须坚持科学发展之路,走改革创新之路。

——政府采购制度改革的趋向。2007年12月28日,我国签署了加入《政府采购协议》申请书。我国常驻WTO代表团将申请书和中国加入《政府采购协议》的初步出价清单递交WTO秘书处,这说明我国已经正式启动加入世贸组织《政府采购协议》的谈判。《政府采购协议》是《建立世界贸易组织协定》的4个附加之一,它是缔约方对外开放政府采购市场,以实现政府采购国际化和自由化的法律文件。面对我国加入《政府采购协议》的启动,我们必须尽快从我国的实际出发,结合国际惯例,完善政府采购制度体系。一是尽快出台《政府采购法实施条例》,细化和完善法律规定,进一步充实和丰富政府采购法律制度体系;二是做好《政府采购法》和《招标投标法》的衔接;三是研究制定发挥政府采购政策功能的具体实施办法,如购买国货、自主创新产品认定、中小企业发展、首购和订购的具体操作办法等;四是完善质疑和投诉机制。

——政府采购范围和规模扩大的趋向。拓宽范围是扩大规模的基础,有规模才能发挥更大的效益,只有规模上去了,调控才有更大的空间。目前发达国家政府采购一般占其年度GDP的10%~15%,我国的政府采购规模只占GDP的3%。而在西方国家,其公共工程的采购通常占政府采购规模的40%至60%。但是,从我国政府采购实际运行情况看,涉及建设工程领域的采购项目基本没有纳入政府采购范围,使得我国政府采购的规模难以做大,特别是我国已经启动加入《政府采购协议》谈判,在政府采购将与国际接轨的大环境下,我们应该立足现实,从维护国家利益和公共利益的大局出发,相互配合,相互支持,积极采取有效措施,尽快将建设工程项目的采购纳入政府采购范围。

——政府采购运行机制创新的趋向。在现行法律制度框架下，明晰管理机构与操作机构职能，不断完善机构分设、政事分开、独立运行、相互制约的工作机制。同时，按照专业化管理的要求，在集中采购机构中引入竞争机制，形成省、市、县之间，中央和地方之间集中采购活动的竞争，打破现有按行政隶属关系、按部门代理业务的垄断格局，允许采购单位在所在区域内择优选择代理机构，实现集中采购机构之间的良性竞争。通过机制创新，在采购质量和服务水平上有所改进与提高，促进集中采购机构专业化建设。

——政府采购电子化发展的趋向。政府采购的信息化已经成为国际趋势，世界各国纷纷利用电子化信息手段和互联网络技术增强采购信息的透明度，提高采购效率，降低采购成本，规范采购行为。因此，学习示范发达国家的先进技术，大力推进政府采购信息化建设已是当务之急。

当前，我国政府采购的信息化水平还较低，电子化政府采购领域尚属起步阶段。目前国内只有广东省投入运行了电子化政府采购交易系统，实现了电子订购、电子订单、议价、电子反拍、电子询价、电子合同、车辆保险、商品行情库、供应商诚信库、网上统计分析等功能。因此，我国应当抓紧制定电子化政府采购的战略方案，积极探索和发展以信息化技术为支撑的政府采购新方式，逐步建立全国统一的电子化政府采购管理平台和交易平台，全面提高政府采购工作效率和社会经济效益。

资料来源：《中国财经报》，2009年3月11日。

【讨论的问题】

1. 分析我国政府采购新政策的制定有何现实意义？

2. 我国目前政府采购存在哪些问题？

1.2 政府采购制度

导入案例

美国联邦政府集中采购制度的确立

1792年，美国颁布了第一部关于政府采购的法律，确立了政府采购的基本制度。1949年以前，美国联邦政府采购实行完全分散采购模式，产生了重复采购、过度采购和采购效率低下等问题。1949年，胡佛委员会对政府采购状况进行调查，指出了分散采购的5大弊端：一是缺乏统一组织，采购效率低下；二是无法发挥规模效应，不能获得价格折扣；三是重复采购严重，过剩物资难以调剂；四是机构重叠，人员队伍臃肿，素质偏低；五是采购机构众多，监督评价困难。基于这些问题，胡佛委员会提出了规范和统一政府采购的建议。根据胡佛委员会的建议，自1949年起，美国联邦政府确立了集中采购的管理体制，除少数部门及某些特殊需要外，联邦政府大多数民用部门所需货物、工程和服务均由联邦总务署物资供应服务中心负责组织集中采购。

案例详情链接

国务院机关事务管理局网站 http://www.ggj.gov.cn/bgs/bgswxzl/200611/t20061120_6268.htm 。

案例引出的问题

1. 政府采购制度与政府采购的概念有何不同？
2. 政府采购制度产生背景是怎样的？
3. 美国联邦政府以前的分散采购存在哪些弊端？

原理知识

政府采购制度是在长期的政府采购实践中形成的、规范政府采购行为的一系列规则和制度。政府采购制度因各国法律制度、政治制度的不同而有所差异。

1.2.1 政府采购制度的概念

政府采购制度是对政府采购行为进行管理的制度，是指一个国家政府采购政策、采购方法和程序、政府采购组织体系和救济制度的总称，也称公共采购管理制度，是对政府采购行为的制度化和规范化。

在这里应该注意区分政府采购与政府采购制度的不同，两个名词在日常财政经济生活中常被混淆，实质上两者是不同的概念。政府采购是以政府为主体，为实现社会公共利益目标，从市场进行工程、货物和服务的购买；而政府采购制度则是为完成购买任务制定的各种政策和法律制度。政府采购随政府的出现而出现，政府采购规范的制度则是因各国政府对其认识的深化，政府采购地位越来越重要逐步建立的。

1.2.2 国外政府采购制度的产生和发展

政府采购制度因各国法律、政治制度的不同而有所差异。其最早产生于西方发达的市场经济国家,距今已有200多年的历史。

第一,政府采购在欧美。1782年,英国政府设立文具公用局(stationary office),负责政府部门所需办公用品采购,并采用公开招标方式进行采购,即超过一定金额的政府采购必须经过公开、竞争的程序,规定了一整套政府采购的程序及规章,开政府采购之先河。同时开始对政府采购的管理进行立法,设立专门机构具体承办政府采购,这一机构逐步发展成为国家物资供应部,专门负责政府各职能部门所需物资的采购工作,其采购对象也逐步拓展,大至工程设备,小到纸张铅笔,范围广泛。政府采购的目的是为满足政府日常管理职能的需要,提高政府资金使用效率。

美国也是世界上实行政府采购较早的国家,在1778年制定第一部《宪法》时,就在其中制定了有关规范政府采购行为的条款。1861年,联邦政府拟定的一项法律要求每一项采购至少有3个投标人,规定了采购机构、官员应遵循的程序和方法。1868年,国会通过法律确立了公开开标和公开授予合同的程序。之后各种有关政府采购的制度和法规不断完善,使之成为目前世界上政府采购法律制度规范内容最广泛、条款最多的国家。

第二,政府采购在亚洲。在发达国家的带动下,许多发展中国家也纷纷建立政府采购制度,在亚洲国家中,韩国在1949年1月建立了第一个统一采购机构——对外援助临时供应办公室,负责利用政府外汇基金向外购买政府所需的物品。1955年1月,韩国将采购和供应集中为一个机构——对外供应办公室,采购资金来源包括政府外汇基金、外国援助基金和政府贷款。1966年,成立供应办公室,统一负责对外采购和国内采购、重点工程采购、企业需要的重要原材料贮存采购及供应事务。1997年1月,韩国将供应办公室改为采购厅。由经济财政部制定采购政策,采购厅负责采购。目前,韩国计划进一步完善政府采购管理体制和运行机制,如建立信息网络,提高透明度、公开性、竞争性等。

日本是《政府采购协议》的缔约国,是最早的签署国之一,因此,日本开展政府采购活动的时间也较早。日本的中央政府、地方政府及政府相关机构的采购均纳入《政府采购协议》。其政府采购实行的是典型的各部门"分散采购制",是由各部或委员会依照自身需要制订采购计划和执行采购工作。日本政府在招投标法规中明确规定了三种招投标采购方式,不论采用何种竞争方式,都必须通过中央政府的官方刊物或与其类似的地方政府公告,发布招标公告、资格预审公告等信息。同时这些信息还得发布在日本政府规定互联网上。此外,日本政府采购中还包括质疑机制。日本政府为保护本国供应商的利益,建立了"非歧视的、透明的、及时的和有效的"程序,并利用法院或其他公平、独立的审查机构审理有关质疑即政府采购申诉新体制。

拓展阅读

日本政府绿色木材采购新政策

日本是一个木材消费大国和进口大国,木材年需求量的80%依靠进口;同时,日本又是热带木材的主要进口国之一。因此,日本对木材的非法采伐和非法贸易问题非常关注。

早在1994年日本就开始了有组织的绿色采购活动。1996年,政府与各产业团体联合成立了绿色采购网络组织(GPN),自此开展了自主性的绿色采购活动,颁布了绿色采购指导原则、拟定采购纲要、出版环境信息手册等。2000年,日本政府颁布了《绿色采购法》,并于2001年全面付诸实施。2003年,日本政府制定了《绿色采购调查共同化协议(JGPSSI)》,建立起绿色采购信息咨询、交流机制。2005年,在英国格伦伊格尔斯召开的G8峰会上,日本政府表示要将非法采伐对策纳入《日本政府关于防止气候变暖的倡议》中。

在此背景下,日本政府于2006年2月修订了关于推进环保产品等采购基本方针,发表了《敬告向日本出口木材及木材产品的同行们》的声明。声明指出,日本政府于2006年4月起开始实施一项关于政府优先采购能被确认为合法采伐的木材以及以此为原料的木材产品的新制度。声明还指出,国家政府机关必须执行这项制度,对地方政府虽然没有强制性规定,但他们有义务向这方面努力,而对企业界则提倡执行这一制度。日本政府的优先采购政策主要包括以下两项。

1.关于森林可持续经营的政府绿色采购政策

政策的宗旨:规定政府采购的木材和木材产品必须保证其合法来源,同时要考虑这些产品的原材料是否来自于可持续经营的森林。在此,"合法性"作为一项评价标准,是强制性的,而可持续性只是作为考虑因素。

采购商品种类:主要包括纸、文具、办公家具、内部固定装置和寝具、公共设施的原料等5类。

商品的证明材料:①森林认证证书,由绿色生态系统委员会(SGEC)、森林管理委员会(FSC)、美国可持续林业倡议(SFI)、加拿大标准委员会(CSA)和森林认证认可体系(PEFC)颁发的证书;②行业协会及相关的权威部门颁发的证明材料;③其他具有和①②同样可信度的证明材料。另外,还有3点需要说明,政府采购承包商对采购商品的合法来源、其原材料是否来自于可持续经营的森林负主要责任;日本方面,如日本进口公司等可能要求国外出口商出具上述3种证明材料;证明材料只需上述任何一种即可。

执行日期:从2006年4月1日起实施,4月1日前开具的合法证明材料可以代替上述证明资料，但只是暂时性的，是过渡时期的措施。

评价和修改：规定本项措施是保证木材和木材产品具有合法性、可持续性的第一步，将来还会根据需要继续修订。

2. 木材和木材产品合法性、可持续性证明方法指南

宗旨：为抵制非法采伐，对木材和木材产品的提供者在证明其合法性和可持续性时需要注意的有关事项的汇总，以此推动政府以及全国绿色采购的开展。

相关术语定义：分别对合法性、可持续性、森林经营认证制度、产销监管链认证制度分别管理进行了定义。

木材和木材产品合法性和可持续性的证明方法：这些证明方法包括以下 3 种：①进行森林认证，包括森林可持续经营认证和产销监管链认证，两者要结合使用，在证明合法性、可持续性时，认证产品上要有认证标志，同时要提供相关的票据加以佐证。②获得森林、林业和木材产业相关团体的认定，此方法又称为行业自行认证办法，要求森林、林业、木材产业相关团体制定自主性的行为规范，行为规范中要说明该团体成员所使用的认定方式（机制）的正当性、合理性，以及在提供木材和木材产品时的注意事项。③企业自行证明方法，只有规模较大的企业能够控制、掌握从木材采伐到产品销售等各个环节的情况下，才可由企业自己证明。

【详情链接】《日本政府木材采购新政策》2007 年 11 月 26 日，国家林业局 http://www.forestry.gov.cn/。

讨论案例

公务车政府采购新标准呼之欲出　可能屏蔽多数合资车

据《时代周报》报道，一份牵动所有汽车制造商神经的公务车采购标准修订方案呼之欲出。“除自主品牌采购比例不低于 50% 以外，采购标准亦大幅降低——正部级官员用车不高于 2.5 升排量、35 万元，副部级官员不高于 2.5 升、30 万元，而普通公务用车则被限定在 1.8 升及 16 万元以内”。消息人士告诉记者，这份方案已经通过国家多个部委的审批，预计在不久的将来下发。“新标准将把大多数合资车型屏蔽在外，虽不乏能够进入这一门槛的车型，但其造型往往更符合家庭用车的定位，而非公务用车”。中央直属机关政府采购中心的一名工作人员证实了上述消息。

作为政府采购中所占比例最大的项目之一，仅 2008 年用于公务车采购的财政支出规模即达 800 亿元上下，占全年 4 000 亿元政府采购额度的 20%，中国机械工业联合会的统计结果这样显示。没有任何一个国家的政府采购规模可以与中国相比，这一巨大的市场足以令国外的汽车制造商垂涎。“只要降低采购的价格标准，就可以挡住外资品牌的竞标热情”，正如北大经济学院教授薛旭所言，即将出台的新政将使跨国巨头们不得不压制其继续把持中国公务车市场的野心。

消息人士称:“普通公务用车的新标准在2008年底就已在中央直属机关采购系统开始执行,新政实施后,地方政府也执行同一标准。”某政府采购招标项目负责人告诉记者:“合资品牌的采购份额将显著降低。”

最值得本土制造商举杯相庆的是,此项政府采购的新政还规定了自主品牌采购份额不低于50%。“政府公务车的示范作用远比提升销量意义深远”,在中国汽车工业协会秘书长董扬看来,其必将促进企业加大自主研发的力度,带动中国汽车工业走强。其实,鼓励自主品牌的受益者并非只有整车制造商。“在汽车配套采购里有一个现实问题,合资公司采购的零部件基本来自合资或独资公司,而自主品牌企业采购的零部件大部分是本土厂商。自主品牌整车的发展,能够把自主品牌产业整体的产业链拉动起来。”国家信息中心资源开发部主任徐长明说。

资料来源:《济南日报》,2010年2月27日。

【讨论的问题】

1. 分析比较我国实施政府采购政策前后公务用车的采购支出的变化?

2. 我国公务车政府采购新标准将降低合资品牌的采购份额,你对此有何看法?

1.3 我国政府采购制度的建立与发展

导入案例

中国政府采购进入全面发展期

政府采购的新起点

有这样四个字,它们将注定成为2009年中国经济的关键词——扩大内需。2008年12月召开的中央经济工作会议明确提出,要把保持经济平稳较快发展作为首要任务,把扩大内需作为保增长的根本途径。

为扩大内需,国家出台了旨在刺激经济增长的总投资约4万亿元的10项措施。其中,至少有8项都与政府采购密切相关。可见,在2009年甚至未来的几年内,中国政府采购规模将可能大幅增长,并将对促进中国的经济发展产生难以预测的威力。2009年,必将成为政府采购的新起点。

1996年开始试点的中国政府采购事业,如今已经走过了13年发展历程。13年来,中国政府采购规模从1998年的31亿元达到了2007年的4 660.9亿元,年均增长率达到11%;13年来,中国政府采购实施范围已覆盖所有中央部门和省、市、县级政府采购单位;13年来,各地区、各部门制定的政府采购制度(办法)达9万多个,以《政府采购法》为核心的法律制度框架初步形成;13年来,从中央到地方省、市级政府基本上完成了管采分离工作，公开招标采购、集中采购已经成为政府采购的主要方式和组织形式。

原财政部部长助理张通接受记者采访时指出：就规章制度而言，以《政府采购法》为中心的政府采购法律制度框架体系初步建立；采购范围规模快速扩大，2007年全国政府采购总额达到4 660.9亿元，为2002年的5倍；财政资金使用效益明显提高，2003年至2007年，我国政府采购资金年节约率在11%左右，累计节约财政资金近2 000亿元；透明度不断增强，2007年在财政部指定媒体上公告的信息就达到了20多万条，而2002年仅有5 000多条。2007年，全国政府采购公开招标金额已占总规模的70.1%，成为政府采购主导方式。

案例详情链接

《中国经济周刊》，2009年2月23日。

案例引出的问题

1. 我国政府采购制度产生的背景如何？
2. 我国要保持经济平稳较快发展，扩大内需保增长，政府采购与之有何联系？
3. 政府采购制度的建立对我国有何意义？

原理知识

国外政府采购制度从开始形成到成为国家调控经济和管理公共资金的制度措施和手段，经过几百年的发展和实践，其制度显示出越来越强大的优越性，为我国推行政府采购制度提供了可借鉴的经验和做法。

1.3.1　我国政府采购制度建立的背景

国际发展经验表明，政府采购制度是规范政府采购行为的一项公共管理制度，为此，我国自改革开放以来，将作为财政支出三大改革内容之一的政府采购制度列入议事日程，推行政府采购制度，在采购过程中按照公开、公平、公正原则，规范政府各单位的采购程序和采购方式，强化对财政资金的使用监督，提高财政资金的使用效益，从源头上预防和治理腐败。归纳起来，我国推行政府采购制度主要基于以下考虑。

首先，推行政府采购制度能够强化政府宏观调控作用。政府采购制度是财政政策的重要组成部分。由于政府采购规模巨大、采购的品种多和频率高，直接影响着财政支出的总量和结构,起到调控国民经济总量和结构的作用。同时,政府采购还是政府体现政策意图,达到一定政策目标的手段。如:政府以市场为纽带通过带有政策倾向的政府购买,支持民族产业和中小企业发展。

其次,推行政府采购制度能够加强财政支出管理。我国经济体制由计划向市场转轨,引入了市场机理和价值规律,追求支出效益最大化和规范化要求。政府采购制度一改我国传统支出管理方式粗放,只注重控制花钱数量,不严格考核花钱质量,导致资金严重浪费状况,在财政支出使用中引入竞争意识,以一系列制度的规定,加强了政府对财政资金的影响、监督和管理,有效地制约和规范了政府购买行为,对于节约财政资金、提高资金使用效益有重要意义。

再次,推行政府采购制度是我国开拓国际市场,适应经济全球化的要求。政府采购的核心是规定政府采购必须强制性或优先采购本国货物、工程和服务,保护国内企业,支持国内企业发展。而实际采购活动中,不可避免地涉及购买外国商品和服务,由于政府采购对此做出了限制,因而与国际贸易政策形成冲突,成为扩大国际贸易的障碍。1979 年后,曾经是封闭和独立的政府采购市场随全球一体化进程的加快,逐步走向开放。一些区域性和国际型经济组织相继在有关贸易规则中规定了政府采购市场准入条件,或者专门制定政府采购协议,关贸组织于 1994 年形成了《政府采购协议》。我国政府于 1996 年向亚太经合组织提交的单边行动计划中明确表示最迟于 2020 年向各亚太经合组织成员对等开放政府采购市场。我国政府采购市场必然要开放,它有助于我国从国际市场中获得价廉物美的产品和服务,实现国际贸易中的“比较优势”。同时也有助于利用从现在到正式开放政府采购市场的时间差锻炼和培训国内企业,逐步适应国际惯例,以开放的姿态迎接国际挑战。

最后,推行政府采购制度是防腐倡廉,整顿财经秩序的重要配套措施。政府采购制度有利于建立一种反腐倡廉机制,使政府采购行为置身于财政、审计、供应商和社会公众等全方位监督的机制当中,在公开、公正、透明的环境中运作,有效抑制公共采购当中的各种腐败现象,有利于维护政府信誉,维护政府官员廉洁奉公的良好形象。

1.3.2 我国政府采购制度的发展历程

已有 200 多年历史的政府采购制度在我国还仅仅是个“十几岁的孩子”,但经历了研究探索、初创试点到全面推行几个阶段,我国政府采购制度得到较快发展。

第一,研究探索阶段(1996 ~ 1998 年 7 月)。1995 年,财政部在研究财政支出改革问题时,将政府采购制度作为重大课题进行研究,并于 1996 年 10 月完成第一阶段研究任务,财政部编写了第一份政府采购简报。同年,上海市财政局启动政府采购试点,按照国际政府采购规则,对上海市胸科医院医疗设备实行政府采购,比原计划节省外汇5万美元,节汇率为10.4%。由于节支效果显著,河北、上海、深圳等地区将大规模的采购由财政部门集中起来,陆续开展政府采购试点工作。

第二,试点推广阶段(1998年7月~2002年12月)。1998年,国务院赋予财政部“拟定和执行政府采购政策”的职能,明确了政府采购管理机构,一些省、直辖市、自治区也开始在财政部门设立政府采购机构,同时,财政部利用报纸、电视等媒体向全社会宣传介绍政府采购知识、政府采购的意义及我国实行政府采购的设想。1999年4月,财政部制定印发了《政府采购管理暂行办法》,这是我国第一部有关政府采购的全国统一部门规章,结束了我国政府采购无法可依的局面。财政部还组织召开全国政府采购工作会议,大大推进了试点工作。同年,全国人大将《政府采购法》列入立法规划。2000年财政部建立了政府采购预算管理制度和政府采购资金财政直接拨付制度,2002年又拟定了中央国家机关全面推行政府采购制度方案。

第三,全面实施阶段(2003年至今)。2003年1月1日,《中华人民共和国政府采购法》正式实施。这部法律于2002年6月第九届全国人大常务委员会通过,这表明我国政府采购已经走上规范化和法制化的轨道,以此为标志,我国政府采购制度改革由试点进入全面推行阶段,全国政府采购工作步入新的发展时期。该阶段我国政府采购不仅规模呈现快速增长势头,从试点初期的几亿元,到2002年1 009.6亿元,2003年1 659.4亿元,2005年达到2 927.6亿元;而且采购范围也不断拓宽,由计算机、复印机、小汽车等标准通用产品到工程和服务领域。

讨论案例

《政府采购法实施条例》出台时间延至2011年

原计划2010年出台的《政府采购法实施条例》(简称《条例》),出台时间将延后。2010年10月15日,在北京参加“第二届公共采购国际论坛”的财政部条法司顾天舒处长告诉记者,由于征求意见阶段收到的意见较为繁多,争议较大,且还需与相关法律法规如预算法等进行衔接,今年出台的可能性几无,时间将会延至明年。

没有一部法律的配套实施条例会像《政府采购法》的实施条例这样,拖了7年之久才进入立法程序。有关人士认为,中国政府为应对金融危机于2008年11月提出的4万亿元经济刺激计划,推动了《条例》的立法进程。

近些年,政府采购领域的不和谐现象屡屡曝光,彰显《条例》早日出台的必要性。2004年,北京现代沃尔公司在“非典”后国家启动的重大医疗救治建设项目中的一个采购项目中,两次投标均报价最低仍未中标,将财政部告上法庭;2009年,格力公司也是以同样的原因:“报价最低未能中标”,将广州市财政局推上被告席。

直到2010年,一些地方政府的所谓“阳光采购”仍是频频引发争议。据媒体报道:长沙市工商局办公大楼空调系统安装中标价109万元,可结算价却高达875万元,高出8倍多。长沙市另一个政府采购项目,实际结算价比公示价高出千万元。在此之前,昆明市有关政府职能部门被曝集体“高价采购”,而长春市购进一台电脑接近3万元……

《条例》(征求意见稿)自2010年1月11日公开征求意见,2月5日结束。学界曾一度认为《条例》出台已进入了最后的倒计时阶段。年初,财政部曾在其门户网站发布的财政部2010年工作要点中,将“推动出台《政府采购法实施条例》”作为其首当其冲的任务。但似乎就要呼之欲出的《政府采购法实施条例》,迄今被确定还是无法于今年面世。

对于《条例》出台时间延后,与会的中央财经大学公共采购研究所所长曹富国教授、清华大学于安教授都表示,《政府采购法》与《招投标法》两法“打架”及权力配置及监管等问题的难于解决,是其无法及早出台的主要原因。南开大学何红锋教授则指出,《政府采购法》存在先天缺陷,实施条例试图对这些缺陷进行修改甚至变更,已超出了其作为法律配套实施条例的权限范围,这种显而易见的尴尬也决定了《条例》的出台注定是一个不会太顺利的过程。

资料来源:《法制日报》,2010年10月18日。

【讨论的问题】

1. 我国《政府采购法实施条例》迟迟不能出台的原因在哪里?

2. 与《政府采购法》相配套的《政府采购法实施条例》不能及时出台会有何不良后果?

1.4 本章实务案例分析

国外政府采购新趋势对北京的启示

北京市政府采购自1997年施行以来,发展极为迅速,在提高财政资金使用效率、遏制腐败现象、促进经济和社会发展等方面都发挥了重要作用。当前,北京市面临着如何进一步加深对政府采购功能和作用的认识、提高政府采购制度的运行效率等问题。本文根据国外政府采购发展的最新趋势,结合北京实际得出几点启示,提出完善北京市政府采购制度、充分发挥政府采购功能的政策建议。

国外政府采购最新发展趋势

政府采购制度最早形成于18世纪末和19世纪初的西方国家。目前,国外政府采购呈现出一些新的发展趋势。

第一,政策目标由节约财政资金支出转变为兼顾经济和社会发展。

国外政府采购早期的政策目标比较单一，主要是为了节约财政资金支出，提高政府资金使用效率。作为最早开展政府采购活动的国家，英国早在1782年就设立了国家文具公用局，后来发展为物资供应部，专门负责政府各职能部门所需物资的采购。其目的是为了满足政府日常管理职能的需要，提高政府资金使用效率。到20世纪30年代，随着由世界经济危机带来的宏观经济学的发展，多数发达国家政府采购的政策功能逐渐发生变化，从以节约财政资金支出为主的单一目标向兼顾考虑经济和社会发展的综合目标转变，政府采购政策功能逐渐具有现代特征。以美国为例，美国的政府采购就兼顾了多方面的经济和社会目标：落实宏观调控、促进产业发展、鼓励自主创新、扶持中小企业等。如在集成电路开始发展的20世纪60年代，美国政府购买集成电路产品占美国企业全部产量的37%～44%；克林顿政府仅计算机及相关产品的政府采购就达90亿美元。

第二，扶持手段由单一资金型转变为资金与市场并重型。

政府采购资金支出可以直接转化为企业的销售收入，从而为企业发展提供资金扶持，特别是在现代各国政府采购一般占到财政支出的30%以上，占GDP的10%以上，这笔巨额支出相当于政府为企业提供融资优惠。但是政府采购对企业的扶持不仅仅是资金支持，其意义更在于为企业产品和服务提供需求市场，这对自主创新的高新技术企业来说尤为关键。高新技术企业的显著特点就是技术更新快，如果不能在短期内实现产业化取得效益，将加大高新技术企业自主开发的风险。因此，世界各国都采用创造需求策略提供创新产品的初期市场。美国是世界上采用政府采购对技术创新进行扶持和推动最成功的国家之一。在硅谷地区和东部128公路沿线高技术产业群的迅速发展过程中，联邦政府的采购政策发挥了关键作用。美国于1933年制定了《购买美国产品法》，通过对处于技术领域工业发展早期的产品购买，政府采购有效地降低了其进入市场的风险。

第三，制度规定由自发松散走向规范化、系统化。

国外早期政府采购的制度规定比较松散，缺乏政府采购的法律体系、机构设置、采购流程、采购方式等内容的完整规定。如美国的政府采购起初只是在国防部门进行，实行直接的自由采购，其后才逐步进行立法。1949年，美国对政府采购的一项调查显示，政府采购存在着五大弊端，特点是分散、重复、浪费和效率低。进入20世纪90年代，主要发达国家逐渐完善政府采购体制和规则，政府采购制度规定日趋规范化、制度化。如美国在法律体系上制定了《联邦采购法规》(FAR)，还出台了与政府采购相关的法律1 000多个，如《联邦政府行政服务和财产法》、《购买美国产品法》等；在机构设置上，监管机构有联邦会计总署(GAO)、行政管理与预算局(OMP)及其内设的联邦政府采购政策办公室(OFPP)等。英国关于政府采购的法律包括《政府拨款条例》、《采购政策指南》等；在机构设置上，监督机构有议会和财政部，政府部门采购的商品和服务必须在财政部授权支出范围之内，且所有支出必须向议会负责。

第四,采购范围从传统领域拓展到新兴领域。

欧美国家早期的政府采购范围仅限于政府部门使用政府预算购买货物、工程和服务等传统领域。随着政府活动范围扩大,特别是对经济干预职能的增强,政府对社会商品和劳务的需求呈增长趋势,政府采购范围不断扩大,尤其是近几年,逐步将涉及国计民生的铁路、电力等公共基础设施项目纳入政府采购范围。目前在欧美国家,政府采购范围不再以资金来源为标准,而是逐步以履行政府公共职能为标准。只要涉及国家利益和社会公共利益的项目,不论资金是否来源于政府预算,也不论是否为政府部门采购,都必须实行政府采购,如西班牙私人建设体育场馆,由于属于公众活动场所,也必须实行政府采购。同时,政府科技采购力度不断加大,高科技产品、科研项目在政府采购中占据了较高份额,如美国联邦政府就将科研服务中有关"咨询和辅助服务"的项目纳入政府采购。

对北京的启示

经过近10年的发展,北京市政府采购规模已由最初的2亿元迅速上升至2005年的113.87亿元,政府采购管理水平不断提高,各项政策功能初步显现。通过对国外政府采购最新趋势的深入分析,我们可以得出许多启示,这对于进一步完善北京市政府采购制度具有较强的借鉴意义。

第一,政府采购是市场经济国家实现政策目标的重要手段。

随着主要发达国家从信奉"自由放任"的市场经济走向"宏观调控"的市场经济,政府开始主动制定各种经济政策来引导国民经济发展。一般而言,政府为了实现自身政策目标,可以采取两种方式:一种是直接的国家干预,一种是间接的市场调控。从发达国家的实践来看,直接的国家干预存在着许多问题,不利于经济的稳定增长。因此,发达国家为了实现自身政策目标,越来越多地选择了间接的市场调控方式。国家为了实现预定发展目标而对经济进行的干预称为宏观调控。国家的宏观调控政策可以分为财政政策和货币政策两类,财政政策是指政府对税收、政府购买、转移支付等方面的改变来实现预定发展目标;货币政策是指货币当局通过改变利率和货币供应量来实现预定发展目标。

北京市政府在管理国民经济时同样需要相应的调控手段,而货币政策的制定权在人民银行的情况下,要实现调控国民经济的目标,财政政策就成为可供选择的主要调控方式。其中,政府采购由于其操作的简单性、使用的灵活性、效果的显著性等特点,理应成为北京市政府实现自身政策目标的重要手段。北京市运用政府采购的作用主要体现在两个方面:一是体现在政府对某些重点行业发展的直接支持和刺激,推动了所支持的重点行业的迅速成长;二是政府通过对某些商品的示范性采购,对生产这些商品的行业发展起到一种间接导向作用。这是由于政府采购相对于私人采购具有价格相对较高、规模较大、货款支付有绝对保证等优势。政府这种有目的的、导向性的、示范性的采购，在一定程度上成为引导生产和消费的“指挥棒”。

第二，促进自主创新能力提升是政府采购政策功能的重要取向。

随着政府采购从以节约财政资金支出为主的单一目标向兼顾考虑经济和社会发展的综合目标转变，其政策功能的现代特征逐渐显现。20世纪60年代兴起的第三次科技革命促进了全球高技术产业的变革，高技术产业成为各国经济发展的风向标。主要发达国家认识到，高技术产业已成为国民经济的战略性产业，而作为高技术产业发展基础的自主创新能力就成为国家崛起的基石。在这种背景之下，主要发达国家如美国、日本、芬兰等都把科技创新作为国家的基本战略，促进自主创新能力提升也就自然而然成为政府采购功能的重要取向，即政府站在整个国家或者地区长远发展的战略高度，从国家或地区的长远需要出发，考虑自主创新项目和成果的长远经济和社会效益，实现创新成果、项目的转化，促进自主创新能力的提升。

从北京市政府的层面考虑，促进首都自主创新能力提升应该成为政府工作的一个重要着力点。从北京现有的资源特点来看，北京拥有丰富的创新资源，创新能力较强，创新产业较为发达，具有良好的创新基础；从北京未来的发展约束来看，北京的自然资源有限、能源短缺，生存环境的容量接近极限。目前，以投资拉动为主的粗放式经济增长模式已经到了无法继续维持下去的境地。因此，北京市政府必须采取有效措施，将支持自主创新作为政府采购政策功能的重要取向，促进首都自主创新能力的显著提升，实现经济增长方式由投资拉动型向创新驱动型转变，加快经济结构的调整、优化和升级，保证首都经济的整体运行质量和发展后劲。

第三，完善的制度规定是政府采购政策功能正常运行的根本保障。

美、英等发达国家在实行政府采购时都注重制定完善的制度规定来保障政府采购的顺利进行，多数发达国家在政府采购方面都制定了基本法律，并在基本法律原则的指导下制定了实施细则，对政府采购的法律体系、机构设置、采购流程、采购方式等内容做出了完整的规定。总体而言，目前主要发达国家政府采购的管理制度较为完备，采购法规较为健全，采购竞争相当激烈，其采购效果也因此十分明显。发达国家政府采购的演变过程充分说明，完善的制度规定是政府采购政策功能正常运行的关键之所在。

制度建设一直是我国经济社会发展中相对滞后的一环，政府采购制度建设也不例外。目前与北京市政府采购有关的制度规定主要由《政府采购法》、《招标投标法》两个主要法律以及财政部、北京市财政局的若干办法、规定构成。从数量上看，政府采购有关法规与美国1 000多项和政府采购有关的法规相距甚远；从执行效果上看，由于立法层次低、法规不配套等原因，政府采购法规的指导性、约束力、操作性等都还有待改进。因此，北京市政府采购工作未来的一个重心就是加快制度建设,为规范政府采购行为、促进政府采购目标的实现提供一套完整统一、科学有效、协调一致的制度保障。

第四,科学的运行机制是发挥政府采购政策功能的重要条件。

从各国政府采购的实践来看,政府采购政策功能的有效发挥离不开科学的运行机制,各国普遍建立了健全的采购管理体制、采购程序和专门的采购机构、采购队伍。在采购管理体制建设上,各个发达国家普遍采取以集中采购为主的采购管理体制,政府机关使用的产品和服务的采购与供应,一般都集中于政府所设立的特定机构进行;在采购程序上,各国政府采购法规对政府采购的主要方式都做出了明确规定,形成了一套以招标程序为主,适应各种采购环境的完整的采购程序;同时,各国还明确规定了完善有效的救济程序,允许采购双方在"失灵"的情况下通过司法、行政手段,对不正当采购行为提出质疑,并且强调和重视运用协商、仲裁和调解等手段;在采购机构和采购队伍建设上,一般都由政府设立专门从事政府采购的机构,建立专业化的采购队伍,以充分发挥集中采购规模大、采购程序化、专业分工细、便于监督等优势。

北京市政府在实施政府采购时也应该重视建立科学的运行机制,为政府采购政策功能的正常运行创造良好条件。北京市应该采取有效措施,进一步提高集中采购率,完善以集中采购为主的采购管理体制;应该通过组建行业协会等形式,加强对采购代理机构的指导和监管;继续完善以公开招标为主的采购程序;进一步提高政府采购队伍的专业素质等,保证政府采购的竞争、公开、公平、公正,最大限度地实现政府采购目标。

资料来源:《投资北京杂志》2007 年第 7 期。

第2章

政府采购的功能、原则和范围

案　　例	对应知识	学习目标
导入案例： 《政府采购成了“红包采购”》 讨论案例： 《重庆合川“床垮垮”》	2.1 政府采购的功能和原则 2.1.1 政府采购的功能 2.1.2 政府采购的原则	1. 掌握政府采购的功能 2. 理解政府采购原则
导入案例： 《政府采购范围逐渐扩大》 讨论案例： 《2008 年政府采购范围向关注民生扩展》	2.2 政府采购的范围 2.2.1 政府采购资金来源范围 2.2.2 政府采购人(采购单位)范围 2.2.3 政府采购的对象范围	1. 熟悉政府采购的范围;区分政府采购与普通采购的不同 2. 掌握政府采购包括的采购人有哪些
	2.3 实务案例分析 《政府集中采购数据汇总:十年辉煌》	1. 通过案例分析加深对我国政府采购功能、原则和范围等内容的理解 2. 探究我国政府采购存在的问题

2.1　政府采购的功能和原则

导入案例

政府采购成了“红包采购”

政府采购具有降低成本、防止腐败、提高财政资金使用效益的功能。《政府采购法》实施以来,广州市的政府采购范围和规模逐年扩大。政府集中采购项目从2000 年的 6 项增加到 2006 年的 94 项,“十五”时期,全市政府采购总额达 141.23 亿元。

2000 年 1 月,广州市政府采购中心挂牌成立。采购中心的工作要求是:采购价格低于市场平均价格、采购效率更高、采购质量优良和服务良好。不过,从该中心一成立,围绕其产生的质疑和争议似乎就没有停止过。这些质疑概括起来与该中心有关负责人宣称的恰恰相反:采购价格远高于市场价、采购效率低下、质量和服务都不令人满意。2005 年广州“两会”期间,多名人大代表就曾“炮轰”政府采购:“部门预算中一台办公电脑竟然要2.5 万元”,某区通过政府采购“买了 3 500 台电脑,但大部分是假冒的,只有几十台是真的”,“集中采购造成集中腐败”。人大代表们强烈要求政府对集中采购加强监管。

2006 年 8 月,广州市人大常委会组织了关于《政府采购法》的专项执法检查。大多数采购单位反映,存在采购价格高于市场价格的现象。而在组织供应商座谈时,出现的现象更加耐人寻味:人大代表们询问在政府采购中究竟存在多少“红包”现象时,供应商选择了集体沉默。其后,广州市人大常委会副主任龙建安在向市人大常委会汇报检查情况时,措词严厉地指出,政府采购存在价格高、时间长、供应商资质审查有漏洞、专家库管理不善,以及供应商非法“挂靠”等问题,并指出,政府采购中“围标”行为已经近乎公开化。

2007 年 5 月,广州市财政局出台了 6 项针对性措施完善政府采购专家评审机制,不久,又首次在全市范围通报两宗政府采购招标中评审专家违法违规案件,涉案 3 名评委被处以通报批评和终身除名处罚。紧接着,广州市政府采购中心“窝案”事发。

2000 年 2 月至 2005 年 1 月,李春禄在任广东省机械设备成套局属下机电设备招标中心招标一部经理、招标中心主任及广东省政府采购中心主任期间,利用职务之便,分别多次收受汕头市自动化设备总厂郑某、天河弱电公司胡某、蒂森电梯有限公司广州分公司梅某等 5 人所送现金、购物卡等贿赂,共计人民币 100.2 万元。“阳光下交易”的采购中心主任却因为不廉洁而“落马”了。2006 年 8 月,广东省广州市海珠区人民法院一审判处李春禄有期徒刑 7 年。

广州市中院 2006 年在向市人大作专项汇报时透露,近年来该院审理的政府采购领域刑事案件全部是商业贿赂犯罪,且有增长趋势。这说明“对掌握权势的人员约束还不够”,需要进一步完善政府采购监督体系,“逐步形成以财政部门为主,纪检监察、审计及其他有关部门共同配合的监督机制”。

案例详情链接

警察网 http://www.cpd.com.cn/ ,2008 年 2 月 15 日。

案例引出的问题

1. 政府采购具有怎样的功能?

2. 如何实现政府采购的目标?

3. 此案例中“红包采购”说明什么问题?

原理知识

从20世纪90年代中期至今,我国的政府采购无论是制度建设还是市场扩张都飞速发展。尤其自2003年《政府采购法》颁布实施以来,政府采购在法律制度框架建立、管理体制建设、完善预算和资金支付管理、提高政府采购的经济效益和社会效益等方面取得了突出成就,政府采购的功能得已充分显现。

2.1.1　政府采购的功能

在现代经济条件下,政府采购已经不仅是简单的商品交易关系,它是社会购买力的重要组成部分,由于采购资金数量巨大,政府采购必然在提高财政资金使用效果、调节经济以实现国家政策目标、促进商业公平竞争、推进政府廉政建设等方面产生重大影响。

第一,优化政府财政资金使用效率。即政府通过透明竞争原则以最有利的价格采购到质量优良和服务良好的工程、产品和服务。

传统的政府采购由于分散于不同部门进行,采购管理处于分散状态,不能形成批量采购,对市场价格很难产生影响。现代政府采购则能将分散的采购项目集中起来,形成颇具规模的购买力,政府采购量占市场份额越大,供应商产品对政府采购市场依赖程度越高,政府采购活动对市场价格的影响才越大,也才更有可能获得价廉物美之产品。反之政府采购量占市场份额愈小,则对市场价格影响就愈小,较难以自己心仪的价格获得所需产品。巨大的采购规模使得政府在与供应商议价中更有优势,不仅能够买到质优价廉的产品和服务,还能节约资金。同时,通过直接向供应商付款的方式,可以减少中间环节,降低采购成本,切实提高资金的使用效率。一国的政府采购支出通常占到财政支出的30%以上,占GDP的比重约10%,国际公认实行政府采购制度比不实行政府采购制度,可以节约财政资金10%左右,因此,政府采购实现了优化政府资金使用效率的目标。我国在施行政府采购前,不仅采购质量得不到有效保证,采购的成本也比个人、私营企业等采购主体高出约10%～20%,造成巨大的公共资源浪费;实施政府采购后,特别是《政府采购法》颁布后,将政府采购预算、资金及拨付管理等环节的管理法律化,使政府采购的积极效应得以充分发挥,从而提高了财政资金的使用效益。

第二,对经济的宏观调控功能。国家经济调控目标,总体上包括宏观和微观两方面:即宏观上能够促进国民经济整体健康运行,微观上能壮大民族经济,推动科技进步与创新。

首先,在宏观上,政府采购促进了国民经济整体的健康运行。政府采购的实质是政府支出的安排与使用,其采购类别、数量及频率等无不反映出政府财政政策的变化,因此对国民经济整体运行发生巨大影响。一是政府采购通过调节采购总量来对国民经济总量进行调控。作为一种国家公权力进行的采购,政府采购数量、规模较之普通商业活动者大很多。在此类采购活动运行中,自然会比普通商业往来更能影响到市场供求关系。国家会按总体经济需要,通过增加或减少采购数量、提前或推迟采购时间、抬高或降低采购标准来调节经济总量,平衡市场供求关系,促进国民经济整体的健康运行。二是政府采购可通过选择采购对象优化产业和产品结构。来自政府的某类产品之大批量订单,定会刺激本国该行业的发展。如对于那些需要给予一定扶持的新兴产业,可以在法律中明文规定政府采购招标应适当多包含此类产品或服务,从而既对新兴产业注入了急需的发展资金,又在社会上形成了示范效应,以便鼓励、刺激其发展壮大。反之对那些国家暂时不亟待发展的行业,可借助《政府采购法》明文规定少购买或者不购买其产品或服务,影响其发展。

其次,在微观上,《政府采购法》能壮大民族经济,保护和促进不发达地区经济,推动科技进步与创新。政府采购是对本国民族产业加以保护的行之有效的一种方法,许多国家包括发达国家规定在特定行业或领域,除非本国产品明显质量不达标或成本过高,一般只得采购本国产品或优先购买本国产品。如美国 1933 年出台的《购买美国货法案》,规定联邦政府在签订物资合同和工程招标时,应承担购买美国本国制造产品之义务。法国现行的《政府采购合同条例》、《公共工程招标条件》等法令也规定航空、铁路、电讯等要害部门应优先购买本国产品。同时对于经济发展相对滞后的地区给予合理合法的保护,扶持其发展。

第三,强化财经纪律和反腐倡廉。政府廉政建设,即国家通过立法来实现对行政权力的监督制约,尽可能消灭权力寻租现象,建立起清廉高效的一系列政府机构。在目前市场运作未完全公开化的情况下,如果政府采购没有完备的法律制度约束,采购时与单个供应商接触洽谈时很可能导致信息不对称,政府采购工作人员很难甄别不同产品的优劣,加之个别政府采购工作人员对其采购工作不负责任,只凭主观好恶判断,难免发生权钱交易。另外,当供应商发觉政府采购决策权往往集中在少数行政官员手中,且他们的自由裁量范围又很大的情况下,供应商便更倾向于请客送礼、给回扣来贿赂这些官员来获得合同,扰乱市场秩序。对许多涉及人命关天、百年大计、千秋大业的重大公共工程存在腐败问题,如 1998 年九江长江大堤在洪水来临时溃决,洪水危及市民生命,原因竟是大堤内没有钢筋,被当时朱镕基总理指责为豆腐渣工程,要求工程要从根查起,对负责设计、施工、监理的人员都要追查。政府采购制度有公开透明的采购运作程序,有一套严密的监督机制,坚持公开、公平、公正的竞争原则,能有效杜绝"暗箱操作"和"权钱交易"等腐败现象。

典型实例

豆腐渣工程

1998 年长江全流域的特大洪水,使看似“固若金汤”的九江城防大堤发生防洪墙坍陷、大堤决口的重大险情,洪水一时间飞流直泻,越过堤外公路、铁路,直扑九江开发区,严重危及九江市民的人身安全。幸得堵口抢险指挥部果断决策,依靠专业人员和全体军民沉船堵口、施筑圩埝和钢木土石组合坝,成功挡住肆虐的洪水,才使九江大堤化险为夷。据媒介披露,九江城防大堤决口的直接原因已经专家鉴定,其基本结论是:防洪墙墙基处理不当,混凝土标号达不到设计要求,施工偷工减料。如此百年大计,千秋大业,竟搞出这等“豆腐渣工程”。

资料来源:中国知网 www. cnki. net,《治淮》,1998 年第 11 期。

典型实例

四川忠县有栋楼脆脆,商品房靠木棒撑

忠县拔山镇,2008 年 3 月 16 日建设完工,当年 6 月 18 日交业主使用的一幢 7 楼 1 底商品房,仅过一年时间,就出现大梁断裂、墙体裂缝可插进手掌等险情。

官方回应:“楼脆脆”事件曝光后,忠县县委县政府高度重视,迅速行动,目前这一事件已得到较好处理。

所涉楼房质量问题有四方面:建设业主擅自改变施工图设计,造成结构体系混乱,这是主因。施工过程中偷工减料严重,混凝土及砂浆标号不达标。监理单位严重不负责任。中介检测机构工作不细致,不深入。

施工方和群众协商达成一致意见,并签订危房拆除和重建意向性协议:一、由施工方对该栋房屋全部拆除重建,并修改原设计方案,将预制楼板改为现浇楼面,建设期一年。二、对于已入住和正在装修的住户,所造成经济损失,由施工方承担。三、居民过渡期房屋租金及相关费用由施工方全部负责,直到新房交付使用。四、修改原设计所增加建设成本费用,居民每平方米只承担 100 元。目前,住户的装修损失正在兑现中。

忠县日前做出处理决定:注销该工程原施工人员从业资格,并处以罚款;对监理单位、监理人员、评估机构处以停业整顿、吊销资质,并处罚款。

资料来源:《重庆晚报》2009 年 11 月 20 日。

2.1.2　政府采购的原则

我国的《政府采购法》明确规定,政府采购应当遵循公开透明原则、公平竞争原则、公正原则和诚实信用原则。

第一,公开透明原则。公开透明是政府采购制度遵循的基本精神。主要体现在采购法规、采购招标信息、采购资金预算和采购结果的公开透明上。政府采购的各项法律和规章制度要向全社会公开,使相关当事人得以了解政府采购活动的规则;采购招标信息公开,使公众了解采购单位、采购项目数量和采购时间;由于采购资金是国家税收,采购预算只有坚持公开透明,才能接受公众对采购资金使用方向的监督,才能有效约束政府采购行为;采购的最终结果要公开,公布中标人和中标价格。从这一原则使政府采购符合"阳光下的交易"要求。

第二,公平竞争原则。公平竞争原则是市场经济运行的基本法则,也是政府采购的基本规则。通过公开招标的方式,让符合条件的对合同感兴趣的所有供应商都来参加投标竞争,均等地获得机会,实行优胜劣汰,使采购人获得物美价廉的货物、工程和服务,提高财政资金使用效益。在采购过程中,要保证采购程序的严密、完整,采购人应公平地对待每一个供应商,不搞人为歧视,实现有序竞争。只有公平竞争才能让参与采购的供应商信服,不仅维护政府采购在市场上的声誉,也有利于引导整个市场形成良性竞争。

第三,公正原则。公正性原则是实现公平竞争的前提,在一般的商业交易活动中,买卖双方地位是平等的,而在政府采购活动中,政府作为采购方,被不同程度地赋予相应的行政权力,拥有采购合同的授予权,成为采购的主动方。而供应商则处于弱势地位,只有极少数的供应商与个人能够及时从"政府"那里了解相关信息。对于其他众多的供应商,因为缺乏政府采购的知情渠道,不可能获得参与政府采购竞争的机会,从而大大破坏了商业公正。政府采购的公正性要求必须按事先约定的条件和程序进行,任何单位和个人无权干预采购活动的开展,通过一整套监督制约机制,保障政府采购活动的公正性。

第四,诚实信用原则。诚实信用原则要求政府采购当事人在政府采购活动中,本着诚实信用的原则履行各自的权利和义务。为此,政府采购应建立健全各项制度基本规则,规定行政事业单位和供货企业及中介机构的权利和义务,政府规定对供应商进行资格预审,并把对信誉良好、行为规范的供应商的选择当作搞好政府采购工作的重要前提,建立供应商和社会中介机构的市场准入制度,严禁缺乏诚信的供应商参与政府采购的投标活动,政府采购机构对于不遵循法律规定、不守信用的供应商,还应该给予不同程度的处罚,包括没收其投标保证金、履约保证金,对其依法处罚,建立黑名单制度,定期向社会公布违法、违规供应商的名单及其违法、违规行为,并记录在案。这些措施必然促使供应商注重自身的行为规范,从而对供应商的行为形成一种特殊的激励和制约机制。

讨论案例

重庆合川"床垮垮"

1. 事件回放

重庆合川区政府采购中心为辖区龙市中学、二郎中学等统一招标采购的一批新木床竟是劣质床,一抠就掉木屑,人一睡上去就垮。在冬天到来之际,造成学生无奈集体打地铺,"像猪儿一样"睡在冰冷的地上。2009年10月29日,《重庆晚报》以《政府招标采购的床,学生一睡就垮》为题,曝光了这一事件。

2. 当初如何招标——招标网上发布需求信息

合川区机关事务局采购科介绍,上学期,关于合川区需采购上下铺的学生床530张的招标公告,在市政府招标网上发布,全国的供货单位均可竞标,然而这次招标却流标了。

不久,四川友诚教学实验设备厂主动找上门,提供了招标资质相关原件,并与合川方签了《合川区政府货物采购购销合同》。

3. 厂家如何中标——挂靠别人资质,恶意中标

合同表明,中标金额为97万余元,提供学生木床2 996组,每组分上下铺,床宽、高等规格要求精确到厘米,待验收合格后支付合同约定的货款。合川区教委在合同签订后,由友诚厂送来一张床的样品,经验收符合合同要求。

但开学前送到学校的床每张都与合同要求不符,质量极差,无法使用,致使千名学生睡在冰冷的地铺上。

资料来源:《重庆晚报》,2009年11月29日。

【讨论的问题】

1. 本案例中重庆合川两所中学购买的学生床是由政府采购中心负责采购的,为何出现如此问题?

2. 本案例的采购活动存在哪些漏洞?

3. 你认为政府采购过程中应注意哪些问题?

"床垮垮"事件续:官方回应

睡地铺的问题基本解决,纪委公安已介入,合川立案调查,结果是决定重购2 996组床。"床垮垮"事件曝光后,合川区委区政府高度重视,目前已进行了妥善处理。10月28日,合川区重新进行公开招投标,到11月6日前,已到位856组合格木床,加上已有的一些旧床,目前已基本解决学生睡地铺问题。其余2 140组新床,已于11月5日再次公开招标,将于一个月内加工到位。

至于此前的采购是否有“猫腻”？合川区纪委、监察和公安等部门已介入，对木床事件立案调查。对查实的有关责任单位、责任个人，将依法严处。合川区政府也表示，将认真吸取这次事件的教训，举一反三，进一步加强政府采购监管，防止类似事件再次发生。

资料来源：《重庆晚报》，2009 年 11 月 29 日。

2.2 政府采购的范围

导入案例

政府采购范围逐渐扩大

2009 年 12 月 30 日，由工信部、科技部、财政部、国务院国资委等 4 部门印发的《重大技术装备自主创新指导目录》（下称《目录》）正式公布。列入目录的产品，可优先获得国家支持，并优先纳入《政府采购自主创新产品目录》，享受政府采购政策支持。此次《目录》的发布意味着，《政府采购自主创新产品目录》范围将扩大，除了新能源产品之外的其他重大技术装备产品也将“跻身”之中。《目录》共列出 18 个领域、240 项装备产品。

在促进节能环保方面：从 2004 年开始，先后制定了节能产品和环境标志产品政府采购实施意见，2007 年建立了政府强制采购节能产品制度。据不完全统计，2006 年节能产品政府采购金额占同类产品政府采购总额的比重达到 60% 左右，对节能减排工作发挥了重要作用。

在促进自主创新方面：根据国家中长期科技发展规划纲要要求，先后制定了《财政部关于实施促进自主创新政府采购政策的若干意见》，以及《自主创新产品预算管理办法》等 5 个配套制度办法。

在促进相关产业发展方面：制定了无限局域网产品采购政策、政府采购计算机预装正版软件等规定。

政府采购范围还扩大到一些公益性强、关系民生的采购项目，如中小学免费教材、财政补贴农民购置机具、良种和测土配方施肥等也纳入政府采购范围，使农民、群众得到了实惠，日渐增多的民生项目成为政府采购规模扩大中的亮点。

案例详情链接

财政部网站，http://www.mof.gov.cn/。

案例引出的问题

1. 政府采购范围是怎样规定的?
2. 政府采购的范围变化对实现政府的目标有何影响?

原理知识

政府采购的范围和规模是衡量政府采购制度成效的首要指标,政府采购的范围因各国国情的不同而存在较大差异。

政府采购的适用范围,也称它的效力范围,即政府采购法在什么时间、什么空间、对什么人、对什么事产生法律效力。它从时间和空间的结合上,界定政府采购法的适用范围和适用对象。从理论上来说,政府采购法的适用范围一般由这样几个要素构成,即采购主体、采购对象、采购资金来源、采购集中程度范围和例外事项,我国自 2003 年《政府采购法》实施以来,各地区、各部门围绕上规模的要求,加强政府采购预算管理,科学拟订政府采购集中采购目录和限额标准,增加政府采购品目和项目,逐步将专项拨款、公共工程,以及中小学教材等关系民生和群众利益的项目纳入政府采购,使政府采购范围不断扩大。我国《政府采购法》从几个方面规定了政府采购的范围。

2.2.1　政府采购资金来源范围

按照我国《政府采购法》规定,政府采购资金为财政性资金,只有使用财政资金进行的采购,才属于政府采购法律规范的范围,否则不受政府采购的法律约束。根据财政部的现行规定,用于政府采购的财政性资金,在结构上是指预算内资金、预算外资金,以及与财政资金相配套的单位自筹资金的总和。2001 年 2 月 28 日,财政部和中国人民银行制定发布的《政府采购资金财政直接拨付管理暂行办法》第二条规定:"政府采购资金是指采购机关获取货物、工程和服务时支付的资金,包括财政性资金(预算资金和预算外资金)和与财政性资金相配套的单位自筹资金。预算内资金是指政府财政预算安排的资金,其中包括预算执行中追加的资金;预算外资金是指按规定缴入财政专户和经财政部门批准留用的未纳入财政预算管理的财政性资金(主要是行政事业性收费和政府性基金);单位自筹资金是指采购机关按照政府采购'拼盘'项目的要求,按规定用单位自有资金安排的资金。"

需要说明的是,世界上实行政府采购制度的发达国家或地区,判断是否属于政府采购,无须界定资金来源。因为采购人主要是公共部门,而公共部门的资金主要来源于国家财政拨款、政府担保借款、特许权转让所得等,法律不需要对资金来源进行规定。因此,国际惯例中不强调资金来源,只对使用公共资金的采购主体做出规范。根据我国《政府采购法》第二条规定,使用财政性资金采购依法制定的集中采购目录以内的或者采购限额标准以上的货物、工程和服务,都要进行政府采购,除非法律存在特别规定。这与国际上通行做法存在差异。且其规定的采购目录、限额标准、财政性资金都包括哪些内容,现行法律没有明确。

2.2.2 政府采购人(采购单位)范围

采购人即采购的主体,2003 年 1 月 1 日起生效的《中华人民共和国政府采购法》第二条规定:在中华人民共和国境内进行的政府采购适用本法。本法所称政府采购主体分别是指各级国家机关、事业单位和团体组织。国家机关是指各级党务机关、政府机关、人大机关、政协机关等;事业单位是指依法设立的履行公共事业发展职能的机构和单位,如学校、医院、科学研究机构等;社会团体是指依法设立的从事公共社会活动的团体组织,如企业联合会、有关行业协会、民主党派等。总之,政府采购的主体单位,都应该属于社会公共机构,是为社会公众服务的,其开展的业务具有非营利性。此外,政府采购还应该包括军事采购。但是,由于军事采购涉及相当多的国防机密,因此,世界大多数国家都对军事采购另行制定规则。我国在制定《政府采购法》时,也规定军事采购规则由中央军事委员会另行制定。

需要指出的是,在这三类主体范围中,还看不到占垄断地位的国有企业。而按照国际通行做法,凡是用政府财政支出中的政府消费支出和投资支出项目,无论采购主体是政府单位、公共机关还是国有企业或者民营企业,都要纳入政府采购法所规范的主体范围。但我国《政府采购法》没有将企业等市场主体的采购行为纳入政府采购范围。因此,在这一点上我国政府采购立法与国际惯例不符。

典型实例

财政部:我国政府采购突破 7 000 亿元 采购范围扩大

财政部副部长丁学东在 2010 年 5 月《中国政府采购报》创刊暨“政府采购与节能服务产业发展”论坛上透露,《中华人民共和国政府采购法》实施以来,政府采购规模保持快速增长,由 2002 年的 1 009.6 亿元到 2009 年突破 7 000 亿元大关。政府采购范围不断扩大,已由原来单纯的货物类采购扩大到工程和服务类采购,并且工程采购的比重呈现上升趋势。

政府采购资金来源从最初的预算内安排的资金扩展到包括预算内、预算外、自筹资金在内的各种财政性资金。一些公益性强、关系民生的采购项目被纳入政府采购范围，日渐增多的民生项目成为政府采购规模扩大中的亮点。丁学东也指出政府采购中存在的问题，即个别单位规避政府采购，部分政府采购效率低、价格高的问题还很突出，甚至一些违反法纪、贪污腐败问题依然存在，造成财政资金损失浪费。

资料来源：中国广播网 2010 年 5 月 8 日。

2.2.3　政府采购的对象范围

采购的对象即采购的客体，是为政府、事业单位和社会团体购买政务活动所需的商品、劳务和工程的具体项目。具体包括：①政府消费品的购买：指党政机关的日常办公用品、办公设备、各种公共服务和劳务，如公车及维修、会议接待和招待；②政府投资品的购买：指应由政府提供的公共基础设施工程，如能源、通信、交通、环保等，包括建筑物和构筑物的新建、改建、扩建、装修、拆除、修缮等都以政府采购的方式完成；③公务员工资：政府雇用公务员支付的工资实属劳动力的采购，公务员的工资是以劳动力的价值为依据支付的，因此也属于政府采购对象范围。

我国政府采购范围在不断拓宽，由当初的计算机、复印机、小汽车等通用商品，延伸到工程和服务领域。随着政府采购范围的扩大，政府采购规模在快速增长。

2.2.4　政府采购的集中程度范围

我国《政府采购法》明确规定：政府采购实行集中采购与分散采购相结合，即对政府认为必须集中采购的产品和服务以及一次性数额较大的采购，实行集中采购，而对于未列入采购目录、一次采购数额在限额标准以下的采购，则采取分散采购的方式。

对于政府采购集中范围与集中程度的确定，我国采用了比较灵活的方式，即授予中央政府和省级政府分别确定集中采购目录和集中采购限额标准的权限。《政府采购法》明确规定：属于中央政府预算的政府采购项目，其集中采购目录和集中采购限额标准，由国务院确定并公布；属于地方预算的政府采购项目，其集中采购目录和集中采购限额标准，由省、自治区、直辖市人民政府或其授权的机构确定并公布。

2.2.5　例外事项

我国《政府采购法》在附则的第八十四条至八十六条还以明文排除方式规定了例外事项，具体包括：第一，使用国际组织和外国贷款进行的政府采购，贷款方、资金提供方与中方达成的协议对采购的具体条件另有规定的，可以适用其规定，但不得损害国家利益和社会公共利益；第二，对因严重自然灾害和其他不可抗力事件所实施的紧急采购和涉及国家安全和秘密的采购,不在《政府采购法》的约束之内;第三,军事采购适用中央军委另行制定的军事采购法规。

讨论案例

2008年政府采购范围向关注民生扩展

财政部部长谢旭人对2008年政府采购工作提出具体要求—— 关注民生扩规模 宏观调控求创新

"进一步推进政府采购制度改革,将中小学生免费教科书、药品、农机具等关系群众利益的项目纳入政府采购范围,开展全国政府采购执行情况大检查,规范政府采购行为。"财政部部长谢旭人在全国财政工作会议上明确提出了2008年政府采购工作的新任务,强调发挥政府采购在改善、加强财政宏观调控中的作用,采取政府强制采购政策,促进节能减排新机制的建立。谢部长在全国财政会上所作的报告,总结了政府采购工作的新特点。

采购范围向关注民生扩展

政府采购的范围和规模是衡量政府采购制度成效的首要指标。自2003年《政府采购法》实施以来,各地区、各部门围绕上规模的要求,加强政府采购预算管理,科学拟订政府集中采购目录和限额标准,增加政府采购品目和项目,逐步将专项拨款、公共工程,以及中小学教材等关系民生和群众利益的项目纳入政府采购,使政府采购范围不断扩大。如江苏省率先开通"政府采购照三农"服务专列,对全省水稻良种补贴项目实施政府采购;安徽省对农村中小学危房改造、农村饮水工程、农村卫生院改造等民生工程纳入了政府采购;四川省部分地区将医保定点医院和药房纳入政府采购招标项目中……而随着中共十七大确定以改善民生为重点的社会建设的全面实施,政府采购的范围和规模将进一步扩大,政府采购的阳光将普惠大众。

发展需要精细化管理

实施《政府采购法》,标志着我国政府采购制度步入法制化建设新时期。在制度上,目前已形成以《政府采购法》为统领,以《政府采购货物和服务招标投标管理办法》、《政府采购信息公告管理办法》、《政府采购供应商投诉处理办法》和《政府采购机构资格认定办法》4个财政部部长令为支撑,以及一系列配套管理办法为补充的政府采购法律法规体系;从体制上看,按照法律关于管理与操作职能相分离的规定,中央和部分地区已设立了与财政部门相分离的、专门负责采购操作的集中采购机构。在此基础上,评审专家管理更加科学,投诉处理机制不断完善,代理机构管理不断规范。据统计,2006年公开招标采购规模占政府采购总规模的70%,政府采购信息发布数量成倍增加。但是,随着政府采购进入新的发展时期,各种利益冲突交织,各种矛盾也不断显现。针对政府采购工作中出现的问题,谢旭人表示,

2008 年将开展全国政府采购执行情况大检查，规范政府采购行为，以全面落实《政府采购法》，提高采购人依法采购意识，规范政府采购行为，落实政府采购政策功能，保护政府采购当事人的合法权益，促进反腐倡廉建设，推动政府采购制度改革健康、和谐发展，实现政府采购科学化、精细化管理。

政策功能显示强大发展前景

《政府采购法》实施后，政府采购制度改革就由追求节约资金、促进源头治腐转为兼顾节约资金、促进源头治腐和发挥政策功能三大目标。三大目标中，政策功能显示了强大的发展前景。近年来，围绕落实“十一五”计划及节能减排方案，国家有关部门提出了政府强制采购节能产品制度的要求，建立了政府采购信息产品安全审查机制和自主创新产品政府采购预算管理等多项制度，调整扩大了“环境标志产品政府采购清单”，政府优先采购的环境标志产品从首批清单的 865 种产品扩大到 2 823 种产品。在此过程中，政府采购充分发挥其政策功能，促进了节能、环保、自主创新等政策的贯彻实施，增强了采购人及社会各界的政策目标意识，促进了公共资源的合理配置，加强了政府宏观调控，维护了国家利益和社会公众利益。随着政府采购工作的推进，发挥政府采购的宏观调控功能和市场导向作用成为其创新的重点。据悉，在节能减排方面，2008 年财政将采取以奖代补等方式和强制政府采购政策，支持十大重点节能工程、中西部地区污水管网、污水减排监管体系等建设，加快建立促进节能减排新机制。

资料来源：http://www. sina. am. an，《中国财经报》，2007 年 12 月 25 日。

【讨论的问题】

1. 2008 年政府采购工作的新任务中关注民生是如何体现的？

2. 政府采购是如何做到节能减排的？

2.3　本章实务案例分析

政府集中采购数据汇总：十年辉煌

数说集采　十年辉煌

5 990.9 亿元

2008 年全国政府采购规模 5 990.9 亿元，比上年增加 1 330 亿元，增长率 28.5%，占当年财政支出的 9.6%，占当年全国 GDP 的 2%，资金节约率 11.2%。这项数据标志着我国政府采购工作取得了重大进展，政府采购制度由研究探索阶段、初创阶段、全面推行阶段进入法制化、全面发展时期。

4 289 亿元

2008 年通过公开招标采购方式进行的政府采购规模为 4 289 亿元，占采购总规模的71.6%,比上年增长1.5%。公开招标对鼓励竞争,体现政府采购的“三公一诚”原则,做出了最有说服力的诠释。

68.1%

1998~2006年,实施政府采购制度改革8年来,全国政府采购规模年平均增长率为68.1%,政府采购规模持续增长,符合近年来国家财政收入的总体发展态势,是财政支出管理改革和政府采购制度改革进一步深化的成果显现。

20万条

20万条为2007年在财政部指定媒体上公告的信息数量,相对于2002年的5 000多条,信息发布越来越及时、透明。

28万个

财政部、监察部、审计署、国家预防腐败局联合在全国范围内对2006年和2007年政府采购执行情况进行了专项检查,检查对象为中央、省、市、县四级政府采购单位、集中采购机构和社会代理机构,可谓“涉及面广、持续时间长、规模空前”。检查从2008年5月开始至10月底结束,为期5个月。共检查了近28万个采购单位、2 400个集中采购机构和1 100多个社会代理机构。

2 000亿元

在接受采访时,财政部原部长助理张通指出,2003~2007年,我国政府采购短短4年就节约财政资金近2 000亿元,年节支率在11%左右。

6 876种

2008年,财政部联合有关部门扩大了节能产品政府采购清单、环境标志产品政府采购清单范围,节能清单共计30种产品,包括496家企业的14 423个产品型号/系列;环境标志清单将产品由过去的14类2 823种增加到21类6 876种。

31亿元

1998年,我国政府采购规模为31亿元,1998年深圳市率先制定了我国政府采购的第一个地方性法规《深圳经济特区政府采购条例》,随后河北、上海、江苏、辽宁等省份也先后制定了政府采购管理办法。自1998年扩大试点以来,我国政府采购市场急速扩大。据统计,1999年为130亿元,2000年我国纳入试点的政府采购支出328亿元,占当年财政支出2.07%。2001年全国政府采购预算731.6亿元,实际采购金额653.2亿元,比预算节约资金78.5亿元,资金节约率为10.7%。我国政府采购的范围也从单纯的货物类逐步扩大到工程类和服务类。

9万多个

政府采购需要健全的法律制度去保障,1996年开始试点的我国政府采购事业,如今已经走过了13年的发展历程。13年来,各地区、各部门制定的政府采购制度、办法达9万多个,以《政府采购法》为核心的法律制度框架初步形成;从中央到地方省、市级政府基本上完成了管采分离工作,公开招标采购、集中采购已经成为政府采购的主要方式和组织形式。

15 万余种

2007 年 12 月，中央国家机关政府采购中心的电子辅助招投标系统投入试用，标志着该采购中心“一网三库五个系统”的电子化平台建设取得阶段性成功。中央国家机关政府采购中心的电子化开始于 2004 年 1 月 10 日“中央政府采购网”的正式开通，“一网”，就是中央政府集中采购工作的门户网站——中央政府采购网。“三库”包括采购人库、供应商库和商品库。目前，“三库”已容纳了 6 000 多个采购人、16 000 多家供应商和 15 万余种商品信息。“五个系统”，是采购中心将法定政府采购方式与中央集中采购工作的实际相结合，开发出的 5 种网上项目操作方式。

资料来源：政府采购信息网 2010 年 1 月 6 日。

案例评析

政府采购制度作为政府调控经济、促进经济社会发展的一个重要政策工具，在国家宏观经济生活中的地位越来越重要。本案例归纳了我国政府采购自 1998 年试点推广到 2008 年共 10 年的数据，从中可看出我国政府采购发展表现在以下方面。

第一，采购规模持续增长。从 1998 年的 31 亿元，到 2008 年的 5 990.9 亿元，年平均增长率 68.1%，仅 2003 ~ 2007 年，短短 4 年就节约财政资金近 2 000 亿元，年节支率在 11% 左右。

第二，采购范围不断扩大。从原来单纯的货物类采购扩大到工程和服务类采购，并且工程采购的比重呈现上升趋势，一些公益性强、关系民生的采购项目纳入政府采购范围，日渐增多的民生项目成为政府采购规模扩大中的亮点。

第三，政府采购资金来源多样化。从最初的预算内安排的资金扩展到包括预算内、预算外、自筹资金在内的各种财政性资金。

第四，法律制度框架形成。以《政府采购法》为核心的法律制度框架初步形成，各地区、各部门制定的政府采购制度、办法达 9 万多个。

第五，信息更加透明。2007 年在财政部指定媒体上公告的信息数量 20 万条。

第3章

政府采购的当事人

案　　例	对应知识	学习目标
导入案例： 《中共中央直属机关采购中心》 讨论案例： 《涉政府采购投诉事项审查不全 财政部首次败诉》 《财政部关于加强政府采购供应商投诉受理审查工作的通知》	3.1 政府采购的当事人及其权利 3.1.1政府采购的当事人 3.1.2 政府采购当事人的权利	1.掌握政府采购当事人的基本概念 2.理解政府采购当事人的权利
导入案例： 《广东省财政厅鼓励供应商揭发政府采购暗箱操作》 讨论案例： 《中共中央直属机关采购中心关于实行供应商资格登记注册的公告》	3.2 政府采购当事人的义务与法律责任 3.2.1 采购人的义务与责任 3.2.2 供应商的义务与责任 3.2.3 采购代理机构的义务与责任	1.掌握政府采购当事人的义务；区分政府采购不同当事人的义务 2.了解政府采购代理机构与其他社会中介的区别
	3.3 实务案例分析 《财政部处罚两家政府采购供应商》 《2010 年近 5 万供应商参与采购》	1.加深对政府采购相关当事人权利和义务的理解 2.探究我国政府采购活动中存在的问题及对策

3.1　政府采购的当事人及其权利

导入案例

中共中央直属机关采购中心

中共中央直属机关采购中心(以下简称中心)于2004年12月30日正式成立，是中共中央直属机关政府集中采购的执行机构，是经注册的独立事业法人。其主要职责是：负责统一组织中直机关纳入集中采购目录项目的采购；研究制定集中采购的具体操作方案并组织实施；负责组织招标活动；根据有关部门的委托，组织签订采购合同并督促合同履行；承担各部门集中采购人员的业务培训；代理中直机关集中采购目录以外项目的采购；办理其他采购事务。中心组织实施集中采购活动不收取任何费用。目前，中心内设综合处、采购一处、采购二处、采购三处。

综合处

负责招标文件、评审报告、采购合同的审核管理；中心的法律事务处理；信息搜集、统计处理；网络日常维护、信息发布；组织各类专业会议；专家库管理、资料库管理；综合调研以及承办业务培训事宜；财务、资产管理、文书档案、人事党务及内部行政事务管理。

采购一处

负责货物类项目采购。主要包括办公设备、办公家具、软件、通信器材、网络设备、分体空调等项目的采购。

采购二处

负责工程类项目采购。主要包括房屋修缮、装饰装修等工程项目（施工、监理、设计）采购及电梯、锅炉、中央空调、建筑材料等工程相关配套的设施、设备和材料的采购。

采购三处

负责汽车及服务类项目采购。主要包括汽车、保险、汽车维修和加油、会议接待、印刷、物业管理等服务类以及其他项目的采购。

网址：http://zzcg.ccgp.gov.cn。

办公地址：北京市西城区新风街1号院甲6号楼。

案例详情链接

中国政府采购网 http://www.ccgp.gov.cn/。

案例引出的问题

1. 政府采购的当事人包括哪些？
2. 政府采购当事人有哪些权利？
3. 政府采购中心的主要职责是什么？

原理知识

所谓当事人主要指在一定范围内具有一定权利和行为能力，依法独立享有特定范围的权利和承担特定范围的义务的自然人和法人。我国《政府采购法》对政府采购当事人的含义、范围、主要职责、禁止行为以及权益保护等作了明确规定。

3.1.1 政府采购的当事人

我国《政府采购法》规定，政府采购的当事人是指在政府采购活动中享有权利和承担义务的各类主体，包括采购人、供应商和代理机构，即《政府采购法》根据权利、义务和相应的责任以及在采购过程中的作用，将政府采购当事人分为三大类：采购人、供应商和采购代理机构。

第一，采购人。采购人是指依法进行政府采购的国家机关、事业单位和团体组织，是政府采购的买方。

第二，供应商。供应商是政府采购的卖方，负责向采购人提供采购所需的货物、服务和工程，按照《政府采购法》规定，供应商是在中国境内外注册的合法企业和自然人，具体资格条件在法律中有明确规定。

第三，采购代理机构。政府采购代理机构是指具备一定条件，经政府有关部门批准依法拥有政府采购代理资格的机构。采购代理机构分两种，一是政府部门设立的政府集中采购机构，另一种是指具备一定条件的招投标代理中介机构。政府设立的集中采购机构属于非营利机构，负责组织实施集中采购活动，隶属于各级政府，接受各级财政部门的业务指导和监督。招投标代理中介机构是取得省级以上有关部门授予的代理资格并在省级以上财政部门登记备案的机构，它接受采购机关的委托，并在采购人委托的范围内代理采购服务。如招投标代理机构、仲裁机构等。

3.1.2 政府采购当事人的权利

由于政府采购活动过程复杂，涉及当事人各方面的利益关系，因此需要对各行为主体的权利和义务进行规范，以提高政府采购活动的规范性、公平性和透明度，最大限度地保护政府采购当事人的合法权益，维护国家利益和社会公共利益。

第一，采购人的特征。

(1)由于政府采购人是国家机关、事业单位和团体组织，因此不同于一般的企业法人和自然人，不需办理法人登记，从成立之日起便具有法人资格。

(2)政府采购人具有行政权力能力。政府采购人的采购过程不属于企业和个人消费，是代表国家利益和社会公共利益的采购，因此，政府采购人的采购行为具有行政权力，其决策常影响一个国家的产业政策。

(3)政府采购人的决策具有政策性。采购是为国家利益和社会公共利益服务的，这就决定政府采购行为必须兼顾各方的利益，不能遵从某个人的意见，必须经过集体决策进行，体现集中性和政策性。

(4)政府采购人的行为从筹划、决策到实施,都必须在有关法律的规范内进行,不允许随意性。

第二,采购人的权利。《政府采购法》对采购人的权利规定如下。

(1)采购人有权自行选择代理机构,任何单位和个人不得以任何方式为采购人指定代理机构。这一规定表明,我国政府采购立法更加注重采购人的权利,希望以此促进采购代理机构之间的竞争。

(2)采购人有权审查供应商资格。采购人有权要求参加政府采购的供应商提供有关资质证明文件和业绩情况,并根据法定的供应商条件和采购项目就供应商的特定要求对其资格进行审查。

(3)采购人有权与采购代理机构签订采购合同。采购人和供应商必须在平等、自愿的原则下订立采购的权利和义务,同时,采购人可以委托采购代理机构代表其与供应商签订采购合同,但需提交采购人的授权委托书。

(4)采购人有权规定特殊要求。由于采购人所需的货物、服务和工程种类繁多,成千上万,有些采购项目具有特殊性,对采购商也有特殊要求。《政府采购法》规定,采购人可根据采购项目的特殊要求,规定供应商的特定条件,但是,为防止由此引起的对其他供应商的歧视行为,规定不得以不合理的条件对供应商实行差别待遇或歧视待遇。

第二,供应商的权利。作为政府采购交易的卖方,供应商应在政府采购活动中向采购人提供合格的采购对象。供应商在政府采购活动中有着重要的作用,是政府采购活动中的另一重要当事人。《政府采购法》对供应商参加政府采购活动的必备条件、待遇、权利和义务以及采购人与供应商的关系作了明确规定。在政府采购活动中,供应商应享有相应的合法权利,这些权利理应在政府采购活动中得以保障。供应商的权利主要包括以下内容。

(1)公平、平等地取得政府采购供应商资格的权利。凡是符合《政府采购法》中规定的供应商条件的合法经营者,就获得了参与政府采购竞争的权利。我国通常在采购活动开始前,由政府采购监管部门或政府采购代理机构对供应商的资格进行审查,并明确规定负责审查的机构不得有任何对供应商的歧视行为。

(2)平等地获取政府采购信息的权利。政府采购作为社会公共采购,供应商有权平等地获得政府采购的商业竞争机会,前提是平等地获得政府采购的需求信息。《政府采购法》要求采购人必须按照透明度原则,在财政部指定的媒体上公开披露政府采购信息,使供应商及时获取相关信息。

(3)询问和质疑政府采购招标文件的权利。供应商在招标采购正式投标前,有权对政府采购文件中的问题特别是歧视性的内容提出询问和质疑,采购人或采购代理机构应该及时予以答复。

(4)要求采购人或采购代理人保守商业秘密的权利。供应商参与政府采购过程和接受资格审查时，需要按照采购方的要求，提供涉及本企业的商业信息，有些涉及企业商业秘密，此时供应商有权要求采购人保守商业秘密。

(5)监督采购活动的权利。《政府采购法》规定，供应商有权对政府采购的方式、程序、步骤全过程行使监督权。有权检查核实采购活动是否符合国家和地方政府采购法规要求。供应商参与政府采购工作的监督，能够保障采购活动真正公开、公正、公平地进行。

(6)其他合法权益。供应商可以拒绝采购人或采购代理人各种滥收费行为和各种不正当利益要求。在政府采购中，供应商的权利是否得以维护是非常重要的问题。面对采购数额庞大、支付能力强和信誉度高的政府采购，供应商会表现出极大兴趣，希望通过平等竞争进行参与。如果政府在采购过程中不按规范进行，做出侵害供应商正当权利的事，不仅会极大挫伤供应商参与政府采购的热情，而且也会损害政府采购人的利益。

应当说明的是，《政府采购法》虽然规定了供应商在政府采购中的权利，但过于笼统，在实际操作中，不易把握。如供应商参与采购活动应具备的条件如何掌握，采购人对供应商进行资格审查时应遵循什么规定，从哪些方面进行资格审查；以及供应商由谁来管理，管理的权限是什么，供应商信息库如何建立，在具体采购活动中，征集或邀请供应商的原则和办法，供应商参与采购活动的业绩如何考核，由谁来考核，考核的原则和依据是什么。这些问题长期困扰着各地政府采购机构，给各地的工作带来诸多不便。因此，各地根据政府采购实践的需要，自行制定了政府采购供应商的管理办法和政府采购供应商准入管理办法等。

典型实例

表3-1 政府采购优秀供应商推荐

推荐产品名称	《经济》 2007年第10期	备注	在一些权威期刊上会有优秀供应商的推介说明
三星	丰富的产品线、纵深技术链条是三星电子竞争市场的“两大”王牌，从数码家电到IT，三星都有强大的产品阵营，如轻巧玲珑的多功能一体机CLX3160则因为绿色和环保，入选政府外设采购畅销榜		
华硕	绿色采购是今年政府采购的主题之一，华硕在政府采购中积极备战，华硕商务笔记本根据政府需求实时制定相应的产品策略，在市场上，以其轻薄、便携、节能、环保的靓丽身影，赢得众多用户的信赖		

资料来源：《经济》，2007年第10期。

第四，采购代理机构的职责与权利。我国《政府采购法》中所称的集中采购机构就是政府采购代理机构，负责实施纳入政府采购目录和政府采购限额标准以上的采购。政府采购代理机构与行政机关不得存在行政隶属关系或其他利益关系，它与政府采购之间是代理与被代理的关系，不受政府行政干扰。

(1)公平接受采购人的委托，承办政府采购项目的采购事宜。

(2)公平建立政府采购信息网络，搜集和整理供应商、产品和服务信息，调查市场供求状况，记录采购过程，总结采购经验。

(3)组织实施具体采购工作，包括制订采购计划，选择采购方式，编制招标文件，发布采购信息，组织开标、评标和定标工作。

(4)在特定情况下，可接受采购人委托与供应商签订采购合同并监督合同履行，代理采购人验收采购结果。

(5)有权拒绝和防范任何单位和个人对采购活动的非法干预，有权按规定收取法定代理费用。

典型实例

表3－2　上海市政府采购中心

成立部门	上海市人民政府财政局	成立时间	1999年4月
单位性质及人员编制	事业单位 人员编制定为50人		
职责	具体负责组织实施政府采购工作		
第一笔业务	7月16日，市政府采购中心进行首次公开招标采购，在《解放日报》第二版刊登(1999)第1号、第2号招标公告，对60辆公务用车和539台计算机进行国内竞争性招标，招标编号分别为SHZFCG9901和SHZFCG9902		

表3－3　成都市政府采购中心

成立部门	成都市人民政府	成立时间	2002年7月
单位性质及人员编制	市政府直属事业单位 人员编制定为15人		
部门设置	综合采购部　车辆采购部　招标部　办公室　财务部		
主要职责	1.负责市级机关、事业单位和团体组织的货物、工程和服务的政府采购 2.公务车辆定点采购、定点保险、定点加油、定点维修单位的招标定点及相关工作 3.负责招标公告的起草、发布和招标文件的编制、发售工作 4.组织开标会、组建评标委员会等		

资料来源：《经济》，2007年第10期。

讨论案例

案例一 涉政府采购投诉事项审查不全 财政部首次败诉

按照《中华人民共和国财政部政府采购管理暂行办法》的有关规定，财政部负责全国政府采购的管理和监督工作，其中一项职责是处理中央政府采购中的投诉事项。记者从北京市第一中级人民法院获悉，由于财政部在处理供应商北京北辰亚奥科技有限公司的投诉过程中，未对投诉事项进行全面审查，北京市第一中级人民法院日前做出一审判决，撤销了财政部所作的投诉处理决定，这是财政部首次在政府采购行政诉讼案件中败诉。该判决现已生效。

2005年6月，招标人卫生部委托招标代理机构中化国际招标有限责任公司就“卫生部2004年中央补助地方公共卫生专项资金降低孕产妇死亡率和消除新生儿破伤风项目”进行公开招标。北京北辰亚奥科技有限公司及江苏鱼跃医疗设备有限公司等单位参加了其中包括医用制氧机的投标。同年7月5日，中化国际招标公司公布鱼跃公司中标。

对此，北辰亚奥公司提出质疑并于同年8月4日向财政部提起投诉。北辰亚奥公司认为，鱼跃公司于2004年才取得“试”字号注册证，不可能有投标产品3年的销售业绩，该公司没有大量生产过此次投标产品，不符合投标规定。

财政部受理后，责令鱼跃公司提供了投标产品3年内生产和销售业绩的有效证明材料。经调查取证，财政部认定鱼跃公司提供的证明材料有效，并于2005年9月15日做出《关于北京北辰亚奥科技有限公司投诉事项的处理决定》。

北辰亚奥公司不服，向财政部申请行政复议。财政部经复议维持了该处理决定。

北辰亚奥公司仍然不服，以该处理决定认定事实错误、程序违法为由向北京市第一中级人民法院提起行政诉讼，请求法院撤销被诉行为。

一中院经审理认为：根据《投诉处理办法》第十七条的规定，财政部门受理政府采购供应商的投诉后，应当对投诉事项全面进行审查，依法做出相应处理决定。而在这起案件中，财政部做出的处理决定仅对鱼跃公司的投标资料和证明材料是否符合招标文件中的相关规定进行了认定，而对北辰亚奥公司关于该公司投标产品是否符合投标规定的投诉事项未予评述，即认定北辰亚奥公司投诉无效，事实不清。对此，一中院认为，财政部所作处理决定应予撤销。据此，一中院做出上述一审判决。现该案上诉期已过，原告、被告均未提出上诉。

资料来源：《法制日报》，2006年9月1日。

案例二 财政部关于加强政府采购供应商投诉受理审查工作的通知

财库[2007]1 号党中央有关部门，国务院各部委、各直属机构，全国人大常委会办公厅，全国政协办公厅，高法院，高检院，有关人民团体，各省、自治区、直辖市、

计划单列市财政厅(局),新疆生产建设兵团财务局:

为了规范政府采购供应商投诉及财政部门受理投诉行为,保护政府采购当事人合法权益,维护政府采购秩序,提高投诉处理效率,现就政府采购供应商投诉受理审查有关事项通知如下:

一、充分认识加强供应商投诉受理审查工作的重要性

供应商投诉是政府采购法赋予供应商的权利,是发挥供应商监督,促进政府采购活动公开、公正、公平,维护政府采购当事人合法权益的有效措施。

各级财政部门要高度重视供应商投诉,不得阻碍供应商投诉,不得无故拒绝供应商投诉,要指导供应商投诉,及时办理受理审查工作,从源头上提高投诉处理工作效率。

二、不予受理的投诉要书面告知

财政部门经审查,有投诉人不是参加投诉项目政府采购活动的当事人、被投诉人为采购人或采购代理机构之外的当事人、所有投诉事项未经过质疑、所有投诉事项超过投诉有效期、以具有法律效力的文书送达之外方式提出的投诉等情形之一的,应当认定为无效投诉,不予受理,并及时书面告知投诉人不予受理的理由。

三、投诉书允许修改但要限定期限

财政部门经审查,有投诉书副本数量不足、投诉事项或投诉请求不清晰、相关依据或证明材料不全、投诉书署名不符合规定等情形之一的,应当及时告知投诉人限期补充或修改后重新投诉,逾期不予受理。

财政部门在投诉审查期间,认定投诉事项与采购人行为有关但采购人不是被投诉人的,应当要求投诉人将采购人追加为被投诉人,并限期修改投诉书重新投诉,逾期不予受理。

财政部门经审查,供应商投诉事项与质疑事项不一致的,超出质疑事项的投诉事项应当认定为无效投诉事项,并告知投诉人撤回投诉书,对在质疑有效期内的未质疑事项进行质疑,或限期修改投诉书重新投诉,逾期不予受理。

四、涉密事项的投诉要提供依据

投诉事项属于有关法律、法规和规章规定处于保密阶段的事项,财政部门应当要求投诉人提供信息来源或有效证据,否则,应当认定为无效投诉事项。

五、严格执行受理审查程序

财政部门收到供应商投诉后,应当在5个工作日内完成审查工作。

在供应商投诉受理审查期间,相关信息或材料、文件的传递,财政部门、投诉人以及相关当事人应当采用书面形式,并办理签收手续。

资料来源:http://news.sohu.com/20070212/n248195207.shtml。

【讨论的问题】

1. 案例一中体现了供应商怎样的权利?

2. 案例二是为了规范政府采购供应商投诉及财政部门受理投诉行为，保护政府采购当事人合法权益，就政府采购供应商投诉受理审查专门制定的文件，你认为这个文件有何重要意义？

3.2 政府采购当事人的义务与法律责任

导入案例

广东省财政厅鼓励供应商揭发政府采购暗箱操作

2010 年 6 月 17 日，广东省财政厅网站公布了一份《政府采购投诉处理决定书》，称某政府采购项目因招标文件不准确，“有违政府采购公正、公平的原则”，宣布该采购活动违法，责令修改项目招标文件，重新组织开展采购活动。省财政厅政府采购监管处处长肖红梅表示：“我们鼓励供应商投诉，至少这说明了他们有勇气揭破暗箱操作。”

做出裁决的是“政府采购监管处”，被投诉的是“广东省教育单位校区建设全过程跟踪审计造价咨询服务项目”，而采购人是广东工贸职业技术学院（下称工贸学院）。

此前，工贸学院委托“广东元正招标采购有限公司”（下称元正）于 2 月 1 日代理招标，评标工作在开标后进行，并依法将评标结果提交工贸学院进行确认。在对评标结果进行确认期间，工贸学院发现中标者“广州菲达建筑咨询有限公司”（下称菲达）的投标材料“有与本项目招标文件需求严重不符的情况”。

招标文件规定，“现场要求派驻工程全过程跟踪审计造价咨询人员……为了保证服务到位，拟委派人员不得同时负责 2 个以上在建工程”，而投标人拟委派的驻场造价师，在其他项目中“兼职”，不可能同时再担任本项目驻场造价工程师。针对这一情况，工贸学院向省教育采购管理办提出核实处理，省教育采购管理办转元正核实。而元正复核结果是“维持原判”。

3 月 22 日，菲达向省财政厅投诉。元正拿出招标文件，上面规定是“拟委派人员不得同时负责 2 个以上在建工程”。菲达认为“2 个以上”不含“2 个”，他们的驻场造价师只负责 2 个项目，并不违反招标文件。

省财政厅认为，对“以上、以下，以内、以外，以前、以后”等概念现今没有统一规范，须在行文中标注明确。招标文件中“2 个以上”没有界定，标准不明确。“因该项内容难于把握，在判定上存在主观因素，会对评审结果产生实质性的影响，与政府采购公正、公平的要求不符”。经调查，省财政厅宣布该项目采购活动违法，责令修改项目招标文件，重新组织开展采购活动。

“在政府采购这方面，采购人往往是强势的，他们制定标书、确定评审结果、签订合同,包括到最后交钱。而供应商是相对弱势的。”省财政厅政府采购监管处处长肖红梅告诉南都记者,经过对此“案情”的调查,省财政厅认为,招标过程不够公平公正,因此宣布“废标”,责令重招。肖红梅表示:“我们鼓励供应商投诉,至少这说明他们有勇气揭破暗箱操作。”肖红梅还说,以后会增加向社会公布政府采购投诉的评审结果。

案例详情链接

《南方都市报》,2010年6月18日。

案例引出的问题

1. 政府采购供应商在政府采购活动中会遇到哪些困难?
2. 本案例中广东省财政厅为何宣布本次采购违法?
3. 你认为本案例中采购人广东工贸职业技术学院的做法是否可取?

原理知识

政府采购的当事人在享有权利的同时,也应履行相应的义务和承担法律责任。

3.2.1 采购人的义务与责任

第一,采购人必须严格执行政府采购的各项规定。即按照《政府采购法》规定的采购目录和标准实施采购,这是采购人的首要责任。政府采购人代表国家和社会公共利益进行采购,其行为必须受到政府采购法律、法规约束,不得以部门利益和个人意志为由拒绝执行有关政府采购规定。

第二,政府采购人必须接受政府采购监管部门的管理。在政府采购过程中,采购人作为采购的执行人,必须接受财政部门的监督管理并向其负责,同时还应接受国家审计部门、监察部门的监督,有责任支持和配合监管部门的工作。

第三,采购人必须尊重供应商的正当合法权益。在参与供应商资格审查时,平等对待每一位供应商,回答供应商对采购方面的疑问,及时公布采购信息和中标结果。

第四,与中标供应商及时签订政府采购合同。我国《政府采购法》规定,在供应商投标中标后,采购人在中标、成交通知发出之日起30日内,必须按采购文件确定的事项签订政府采购合同。如果中标、成交通知书发出后,采购人改变中标、成交结果的,应当依法承担法律责任。

典型实例

政府采购人员不得与供应商负责人有三代以内旁系血亲关系

2010年1月公开征求社会各界意见的《中华人民共和国政府采购法实施条例(征求意见稿)》规定,政府采购人员及相关人员不得“与供应商的法定代表人或者负责人有直系血亲、三代以内旁系血亲及姻亲关系”。

我国《政府采购法》规定,在政府采购活动中,采购人员及相关人员与供应商有利害关系的,必须回避。供应商认为采购人员及相关人员与其他供应商有利害关系的,可以申请其回避。并指出:“相关人员,包括招标采购中评标委员会的组成人员,竞争性谈判采购中谈判小组的组成人员,询价采购中询价小组的组成人员等。”

征求意见稿对法律规定中的采购人员及相关人员与供应商之间的“利害关系”进行了明确规定:指采购人员及相关人员现在或者在采购活动发生前3年内,与供应商存在雇佣关系;现在或者在采购活动发生前3年内担任供应商的财务顾问、法律顾问或技术顾问;现在或者在采购活动发生前3年内是供应商的控股股东或者实际控制人;与供应商的法定代表人或者负责人有直系血亲、三代以内旁系血亲及姻亲关系;与供应商之间存在其他影响或可能影响政府采购活动依法进行的利害关系。

资料来源:新华网,2010年1月13日。

3.2.2 供应商的义务与责任

第一,供应商的义务。

(1)供应商必须遵守国家政府采购的各项法律法规,国家及地方的政府采购制度。

(2)按规定接受政府采购供应商资格审查并如实反映企业自身情况。

(3)在政府采购活动中,满足采购人的正当要求,中标后与采购人签订合同并严格履行合同。

第二,供应商的责任。

(1)供应商不得向政府采购相关当事人行贿或采取其他不正当手段谋取中标。

(2)中标通知书对供应商具有法律效力。中标供应商放弃中标项目,应当依法承担法律责任。

(3)供应商在签订合同后,不得不履行合同,不得擅自变更、中止或者终止合同。但如继续履行将损害国家利益和社会公共利益的,双方当事人应当变更、中止或者终止合同。有过错的一方应当承担赔偿责任，双方都有过错的，各自承担相应的责任。

(4)供应商在签订合同后，如有不履行义务等违规行为，必须承担相应的责任。视情节，一是处以罚款、列入不良行为记录名单、在 1 至 3 年内禁止参加政府采购活动；二是有违法所得的，并处没收违法所得，情节严重的，由工商行政管理机关吊销营业执照；三是构成犯罪的，依法追究刑事责任。

拓展阅读

政府采购供应商有不良行为将被列入“黑名单”

公开征求社会各界意见的《中华人民共和国政府采购法实施条例(征求意见稿)》规定，供应商有七种情形之一的，将被列入不良行为记录名单，1 至 3 年内禁止参加政府采购。

根据征求意见稿的规定，这七种情形是：

1. 向评标委员会、竞争性谈判小组或询价小组成员行贿或提供其他不正当利益的；

2. 在中标、成交后无正当理由拒不与采购人签订政府采购合同的；

3. 签订的政府采购合同的实质性内容与采购文件不一致的；

4. 未经采购人同意，擅自采取分包方式履行政府采购合同的；

5. 擅自采取分包方式履行适用优先或强制政府采购优惠政策的合同的；

6. 未按政府采购合同规定履行合同义务，提供假冒伪劣产品的；

7. 擅自变更、解除政府采购合同的。

征求意见稿对政府采购“本国货物”做出了进一步定义：“本国货物，是指在中国境内生产，且国内生产成本超过一定比例的最终产品。国内生产成本比例 =(产品出厂价格 - 进口价格)/产品出厂价格。”

【详情链接】

政府采购供应商有不良行为将被列入“黑名单”

http://www.chinabidding.com/zxzx-detail-186800250.html，2010 年 1 月 14 日。

中国将对政府采购供应商设七条红线 违者列入黑名单

http://www.goboon.com/disphotnews.asp? newsid=52821。

3.2.3　采购代理机构的义务与责任

政府采购代理机构的义务与责任就是要遵循国家政府采购的各项法律法规，

严格按照政府采购的法律政策从事采购代理活动。

第一,政府采购代理机构必须按照政府采购的法律法规开展代理业务,遵守有关制度规定,确保提供良好的服务。

第二,政府采购代理机构的采购活动必须接受政府采购监督管理部门的监管和社会监督,如实提供监管所需的资料和数据,接受业务培训和指导,任何单位和个人有权在不干预正常监督检查工作的情况下,对采购代理机构的采购活动进行监督。

第三,政府采购代理机构对代理的公开招标采购项目,应当在指定媒体上发布采购信息,不属于公开招标的采购信息,如果有供应商提出要求,采购代理机构同样有义务将有关情况告知这些供应商。

第四,政府采购代理机构如果不履行义务,必须承担相应的责任。

讨论案例

中共中央直属机关采购中心关于实行供应商资格登记注册的公告

中共中央直属机关采购中心(以下简称"采购中心")在财政部的监督管理下,对参加中直机关政府采购活动的供应商,实行资格登记管理,建立中共中央直属机关采购中心供应商信息库(以下简称"信息库"),并负责信息库的维护和管理工作。现就有关登记注册事项公告如下:

一、供应商注册条件

(一)具有独立承担民事责任的能力;

(二)具有良好的商业信誉和健全的财务会计制度;

(三)具有履行合同所需的设备和专业技术能力;

(四)有依法缴纳税收和社会保障资金的良好记录;

(五)参加政府采购活动前3年内,在经营活动中没有重大违法记录;

(六)法律法规规定的其他条件。

二、供应商注册范围(略)

三、信息库注册程序

(一)供应商登录中国政府采购网中直机关采购频道(zzcg. ccgp. gov. cn),在线填写并打印《中直机关采购中心供应商注册信息表》,加盖单位公章后,传真至采购中心综合处,传真电话:010-82273321。

(二)供应商注册时,需在线提交以下材料的扫描件:

1. 营业执照副本;

2. 组织机构代码证副本;

3. 税务登记证副本;

4. 社会保险登记证副本；

5. 登记表中规定的其他材料。

非法人机构注册信息库时，除填写本机构信息、提供本机构证明材料外，还应填写所属法人机构信息，在线提交所属法人机构的书面授权书扫描件，及本公告第三项第(二)款规定的证明材料。

四、信息库注册审核

采购中心自收到供应商提交的注册信息表传真件之日起，于5个工作日内完成审核工作。供应商可通过用户名和密码登录信息库查询审核结果。采购中心对申请注册的供应商不收取任何费用。

五、库内供应商的权利

(一) 可以直接从中国政府采购网中直机关采购频道下载电子版采购文件；

(二)可以成为采购中心组织实施的邀请招标、询价、竞争性谈判或单一来源等采购项目的拟邀候选供应商；

(三)可以获得采购中心发布的政府采购信息和采购中心工作动态等信息；

(四)可以查询本企业参与中直机关政府采购活动的相关情况，并生成相应统计报表；

(五)可以向采购中心反映在参与政府采购过程中遇到的问题和情况，并对中直机关政府采购活动和采购中心工作提出意见和建议；

(六)协议供货和定点采购的中标供应商，可以在线展示企业和产品信息、参与网上竞价活动、网上签订采购合同等；

(七)法律法规规定的其他权利。

六、库内供应商的义务

(一)自觉遵守政府采购相关法律法规的规定；

(二)保证注册信息的真实、完整、准确，并及时更新注册信息；

(三)自觉接受采购中心及其他有关部门的询问、监督和检查；

(四)法律法规规定的其他义务。

供应商在注册登记过程中，如遇问题，可咨询010－82273275，传真号码010－82273321。

中共中央直属机关采购中心 2008年11月13日

资料来源：中国政府采购网。

【讨论的问题】

1. 中共中央直属机关采购中心实行供应商资格登记注册的意义何在?

2. 政府采购供应商应该具备哪些条件?

3.3 本章实务案例分析

案例一 财政部处罚两家政府采购供应商

两家政府采购供应商因在投标过程中提供虚假投标材料，被财政部列入不良行为记录名单，并在3年内禁止其参加政府采购活动。

据了解，这两家供应商分别为北京市英钛斯节能环保科技有限公司和北京腾飞鑫发厨房设备有限公司。2009年6月，中共中央直属机关采购中心组织了某单位新建职工食堂厨房设备采购项目。在响应招标文件中"投标人须提供由燃气灶具检测机构出具的检验报告"的实质性要求时，上述两家公司提交的检测报告均是根据北京市燃气及燃气用具产品质量监督检验站（以下简称监督检验站）给其他单位出具的检验报告仿制而成。案发后，采购中心要求两家供应商携带检验报告原件到中心进行核对，两家供应商不仅不按要求进行核对，且态度恶劣。基于此，采购中心将该情况上报财政部。财政部向监督检验站去函调查后发现，两家供应商在投标过程中提交伪造检验报告的情况属实，遂按《中华人民共和国政府采购法》的有关规定，对两家违法供应商做出了列入不良行为记录名单，并在3年内禁止参加政府采购活动的行政处罚。

案情分析：自我国政府采购制度实施后，广大供应商能够遵纪守法，认真履行服务承诺，自觉接受管理与监督，为采购人提供质优价廉的产品和服务。但是，近年来，一些不法供应商无视政府采购制度的严肃性，为了得到政府的订单，在政府采购活动中有着围标、串标和欺诈等行为。这些行为不仅严重损害了公共利益，还在一定程度上影响了政府采购活动的顺利开展。

正是在这种情况下，财政部决定进一步加大对供应商行为的监管力度。一方面，要加快供应商诚信体系建设；另一方面，加大对供应商围标、串标和欺诈等行为的查处广度和处罚力度，并向社会公布。对于存在严重违法的线索，坚决移交司法部门调查处理。

有关专家认为，对两家违规供应商的依法处理是政府采购监管部门贯彻落实国务院办公厅于今年4月发布的《关于进一步加强政府采购管理工作的意见》中"坚持依法处罚，进一步严肃法律制度约束"的有力举措。此次处罚，不仅严肃了政府采购纪律，加强了对供应商的监督管理，还有利于我国政府采购工作的健康发展。

资料来源：《中国税务报》2009年11月2日。

案例二 2010年近5万供应商参与采购

《中央国家机关2010年政府集中采购计算机等产品协议供货项目数据分析报

告》(以下简称《分析报告》)正式出炉。《分析报告》指出,2010年,已经注册在案的供应商数量为49 381家,同比增长47%。自2003年至2010年,包括采购范围、采购人及供应商数量、合同个数、采购金额在内的数字保持了连续7年的增长态势,数字增长已经成为中央国家机关集中采购事业发展的重要体现。

据中央国家机关政府采购中心(以下简称“国采中心”)相关工作人员介绍,《分析报告》以2006年至2010年这5年的采购数据作为样本,对协议供货相关数字进行了重点分析。统计数据显示,2010年,已经注册在案的中央国家机关采购人数量达16 475家,同比增长59%;注册供应商数量为49 381家,同比增长47%;信息类项目实施采购的累积总次数达165 838次,同比增长6%;采购金额为76.4亿元,同比增幅为23%。

据了解,2010年,主要负责信息产品中央国家机关集中采购工作的国采中心采购一处共完成财政预算92亿元,采购金额76.4亿元,平均资金节约率17%。全年执行单独委托项目154个,协议供货154 108次,网上竞价5 302次。

据介绍,2010年,国采中心在信息类产品的集中采购实施过程中,实现了投标评标全程电子化操作,最大限度地减少了人为因素的干扰,避免了评审中出现失误,提高了工作的准确度和效率。与此同时,国采中心还根据产品特点和政策要求,实行产品分批招标、责任到人;根据产品技术和市场特点,将IT协议供货划分为3批,为今后分产品招标、精细化管理作出了第一步尝试。另外,国采中心依据工作实际,适时组织补充招标,为探索产品定期更新办法积累经验。同时,建立了委托第三方进行价格监测的评价机制,探索寻找数码类产品协议供货价与市场价的比照渠道,并选择了网络安全产品等部分品目试行网上议价采购,为获得更优惠的价格作出了积极的尝试。

资料来源:《中国政府采购报》2011年03月04日。

第二篇　政府采购工作程序与采购方式

第4章

政府采购的方式

案　　例	对应知识	学习目标
导入案例： 《招标公告》 讨论案例： 《浙江：招投标造假给国家造成损失谁之责？》	4.1 公开招标采购方式 4.1.1 公开招标采购方式的含义及特点 4.1.2 公开招标采购方式的适用条件 4.1.3 公开招标采购的程序	1. 掌握公开招标采购的基本概念、特点及适用条件 2. 理解公开招标采购方式在政府采购方式中的重要地位
导入案例： 《邀请招标 打分选取邀请对象不可取》 讨论案例： 《邀请招标采购亟待规范与整治》	4.2 邀请招标采购方式 4.2.1 邀请招标采购方式的含义及特点 4.2.2 邀请招标采购方式的适用条件	1. 掌握邀请招标采购方式的基本概念和特点 2. 理解邀请招标采购方式适用的条件
导入案例： 《哈尔滨市城市绿化办公室消防水车采购项目竞争性谈判公告》 讨论案例： 《竞争性谈判是把“双刃剑”》	4.3 竞争性谈判采购方式 4.3.1 竞争性谈判采购方式的含义及特点 4.3.2 竞争性谈判采购方式的适用条件 4.3.3 竞争性谈判采购的基本程序	1. 掌握竞争性谈判采购方式的基本概念及特点 2. 理解竞争性谈判采购方式的适用条件 3. 探究竞争性谈判采购与其他采购方式的不同
导入案例： 《佛山市妇幼保健院程序降温仪单一来源采购公告》 讨论案例： 《参数错误导致时间紧 不能“单一来源”了之》	4.4 单一来源采购方式 4.4.1 单一来源采购方式的含义及特点 4.4.2 单一来源采购的适用条件 4.4.3 单一来源采购的基本程序	1. 掌握单一来源采购的含义、特点及适用条件 2. 了解单一来源采购的适用条件 3. 转换采购方式应注意哪些问题

案　　例	对应知识	学习目标
导入案例： 《政府询价采购方式执行难》 讨论案例： 《2010 - WS289 厦门市思明小学文艺设备询价公告》	4.5 询价采购方式 4.5.1 询价采购方式的含义及特点 4.5.2 询价采购方式的适用条件 4.5.3 询价采购方式的程序	1. 理解询价采购的基本概念和适用条件 2. 融会本章知识，形成正确使用采购方式的理念，指导采购实践
	4.6 实务案例分析： 《江苏幼儿玩具投标风波》	

4.1　公开招标采购方式

导入案例

招标公告

<table>
<tr><td colspan="4">[公开招标]公告</td></tr>
<tr><td colspan="4">政府采购项目名称：奥园、惠新里幼儿园新址项目(第四包)[CYCG_2010_116]</td></tr>
<tr><td colspan="4">采购人信息</td></tr>
<tr><td>采购人名称</td><td colspan="3">北京市朝阳区教育委员会教学设备中心</td></tr>
<tr><td>采购人地址</td><td colspan="3">北京市朝阳区安华里二区5号楼</td></tr>
<tr><td>采购人联系方式</td><td colspan="3">联系人：方小丽　联系方式：64251125</td></tr>
<tr><td colspan="4">采购代理机构信息</td></tr>
<tr><td>代理机构名称</td><td colspan="3">北京市京发招标有限公司</td></tr>
<tr><td>代理机构地址</td><td colspan="3">北京市崇文区崇文门外大街90号</td></tr>
<tr><td>代理机构联系方式</td><td colspan="3">联系人：周菊　赵艳春　电　话：67164376　传　真：67169289</td></tr>
<tr><td colspan="4">招标内容</td></tr>
<tr><td>采购用途</td><td colspan="3">教学</td></tr>
<tr><td>项目预算</td><td>528 402.00(元)</td><td>采购数量</td><td>1</td></tr>
<tr><td>简要技术要求/招标项目的性质</td><td colspan="3">设备采购、安装、调试、验收、售后服务及使用人员的培训等全部工作</td></tr>
<tr><td>投标人的资格条件</td><td colspan="3">1. 在中华人民共和国境内注册，能够独立承担民事责任，有生产或供应能力的本国供应商，包括法人、其他组织及自然人。本项目不接受联合体投标。2. 遵守国家有关法律、法规、规章和北京市政府采购有关的规章，具有良好的商业信誉和健全的财务会计制度。3. 凡受托为采购本次招标的货物进行设计、编制规范和其他文件的咨询公司，及相关联的附属机构，不得参加投标，凡未购买招标文件的供应商，不得参与投标</td></tr>
</table>

续表

招标文件发售时间	2010年6月12日~投标截止时间上午9:00~11:30;下午13:30~16:00(北京时间,节假日除外)	文件售价	200.00(元)
招标文件发售地点	北京市京发招标有限公司712室(崇文区崇文门外大街90号712室,普仁医院北侧)		
投标截止时间	2010年7月2日13:30	开标时间	2010年7月2日13:30
开标地点	详见招标文件		
评标方法和标准	综合评分法		
	联系信息		
采购项目联系人	方小丽		
联系方式	64251125		
备注	标前会时间:2010年6月18日14时00分。标前会地点:详见招标文件。各投标人对招标文件中的任何问题(包含但不限于对招标文件商务、技术的澄清及质疑)必须在标前会结束时提交给北京市京发招标有限公司,过时不予受理。评标样品递交时间:2010年7月1日9:30~11:30(北京时间)。评标样品递交地点:北京市朝阳区教育委员会教学设备中心(北京市朝阳区安华里二区5号楼 北三环边木偶剧院向南嘉品饭店旁)		

案例详情链接

朝阳区政府采购网,2010年6月13日。

案例引出的问题

1. 政府采购招标公告包括哪些内容?
2. 投标人的资格条件有什么要求?
3. 政府采购是由采购人自行完成还是可选择他人代理完成?
4. 投标截止时间和开标时间必须一致吗?

原理知识

政府采购方式是政府采购制度的核心内容。在实行政府采购制度之前,各国政府采购活动通常是由用户自行开展,通过讨价还价方式确定成交事项,这种传统采购方式随着政府支出规模的扩大,政府采购内容的增多,出现问题越来越多,交易不公、暗箱操作、质次价高、贪污腐败等现象经常发生,引起强烈社会反响,正是在此背景下,政府采购方式应运而生并随着政府采购制度的不断完善出现多样化。

我国《政府采购法》第三章第二十六条规定,政府采购采用以下方式:公开招标,邀请招标,竞争性谈判,单一来源,询价以及国务院政府采购监督管理部门认定的其他采购方式。

4.1.1 公开招标采购方式的含义及特点

公开招标采购,是指招标人以招标公告的方式邀请所有符合条件的供应商公平参加投标竞争,从中择优选择中标者的采购方式。在所有的采购方式中,公开招标最能体现政府采购制度的优越性,因此是《政府采购法》规定的主要采购方式。

公开招标按照是否区分供应商国别条件,分为国内公开招标和国际公开招标两种。国内公开招标只限于邀请本国供应商参加竞争,国际公开招标对供应商没有国别限制。按照法律规定,采用国际公开招标方式主要针对经政府采购监管部门批准后采购外国货物、工程和服务的项目适用。

公开招标采购的特点如下。

第一,招标程序的公开透明性。这种采购方式对供应商没有特别限制,只要符合基本条件都可参加投标,符合条件的所有供应商无差别、无歧视地参与竞争,整个采购程序都在公开情况下进行,所有招标信息是公开的,包括在指定或选定的媒体上公开发布招标公告,供应商资格审查标准事先对外公布,公开开标,公布中标结果等。

第二,招标程序的严密性。招标采购方式已经非常成熟,程序严密,要求明确,能够有效地规范采购行为,从而保护政府采购当事人的合法权益。

第三,招标采购的一次性。招标采购的交易过程禁止交易双方进行面对面的谈判,不能讨价还价,供应商只能应邀进行一次性秘密报价,并以合理价格定标。

典型实例

四川:投标时弄虚作假,一建设公司中标无效

2010年3月9日,四川省某建设工程公司通过公开投标方式,获得高坪区一道路工程建设项目。之后,有群众举报四川省某建设工程公司存在伪造《执业证书》等行为。高坪区纪委、招监等部门高度重视,迅速组织力量进行查处。

经查,在高坪区一道路建设招标过程中,四川某建设工程公司中标后,按规定向高坪区国家投资建设项目管理中心递交了工程项目经理李某的《二级建造师临时执业证书》原件，而李某当时在四川省剑阁县一在建工程任项目经理并抵押有一本《二级建造师临时执业证书》原件，其中有一本系伪造，其行为已违反了建造师不能同时担任两个或两个以上工程项目经理的规定。调查还发现，该公司为了达到工程招标文件的业绩要求，在其投标文件中伪造了两份工程业绩资料。

6月23日上午，高坪区纪委、招监办有关负责人告诉记者，对查出的这家违规公司，高坪区招监委已责令区发改局按程序宣布该公司的中标无效，暂扣其10万元投标保证金，并对该公司进行相应的行政处罚。

资料来源：中国招标投标协会网。

4.1.2　公开招标采购方式的适用条件

公开招标采购方式最突出的特点是竞争性，当采购的产品的性质不具竞争性时，就应采用其他的政府采购方式。不适合采用公开招标的采购方式的情况有以下几类。

第一，采购特殊项目不适用公开招标方式。特殊项目需要标准高、款式新、功能全的产品，由于自然或技术原因，一般产品难以满足，如科研、军事领域的部分产品的采购，只有少数垄断供应商能提供，市场缺乏竞争，此时公开招标没有意义，采购应采用其他的方式。

第二，不适合竞争采购的情况。如采购物资价值太低，则不必耗费太多成本使用公开招标采购；再如紧急采购情况，如果用公开招标方式，需按程序完成，等标期过长，会影响及时之需，因此不适合公开招标方式采购，但应在采购活动开始前获得本级政府采购监管部门的批准。

总之，对招标者而言，公开招标有较大的选择范围，可在众多的投标人之间选择报价合理、交货期短、服务周到及信誉良好的供应商。采用该种招标方式，有利于开展竞争，打破垄断，促使供应商提高工作质量，降低供应成本。但是对于大型采购项目，审查投标者资格及投标文件的工作量较大，费用较高；另一方面，对投标者而言，从获得招标信息到着手准备竞标，需做大量的工作。参加的竞争者越多，中标的几率就越小，对投标费用的风险考虑就越大，标价就越高，加大了招标企业和投标企业的经济负担。

4.1.3　公开招标采购的程序

公开招标的程序可以分为以下阶段。

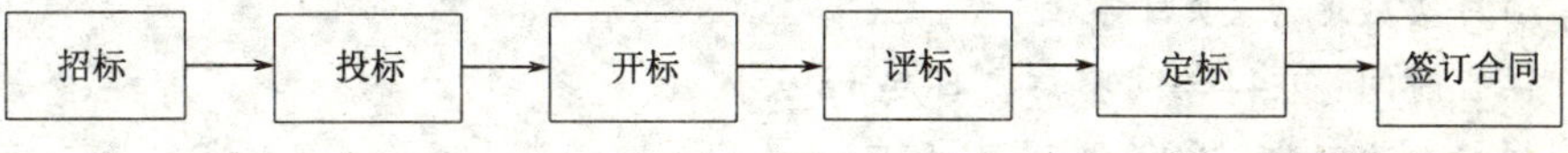

第一，招标。招标是指招标人根据自己的需要，提出一定的标准和条件，在指

定媒体上向潜在供应商发出招标公告和通知的行为，是进行招标采购的第一步。招标主要工作包括以下内容。

(1)确定采购代理机构和采购需求。采购人与采购代理机构签订委托协议书，确定委托代理事项。

(2)前期准备工作。采购人资格审查、研究招标方案、编制招标文件、确定采用的招标形式及标的。

(3)发布招标公告。公开招标的公告必须在省级以上财政部门指定的媒体上发布，以便供应商获得政府采购信息，公告应对招标文件发售的时间、地点、需求内容、投标人资格条件、投标截止时间等进行简要说明。

(4)出售招标文件，接受投标。

第二，投标。投标人选取合适的招标信息，遵循招标文件的各项要求编制投标文件并送交指定采购机构，以期通过竞争为招标人选中的行为。在此阶段工作包括以下内容。

(1)投标人先要接受资格审查；

(2)通过审查后，按照招标公告要求在规定时间购买标书；

(3)按招标文件要求编制投标文件并按时递交；

(4)在开标时经招标人同意可到场。

典型实例

河北省教育厅特殊教育设备采购公开招标中标公告

发布时间:2009 年 12 月 11 日

采购项目名称:特殊教育设备　　　采购项目标书编号:HB－09040156

采购人名称:河北省教育厅

采购人地址:石家庄市中山西路 449 号

采购人联系方式:0311－66005090

采购代理机构全称:河北省招标公司

采购代理机构地址:石家庄市工农路 486 号

采购代理机构联系方式:0311－83086852

采购数量:12 套

项目实施地点:项目学校

供货时间:包 4:合同签订之日起 13 天内

招标公告日期:2009 年 11 月 5 日

定标日期:2009 年 11 月 26 日

开标、评标地点:河北省招标公司西配楼二楼

中标供应商名称:包4:石家庄市宏业计算机网络工程有限公司

中标供应商地址:石家庄长征街75号长征大厦

中标金额:包4:514.8万元人民币

评标委员会成员名单:包1:刘津才、贾国强、王苏、赵志斌、杨忠;包2和包4:于绍斌、胡文清、李红玲、丁红兵、兰长生、杨庆生、杨忠;包3:郭连喜、黄花、李艳、冯利民、杨忠;包5:侯文恕、刘彦昭、冀平、薛宪法、丁红兵

项目联系人:李钢、王敬棉

联系方式:0311-83086852

传真电话:0311-83086853

采购代理机构受理质疑电话:0311-83086852

本公告发布媒体:河北省政府采购网、中国政府采购网

第三,开标。开标是指招标人或采购机构在规定的时间和地点举行会议,将所有投标人的投标文件正式开封,宣读每一个投标人的投标内容、投标报价和交货方式,并记录在案的行为。良好的开标制度与规则是招标成功的重要保证。开标过程包括以下内容。

(1)采购机构主持开标会,并邀请投标供应商参加,开标前,由投标人递交投标资质并进行现场展示,之后评标委员会按照招标文件的要求对投标人投标资质进行符合性审查,不具备投标资格的投标人,招标人将不接受其投标。

(2)采购机构在会上宣布参会供应商代表名单;当众验明投标文件密封情况;宣读所有投标文件中竞争价格的有关内容并做记录存档;投标人就唱标内容发布异议;公证人员宣布公证词。

开标制度与规则有如下内容。

(1)开标应按招标文件中规定的日期、地点和程序进行。有的规定,开标时间应该和招标通告中规定的截止时间相一致或随后马上宣布。有的规定,开标应在招标文件中规定作为投标截止日期的时间或在任何截止日期延长通知中规定的截止日期、在招标文件规定的地点、按该文件规定的程序开标。

(2)开标形式、应采取公开形式,即应该允许投标商或其代表出席。开标时应大声宣读投标商的名字和每个投标的总金额,即唱标。

(3)做好开标记录。

(4)规定日期之后收到的投标及没有开封和开标时没有宣读的投标均不应予以考虑。

第四,评标和定标(决标)。投标书一经开标,即转送到评定委员会进行评价以选择最有利的投标,这一步骤就是评标,换言之,评标是由事先已确定的专家评委

按照招标文件要求，审查所有投标文件是否完整，投标文件签署是否合格，是否实质性响应招标文件。评标委员会在详细评审过程中，将详细核查各投标人的投标文件是否存在串标、围标及共谋等违法违规违纪的可能性，一旦发现有此类违规现象，将由评标委员会主任专门组织评委会进行分析讨论，若有一半以上专家认定投标人之间存在串标、围标及共谋等违法违规违纪行为，评标委员会有权将上述情况书面反馈给招标人，招标人有权终止招标活动，宣布招标失败。参与串标、围标及共谋等违法违规违纪行为的投标人的投标保证金将不予退还，并依照《中华人民共和国招投标法》和《中华人民共和国政府采购法》相关规定处理。评标委员会按照评标程序对各投标人投标文件中的项目进行评比，运用事先在标书中确定的评标方法进行最后的评标，评标结束后，评委须出具完整的评标报告，经全体评委签字后生效。

定标是采购机构决定中标人的行为。此阶段决定中标人，通知中标人并向其发出授标意向书，通知所有未中标的投标人，退还他们的投标保函。

第五，签订合同。招标人收到投标者的支付中标服务费承诺书后，与中标的投标者签订书面合同，我国《政府采购法》规定，合同必须在30日内订立。

至此，招标程序告一段落。

讨论案例

浙江：招投标造假给国家造成损失谁之责？

国家大型工程项目萧山大陆引水工程项目在招投标过程中，3家企业参加投标，两家企业造假，结果造假相对严重的企业中标，给国家造成近2 000万元的损失，对此，浙江省重点工程招标办的主要负责人振振有词地说："招标企业哪有不造假的？我们也没有办法，此次可暂不予追究，以后成批了再处理。"

违反规定中标

据知情人反映，2009年3月23日，浙江省招投标中心关于萧山东片区域供水（江东水厂）一期工程投标中发现宁波三鼎钢管工程公司（以下简称三鼎公司）存在弄虚作假和严重违反招标规定和欺骗招标方领导与专家的违法行为：三鼎公司在投标文件中的清单中提供的4套生产螺旋管大型设备，实际上三鼎公司只有1套螺旋管生产设备，其余3套根本不是三鼎公司的，三鼎公司谎报其他公司设备充自己实力。同样，三鼎公司在投标文件中提供8台50吨起重设备，实际上只有1台32吨和3台10吨起重设备，不符合《评标定标办法》中第三大项第二小项第八点的投标文件符合性审查规定。还有在设备清单中提供的φ3 000的平头倒棱机，事实上在投标之前根本不存在φ3 000的平头倒棱机，只有φ2 200平头倒棱机，不符合《评标定标办法》中第三大项第二小项第八点的投标文件符合性审查规定。

省厅批示无果

另外,三鼎公司提供的资信等级证明为 2006 年 6 月发证的证书,有效期为 1 年,提供的生产许可证检验报告是 2004 年取证时的检验报告(其中附了 2001 年检验报告),也严重不符合《评标定标办法》中第三大项第二小项的投标文件符合性审查规定。有人将此情况反映到浙江省公安厅,公安厅很快部署宁波市公安机关进行核查,基本确定三鼎公司部分造假属实。为了维护公平竞争的市场经济秩序,遏制招投标中的不法行为,2010 年 2 月 8 日,公安厅特将三鼎公司造假的情况致函浙江省发展改革委员会。然而,时间过去 3 个多月,浙江省发展改革委员会及其下属的浙江省重点建设办公室无动于衷,视给国家造成的近 2 000 万元损失而不见,竟未对三鼎公司有过任何处罚。

造假成本太低

3 月 31 日,杭州下着小雨,记者在浙江省发改委大楼里采访了浙江省重点工程建设办公室陈祥鹏主任。

记者:"我想就招标中的一些情况,和发改委来交流一下。"

陈主任:"省公安厅发过来一个函,我们要处理,是批处理。现在招投标企业造假太多,再说他不是投标的时候出现问题的,我们也很无奈,我们一批处理。"

记者:"这种造假行为发生了以后,我们省发改委会怎么处理? 给国家造成千万损失怎么办? 三鼎企业多拿的政府的钱,怎么追回?"

陈主任:"发现问题是事后了,我们怎么办? 造假的成本太低,违法成本太低。"

记者:"浙江省的招投标环境就这么差吗? 浙江省发改委在做什么? 是不是存在不作为行为?"

陈主任:"招标企业作假的很多,我们发改委要成批的处理。"

记者:"就这两次招标中三鼎企业作假,多套去财政资金近 2 000 万元,怎么处理这个问题,发改委应如何纠正这种违法行为,怎么挽回给国家造成的损失?"对此,陈主任没有明确回答。

资料来源:中国招标信息网,2010 年 5 月 25 日。

【讨论的问题】

1. 宁波三鼎钢管工程公司是如何造假的?
2. 我国目前招投标过程中对供应商的责任是怎样规定的?
3. 你认为本案例的问题应如何解决,理由是什么?

4.2 邀请招标采购方式

导入案例

邀请招标 打分选取邀请对象不可取

受某高校的委托,2010 年 6 月 29 日,××省一市级政府采购代理机构拟就该高校新建教学楼内安放的授课桌椅进行邀请招标。

7 月 5 日,该采购代理机构在财政部门指定的政府采购信息宣传媒体上发布了邀请招标资格预审公告。7 月 10 日,该高校及采购代理机构欣喜地发现,已经有 17 家供应商报名并提交了资格证明文件。因为要赶在开学之前将课桌椅采购齐全,时间比较紧迫,该采购代理机构应采购人的要求,于 7 月 11 日下午 5 点截止了报名,并对已经报名的 17 家供应商进行资格预审。在资格预审中,13 家公司通过了资格预审。随后,该采购代理机构采用逐一打分的方法,对 13 家公司依据其提供的资格证明材料进行打分,并按照分数高低进行排名。为了体现公平公正,该采购代理机构在打分现场宣布,邀请得分排名前 7 位的公司参与该项目的投标。结果,这一做法不仅引起其他 6 家落选公司的质疑,而且也引起另外一家没有报上名的公司的质疑。

案例详情链接

http://blog. 163. com/wfwill @ 126/blog/static/137180295201021421840528/,2010 年 3 月 14 日。

案例引出的问题

1. 代理机构邀请招标的依据是什么?
2. 资格预审公告的期限应该多长?
3. 邀请招标的资格是如何确定的?

原理知识

公开招标最能体现政府采购制度的优越性,其优点突出,但其有一定的局限,并不适应所有的政府采购项目,这就是在公开招标之外规定邀请招标采购方式的原因。

4.2.1　邀请招标采购方式的含义及特点

邀请招标又称为有限竞争招标，是指招标人以投标邀请书的方式邀请特定法人或其他经济组织投标。只有接到投标邀请书的供应商才有资格参加投标，其他潜在的投标人则被排除在投标竞争之外。

邀请招标中采购人应当在符合相应资格条件的供应商中，通过随机方式选择3家以上供应商，向其发出投标邀请。被邀请的供应商必须具备的条件如下。

第一，具备单独承担招标项目的能力。如施工招标，被邀请的施工单位必须具备与招标项目相应的施工资质等级。

第二，资信良好。

与公开招标采购相比，邀请招标采购方式有如下特点。

(1)发布信息的方式为投标邀请书；

(2)采购人在一定范围内邀请供应商参加投标；

(3)竞争范围有限，采购人只要向3家以上供应商发出邀请标书即可；

(4)招标时间大大缩短，招标费用也相对低一些；

(5)公开程度逊色于公开招标。

4.2.2　邀请招标采购方式的适用条件

目前，我国在两部法律中对邀请招标做出了规定。我国《政府采购法》第三章第二十九条规定，符合下列情形之一的货物或服务，可以依照本法采用邀请招标的方式采购：首先，具有特殊性，只能从有限范围的供应商处采购的；其次，采用公开招标方式的费用占政府采购项目总价的比例过大的。

我国的《招投标法》也规定了可以采用邀请招标的项目：其一，技术比较复杂或专业性很强的货物、工程、服务，潜在投标人较少或者招标人对潜在投标人比较了解；其二，期限紧张或采购价值低；其三，需要保密。

总之，邀请招标对招标者而言，简化了对投标者的资格审查及投标文件评审的工作量，提高了工作效率；对投标者而言，提高了中标的几率，减少了投标的风险性。因此，对于技术含量高、技术支持及后续服务有特殊要求，且限于有限供应商能够满足供货条件的项目，多采用邀请招标采购形式。但是邀请招标限制了投标的范围，有可能排斥一些具有优势的竞争者。

对导入案例：

第一，按照我国《政府采购法》的规定，对于潜在供应商比较多、采购金额又比较大的项目，应该以公开招标方式进行采购。案例中采购的“课桌椅”如果没有特殊装置和特殊设计，应该不存在特殊性，能生产的供应商也较多，如果不存在公开招标的费用过大的情况，还是要尽量采取公开招标方式进行采购，保证充分竞争。

第二,预审公告不得少于7个工作日。在以上案例中,7月5日发布资格预审公告,7月11日截止公告,这期间仅有6天的时间,除去休息日,实际上只有5个工作日。这是不符合《政府采购货物和服务招标投标管理办法》规定的。《政府采购货物和服务招标投标管理办法》第十五条规定:采用邀请招标方式采购的,招标采购单位应当在省级以上人民政府财政部门指定的政府采购信息宣传媒体上发布资格预审公告,公布投标人资格条件,资格预审公告的期限不得少于7个工作日。

法律规定的是7个工作日,并非7天。有些公告仅发布7个自然日,严格来说也是不符合规定的。

第三,随机选择3家以上参加投标。对于该案例中"按照打分情况选择前7名参加招标"的做法,《政府采购货物和服务招标投标管理办法》规定,采用邀请招标的,投标人应当在资格预审公告期结束之日起3个工作日前,按公告要求提交资格证明文件。招标采购单位从评审合格投标人中通过随机方式选择3家以上的投标人,并向其发出投标邀请书,也可邀请全部合格的投标人参加投标,并向其发出投标邀请书。

总之,案例中,采购代理机构采用打分的方式是不符合法规要求的。打分过程相对主观,难免存在个人因素影响评分结果,采用随机抽取的方式更加公平公正。

讨论案例

邀请招标采购亟待规范与整治

由于《政府采购法》对邀请招标采购并没有像竞争性谈判或询价采购那样规定了具体的操作程序,从而导致实际工作中的邀请招标行为极不规范,有的成了规避公开招标的借口,有的变相大搞地方保护,有的私下进行"邀请"大搞暗箱操作等,不仅扰乱了政府采购市场秩序,还滋生了腐败行为。对此,邀请招标采购亟待规范与整治。

1. 邀请招标的法定适用条件亟待细化

《政府采购法》第二十九条明确规定了"邀请招标"方式的两种适用情形,一是"具有特殊性,只能从有限范围的供应商处采购的货物或服务";二是"采用公开招标方式采购的费用占采购项目总价值的比例过大的货物或服务"。我们从中不难看出,这两种邀请招标方式的适用条件规定得比较原则,不够具体,在实际工作中很容易会给舞弊行为留下可乘之机。

具有特殊性的项目可使用邀请招标,可究竟什么样的情形才能称得上是"特殊性",这就需要做出具体的、可操作性的规定。由于采购项目的特殊性决定了项目是否可以采用邀请招标方式,实际工作中各种规避公开招标而采用邀请招标方式采购的一大借口,就是片面强调自己采购项目的种种特殊性,如,着急要用,或要有专业性的服务网点等情况，而这些特殊性是否合理、是否规范，就无从考证，更无法下结论，因为法律上并没有对特殊性一词做出具体的规定，因而缺少了公认的参照标准和判断依据，这就给制造特殊性留下了更大的空间、借口或理由。

因此，为了规范和约束各种借口性的特殊性，就必须要细化符合法律意义和法律规定的特殊性，以让真正具有法律意义上的特殊性制度化，便于其采用邀请招标方式采购，而对其他一般意义上的特殊性，则明确规定不予考虑，不准其使用邀请招标方式采购。对特殊性作制度化的具体规定，就能更好地规范邀请招标方式的使用行为。

采购费用占采购价值比例过大的项目可采用邀请招标方式，可比例多大才能称得上是过大，需要细化规定。《政府采购法》规定，对采用公开招标方式的费用占政府采购项目总价值比例过大的货物或服务，也可以采用邀请招标方式采购，但这个比例究竟达到多大时，才能称得上是过大的情形，目前还没有一个具体的判断标准，这就给实际操作带来了难度。

因为这个比例的高低，是否能称得上法律上认为是过大的情形，是决定采购项目能否采用邀请招标方式采购的一个重要依据，而如果缺少过大的比例标准，自然就会造成邀请招标方式的使用具有一定的随意性了，进而就难以有效地规范政府采购行为，因此，采购费用占采购价格的比例达到多大时，才可以使用邀请招标方式，必须要有一个量化的判断标准。

对只能从有限范围的供应商处采购的项目也可使用邀请招标，那么，究竟多小的范围才能称得上是“有限范围”，也需要进行细化。从采购方式的使用情形来看，尽管采购项目具有一定的特殊性，但如果其供应渠道较多或供应商范围较广时，也不能采用邀请招标方式采购，而只有在“只能从有限范围的供应商处采购”的情况下，才能使用邀请招标方式来采购，因此，这“有限范围”又成了是否可以采用邀请招标方式采购的一大条件，而何种情形才能称得上是“有限范围”，同样需要对其进行细化，否则，仍有不少的漏洞可钻。

2. 实际工作中出现的各种各样的不规范的“邀请招标”行为

随意“简化”邀请招标的操作环节，弱化内部牵制和监督力度。在实际工作中，有不少的采购人或采购代理机构，在选择邀请对象时，既不对外发布邀请招标信息，又没有实施供应商的资格预审，更没有随机抽选的程序等，而是仅凭采购操作人员的集体推荐，或仅凭几张名片等，就简单地找几个供应商作为邀请招标的对象，即使他们没有任何私心杂念或其他腐败行为，但这种不负责任的做法也有可能影响到采购项目的采购质量，甚至于严重地危及采购人的正当权益。

因此，我们必须要对邀请招标工作制定出一系列的操作程序，以规范邀请招标行为。如，可以要求采购人在省级财政部门指定的媒体上公开发布其邀请招标信息，然后再对响应人进行资格预审，最后，再在资格合格的供应商中通过随机方式抽选不少于3家的供应商作为邀请招标的对象进行邀请招标，通过这样程序，既可以相互牵制、相互监督，又能体现出客观公正、公平合理的必要手续和环节，能够有效避免各种暗箱操作行为。

利用确定邀请对象的主动权，大搞人情关系网。对拟邀请的投标人或供应商，应当有其严格的产生程序，不能由少数人指定或进行内线式的单方联系，事前必须严格地做好邀请对象的资格审查工作，对各种人情介绍商、关系商、低资质商等，应坚持做到毫不留情地回避，对各种无资质商，甚至于一些有违法前科劣迹的不法商等，必须要坚决做到毫不客气地将其拒之于政府采购的大门之外，只有这样，才能有效地防范有些人利用选择邀请对象的机会，变相地邀请其人情关系商等，以蒙混大家的视线，达到其暗助某些投标人或供应商中标的舞弊行为。

以邀请为名，有意回避外地供应商的介入，变相搞地方保守。实际工作中，有些地方的集中采购机构及其工作人员等，为了地方的利益，在邀请招标的采购操作中，总是有意缩小其邀请对象的选择范围，甚至于不向外地的高资质、竞争力强的供应商或潜在的投标人发出邀请投标通知，根本不想充分公开其招标采购信息，这就变相地排斥了外地潜在投标人或供应商介入本地的政府采购市场，严重地影响了政府采购的质量和效果。

因此，对邀请招标行为，我们必须要注意其信息的公开情况，按规定，邀请招标的信息至少要在省级财政部门指定的政府采购媒体上公开发布，而不得仅在当地小范围内公开，更不得不公开就操作完毕，只有充分对外公开发布采购信息，才能最大限度地诱发潜在的投标人或供应商之间的激烈竞争，采购工作的市场效应才能真正形成。

3.规范“邀请”行为的根本措施

(1)要认真研究采购项目的特殊性，以防供应商的资格条件满足不了采购项目的特殊要求，使邀请对象的确定更具针对性。《政府采购法》第二十九条明确规定了只有“具有特殊性，只能从有限范围的供应商处采购的货物或服务”，或者是“采用公开招标方式采购的费用占采购项目总价值的比例过大的货物或服务”，才能使用这种邀请招标方式采购。

针对这两种适用邀请招标特殊情形的采购项目，对中标或成交商也必定有特殊的资格要求，否则，如果所有的供应商都有资格参与投标活动，就说明采购项目没有其特殊性，那就不能使用邀请招标方式来采购了。

因此，邀请招标采购方式下的供应商，必然要具备特殊的资格要求，但这种特殊的资格条件也必须具有针对性，必须要能满足和有效解决采购项目的特殊性，否则，同样会使邀请招标采购丧失其目的和意义，而供应商究竟应具备哪些方面的特殊资格要求，必须在事前具体地明确下来，以便更加准确地邀请到符合采购项目特殊要求的供应商。

(2)要公开发布邀请招标采购信息,以营造一个公开透明的邀请招标工作环境,使邀请对象的确定更具公开性。

对外发布邀请招标信息是邀请招标采购操作的重要环节,更是公平合理地确定邀请对象的核心程序,实际工作中,有不少采购代理机构及其工作人员,出于暗箱操作的目的或地方保护主义的思想,变相对外封锁邀请招标信息,不邀请外地供应商参与当地的政府采购活动。

对此,邀请招标小组必须根据采购项目对供应商的资格要求,拟定供应商的资格预审公告,并按规定,将邀请招标的公告信息在财政部门指定的政府采购信息媒体上充分地对外公开发布,以让所有的供应商都能公平地获得邀请招标的有关信息,并能做出积极的响应,这样才能扩大邀请招标的透明度。

(3)要成立邀请招标小组,以防范各种责任不清或其他暗箱操作行为,使邀请招标采购工作更具规范性。由于《政府采购法》对邀请招标采购方式并没有明确要求要成立相应的邀请小组,从而导致不少地方在其实际工作中,对邀请招标采购采取了松散型的操作方式,随意性很大,有的时候,采购代理机构的工作人员可能都想参与邀请招标活动,但谁也不想担负责任;有的时候,可能仅由少数人甚至于个别人直接指定邀请对象,使邀请招标的采购直接进入了投标操作环节等,这就使得邀请行为失去了规范性和严肃性。

因此,为了增强邀请招标工作的透明度及其公正性,对邀请招标采购活动,也必须要组建一个专门的工作小组,并邀请采购人代表及其相关的采购评审专家共同参与。

(4)要严格规范供应商的资格预审行为,以使邀请对象的确定更具公正性。在公布出投标人的资格条件后,肯定会有不少的潜在投标人做出积极响应,但这些响应人是否都符合特定的资格条件,则必须进行严格的资格审查,特别是少数不法响应人,很可能会提供种种虚假材料蒙混过关,很难被识破,因此,作为邀请小组的评审成员必须要内查外调,对资格含糊的,或各种人情关系商,低资质商,甚至于一些不法商等杜绝在政府采购大门之外,并将所有符合条件的供应商评选出来,以充分显示采购工作的公正性。

(5)要随机抽选3家以上的响应人作为邀请招标对象,以使邀请对象的确定更具公平性。在邀请小组评审出所有具有合格资格的潜在供应商后,究竟应邀请谁参与投标活动,也不能凭少数人说了算,更不能由个别人直接或暗中指定,而必须采用随机的形式抽选,或是通过摇号的方式等大众比较容易接受的简易形式来实施,这样就能有效地避免和遏制各种暗中操作的舞弊行为,邀请对象的确定就会比较公平了。

资料来源:http://www.projectbidding.cn/,2008年10月16日。

【讨论的问题】

1. 邀请招标的适用条件是怎样规定的?

2. 邀请招标具体实施时如何避免搞地方保护?

3. 邀请招标的法定适用条件是否存在问题?

4.3 竞争性谈判采购方式

导入案例

哈尔滨市城市绿化办公室消防水车采购项目竞争性谈判公告

黑龙江省正信建设工程招投标有限公司受哈尔滨市城市绿化办公室委托,对哈尔滨市城市绿化办公室消防水车采购项目进行竞争性谈判招标,现邀请合格投标供应商参加投标。

一、采购内容:消防水车1台。

二、合格投标供应商条件:

1. 投标供应商须是在中华人民共和国依照中华人民共和国法律注册的合法企业并具一定规模的企业;

2. 参加本项目投标的投标供应商应具备《政府采购法》第二十二条供应商资格条件;

3. 投标供应商须在法律和财务上独立、合法运作并独立于招标机构和采购人的供应商;

4. 参加本项目投标的潜在供应商,须在黑龙江省政府采购网注册登记并经黑龙江省政府采购管理办公室审核合格。

三、报名及购买招标文件须知:

1. 投标申请人请携带企业法人营业执照、相关资质证书、供应商资格证明、授权委托书、被授权人身份证等以上材料的原件及复印件(复印件加盖公章),于2010年7月16日至2010年7月20日(节假日除外)每天上午09:00至11:30,下午13:30至16:00到哈尔滨市红旗大街235号投资大厦17层黑龙江正信建设工程招投标有限公司报名。

2. 招标文件发售时间:2010年7月16日至2010年7月20日(节假日除外),每天上午09:00至11:30,下午13:30至16:00。

3. 招标文件发售地点:哈尔滨市红旗大街235号投资大厦17层黑龙江正信建设工程招投标有限公司。

4. 开标时间:2010年7月21日09时30分(北京时间)。

5. 开标地点:哈尔滨市红旗大街235号投资大厦17层A座黑龙江正信建设工

程招投标有限公司会议室。

6. 投标文件递交截止时间:2010 年 7 月 21 日 09 时 30 分(北京时间)。

7. 投标文件递交地点:哈尔滨市红旗大街 235 号投资大厦 17 层 A 座黑龙江正信建设工程招投标有限公司会议室。

8. 有关本项目投标的其他事宜,请与黑龙江正信建设工程招投标有限公司联系。

采　购　人:哈尔滨市城市绿化办公室

采购代理机构:黑龙江正信建设工程招投标有限公司

办 公 地 址:哈尔滨市开发区红旗大街 235 号投资大厦 17 层

联 系 电 话:0451－82362803－8012　　13654545850

联　系　人:梁达仁

传　　　真:0451－82362805－8000

邮 政 编 码:150090

日　　　期:2010 年 6 月 17 日

案例详情链接

中国政府采购网,2010 年 7 月 16 日。

案例引出的问题

1. 从公告中,你是否分辨出竞争性谈判采购与前面讲过的两种采购方式的区别?

2. 哪些政府采购项目适用竞争性采购方式?

3. 参加本项目投标的供应商应具备哪些条件?

原理知识

虽然公开招标采购是各国主要的采购方式,但对某种特殊商品采购并不适用,这就需要采用另外的国际通用的政府采购方式,即竞争性谈判采购方式。

4.3.1　竞争性谈判采购方式的含义及特点

竞争性谈判采购就是在一项采购活动中,采购人通过与不少于 3 家供应商就采购事宜与单一供应商分别进行直接谈判,按照预先规定的评审标准、成交原则,最终确定最佳供应商的一种方式。竞争性谈判采购既有公开招标采购方式的某些优点，也有自身的特点，其特点突出表现在以下方面。

第一，采购人可与供应商进行直接谈判。通过一次或多次谈判，采购人可就采购商品的价格、性能、数量等事宜与供应商沟通，使采购朝预期的目标靠近，最终买到符合要求的商品或服务。

第二，缩短时间，减少工作量。由于不是广泛招标，免去了公开招标采购的准备标书、投标、开标、评标等大量工作，与供应商直接接触谈判也大大节省了时间，提高了工作效率。

第三，有利于保护民族产业。实行竞争性谈判采购方式，可以对供应商的范围和数量加以限制，可鼓励采购方多选择国内符合条件的供应商，多购买本国产品。

第四，促进供应商提高供应产品的高科技含量。采购人事先提出拟采购产品的特殊要求，参与竞争的供应商为取得胜利，会充分展现自己商品的科技优势，最终得到的采购对象性能可能会超过采购的要求，使采购人获得技术含量更高的产品。

竞争性谈判的优点主要表现在：一是竞争性谈判没有严格的时间限制，而且谈判过程也没有强制的时间限制；而招标采购自招标文件开始发出之日起至投标人提交投标文件截止之日止，不得少于20个工作日，同时，投标文件递交时间、开标时间要求非常严。二是采用竞争性谈判方式采购，在操作方法上比较灵活，可以根据采购人的需要在总体原则、程序不变的前提下灵活运用。三是采用竞争性谈判方式采购能给采购人和供应商很大的商谈空间，通过谈判，采购人可以发现综合实力强的供应商，供应商也可以通过自己的实力赢得商机。

竞争性谈判存在的弊端主要表现在：一是操作上比较麻烦。采用竞争性谈判方式采购，具体操作上比其他方式要麻烦得多，其要求谈判小组集体与单一供应商逐个谈判，从时间上讲，没有其他方式快捷，如果供应商人数多，采购项目又比较复杂，那么就需要花费很多时间，同时需要耗费大量人力、物力、财力，无形中增加了采购成本，影响采购效率，同时也会影响到采购人及供应商的情绪，进而影响到政府采购的形象。二是容易滋生腐败问题。竞争性谈判容易滋生腐败问题，有“不公”的嫌疑。因为竞争性谈判重点在于“谈”，难免夹杂个人感情，带有个人的某种主观愿望。对于采购人心目中的供应商在谈判中难免带有个人倾向性因素。三是容易产生串标行为。由于竞争性谈判采购“战线长”，现场不好控制，容易出现政府采购当事人之间串通，特别是供应商之间的暗中相互勾结、相互串通，弄虚作假、徇私舞弊，以谋取非法利益。

拓展阅读

竞争性谈判是否应一味采用最低报价原则

近日，某地政府采购监管部门反映，竞争性谈判采购在报价最低原则下确定成交供应商时，采购人对采购结果存在不满的情况。采购人认为，供应商是以报价最低原则确定的，而采购中没有对供应商的综合条件进行充分考虑，使得采购的产品与需求不符。竞争性谈判具有采购周期短、采购成本低等优点。但由于法律规定的操作程序相对比较笼统，对一些具体细节如何操作没有明确，致使实际操作遇到不少问题。其中，对于是否应该一味采用报价最低原则确定供应商的问题，在操作中颇有争议。

困惑：如何衡量"质量与服务"相等

在竞争性谈判采购中，在满足采购人需求的情况下，毋庸置疑，坚持报价最低原则既简化了操作程序，提高了工作实效，又压缩了供应商的利润空间，降低了采购成本。"对于适合采用竞争性谈判的项目来说，在其他评审要素一致的情况下采用报价最低原则，简便易行，也让供应商心服口服。"辽宁省政府采购中心主任段君明说。

那么究竟"惑"从何来呢？《政府采购法》第三十八条规定，采用竞争性谈判方式采购时，根据符合采购需求、质量和服务相等且报价最低的原则确定成交供应商。就是其中"质量和服务相等"这个前提令很多实际操作者感到头疼。段君明在采访中表示，不同品牌、不同型号产品的质量和服务是否相等是不具有可比性的，如果因为"技术复杂或者性质特殊，不能确定详细规格或者具体要求"而进行竞争性谈判采购的，在采购活动开始前，采购人无法清楚描述所要求标的的具体要求，供应商在投标时所投的也是很难和标书要求一致的。

"在实际操作中，要做到质量和服务相等是很难的。尤其是服务类、工程类、软件类项目，由于涉及售后服务等一系列问题，就更难比较其相等性。"陕西省政府采购中心相关负责人认为，在这种情况下，如果一味以报价最低原则来确定成交供应商，会导致采购人买到低价质次产品或是错失购买性价比高的产品的机会。

对策：不同项目不同对策

"在竞争性谈判采购中，采用报价最低原则应该视项目不同而采取不同对策，不能一概而论。"某部委政府采购处相关负责人"分而论之"的观点得到了业内一些监管部门的赞同：对于标准定制商品及通用服务项目，其货物规格明确、标准统一，判断"相等"与否有据可依，应采用最低评标价法；而非标准定制商品及非通用服务项目，技术复杂或者性质特殊的采购项目，则宜采用更加综合、严谨的评价原则。归结起来主要是引入专家的全程论证、把关，同时谈判过程中要求对产品进行实地测试，以实际效果评判，最后选取质量、服务好且价格最低的供应商。辽宁省政府采购中心还采取给产品的质量、服务、价格分别评分的做法，在质量与服务2项相加总和或每项得分都相等的前提下，优先选取报价最低的供应商。接受采访的相关人员建议，对竞争性谈判等非招标方式的具体操作，以及实务工作中遇到的问题，希望财政部能尽快出台相关办法，以利于执行。

专家：加强技术谈判

"竞争性谈判采购采用报价最低原则，理论上是没有问题的。质量和服务相等这一前提的实现确实存在操作性不强的问题。"国信招标有限责任公司总工程师荆贵锁表示。但荆贵锁同时强调，追本溯源，在最初采购方式确定环节是否合理同样需要认真考量。如果采购人在乎价格因素就采用竞争性谈判采购方式，在乎性价比可以采用其他采购方式，重要的是应该严格按照《政府采购法》中规定的适用情形来确定采购方式。采购人需求是否真正紧急？项目产品是否技术复杂或性质特殊？这些都需要有严谨的论证。

同时，五矿山东项目部工程师王毅青认为，多数采购人在谈判过程中更多地关注价格谈判，而没有把技术方案的谈判放在更重要的位置上。谈判过程中应将采购要求清楚明白地提出并进行逐项比较，从而保证采购需求更加明晰。段君明表示，要保证最终的采购效果，作为采购单位自身，还应重视合同履约验收环节，否则很可能让前期的精心准备和执行过程的严谨操作功亏一篑，而供应商则应该诚信经营、公平竞争。

资料来源：《中国政府采购报》，2010年9月20日。

4.3.2 竞争性谈判采购方式的适用条件

我国《政府采购法》第三十条规定，竞争性谈判采购方式针对的采购对象主要指货物或服务，只适用于法律不允许使用公开招标采购方式的以下四种情形。

第一，招标后没有供应商投标，或者没有合格的，或者重新招标未能成功的。有三种情况：一是招标后没有供应商投标；二是招标后有效投标供应商没有达到法定的3家以上，或投标供应商虽达到3家以上，但其中合格者不足3家的；三是再进行重新招标也不会有结果且重新招标不成立的。

第二，技术复杂或性质特殊，不能确定详细规格或具体要求的。主要是针对技术含量高和特殊性质的采购对象，如软件系统的开发与设计，采购人无法确定有关详细规格和具体要求时，可采用竞争性谈判采购。

第三，采用招标所需时间不能满足用户紧急需要的。公开招标采购有固定的程序，所需采购时间较长，当采购人出现不可预见的因素急需采购时，无法用公开招标采购方式得到所需商品或服务的。

第四,不能事先计算出价格总额的。对以前不曾采购或很少采购的货物或服务,由于其复杂或特殊性,掌握的成本信息不足,不能计算出价格总额的。

简言之,当采购方公开招标后,如果出现没有供应商投标或者没有合格标的的情况,或者是无法按公开招标方式得到以及不可预见的急需采购情况,可以采用竞争性谈判采购方式;此外,当投标文件的准备和制作需要较长时间才能完成或需要高额费用时,也往往采用竞争性谈判采购方式。

4.3.3 竞争性谈判采购的基本程序

《政府采购法》第三十八条规定,采用竞争性谈判方式采购的,应遵循下列程序。

第一,成立谈判小组。谈判小组由采购人的代表和有关专家共3人以上的单数组成,其中专家人数不得少于成员总数的2/3。

第二,制定谈判文件。谈判文件应当明确谈判程序、谈判内容、合同草案的条款以及评定成交的标准等事项。

第三,确定邀请参加谈判的供应商名单。谈判小组从符合相应资格条件的供应商名单中确定不少于3家的供应商参加谈判,并向其提供谈判文件。

第四,谈判。谈判小组所有成员集中与单一供应商分别进行谈判。在谈判中,谈判的任何一方不得透露与谈判有关的其他供应商的技术资料、价格和其他信息。谈判文件有实质性变动的,谈判小组应当以书面形式通知所有参加谈判的供应商。

第五,确定成交供应商。谈判结束后,谈判小组应当要求所有参加谈判的供应商在规定的时间内进行最后报价,采购人从谈判小组提出的成交候选人中根据采购需求、质量和服务相等且报价最低的原则确定成交供应商,并将结果通知所有参加谈判的未成交供应商。

讨论案例

竞争性谈判是把“双刃剑”

利用好竞争性谈判这把“双刃剑”

成立相应的临时机构。要成立谈判小组和工作人员小组。谈判小组成员要符合下列要求:一方面,谈判小组成员中专家人数不得少于成员总数的2/3。另一方面,根据竞争性谈判的特殊性,谈判小组成员不仅要具备过硬的政治思想素质和精湛的专业技能,同时必须具备较好的口才,敏捷的思维,轻松驾驭现场,以及应对各种临时紧急情况的能力,要根据实际情况抽调足够的工作人员,团结一致,各负其责。

采购之前要做好充分的准备。一是采用竞争性谈判方式采购的,对于那些采购项目复杂，一些详细的规格、具体要求需要通过谈判确定的，在谈判前要做好市场调研。对谈判项目设计的内容，要做全面的分析，了解市场行情，搜集市场信息，搞好市场调查，做好充分准备，做到心中有数，以应对谈判中可能出现的新问题，新情况。二是选择合适的谈判场所。谈判场所最好选定在僻静、宽敞的地方，会场布置应当合理、科学，显得轻松和谐，体现谈判双方平等、自愿；对等待谈判的供应商，要安排好休息的地方，搞好服务。三是谈判文件的制作要规范。严格按照《政府采购法》的规定，谈判文件应当明确谈判程序、谈判内容、合同草案的条款以及评定成交的标准等事项。

严格控制参加竞争性谈判的供应商人数。由于竞争性谈判是谈判小组所有成员集中与单一供应商进行谈判，这就需要一定的时间，如果谈判的供应商家数很多，就需要很长的时间；如果供应商太少，又会缺乏竞争力，达不到满意的采购目的。这就需要采取随机抽取一定数量的供应商进行谈判。如此操作既合乎规范，又能够节省一定的时间、人力和财力，提高政府采购的效率。

正确把握竞争性谈判方式的适用范围。对于政府采购部门来说，当你执行一项采购业务时，一定要根据该采购项目的具体情况，根据采购人的具体要求，按照《政府采购法》的规定，如果符合第三十条规定的竞争性谈判方式的四种情况之一的，就可以选择竞争性谈判的采购方式，否则尽量使用其他方式。

谈判过程要公正、公平、公开

谈判双方要共同遵守谈判纪律，共同维护好谈判秩序，谈判要按程序有条不紊地进行。谈判小组要公平对待每一个供应商，要本着客观公正、自愿的原则进行谈判。与每个供应商谈判的内容必须一致、口径一致，标准要求统一。

要注意把握谈判技巧。政府采购竞争性谈判是一场专业性的特定会谈，谈判过程要始终紧紧围绕所要谈判的主题，以采购项目的具体内容为核心展开谈判；注意谈判顺序和谈判语言，特别是在谈判过程中不能随便透露与谈判有关的其他供应商的技术资料、价格和其他信息。

加强监督管理，防止出现“串标”现象。由于竞争性谈判是先谈判后报价，中间有很长的时间和空间，这就给那些思想不纯，想投机钻营的供应商创造了造假的机会。因此，要加强全程监督监控，防止出现供应商之间暗中勾结、弄虚作假等串标行为。

资料来源：中国政府采购网，2009年8月6日。

【讨论的问题】

你认为本案例的问题应如何解决，理由是什么？

4.4 单一来源采购方式

导入案例

佛山市妇幼保健院程序降温仪单一来源采购公告

现对佛山市妇幼保健院的下列项目进行单一来源采购,欢迎合格的公司参加。

一、采购编号:FSWA1007057D

二、项目名称:佛山市妇幼保健院程序降温仪(具体如下)

包号	产品名称	品牌	单位	数量
1	程序降温仪	英国 PLANER	台	1

本项目共 1 个分包,供应商必须对整个分包进行谈判。要求详见谈判文件第二部分采购项目内容。

三、谈判准入资格:参加本项目谈判的供应商除应具备《政府采购法》第二十二条供应商资格条件外,还必须符合下列要求:

1. 供应商须是中国大陆境内非联合体的独立企业法人,注册资金在人民币 50 万元或以上;

2. 供应商必须为所参与谈判的货物的制造商或者为有销售授权的代理经销商;

3. 供应商须具有中华人民共和国企业法人营业执照;

4. 供应商须具有医疗器械生产(或经营)企业许可证,所谈判的货物须具有医疗器械注册证;

5. 在广东省内设有稳定可靠的售后服务机构或同类合作机构。

四、单一来源文件发售:

1. 时间:2007 年 8 月 10 日 ~2007 年 8 月 16 日(节假日除外)上午 8:30 ~ 12:00、下午 2:00 ~ 5:30 ;

2. 地点:广东省佛山市禅城区季华五路广发大厦 12 楼 1210 室;

3. 售价:人民币 150 元/份(文件售后概不退);

4. 购买单一来源文件时,请供应商提交法人营业执照副本原件和复印件、法人代码证复印件、税务登记证复印件。以上复印件资料均需要加盖供应商公章,营业执照副本原件经核对后退还。

五、答疑咨询会:本项目不举行答疑咨询会,若有疑问,请书面传真至我中心。

六、报价文件递交时间:2007 年 8 月 17 日上午 8:30 ~ 9:00(北京时间),由供应商代理人亲自递交,逾期不再接收。

七、谈判开始时间:2007 年 8 月 17 日上午 9:00(北京时间)。

八、报价文件递交及谈判地点:广东省佛山市禅城区季华五路广发大厦 20 楼。

九、投标保证金缴纳:人民币肆仟元整(¥4 000 元),投标保证金须在谈判开始前 1 个工作日到账,具体详见单一来源文件中第三部分供应商须知。

十、联系人:××× 电话:0757-83636019 传真:0757-83636088

网址:www.fsmbc.org.cn www.fshealth.gov.cn

联系地址:广东省佛山市禅城区季华五路广发大厦 12 楼 1210 室。

佛山市药品集中招标采购服务中心

2007 年 8 月 10 日

案例详情链接

http://www.fsec.org.cn/zbcg_view.asp? id-846。

案例引出的问题

1. 单一来源采购的概念?
2. 单一来源采购的适用条件是怎样的?
3. 单一来源采购与前面讲过的采购方式有什么不同?

原理知识

虽然公开招标采购是《政府采购法》规定的主要采购方式,但它有适用条件,当不存在竞争时,应选择另外的采购方式进行采购。

4.4.1 单一来源采购方式的含义及特点

单一来源采购也称直接采购,是指采购机关向供应商直接购买的采购方式,即采购实体在适当的条件下向单一的供应商、承包商和服务商征求建议或报价来进行采购,是一种不含竞争的采购方式。

单一来源采购方式的特点可从两方面分析:由于它只有一家供应商提供,手续相对简单,过程相对简化,采购程序简单,具有其他采购方式不可比的优点,同时,由于缺乏竞争,采购方在竞争中可能处于不利地位,单一供应商会借此机会提高商品或服务的价格或提出附加条件,造成采购方采购成本的提高。

4.4.2　单一来源采购的适用条件

单一来源采购方式只有在非常特殊的情况下才使用。法律规定这些非常特殊的情况指以下三种。

第一,只能从唯一供应商处采购的。即只有一家供应商才能提供该种采购商品或货物,通常是指专利产品、新型产品、定制产品、独家提供的服务艺术品、秘密咨询,涉及国防或国家安全的采购,无其他合适替代标等。以我国为例,一些垄断性行业如自来水,经营虽然由多家经营机构完成,但属于同一类机构,有统一的政策,采购人需要的自来水只能向自来水公司采购。

第二,发生了不可预见的紧急情况不能从其他供应商处采购。如发生某些自然灾害时,一些紧急救援的物资来不及走采购程序,只能立即就近采购。

第三,原采购的后续维修、零配件供应、更换或扩充。由于兼容性或统一规格的需要,保证与原有采购项目一致性和服务配套的要求,在一定时间内必须向原供应商采购;在原招标的范围内,追加合同以外且合同价格不超过原合同价格的50%的工程,如采购大型设备,因维护需要,必须要求提供该设备的供应商负责维修服务;采购建筑材料,维修时需要购买相同规格和颜色的墙砖等。

当采购方式确定为单一来源采购后,采购机关就可以通过向单一的供应商或承包商征求建议或报价的方法采购货物、工程或服务。

拓展阅读

单一来源:唯一性谁说了算

单一来源采购方式的采用尽管是少数,但是却令很多地方的监管部门感到头疼。“对于法律明确规定的添购和紧急情况下的单一来源采购倒比较好判断,而唯一性的判断确实是个很头疼的难题。”内蒙古自治区财政厅政府采购监管处相关负责人告诉记者,“慎批”是该区对此类申请的通行做法。接受记者采访的其他地区政府采购监管部门也面临类似的难题,那么各地究竟是如何解决这个难题?单一来源采购方式的审批依据又是什么?

是否“唯一”真的很难说

“采购人申请单一来源采购时明确告知,全国就一家供应商有这样的产品,要求审批,但是能批吗?”某地政府采购监管部门负责人表示,供应商是否唯一,监管部门不能光听采购人的一面之词,而依靠监管部门自身去调研或者判断,准确性也很难说,而且监管部门的精力和能力确实有限。“由于存在信息不对称,监管部门在判断供应商唯一性上有两个难点，一是鉴于各方面条件的限制，唯一与否监管部门真的吃不准；二是单一来源采购方式的审批尺度不好把握。”宁夏回族自治区财政厅政府采购监管处相关负责人表示，判断是否符合单一来源的条件，获取准确的信息确实是个难题。“单一、唯一都意味着竞争的弱化，有时甚至是没有竞争性，那就很可能采不到质优价适的产品，而且是与法律相违背的。”宁夏财政厅政府采购监管处该负责人表示，政府采购的制度设计就是要通过充分竞争来实现物有所值。因此，一定要严把单一来源采购方式的审批关。

“晒”采购需求不失为好办法

“晒需求，接受社会各界的监督”是不少地方应对单一来源采购方式申请的通行做法。“采购项目要使用单一来源采购的，无论是何种情况，都要在财政部门指定的政府采购信息发布媒体上公示不少于7个工作日，无异议者方可采用单一来源采购方式。”上海市对此实行了公示制度。“对采购预算达到公开招标数额标准以上的项目拟采用单一来源采购方式的，省财政厅应当在省级以上政府采购指定媒体上公示3个工作日，公示后无异议的予以批复。”这是《浙江省政府采购方式和采购类型审批管理办法(试行)》中明确规定的。

记者在天津市政府采购网、湖北省政府采购网、内蒙古自治区政府采购网等多地网站上都能看到有关单一来源的公示，而公示日期则从3个工作日到7个工作日不等，公示的内容包括项目名称、单一来源采购理由以及提供拟单一来源采购供应商名单等。广东省财政厅政府采购监管处相关负责人介绍，广东省采用了“专家论证+网上公示”的模式。即在采购人来函申请单一来源采购方式后，首先要经过专家论证其申请的必要性，专家可以由采购人自行选择邀请，也可以从监管处的专家库名单中抽取。专家论证之后，通过网上公示来进一步发现潜在供应商。“拿到网上晒一晒，就可以有效解决唯一与否的难题。”内蒙古财政厅政府采购监管处负责人表示，通过公示，提出异议的可能是该行业的技术专家，也可能是潜在供应商，甚至是其他社会人士。通过集体的智慧能够相对准确地证明某一项目采用单一来源采购方式的科学性。

宁夏财政厅政府采购监管处相关负责人表示，尽管该区还未实现对单一来源采购方式申请的公示，但是采取了“谁主张，谁举证”的原则，而且对此类申请采取“慎批”态度。

建议出台全国性操作细则

“《政府采购法》只对单一来源的3种适用条件进行了规定，对于细化的操作却未体现，这确实是个难题。”宁夏财政厅政府采购监管处负责人认为，尽管单一来源的采购较少，而且各地也都有了一套应对之策，但是相关法律法规的完善依然不容忽视。

“建议通过法律约束，让监管部门对单一来源采购方式申请的审批更加合法化,更加有理有据。"浙江省衢州市政府采购监管部门负责人表示,我国政府采购很多环节还需要在探索中进一步完善,而单一来源的操作细则就很有必要通过法律法规予以完善,增强实际操作的可执行性。法律法规虽未能尽善尽美,但就单一来源采购而言,地方性规章很有效地实现了补位。湖北省以《关于实施单一来源政府采购方式的管理规定》规范全省的单一来源采购项目,浙江省以《浙江省政府采购方式和采购类型审批管理办法(试行)》对单一来源予以规范,而甘肃省、山东省以及内蒙古自治区等地则以规范非招标采购方式的形式,对单一来源采购方式进行了严格的规定,让单一来源采购有据可依。

【**详情链接**】《中国政府采购报》2010 年 9 月 20 日,http://www.cfen.com.cn/web/meyw/node_8209.htm。

4.4.3　单一来源采购的基本程序

第一,提出采购理由和依据。采购人或代理机构提出采用单一来源采购方式的理由和依据,书面报政府采购监督管理部门审核。政府采购监督管理部门审核通过后下达《政府采购计划下达函》。

第二,成立采购小组。采购人根据《政府采购计划下达函》确定的单一来源采购方式,成立采购小组与供应商洽谈。采购小组由其纪检、财务、装备等业务部门 3 人以上单数组成。需要聘请专家的,可以从政府采购评审专家库或其他行业专家中聘请。

在政府采购代理机构组织的政府采购活动中,由其他政府采购方式变更为单一来源采购方式的,由代理机构比照该程序组织采购。

第三,编制单一来源采购文件。采购小组根据采购需求,编制单一来源采购文件。采购文件中应该包括采购项目需求、技术要求和服务要求等。同时拟定洽谈方案,包括洽谈的主要内容、价格承受上限、质量最低保证、服务要求、应变措施等。洽谈方案在洽谈前保密。

第四,单一来源采购文件备案。采购人在洽谈活动实施前,将单一来源采购文件、洽谈方案等资料报政府采购监督管理部门备案。政府采购监督管理部门在备案时发现采购文件或洽谈方案中的有关内容不符合政策性、公正性、准确性等情况时,提出书面修改意见,采购人修改后再报政府采购监督管理部门备案。

第五,发出洽谈邀请。采购人向洽谈供应商发出洽谈邀请,提供采购文件。

第六,组织采购洽谈。供应商按照采购文件要求编制响应文件后,携带相关资格证明文件在采购文件规定的时间、地点参加洽谈。政府采购监督管理部门及有关部门可以视情况到现场监督洽谈活动。

采购小组对供应商授权代表身份进行验证。供应商授权代表身份与响应文件不符的,采购小组拒绝与之洽谈。

供应商授权代表身份与响应文件相符的，采购小组按照采购文件要求和洽谈方案，遵循物有所值和价格合理的原则，与供应商洽谈。洽谈中，供应商可以对响应文件进行修改。

在供应商提供的货物（工程或服务）质量、数量和服务均能满足采购需求、最终报价不高于政府采购预算或洽谈方案拟定的价格承受上限的，采购小组确认采购成交，出具成交报告。

供应商提供的货物（工程或服务）质量、数量和服务不能满足采购要求、最终报价高于政府采购预算或洽谈方案拟定的价格承受上限，经洽谈不能达成一致，采购人需要调整政府采购项目预算或采购项目配置标准的，报政府采购监督管理部门审批同意后采购人继续洽谈；采购人不能调整政府采购项目预算额或采购项目配置标准的，采购项目取消。

洽谈过程由采购人指定专人负责记录，并存档备查。

第七，发出成交通知书。采购小组出具成交报告后，采购人向供应商发出成交通知书。

成交通知书发出后，采购人改变成交结果，或者成交供应商放弃成交的，应当承担相应的法律责任。

第八，采购资料备案。采购人在成交报告形成后 3 个工作日内，将成交报告、采购小组名单等资料报政府采购监督管理部门备案。

政府采购监督管理部门在备案资料时发现洽谈工作规则实质性改变洽谈方案或标准，以及采购小组未按照洽谈方法或标准进行洽谈的，应当认定采购无效，责令重新开展采购活动。

单一来源采购流程图

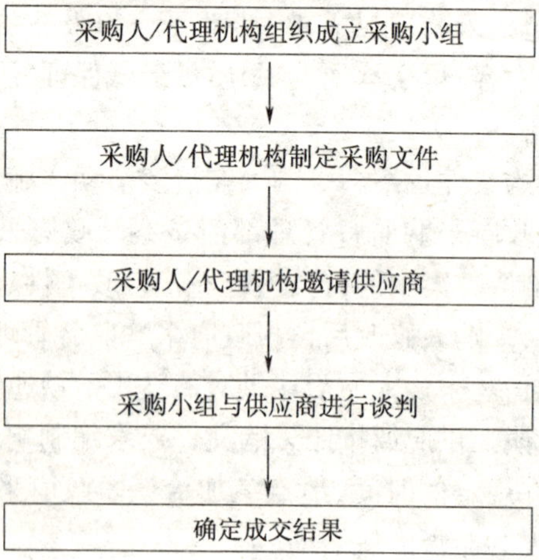

讨论案例

参数错误导致时间紧 不能“单一来源”了之

近日，某市政府采购中心在代理某精密仪器的采购项目时碰到了不少麻烦事。最终由于采购人表示该项目采购时间紧，要改成单一来源的采购方式，没想到虽然采购方式的变更得到了批准，但是却惹来更多的争议。

该项目由于属于精密仪器的采购，所以采购人单位把招标文件的技术需求部分交给其直接使用该仪器的技术部门工作人员来制作。该项目采用公开招标的方式进行采购。可是让采购人单位的负责人和采购中心工作人员很恼火的是，虽然前来报名购买采购文件的供应商很多，但是开标当天只来了一家供应商。采购中心的工作人员按照规定当场宣布了该项目废标，待报送该市政府采购监督管理部门后再做定论。但是到场的采购人单位代表却提出了异议：“这个仪器我们很着急用，这不是来了一家供应商吗？干脆我们单一来源好了。”这时，一直在一边“观察”动静的供应商代表也走了过来，对采购中心的负责人说：“我们公司无论从实力还是业内口碑来说，做这个项目都是绰绰有余的，单一来源采购吧，我们保证以最低的价格提供最好的货物和服务。”

这时，采购中心的工作人员面对两方面的“热情”很是犹豫。但是这家供应商的负责人旋即说出了一句“迫使”中心工作人员同意单一来源的话：“你们知道这个项目为什么买采购文件的供应商很多但是却只有我们一家来吗？你们这个技术参数本来就有问题。目前不管国内的还是国外的这种仪器，都没有这个参数的。我们为这个项目准备了 4 种可能的方案，这才来的。还以为你们现场会改变参数的，没想到来的供应商只有我们，直接废标了。”该供应商负责人看着采购人单位和采购中心工作人员的脸色在逐渐地变化，便接着说：“是你们的失误造成该项目废标的，但是我们为了准备这个项目花费了很多人力物力，如果最终不给我们一个交代，我们也可能会质疑、投诉，让你们给个说法。”

这样一来，采购人单位的负责人更加坐不住了：“我们急需这个仪器，申请单一来源吧。”该中心的工作人员无奈，最终同意了采购人单位的要求，向当地政府采购监督管理部门建议改用单一来源方式进行采购。但是当这个项目以单一来源的采购方式进行采购结果公告的时候，却引起了很多家供应商的不满：“要是知道改变了参数，这个项目我们也能做，怎么就直接改成单一来源了呢？我们要投诉！”

在该案例中有两点值得我们注意：一是参数错误带来的损失应该由谁来承担，二是转为单一来源采购后可不可以更改技术参数？

采购文件经手人应该签字负责

目前，各地政府采购活动进行中，采购文件的制作根据项目等方面的不同，经手人也各不相同。有些时候是采购代理机构直接全权负责采购文件的制作，有些时候是由采购人单位全权负责。像该案例中代理机构和采购人单位“合作”的情况也不在少数。但是采购文件出了错误而造成的各方损失应该由谁来承担呢？

就该案例中的情况，法律专家认为采购人单位技术部门的工作人员提供的技术参数有问题，造成了此次采购失败，而且还被一家供应商以“投诉和索赔”相要挟，这个责任应该由采购人单位来负。

首先，该项目中供应商“钻空子”的行为就应该被该采购中心和采购人单位拒绝。项目已经废标，该如何进行下一步的采购工作，应该报请当地政府采购监督管理部门酌情处理。而该供应商提出了用投诉来拖延时间和索赔前期准备等相关事宜，也应该由政府采购监督管理部门出面解决。其次，类似于该案例中采购文件经手人较多的情况，应该推行经手人签名制度。“不能提供了一个根本不存在的技术参数后就撒手不管了。”法律专家说：“谁提供的参数谁就在后面签名，这样做也可以提高相关工作人员的敬业精神，提高政府采购工作的效率。”

转单一来源要注意公平

根据《政府采购法》中关于政府采购程序的规定，项目废标后，除采购任务取消情形外，应当重新组织招标；需要采取其他方式采购的，应当在采购活动开始前获得设区的市、自治州以上人民政府采购监督管理部门或者政府有关部门批准。而如果要采用单一来源方式进行采购，应符合三种情况：只能从唯一供应商处采购；发生了不可预见的紧急情况不能从其他供应商处采购；必须保证原有采购项目一致性或者服务配套的要求，需要继续从原供应商处添购，且添购资金总额不能超过原合同采购金额10%的。

该项目中采购人单位表示该仪器急需使用，但是这种紧急情况是采购人单位提供错误技术参数造成的，并不符合《政府采购法》中所要求的“不可预见的紧急情况不能从其他供应商处采购”。法律专家认为，该项目不仅仅是转换了采购方式，更是更改了技术参数，这样对很多供应商是不公平的，而且也不能形成充分的竞争。“在这种情况下，可以考虑转变成竞争性谈判的采购方式，会更妥当些。”这位法律专家说。

资料来源：中国招标信息网，2010年1月18日。

【讨论的问题】

1. 本案例采购项目中供应商是如何“钻空子”的？
2. 政府采购招标文件供应商有权参与制作吗？
3. 你认为本案例的问题应如何解决，理由是什么？

4.5　询价采购方式

导入案例

政府询价采购方式执行难

《政府采购法》第三十二条和第四十条分别对询价采购的依据、程序及成交供应商的确定方法都做出了比较具体和详细的规定，看似比较简单，但实际操作询价采购并非易事。

一是聘请评审专家难。

由于询价采购是地、市以下集中采购机构开展政府采购活动的主要方式，一般情况下，凡纳入政府集中采购目录、采购限额标准以上、达不到公开招标采购的采购项目，因为金额小、批次多，大多采用询价方式进行采购，平均每周就有2到3宗，约占所有采购活动的50%以上。如此频繁的采购活动，每一宗都严格按照《政府采购法》的规定，成立3人以上单数组成的询价小组，并使专家人数不少于成员人数的2/3，在实际操作中确实有难度。首先，从实际情况看，地、市一级本身也没有那么多的专家可用，有些专家也没有那么多专门的时间来参与这项活动；其次，不管是专家库中的专家还是临时聘请来的专家，参加评审都要付给报酬，必然加大采购成本，有悖于政府采购的效益原则；再次，就某一采购项目而言，如果重复采购，其专家也肯定是重复使用，长此以往，将对采购活动的公正性有所影响。

二是确定符合资格条件的供应商难。

由于在"确定不少于3家的供应商"的过程中，面对众多的"符合相应资格条件的供应商"，到底确定不少于3家的几家又最合适？5家还是8家？还是十几家？该确定谁？又不该确定谁？都不好操作。如果完全按照公平、公开、公正的原则，采取从供应商库中随机抽取的方法，确定的供应商不见得采购人就满意，因为供应商队伍也是良莠不齐；同时，如果不随机抽取而由询价小组来确定，无形中带有倾向性，供应商对其公平性会存质疑。

三是评价质量和服务优劣难。

评价任何产品质量的好坏和服务的优劣，都需要实践的检验。因此，在询价采购活动中，仅凭供应商报价文件中所载明的价格和承诺，是很难衡量其提供的产品质量和服务水平的，但又不可能让每一个参与询价的供应商都来为同一个采购项目提供服务，以检验其产品质量和服务的优劣。同时，产品质量的好坏和服务的优劣还与供应商的每次报价情况密切相关。如果本次报价有利于供应商以良好的质量和服务来完成这一笔经营业务，这是采购人和供应商都十分愿意看到的结果；但如果某一供应商在激烈的竞争中，为了争到这笔业务而不惜成本的恶意压价，必然以降低产品的质量和服务来弥补最低报价所带来的损失。所以,在这些不确定因素的影响下,准确地评价供应商所供产品质量和服务的优劣,确实有一定的难度。

四是审定合理的最低报价难。

在询价采购活动中,当参与询价的供应商确定之后,大多是以最低报价的形式来确定成交供应商。当较好的质量和服务需要通过合理报价来反映时,这个最低报价是否合理,能否满足采购人所要求的质量和服务,就成为决定询价采购成败的关键因素,如果没有采购实践活动的检验,一般情况下,很难做出准确的判断。实践证明,当参与询价的供应商确定之后,单纯地以最低报价确定成交供应商的方法有很多弊病,由此造成产品质量和服务水平的降低,已经给政府采购工作带来许多负面的影响,必须引起采购人和集中采购机构的高度重视和正确应对。

案例详情链接

http:// www. intemc. com/shangyouziyuan/show. asp? id2010 年 5 月 31 日 。

案例引出的问题

1. 询价采购方式有哪些特点?
2. 询价采购的适用条件是如何规定的?

原理知识

询价采购是《政府采购法》五种采购方式之一,由于形式较为灵活,采购效率高,受到采购人的青睐。

4.5.1 询价采购方式的含义及特点

询价采购,又称“选购”,也称货比三家,是指采购人向国内外供应商(通常不少于 3 家)发出询价单,让其报价,在供应商报价基础上按照有关原则确定中标供应商的一种采购方式。询价采购是我国《政府采购法》所规定的非公开招标采购方式之一,但在世贸组织的《政府采购协议》中并没有涉及询价采购方法和程序,原因是这种采购方法通常只适用于合同价值较低的标准化货物或服务的采购,采购的金额往往达不到公共采购规则所规定的限额标准。

国际上询价采购方式与其他采购方式相比的特点如下。

第一,邀请报价的供应商数量至少 3 家。世界银行和联合国有关法规都规定至少有 3 个供应商,如果采用国际询价采购,还应邀请至少来自两个不同国家的至少3个供应商。

第二,只允许供应商提供一个报价。联合国的《采购示范法》规定,每一供应商只允许提供一个报价而且不许变更其报价。采购人不得同任何供应商就其报价进行谈判。

第三,报价的评审。联合国的《采购示范法》规定,采购合同应授予符合采购实体需求的最低报价的供应商。

4.5.2 询价采购方式的适用条件

适用询价采购方式的项目,主要是对现货或标准规格和服务的采购,或是投标文件的审查需要很长时间完成,或供应商准备投标文件需要高额费用以及供应商资格审查条件过于复杂的采购。

我国《政府采购法》第三章第三十二条规定,采购的货物规格、标准统一,现货货源充足且价格变化幅度小的政府采购项目,可以依照本法采用询价方式采购。

4.5.3 询价采购方式的程序

我国《政府采购法》第四章第四十条规定,采用询价方式采购的,应遵循下列程序。

第一,成立询价小组。询价小组由采购人的代表和有关专家共3人以上的单数组成,其中专家人数不得少于成员总数的2/3。询价小组应对采购项目的价格构成和评定成交的标准等事项作出规定。

第二,确定被询价的供应商名单。询价小组根据采购需求,从符合相应资格条件的供应商名单中确定不少于3家供应商,并向其发出询价通知书让其报价。

第三,询价。询价小组要求被询价的供应商一次报出不得更改的价格。

第四,确定成交供应商。采购人根据符合采购需求、质量和服务相等且报价最低的原则确定供应商,并将结果通知所有被询价未成交的供应商。

讨论案例

2010-WS289 厦门市思明小学文艺设备询价公告

采购项目编号/包号	2010-WS289
采购人名称、地址和联系方式	厦门市思明小学
采购代理机构名称、地址和联系方式:	厦门市务实采购有限公司 厦门市思明区厦禾路1128号富兴大厦B栋11楼 邮　　编:361000 网　　址:http://www.xmws.com 电话/传真:0592-5822910/5822911

续表

采购项目名称	厦门市思明小学文艺设备
来源	区级
采购方式	询价采购
项目主要内容(用途、数量、简要技术要求、招标项目性质)	厦门市思明小学文艺设备一项,详细内容见询价文件
供应商资格要求	符合《政府采购法》第二十二条的规定要求(具有独立承担民事责任的能力等)和询价文件中有关资格条件的要求,详细要求以询价文件为准
获取采购文件时间、地点、方式	即日起(节假日除外),厦门市思明区厦禾路1128号富兴大厦B栋11楼厦门市务实采购有限公司 现场购买或邮寄购买 购买询价文件联系电话:0592-5822912/5822910 传真:0592-5822911
采购文件售价	50元
投标截止时间、开标时间	2010年7月2日09:00
开标地点	厦门市务实采购有限公司开标厅 厦门市思明区厦禾路1128号富兴大厦B栋11楼
采购项目联系人姓名和电话	李小姐 电　话:0592-5822912　传　真:0592-5822911
其他	开户名称:厦门市务实采购有限公司 开户银行:厦门市商业银行富山支行 账　号:83600120420000252

资料来源:中国政府采购网2010年7月14日。

【讨论的问题】

1. 询价公告主要包括哪些内容?

2. 本案例符合询价采购方式的哪一适用条件?

4.6 本章实务案例分析

江苏幼儿玩具投标风波

"第一中标人,温州华夏!第二中标人,南京万德!"

2009年9月8日，傍晚，南京国际展览中心M2层255会议室里的这一声宣告，让苦苦等待了一整天的人们突然沉默了，几秒钟后，人群哗然。

扬州米奇妙玩具有限公司的董事长钱学华第一个弹了起来，愤怒地往楼下冲去，楼下大厅里，陈列着20多家玩具厂商的大小型玩具器械样品。“这个样品不能拆！”钱学华大声喊着，“让大家来看看，他们凭什么中标！”

“不可思议”的中标结果

在江苏宝乐实业有限公司总经理杨军勇、扬州东方娃玩具有限公司总经理胡正云、江苏玉河教玩具有限责任公司总经理邰雨和等人的记忆中，这个结果当时让人难以置信。在大家一起装样品的时候，他们几乎是带着嘲笑的语气说起自己的竞争对手温州华夏公司：大型玩具体量很小，还不及有的公司展品的一半大；招标文件上要求是安全地垫，他们铺的是一块人工草坪。杨军勇说：“我们可以理解招投标中有潜规则，但也得是‘同等条件下优先录取’的概念，你的东西至少得差不多过得去。像这样的结果，让人难以接受。”钱学华则觉得，来参加一次投标，从样品到运输，谁不花大把的时间和金钱，这样貌似“内定”的结论，把大家都忽悠了。

作为合格幼儿园项目工程负责人之一的江苏省教育厅计财处副处长沈九林告诉《瞭望东方周刊》，他在开标前也去展厅看过展品，只是要避嫌没有介入评审工作。他说：“对于这个结果，我们也觉得有些不可思议，但毕竟我们也是外行，得尊重专家的结论。”

然而，中标企业温州华夏游乐设备有限公司董事长金利群对这些说法并不认同，他告诉本刊记者，当宣布中标以后，江苏企业就开始闹，等他下楼去收展品的时候，他们已经把展品搞得“乱七八糟”，故意破坏掉一些地方来拍照取证。但是他对这些企业主的“闹事”表示同情和理解，他说：“这是有史以来，行业内最大的一个标，就在家门口的企业没中标，被外地企业中走了，他们的心情可以理解。”9月17日，采购中心的答复认为招投标过程没有违规，结果是公正的；企业主又将采购中心投诉至江苏省财政厅，11月15日，财政厅的投诉处理决定书支持了采购中心的结论。8家企业又将一纸行政复议申请书投递到了财政部条法司。

“稀里糊涂”的评标专家

“当时一确定华夏公司为第一中标人，我就预感到可能会闹起来。”担任这一轮招标工作评审专家之一的采购人代表、江苏省教育厅政策法规处副处长赵桂丽对本刊记者说。赵桂丽做过多年的幼儿园管理工作，算是幼教行业的专家，但是参加这次评标却是她人生中的第一次。而正是这第一次的尝试，成了她自己所谓职业生涯中的一大“败笔”，她告诉本刊记者，如果她没有参加整个评标过程，而像其他同事那样直接看到结果的话，她会得出“这是腐败”的判断结论，但是当她参加完整个“非常严格非常规范”的评标，她认为问题出在“招投标的法规政策和评标程序需要完善”。

这一次的招标与以往不同的一点是，因为政府采购中心的专家库里面缺乏幼儿玩教具类的专家，因此7位评审专家里有4位都是从全省各级教育系统中抽调出来的幼教工作者，从未有过招标参评的经验，对招投标的相关法律政策及程序规则并不是十分了解。其中赵桂丽和江苏省教科院幼教所的研究员尹坚勤是作为采购人代表专家参评，南京市小西湖幼儿园的园长王休慧和镇江市润叶区教育局的幼教高教周正红是从主管部门上报的幼教专家名单里临时抽取。王休慧接到通知电话感觉非常突兀，"稀里糊涂"就去了。她不知道招投标是怎么一回事，不知道该怎么做，但是对方告知去了就知道了，会有标准照着打分就行。南京体育学院运动人体科学系的系主任孙飙和另一位评审曲丽萍一样，是专家库里抽调出来的体育运动专家，有过许多次招标经验，他也是提前一天接到的电话通知。

2009年9月8日，专家们被组织到了南京国际展览中心。他们被按照项目分好组，然后就进到评标会议室里围着大圆桌开始看标书。会议室里除了7位专家，还有纪检人员和公证处人员现场监督。因为标书太多了，有的一家就是几大本，20多家的标书根本看不完，采购中心的组织者尹主任就将专家们分为2到3人一组，大家"分工"看标书，每人负责几个公司，"包产到户"，拿着招标文件的标准对照标书打分。比如说一位专家作为把关人，给一家公司的某几项评分为满分，那么其他所有专家都信任这个结论，也给这家公司的这几项评分打满分。一直到对本刊记者陈述的时候，赵桂丽亦不清楚此项操作违背《政府采购货物和服务招标投标管理办法》第五十二条"评标时，评标委员会各成员应当独立对每个有效投标人的标书进行评价、打分，然后汇总每个投标人每项评分因素的得分"的规定。中国教育学会教学仪器设备专业委员会理事、上海市政府采购咨询专家徐振才告诉本刊记者，这类"分工打标书分"的做法属于严重违规。

"走马看花"

在整百分制里，标书部分有60分的分值，包括30分的价格分、节能环保和自主创新的5分，项目实施方案及验收方案占9分，产品质量保证及服务承诺8分，投标人业绩、财务状况及综合实力8分。在这部分得分里，温州华夏公司便遥遥领先。体育专家孙飙告诉本刊记者，华夏公司的标书还有"功能说明"，非常周到，是其他许多公司都没有的。只审阅标书一项，就花费一整天的时间，中午在会议室吃盒饭，下午看得"头昏眼花"。天开始转暗的时候，标书部分评审完毕，评审小组成员下楼查看样品，楼下的展厅里，各家投标人的玩具器械已经安装陈列在那里一整天了。

体育专家孙飙用"走马看花"来形容样品部分的评审鉴定。以至于他在华夏公司展品的位置，并没有注意到后来被各厂商投诉的那些缺陷和瑕疵的细节。但从体育运动的角度，他与曲丽萍一样，对华夏公司的样品给予了高度评价，认为其"体现了幼儿运动的先进理念"。赵桂丽说整个看样品的过程很匆忙，时间很紧凑。华夏公司的样品放在最后的位置,他们的大型玩具体量比较小,但是小玩具特别多,散在地上。走到这里的时候,大家都比较放松了,进入场地开始玩起来。两位体育运动专家不约而同地盛赞这家公司展品“理念先进”,设计上很有想法。作为幼儿园园长的王休慧听了也觉得蛮有道理,她从实用性角度,觉得有这么多玩具可以玩,挺好。只有作为采购人代表的赵桂丽当时就发现了华夏公司样品的许多缺陷,像草坪的问题、秋千的问题,她当时说出来,但是似乎并没有得到大家的积极响应。她觉得很遗憾甚至很没趣的是,作为采购人代表,作为评标专家,她在结果出来之前,一直没能说上话,没有能发表自己的意见。

纪检人员和公证处人员现场监督尹存月和尹量君告诉本刊记者,整个评标过程完全严格合法。关于投诉人举报的华夏公司样品的那些缺陷,经专家认真讨论,不作为“重大负偏离”。扬州米奇妙公司总经理钱学华之所以在当日比其他人更气愤,是因为他在中途的时候,就被宣布为废标。根据评审记录,9月8日中午11点55分,专家组将钱学华叫到评审现场,跟他确认他送交的标书里面,没有按照要求提交有年检的营业执照副本。他当日提交的是营业执照的正本,但是年检章都是盖在副本上的,当日他亦携带了营业执照的副本要求当场提交以证明自己的工商资料合法。但是评审专家并不接受,告诉他“你不用解释”。

江苏省财政厅采购处处长吴小明告诉本刊记者:“他只说他提交的是正本,但是他没有年检他不说。”尹量君也向本刊记者确认,米奇妙的副本也是没有年检的,是过期的。当财政部条法司在询问这一废标原因时,他们亦做如此解释。根据本刊记者对其工商资料的核实,米奇妙在扬州市宝应工商行政管理局年检的时间为2008年12月3日。且米奇妙公司还参与了这一次教育厅采购的其他项目的招标,并中标签约。

神秘人物

江苏玉河教玩具有限责任公司董事长邰雨和告诉本刊记者,大型玩具如此规模的招标,在江苏省还是第一次,也是许多年都难以遇到的一次。因此,从公布有这个计划以来,行业内的厂家都在密切关注着,也做着激烈竞争的准备。他说大概在招标前的几个月,有一个叫张耀辉的人来找他,向他表示,自己有“内部关系”,能够保证拿到这个标,因此跟他谈判来做他的“代理”。而据当时参加其他项目评标的业内人士向本刊记者透露,有一个叫张耀辉的人,也去找过位于温州的奇特乐、华夏和凯奇3家毗邻的公司。奇特乐公司因为顾及大公司的声誉,嫌张要求的“返点”太高,无法保证产品质量而拒绝,华夏和凯奇则接受了。当本刊记者在江苏省教育厅采访,教育厅的采购人代表详细讲述整个招投标历程的时候,亦提及“张耀辉”的名字。

赵桂丽说:“我们后来跟华夏在谈判的时候,我问他们,为什么标书做得这么完美。”对方回答我说,“标书是张耀辉做的”。沈九林听到“张耀辉”的名字则表示很惊讶，向本刊记者表示认识此人，但从未听说他与本次招投标有什么关系。沈九林所说的张耀辉，曾经是上海体育学院的教授，后来在南京经营一家公司，这家公司并没有参与本次招标。华夏游乐设备有限公司董事长金利群对本刊记者承认，标书的制作是技术含量很高的事，要吃透招标文件的要求。所以，他们的标书是委托别人加工的，所以做得很漂亮，但是至于找的谁，他说："这个我不能告诉你。"

履约问题

赵桂丽参加这次招投标工作以前，也觉得政府采购问题很多，经常是好东西招不进来，连她自己都觉得里面总有猫腻。但是亲身经历了一次之后，她开始改变自己的想法，她认为这是程序和规则上出了问题。整个过程看起来似乎完全严格合法，没有任何关系人情在里面，采购中心的工作人员也相当的认真负责，然而，专家能裁量的空间却很小，换了任何一个专家下来，都不会改变这个结果。一个公司能中标或者不能中标，也太偶然了，比如说让教育厅很满意的万德公司，就差点没能中标，因为一个专家后来指出他标书里的一个缺陷，一个人扣分就是7个人扣分，一下子几十分就拉了下去。

在这种被描述为"应试教育"一般的招标里，做标书是件技术活。沈九林也对本刊记者说，江苏省自己的企业不应该光是闹，还是要找出自己的不足，跟人学学，怎么人家的标书就能做得那么好。但是投诉的企业主并不认可这些说法，他们依然觉得其中定有蹊跷。并告诉本刊记者，在招标的时候，就能看出些端倪，不止是户外大型运动器械这个项目，包括像木质桌椅项目，招标文件设置上就有问题。按照招标文件的价格、时间等要求，一般厂家根本没有利润，也不可能在规定的时间内交货，因此多数人放弃了竞标。如果这里面存在"钱权交易"，那么在履约的时候，必定会有偷工减料的现象发生。

2010年3月中旬，在合格幼儿园建设工程招标项目履约进行到一定程度的时候，本刊记者对扬州、盐城、南通等地的多家农村幼儿园进行了抽样调查，发现的结果是：第一中标人华夏公司在经历质疑、投诉、多次谈判和考察、监督之后，送到的货物基本按照后来提交的样品完整送到并安装了，倒是第二中标人万德公司有一些遗漏的部分。比如说，看起来边缘化但是造价不菲的安全地垫。比如说，扬州市宝应县是属于万德公司送货的标段，宝应安宜镇三里幼儿园园长梁启巧告诉本刊记者，他们并不知道大型户外运动器械还有安全地垫，厂家给他们送来安装的时候也并没有这个东西。宝应县望直港镇中心幼儿园园长潘久兰则对本刊记者说，她是2009年11月接到的电话通知，要求她们自己准备好安全地垫。

木质用具的履约状况则更甚：在盐城市盐都区楼王镇郭猛幼儿园、南通市胡集镇中心幼儿园等地方，本刊记者看到，小朋友们使用的木质桌椅连油漆都没上完，也没有防滑垫，木质柜子使用了大量三合板。这是沈九林副处长告诉本刊记者绝对不能接受的，因为三合板里面含甲醛，会致癌，所以按照要求必须是实木。然而，不管是省财政厅，还是省教育厅，都对本刊记者表示，没有发现履约中存在任何问题。

专家建议

中国教育学会教学仪器设备专业委员会理事、上海市政府采购咨询专家徐振才告诉《瞭望东方周刊》，就他所了解的情况是，教育口的政府采购，从招投标到履约，都缺乏严格的规范和完善的制度管理。

他建议，首先是需要建立省市教育技术装备咨询服务的部门，从标书的制作到产品的验收，提供标准化和专业化的监督和服务，这就类似于建筑业的监理单位一样。这样表面上看是增加了投资，但节约的成本却是巨大的。

其次是招标过程中需要搞样品，并且样品是核实标书的第一证据。他说，标书的许多东西，从财务报表到业绩，都是在短时间内根本无法核实的，各种“认证”，现在也是花钱就可以买到的，产品到底好不好，还需要用实物说话。

再次是建立黑名单制度。他说，现在从业主、专家，到采购公司，可以被“公关”的环节太多，只要有一个环节被“搞定”，就不能保证招投标的公平。必须要加强监督和处罚的力度，增加违法违规的成本，才能遏制各类贪腐行为。比如说，对专家，对企业，都设置黑名单，一旦发现有问题，即永久失去参与资格。

资料来源：《瞭望东方周刊》，2010 年 4 月 7 日。

【讨论的问题】

1. 本案例中的评标专家是如何选出的？你认为这样做是否正确？

2. 作为采购人代表和评标专家的赵桂丽的意见是否重要？

3. “走马看花”式的审阅标书，会带来怎样的后果？本案例中还存在哪些违规操作？

案例评析：

1. 对评标专家质疑。本案是专为幼儿园玩具制作进行招标，评标专家首先应该是从事幼儿园管理工作和幼教行业的专家，并对幼儿玩教具质量、标准有一定了解；其次应该熟悉招标评标的法律法规和评标流程，缺乏任何一个条件都不可能胜任此工作。而本案中 7 位评审专家里有 4 位都是从全省各级教育系统中抽调出来的幼教工作者，从未有过招标参评的经验，对招投标的相关法律政策及程序规则并不十分了解，理由是因为政府采购中心的专家库里面缺乏幼儿玩教具类的专家。这样的评委评审的结果权威性可想而知。如果在评标之前，对这些专家进行有关招投标和评标知识的辅导，就会避免专家“稀里糊涂”的评标，就不会出现“分工打标书分”的严重违背《政府采购货物和服务招标投标管理办法》的做法。

2. 对评标时间质疑。幼儿玩教具质量关系到幼儿的身心健康和生命安全，应该确保质量。评审要仔细、严格。而本案例中，因为标书太多，有的一家就是几大本,二十多家的标书一天时间根本看不完,只能"分工"看标书,每人负责几个公司,"包产到户",本身就严重违规。而且只审阅标书一项,就花费一整天的时间,待看得"头昏眼花"时,开始看样品部分只能"走马看花",由于时间很紧,看的过程很匆忙,很难发现样品的缺陷和瑕疵等,这样不负责任的做法,不能保证选择的项目符合要求,会带来很大的隐患。

第5章

政府采购招投标制度

案　例	对应知识	学习目标
导入案例： 《因招投标引发全国首例政府采购案》 讨论案例： 《"违规招标"再现 大型工程凸显五大漏洞》	5.1 政府采购招投标概述 5.1.1 招标投标的基本概念 5.1.2 政府采购招投标与招投标制的区别	1. 掌握政府采购招投标基本概念 2. 理解政府采购招投标与招投标制的区别
导入案例： 《江苏政府采购纠纷案判决 省档案局被判赔21万元》 讨论案例： 《采购招标文件 怎样才算规范?》	5.2 政府采购招标的流程 5.2.1 招标前的准备阶段 5.2.2 编制招标文件 5.2.3 确定标底 5.2.4 发布招标公告 5.2.5 资格预审 5.2.6 发售招标文件	1. 熟悉政府采购招标的流程 2. 掌握政府采购招标文件应包括的内容及编制方法 3. 理解政府采购资格预审的内容及重要性
导入案例： 《专家提示：投标注意七大环节》 讨论案例： 《供应商如何面对政府采购的挑战》	5.3 政府采购投标的流程 5.3.1 投标前的准备 5.3.2 编制投标文件 5.3.3 投标文件的密封和标记 5.3.4 送达投标文件 5.3.5 已提交投标文件的撤回、补充或修改 5.3.6 投标保证金 5.3.7 投标供应商不足三家的处理	1. 掌握政府采购供应商投标的流程及相关法规内容 2. 解读编制投标文件的关键要素 3. 掌握投标文件撤回、补充或修改的方法 4. 探究我国政府采购供应商投标中存在的问题及对策
导入案例： 《组织开标前预备会 落实责任》 讨论案例： 《大连药检所政府采购招投标黑幕重重》	5.4 政府采购的开标 5.4.1 开标的时间、地点 5.4.2 开标出席人 5.4.3 开标的步骤	1. 掌握政府采购开标的含义 2. 了解政府采购开标的步骤和注意事项

续表

案　例	对应知识	学习目标
导入案例： 《大学教授担任招标评委受贿21万元获缓刑》 讨论案例： 《从“格力案”谈投标价 价低是否一定应该中标》	5.5 政府采购的评标 5.5.1 评标委员会的构成 5.5.2 评标委员会成员应当履行的义务 5.5.3 评标委员会的工作内容 5.5.4 评标的方法 5.5.5 评标结束的工作	1. 了解评标工作的重要性，熟悉评标委员会成员应当履行的义务 2. 掌握评标委员会的工作内容 3. 了解评标的方法
导入案例： 《招标采购人是否能随意中止中标结果?》 讨论案例： 《评分报价均相同 中标人该如何遴选》	5.6 政府采购定标 5.6.1 政府采购定标的含义 5.6.2 签订政府采购合同	1. 了解定标的相关知识和规定 2. 融会本章知识，掌握政府采购招投标制度的系统，学会分析实际问题，指导政府采购实践
	5.7 实务案例分析 《四万亿元经济刺激方案考验我国政府采购》	1. 通过此综合案例分析，对本章内容更进一步加深理解 2. 将所学各节知识融会贯通，思考政府采购招投标的现实问题

5.1 政府采购招标投标概述

导入案例

因招投标引发全国首例政府采购案

一起因招投标纠纷引发的企业状告政府采购部门的案件，2010年5月7日在北京市朝阳区人民法院进行了公开审理。

此案原告方为浙江金华市益迪医疗设备厂，被告方为全国畜牧兽医总站、农业部畜牧兽医器械质量监督检验测试中心两单位。

金华市益迪医疗设备厂在法庭上称，2000年8月，他们按全国畜牧兽医总站发布的招标采购设备公告参加了招标采购活动，而且他们的招标设备——冷冻切片机报价最低。随后，这家企业又按照要求，将三套样机送至北京，农业部畜牧兽医器械质量监督检验测试中心对三套样机进行检测，认定样机有一套不合格，企业在提出异议后很久，检验单位才做出书面答复意见。此时全国畜牧兽医总站已与另一家企业签订了产品采购合同。

金华市益迪医疗设备厂认为,全国畜牧兽医总站在招投标活动中排挤其他符合条件的投标人公平竞争,将招标项目化整为零,没有将中标结果及时通知未中标人等行为违反了招标投标法和产品质量法,严重侵犯了原告的财产权和经营活动,因此,要求两被告赔偿经济损失15万元,并赔礼道歉。

全国畜牧兽医总站和农业部畜牧兽医器械质量监督检验测试中心在法庭上答辩称,金华市益迪医疗设备厂不能中标的原因是因为产品不符合中标条件,有伪造国家医药主管部门发放的产品注册证的问题。本次招标工作从程序到评审以及对被告提供样机的检测等均是依法进行的,整个招标过程中不存在违法问题。因此,请求法庭驳回原告的全部诉讼请求。

庭审中,双方当事人在审判长主持下,进行了充分的举证、质证和辩论。经过一上午的审理后,主审法官宣布休庭,并将择日宣判。

全国首例政府采购引起的赔偿纠纷案,6月12日在北京市朝阳区人民法院开庭审理。名不见经传的浙江民营企业——金华市益迪医疗设备厂,以一次政府采购中的“猫腻”为由,将农业部下属的全国畜牧兽医总站和畜牧兽医器械质量监督检验测试中心推上了法庭。在经过法庭调查、质证和原被告双方辩论之后,法庭将择日作出判决。

3 800元买回几页标书

浙江这家民营企业为何要状告农业部的两家机构?在浙江金华市益迪医疗设备厂,分管经营的副厂长张宏燕回忆说:“2000年7月中旬,我们看到7月6日农业部全国畜牧兽医总站发表在《经济日报》和《中国招投标报》等报纸上的一则公告,得知农业部正通过公开招标的形式,向全国医疗器械单位采购一批物资。当时我们满心欢喜,认为国家部门通过报纸公开向全国招标采购,一定是公平、公正的,只要自己的产品过硬、价廉物美,总有中标的机会,厂里决定参与投标。”

张宏燕所称的公告是农业部畜牧兽医总站发布的《全国动物保护工程建设项目的招标公告》。公告称:中华人民共和国财政部已从中央基本建设非经营基金、财政预算内专项资金中获得一笔拨款,用于支付“无规定动物疫病区建设项目”的费用。农业部计划将部分资金用于购买项目所需要的动物疫病检测、检验、诊断及兽药残留检测等仪器设备和执法交通工具,为此邀请合法投标人进行投标。

就这样,张宏燕和她的丈夫、益迪厂厂长王钢专程从金华赶到北京农业部全国畜牧兽医总站进行投标登记。他们了解到,这次招标的有100多个项目,其中益迪厂参与投标的YD-202型冷冻切片机项目首批需要241套,只要首次招标成功,以后这项产品每年不用继续招标,只要跟标就可以直接供货。而当时参与此项目投标的只有3家企业。“我们喜出望外,因为我们厂是一家研制、开发、生产医学病理、教学生物仪器等系列产品的专业厂,这项产品对我厂来说技术非常成熟,久经检验,并拥有浙江省医疗器械产品质量合格证,符合农业部提出的要求。”张宏燕说。

不过,在投标登记处一位负责招标接待的同志要益迪厂拿出3 800元购买一份标书时,却让他们疑窦顿生。“我们是首次参加政府的公开采购,一听这价格,再看看只有几页的标书文件,成本价最多只有30多元,心想几页东西怎么会这么贵!”张宏燕说:“但回头一想这次招标胜算很大,只要招标成功再贵也是值得的。”

2000年8月8日上午,益迪厂在交纳3万元保证金后,正式参与竞标。据当事人回忆,当时在场的有200家企业参与100多个项目的投标,招标会现场气氛严肃,有关领导再三强调要严格依法进行,杜绝权钱交易。经过开标、唱标后,益迪厂对这项产品的投标价格每套为6 500元,另一家金华市科迪医疗设备厂的投标价为每套7 998元,还有一家企业因资质审查不合格未能参加竞标。“我们厂的产品标价最低,投标会议之后,一些同行表示了祝贺,让我们静候佳音。”张宏燕回忆说。

2001年1月,农业部全国畜牧兽医总站的专家及有关人员对益迪厂进行了实地考察,并对厂里的生产条件和产品给予了充分肯定。

招标变卦为招商,花落邻家遭质疑

然而,佳音并没有等到。2001年2月,益迪厂接到畜牧兽医总站通知,要求他们交16 160元,并送三套样机到北京总站下属的农业部畜牧兽医器械质量监督检验测试中心进行检测。一个月后,益迪厂派员到北京打听检测消息,被告之结果还没有出来。5月28日,益迪厂终于到北京拿到了那个检验中心委字2001第018号的检测报告,称其中一套样机不合格。“当时我们愣住了:这不可能啊!在送样机之前,我们再三检验,都是合格,怎么一到北京就不合格了呢?”张宏燕说:“后来一看检测报告,一无检测人签名盖章;二无检验具体标准依据;三无时间及使用的设备,这明显违反了我国《产品质量检验所的基本条件》第二十一条的规定。我们要求重检,结果不同意。”

益迪厂不死心,厂长王钢按照有关规定,在收到检测报告15日内又一次找到畜牧兽医总站主管这次招标工作的一名负责人,提出“是否可能是你们检测得不准确”?这名负责人回答说:“你不用再缠我了,现在招标已改为招商了,既然是招商,我们总站就有选择的权力!”王钢还是要求再次重检,被当场拒绝。

“此后我们四次到北京恳求重检,以示公正,但直到2001年10月15日,农业部全国畜牧兽医总站才做出了一份《关于对切片机检测结果的说明》的书面答复意见,称此检测结果是经过专家签字同意的。”张宏燕说:“我们万万没有想到,此时农业部畜牧总站早已与金华科迪厂签订了购货合同。”

在电话里接受记者采访的王钢说:“按规定,投标有效期为至开标之日起的120天以内,然而我们在过去的14个月内却没有得到任何答复;我们在对产品检测结果提出复议后,又是一等4个多月,这怎么能体现‘阳光采购’的公平、公正!”他激动地说:“这次招标表面上是‘阳光采购’,其实还是暗箱操作！真让我心寒!”

愤然上诉讨公道

满腹委屈的益迪厂决心讨个公道。2001 年 11 月,益迪厂将一纸诉状递交给了北京市朝阳区人民法院,起诉农业部下属的这两家单位的“违规操作”行为。11 月 13 日,朝阳区人民法院受理了这起国内首例政府采购案。

据原告方委托的律师北京市辽海律师事务所主任谷辽海介绍,从我国现行法律法规来分析,此次招标投标活动存在严重违法,具体有以下几点。

其一,评标委员会的人员结构不应该存在 24 人这样的双位数而应是 5 人以上的单数,专家的资格应是工作满 8 年并具有高级职称,但报告中无从判别专家的资历。

其二,投标的人数不足 3 人的,应重新进行投标;对于投标截止时间后递交的投标文件,招标人应该拒绝接收。这一次的招标活动中,对于冷冻自动切片机这一项目的投标人数总共只有 2 人,也就是益迪厂和科迪厂。不论两家企业的产品质量如何、价格如何、服务如何,仅 2 家企业不具有竞争力,与任何其中的一家签约,均系违法的。

其三,政府采购项目全部或者大部分使用国有资金投资的,必须进行公开招标或者邀请招标,而不允许采取其他的交易方式签订政府采购合同。农业部有关部门的《评标工作报告》置投标人数不足、投标人的价格优惠这些事实于不顾,不采取重新招标就直接签订合同是违法的。

其四,招标人不能既当运动员又当裁判员。根据《评标工作报告》的落款人,原告得知某负责人是招标项目的评标委员会主任,但同时又是第二被告的主任和法定代表人。

其五,中标结果应及时通知。根据被告向法院提供的证据,早在 1 年之前招标就已经有结果了,而被告却在 2001 年 10 月 17 日才告诉当事人,同年 10 月 30 日才将 3 万元保证金退还给原告,这也是违法行为。

其六,中标人并不符合招标人的条件和要求。第一被告招标项目中争议的项目是冷冻自动切片机,而中标的金华市科迪厂并没有这一品目的产品,也没有这一品目的医疗器械注册证和生产许可证,以及这一品目的医疗器械产品生产制造认可表。中标人所拥有的只是 KD 型回转式切片机及其相关的许可证书。更为严重的是,中标人并没有这一企业标准。为此,2001 年 1 月还遭到金华市技术监督监察大队的查处,怎么能让这样的企业中标?

案例详情链接

http://www.fabang.com/ 2010 年 5 月 12 日。

案例引出的问题

1. 招标投标发展迅速，是因为其具有的哪些特点适应了市场的需求？
2. 我国关于招投标方面的法律法规有哪些？
3. 政府采购招投标流程是如何规定的？
4. 政府采购招投标与招投标制有什么不同？
5. 从本案例中你得到怎样的启示？

原理知识

市场经济的一个重要特点，就是要充分发挥竞争机制的作用，是市场主体在平等条件下公平竞争，优胜劣汰，从而实现资源的优化配置，招标这种择优竞争的方式能完全符合市场经济的上述要求，它通过事先公布采购条件和要求，使众多的供应商在同等条件下竞争，招标人按照规定程序从中选择符合条件的供应商，真正实现“公开、公平、公正的”市场竞争原则。

5.1.1 招标投标的基本概念

目前西方经济发达的国家和部分发展中国家，都日益重视招投标采购方式，有较完善的招投标法律制度。招标投标逐渐由一种交易手段发展成为政府的强制行为，并成为世界上所有市场经济国家中“政府采购”的代名词，而随着政府采购走出国门，便形成国际招标投标。

招标，有广义和狭义之分。广义的招标指招标人发出招标公告或招标单，提出准备买进商品的品种、数量和有关买卖条件，邀请潜在的投标人进行投标，最后经招标人综合比较，确定其中最佳投标人为中标人，并与之最终签订合同的过程；狭义的招标指招标人根据自己需要，提出一定标准或条件，向潜在投标商发出投标邀请的行为。招标的方式按邀请投标人的公开程度划分为公开招标、邀请招标；按邀请投标人的地域划分为国内招标和国际招标。

投标，指投标人选取合适的投标信息，按招标公告规定的条件，在规定的时间内向招标人递交自己的投标文件，以期通过招标人审查的过程。

招标投标程序，招标投标有一套完整的、统一的程序，包括招标、投标、开标、评标、定标等，这部分内容已在政府采购方式中有详细介绍。

5.1.2 政府采购招投标与招投标制的区别

招投标制与政府采购制度有密切的联系，招投标制是政府采购的主要采购方式，但不是唯一方式，政府采购招投标不同于招投标制，两者不能混为一谈。因为政府采购与工程招标投标活动分别属于两部不同的法律规范，招投标制遵循的是1999 年全国人大常委会专门制定的用于指导招标投标活动的程序法《招标投标法》，政府采购遵循的是 2003 年全国人大专门为规范政府采购行为制定的一部实体法《政府采购法》。

政府采购是作为先进的政府财政支出管理改革、调节经济运行的一种基本制度，其着重点是要解决政府内部财政资金如何支出的问题，属于政府内部的事务；而招投标是指业主率先提出建设工程采购的条件和要求，邀请众多投标人参加投标并按照规定格式从中选择招投标交易对象的一种市场交易行为。因此，在法律规范上存在明显差异。

第一，法律界定的范围不同。政府采购是涵盖使用财政性资金的所有政府采购活动，包括货物、服务和工程。其中服务项目的采购属政府采购独有，如会议定点、加油、修车、保险、印刷等。招投标范围只有建设工程和相关货物，不包含服务。

第二，实施的主体不同。遵照《政府采购法》的规定，政府依法在每一个行政区划单位成立一个政府采购中心管理政府内部的采购事务，是一个纯服务性机构，承担实施本级《政府采购集中采购目录》内的项目采购行政职能，其经费列入财政预算，人员参照公务员管理。与招投标机构在性质上完全不同。根据政府采购的特殊性，各省份从实行政府采购制度一开始，就设立独立的采购中心。对招投标而言，国家有关部门批准登记设立的各类建设工程招投标机构，其性质属于营利性企业，不是政府的内设机构，没有行政职能。

第三，组织形式有区别。政府采购是由财政部门、政府采购中心、采购人、评标专家、供应商、监察、审计机关六方共同组织采购工作，实行“采”“管”分离，并接受纪检部门的全程监督，在程序、方式、人员等方面具有很强的规范性，从而更有利于实现“三公”原则和避免暗箱操作。而招投标是由业主单位加招标机构和投标企业有时甚至是两方组织完成采购活动。

第四，资金保障不同。政府采购实行严格的预算管理，并有坚实的政府采购资金作采购项目的保障，由国库统一集中支付，减少了拨款环节，避免了资金流失占用和拖欠资金等弊端，维护了政府形象。而招投标不具有上述特点。

第五，服务结果不同。政府采购中心作为政府内部的服务机构不收取任何费用，全部免费服务，同时对政府采购资金的节余部分全部归财政，充分体现了反腐倡廉目的，这是招投标企业所无法做到的。

讨论案例

“违规招标”再现 大型工程凸显五大漏洞

2011 年 2 月 14 日，国家审计署发布了 2011 年第 6 号公告《10 省区市部分机场建设情况审计调查结果》。

审计署审计发现,23个机场存在招标违规,涉及金额近20亿元。

此前的2月1日,审计署已发布了2011年第5号公告《西气东输二线工程东段2010年跟踪审计结果》,公告披露,“截至2010年7月,有45.01亿元工程施工招投标不合规”。

值得注意的是,2010年6月,审计署披露了中石油西气东输二线西段(下称“西二线”)在“招标”及“财务管理”等方面存在多处违规,涉及金额为28亿多元。此后,中石油集团曾开展了专项治理工作,展开拉网式排查,并对整个招标系统进行了流程再造。

2008年全球金融危机之后,中国的一系列大型投资建设项目纷纷上马,主要集中于铁路、公路、机场以及大型石化、冶金项目等。不过,由于投资基数庞大,这些项目所涉招标额动辄数十亿、数百亿甚至上千亿,若监管稍有放松,造成的后果将相当严重。

此前,一位中石油集团内部人士在接受本报记者采访时曾表示,“事实上,2008年4月,这项工作(招标管理改革)就已经开始启动。但是,由于中石油体系十分庞大,所属企业众多,而且招标操作部门多而分散,所以改革难度较大。”

23个机场违规

审计署2011年2月14日的公告显示,2010年5月至7月,在重点调查的31个机场中,有23个机场项目存在“违反招投标程序”的问题,涉及金额19.38亿元。涉及的省区市包括山西、内蒙古、黑龙江、福建、广西、重庆、四川、云南、陕西和新疆等10个。

在“十一五”期间,上述10省区市共新建和改扩建机场53个,总投资681.98亿元,至2009年底累计完成投资323.75亿元。不过,在投资建设过程尤其是“招标”中,也发生了诸多问题。

其中引人注目的是,有23个机场项目的359项合同,存在未公开招标等违反招投标程序的问题,涉及金额19.38亿元。审计署合计抽查了这23个机场的1 817项,上述问题合同所占比例为19.7%。

审计署称,在指出上述问题后,“有关地方政府正依法进一步核查,将按核查结果,依法追究相关责任人员的责任,并加强了对机场建设项目的监管力度,监督建设单位严格执行招标投标法等相关规定”。

五大招标漏洞

不过,从审计署披露的信息可以看出,这23家机场和西二线中出现的招标问题,情形并不复杂。而这五大漏洞,在其他大型工程招标过程中亦曾多次出现。

一是“不经招标,违规直接发包”。比如,在西二线西段,中石油曾将西二线控制性工程果子沟1号隧道,以合同价7 719万元直接发包给不具备相应资质的新疆战友天缘机械化工程公司。

二是"违背招标程序,预设中标人"。在西二线西段天然气管道施工招标的 14 个标段中,有 3 个标段在评标前就确定了施工单位,并已开工。

三是"违规转分包,赚取差价"。在西二线西段招标后,曾有公司将工程违规"转分包",并从中大肆赚取差价。比如,河北华北石油工程建设公司将其中标的土石方工程(中标价 2.4 亿元),转分包给 36 家施工单位,获取价差 1.02 亿元,高达合同价款的 42%。

四是"虚增项目造价"。在西二线西段,中石油对 5 个中转站的材料储存费用概算为 1.48 亿元,但按当地费用标准估算只需要 0.57 亿元,多列了 0.91 亿元的概算。

五是"合同造价高于中标价"。在对 23 个机场进行重点审计时,审计署发现,大庆萨尔图机场飞行区场道工程招标违规签订的施工合同,比中标价(1.26 亿元)高出一倍多,使得项目招投标和投资控制"流于形式"。

资料来源:《21 世纪经济报道》,2011 年 2 月 15 日。

【讨论的问题】

1. 政府采购招投标与招投标制度主要区别在哪里?
2. 分析本案例中我国政府采购招标工作存在漏洞的根源有哪些?

5.2　政府采购招标的流程

导入案例

江苏省政府采购纠纷案判决 省档案局被判赔 21 万元

备受关注的江苏省政府采购史上首例政府部门作为招标人被诉诸司法的案件,在历经近 3 年的"诉讼长跑"之后,南京市玄武区法院近日送达一审判决:原政府采购合同终止履行,被告江苏省档案局支付原告赔偿金 211 421 元。

2003 年,江苏省档案馆对馆藏的 4.5 万余卷珍贵音像档案着手抢救性保护,包括毛泽东等党和国家领导人在江苏的活动记录;已故京剧梅派大师、昆曲艺术家的舞台形象和唱段;苏绣、玉雕、紫砂、漆器等老艺术家的专题录音录像等。江苏省档案局、省财政厅联合向国家档案局和财政部报送了《江苏省"十一五"期间国家重点档案抢救和保护工作规划》报告,经批准,确定该抢救工程由财政支持。

2007 年 3 月,就该标馆藏录像档案"历史录像原带修复"项目第一期 28 万分钟抢救计划,江苏省档案局委托江苏省省级行政机关政府采购中心向全国公开招标。南京盛博数字映像传播有限公司在江苏省省级行政机关政府采购中心主持的竞争性谈判中中标。2007年5月17日,双方签订了《政府采购合同(专用条款)》。之后开始了对这些珍贵影像资料存在的信号、色彩、声音失真问题进行数字化转化工作。

但项目实施不到两个月,江苏省档案局突然停止了向原告提供待数字化加工的录像原带,中止了合同的履行。在江苏省省级行政机关采购中心召集双方协商无果的情况下,盛博公司于2007年10月26日将江苏省档案局告上了法庭。

原告诉称,为完成此项目,盛博公司配置了4条数字化加工线,从国外进口了二十几万元的零配件,所需用的数字化载体光盘已全部采购到位,并配备动员了全部技术力量和维修保障力量。与同此时,原告还放弃了多部电视专题片的拍摄订单和其他单位声像档案数字化的项目。被告单方中止合同的履行给原告造成了巨大的经济损失。请求法院判决被告继续履行合同、赔偿停工之日起至合同期限届满之日利润损失350 700元、给付逾期提供被修复录像带的违约金976 626元等三项诉讼请求。

被告江苏省档案局则答辩认为,合同是经政府采购中心招标后签订的,应属于合同法规定的承揽合同,定作人可以随时解除承揽合同,且该解除权的行使无须附带任何条件,更不以对方根本违约为前提,据此请求法院驳回原告诉讼请求。

诉讼中,原告认为所涉合同性质为政府采购合同,而非普通的承揽合同,要求按政府采购合同的约定继续全面履行。一审法院判决认为:合同属承揽合同,被告委托采购中心通过集中采购的方式确定服务供应商,在合同相对人的选择和合同签订的方式、程序上采用了《中华人民共和国政府采购法》,但并没有使合同在性质上发生变化。

那么,被告是否违约?一审法院认为应优先适用《政府采购法》的“政府采购合同的双方当事人不得擅自变更、中止、或者终止合同”的规定,被告擅自停止履行合同的行为已构成违约。

对于被告辩称的馆藏数量不足合同约定之量,以及“历史录像原带”界定标准的问题,法院则认为庭审中由于被告并未提供相关鉴别标准,没有支持被告主张。

此外,由于被告在审理中表示除已修复完毕及另外的1 820盘约65 520分钟录像带外,再无其他录像带可供原告修复、转化,法院认为合同已无继续全面履行的条件,没有支持原告继续全面履行合同的请求。

对于双方争议的损失问题,法院采信了原告编制并于投标时提供的2006年度“利润及利润分配表”的内容,确定应以被告拒绝履行部分合同的价款为损失计算基础,以24.23%利润率为确定原告可得利益损失的计算比例,判决对政府采购合同中确定的28万分钟外,尚未履行的19万多分钟的可得利润211 421元由被告予以赔偿。

《法制日报》记者了解到,案件在审理期间惊动了国家档案局、江苏省财政厅等多家部门,有关是否应当按照《政府采购法》的规定确定合同性质等问题,也备受业内关注。案件的审理则在 3 年间经过了三次庭审。虽然判决书显示为 2010 年 6 月 13 日判决,但原告直至 10 月 13 日才被通知到法院领取了判决书。

原告法定代表人陈建生向记者表示对合同性质等判决内容不服,已经上诉至南京市中级法院。

记者还了解到,中标公司接到通知抢救工作被终止恰为江苏省档案局对该项目的分管领导进行调整的第二天。令人蹊跷的是,在诉讼期间,江苏省档案局曾于 2009 年 11 月 3 日在其网站发布了《关于征集录带修复保护技术方案及对应设备供应商的公告》,继续对其馆藏部分录像档案不同程度地存在带基粘连、视频杂波、抖动等问题进行修复保护。对此,原告认为被告违约属恶意行为,坚持要求被告继续履行合同。

由于政府采购合同的法律适用问题,将对今后相关政府采购活动造成重要影响,二审结果最终如何?本报将继续关注。

案例详情链接

《法制日报》,2010 年 10 月 22 日。

案例引出的问题

1. 政府采购合同与普通的承揽合同是否一致,应该遵循哪部法律?
2. 本案例中江苏省档案局能否单方终止合同?
3. 在诉讼期间,江苏省档案局的做法是否违规?
4. 你认为应如何避免此类案件的发生?
5. 从本案例中你得到怎样的启示?

原理知识

招标投标是随着社会经济的发展而产生并不断完善的、高级的、有组织的、规范化的交易运作行为。招标投标有一套完整的、统一的程序,这些程序在不同的国家、地区和经济组织之间是基本相同的。

5.2.1　招标前的准备阶段

在准备阶段,采购人要对招标投标活动的整个过程做出具体安排,以保证招标采购的顺利进行。首先,采购人将本年度纳入政府采购范围的项目计划报政府采购管理机关,由政府采购管理机关核定并在预算中做出安排;其次,对招标项目进行论证分析,从资金、技术、生产、市场等几个方面对项目进行全方位综合分析,为确定最终的采购方案及其清单提供依据,必要时可邀请有关方面的咨询专家或技术人员参加对项目的论证、分析;其三,确定采购方案,主要包括项目所涉及产品和服务的技术规格、标准以及主要商务条款,以及项目的采购清单等;其四,采购人若自身能力和技术不足,可委托中介机构代理招标,要认真了解代理机构的资信、能力等条件,决定评标人选,邀请相关人员等。

5.2.2 编制招标文件

编制招标文件是政府采购招标的重要环节,是招标采购成功与否的关键所在。参与编制招标文件的人员必须非常熟悉政府采购政策、招标规则,又清楚需求内容和技术要求等。招标文件的内容必须全面、准确、合法,既要充分体现招标人的真实要求,又要体现公正性,避免歧视性。招标采购单位应当制作纸质招标文件,也可以在财政部门指定的网络媒体上发布电子招标文件,并应当保持两者的一致。电子招标文件与纸质招标文件具有同等法律效力。

招标人根据招标项目的要求和招标采购方案编制招标文件。招标文件规定的各项技术标准应当符合国家强制性标准。招标文件一般应包括招标公告(投标邀请函)、招标项目要求、投标人须知、合同格式、投标文件格式等部分。

第一,招标公告(投标邀请函)。主要是招标人的名称、地址和联系人及联系方式等;招标项目的名称、性质、数量;招标项目的地点和时间要求;对投标人的资格要求;获取招标文件的办法、地点和时间;招标文件售价;投标截止时间,开标时间、地点以及需要公告的其他事项。

第二,招标项目要求。主要是对招标项目进行详细介绍,包括项目的具体方案及要求、技术标准和规格、合格投标人应具备的资格条件、竣工交货或提供服务的时间、合同的主要条款以及与项目相关的其他事项。

第三,投标人须知。主要是说明招标文件的组成部分、投标文件的编制方法和要求、投标文件的密封和标记要求、投标价格的要求及其计算方式、评标标准和方法、投标人应当提供的有关资格和资信证明文件、投标保证金的数额和提交方式、提供投标文件的方式和地点以及截止日期、开标和评标及定标的日程安排以及其他需要说明的事项。投标保证金是为防止投标商在投标有效期内任意撤回其投标或中标后不签订合同或不缴纳履约保证金,使采购人蒙受损失,保证金金额可以确定为投标价的1% ~5%,也可以定一个固定数额。

第四,合同条款。主要包括合同的基本条款和特殊条款。包括工程进度、工期要求、合同价款包含的内容及付款方式、合同双方的权利和义务、验收标准和方式、违约责任、纠纷处理方法、生效方法和有效期限及其他商务要求等。

第五,投标文件格式。主要是对投标人应提交的投标文件做出格式规定,包括投标函、开标一览表、投标价格表、主要设备及服务说明、资格证明文件及相关内容等。

第六,招标文件的澄清和修改。招标采购单位对已发出的招标文件进行必要澄清或者修改的,应当在招标文件要求提交投标文件截止时间15日前,在财政部门指定的政府采购信息发布媒体上发布更正公告,并以书面形式通知所有招标文件收受人。该澄清或者修改的内容为招标文件的组成部分。

第七,说明。在招标文件中,招标采购单位可以要求投标人提交符合招标文件规定要求的备选投标方案,但应当在招标文件中说明,并明确相应的评审标准和处理办法。另外,在招标文件中一般要说明采购人对最低标价和第一投标者不承担授予合同的义务,并有权拒绝任何标书,也要说明供应商具有拒绝投标的权利。

招标文件编制完成后,招标人或招标代理机构应报政府采购管理机关备案。在规定的时间内未提出异议,招标人或招标代理机构可发出招标通告。

5.2.3 确定标底

标底是指招标人根据招标项目的具体情况编制的,完成招标项目所需的基本概算,是对采购项目可接受的最高采购价格。标底价格由成本、利润、税金等组成,标底由招标人或招标代理机构编制,并密封保存直至评标时方可公开。标底是采购预算的具体化。标底的编制要以招标项目批准的预算为基本依据,不得高于批准的预算。编制标底是一项十分重要的工作,保密性极强,一般确定2~3人负责,按照上述原则,经过市场调查来编制。标底确定后须密封保存在安全地方。

5.2.4 发布招标公告(或投标邀请函)

公开招标应当发布招标公告(邀请招标发布投标邀请函)。招标公告必须在财政部门指定的报刊如《中国财经报》,或者媒体及网络如中国政府采购网和地方政府采购网发布。招标公告(或投标邀请函)的内容包括:招标采购单位的名称、地址和联系方法;招标项目的名称、数量或者招标项目的性质;投标人的资格要求;获取招标文件的时间、地点、方式及招标文件售价;投标截止时间、开标时间及地点。

从刊登公告到参加投标要给投标人留有充裕的准备投标文件的时间,具体时间视招标标的大小或复杂程度而定,我国规定,自招标文件开始发出之日起至投标人提交投标文件截止之日止,不得少于20日。

5.2.5 资格预审

资格预审是指招标人在正式组织招标前,对供应商的资格、业绩、信誉、技术、资金等方面进行预先审查,以确保投标人是具有足够能力和经验履行合同的供应商。这样不但能减少评标工作量,还可避免不合格供应商进入。资格预审的办法和程序可以在招标公告(或投标邀请函)中载明,或者通过指定报刊、媒体发布资格预审公告,由潜在的投标人向招标人提交资格证明文件,招标人根据资格预审文件规定对潜在的投标人进行资格审查。

5.2.6 发售招标文件

招标通告发出后,招标采购单位即可在招标公告(或投标邀请函)规定的时间、地点向有兴趣投标且经过审查符合资格要求的供应商发售招标文件。招标文件多按套数发售。向投标人提供招标文件套数的多少依照招标项目复杂程度确定,一般一个投标人一套。

招标文件售价应当按照弥补招标文件印制成本费用的原则确定,不得以营利为目的,不得以招标采购金额作为确定招标文件售价依据。投标人应当自己负担投标的所有费用,购买招标文件及其他有关文件的费用不论中标与否都不予退还。

讨论案例

采购招标文件怎样才算规范?

1. 招标文件的不规范常常使得政府采购的效率大打折扣

“我在河北时,也只是带了复印件啊,到了你们河南咋就不行?”某服装企业政府采购部部门经理在参加完河北的一个服装采购项目后,带上了同样的法定代表授权委托书复印件前往河南,再次参与政府采购的服装招标时,被拦到“门”外……面对同样的资质,不一样的“待遇”,这位部门经理除了疑惑之外,更多的是愤怒。这究竟是怎么回事呢?原来,河北的招标项目只要求投标人提供法定代表授权委托书的复印件;而河南的服装采购却要求投标人必须提供法定代表授权委托书原件。

据了解,实践中,类似这种同类别招标,要求却大相径庭的采购比比皆是,企业按照“惯性”到不同的地方去投标而“碰壁”的情况也时有发生。于是有供应商对政府采购招投标活动提出了质疑:“同样的招标,为何却是五花八门的招标文件?这给我们参与政府采购活动确实添了不少麻烦。”事实上,这种各自为“政”的局面,给集中采购机构的工作也带来了不少麻烦。

2. 增加了企业投标的困难

某汽车经销商举例说,本来是非常近似的小轿车采购,江苏就企业针对项目提出的相关政策和管理办法作了规定,如渠道控制、货源和交货期等;山西却没有这方面的要求,但对投标人及代理商却提出了一定的条件。虽然同样是汽车采购,但到不同的地方投标,还得制作不一样的投标方案。“关于如何报投标报价就有多种做法,有的地方的投标价格指的是最低销售限价后再加上折扣率,有的地方就是单纯指最低销售限价。折扣率的计算也做法各异。因此,企业在参与政府采购时,报错价就不是什么新鲜事了……”某汽车企业项目经理如是说。

各地招标文件的不统一着实给企业出了一道难题,“我们对政府采购方面的规定和程序正在学习之中,了解得不太清楚。参加完一个地方的招标活动,以为其他地方也就差不多了。谁知根本不是这么回事儿,采购文件就花样百出,每次都得从头再来……”东风雪铁龙大客户总监沈华对各地自成一派的招标文件颇感头痛。

无独有偶,长安福特批售经理王丽说,因为经常参与政府采购项目,已经知道各地招标文件的做法都不一样,所以每到一个新的地方,都要像第一次参与政府采购投标一样,逐条仔细阅读招标文件,工作量真的很大。招标文件中不少常规的东西也不敢轻易跳过,生怕漏掉“有特色”的规定。每份招标书都得逐字“啃”。

3. 部分质疑投诉缘于不统一

招标文件的不统一主要表现在格式和内容方面,虽然《政府采购货物和服务招标投标管理办法》中对招标文件应该包括哪些内容有了规定,但都是一些最基本的要求,格式方面也没有具体的规定。

记者在对10多个省市的集中采购机构进行采访后发现,由于没有统一规范的招标文件范本,各地除了按照本地实际情况制订符合自身的招标文件外,就是从网上直接下载。据了解,各地通过相互交流和学习,再加上自身实践经验,逐步形成了一些有“本地特色”的招标文件格式。当然,在没有“标准”的前提下,个别地方对政府采购活动也只是简单行事,有的招标文件中只有简单的分值设置,连评分标准都没有明示。

各自为“政”就难免出现疏漏。据介绍,有一个IT企业在参与某采购中心组织的办公自动化产品采购中,唱标时看到自己价格最低,自认为产品质量也不错,落标后很是想不通。仔细分析后,该企业认为招标文件仅给出大致分值,给了评标专家和采购人很大的自由裁量权,是采购中心没有在招标文件中明细评分标准才导致了自己落标。于是对采购中心的招标文件提出了质疑,后来还提起了投诉……据了解,在具体的政府采购活动中,由于招标文件制作不规范而引起的质疑和投诉时有发生。

财政部国库司政府采购处相关人士表示,质疑和投诉占用了政府采购太多的时间,而由于招标文件的不规范、不统一引发的质疑和投诉,占有较大比例。

4. 规定笼统 履约没保障

据了解,虽然还没有统一的范本,但货物类政府采购在我国已日趋成熟,货物类采购文件也更严谨、科学了。但逐步成为中央和各地扩大采购规模“重要角色”的服务项目采购的操作离规范还存在很大距离,不少地方的服务类采购的招标文件内容做得都很简单,个别地方甚至只有投标人须知和服务要求,详细的评分细则完全没有提及。当然,也有做得规范的地方,中共中央直属机关采购中心的服务类采购就做得不错,如中直机关 2007 ~2008 年公务车辆定点维修采购项目,除了基本的招标内容外,还特别强调了服务。在服务方面提出了许多细化的要求,评分方法和评分细则也规定得非常详细。据当时参加投标的企业反映,看到此招标文件,就能大约知道自己能否中标。

安徽省政府采购中心副主任管立新认为,服务是看不见摸不着的,只能通过后期的履约来考察服务是否过关。这就需要在制作招标文件时,尽可能地把服务要求及服务标准具体化,“如此得到的企业承诺,才能保障采购人的利益。招标文件制作太笼统,企业的服务承诺就可能随之空泛,其后采购人的利益也可能受到损害”。

案例评析:

招标文件的不规范、不统一给政府采购各方当事人不时带来困扰:供应商参与投标不得不花费大量的工夫去适应各地的“温差”;采购代理机构也不得不花费大量的精力去处理质疑、应对投诉;对于采购人来说,不时也会遇到采购标的质量没保障抑或是采购标的没法按时到位而影响正常使用……因此,统一招标文件范本对政府采购各方当事人来说都绝对是利人利已的大好事。但要统一招标文件,单靠某一方都不行,需要各方携起手来,协同作“战”。

草率地出台一个范本后再朝令夕改显然不合适,而要出台一套相对完善的范本是需要政府采购有关各方的积极支持、密切配合的。广大供应商可以通过自己对行业的了解为有关部门提供技术方面的参考;采购代理机构可以提供自已的实“战”经验以保证范本出台后有可执行性;对于采购人而言,最该做的恐怕就是严格按照政府采购法律法规以及国家的相关规定提需求、提技术标准方面的建议。当然,范本的出台,更需要监管部门尽早去统筹。政府采购的快速健康发展,需要有关各方的不懈努力,更需要各地积极探索、锐意进取……

招标文件的规范统一需要有关各方携起手来共同去实现,也只有各方共同参与才可能真正做到统一规范。磨刀不误砍柴工,出台一套招标文件范本,或许需要花费一年、两年甚至是更长的时间,但是有了范本之后,就可以节省成千上万甚至更多人的精力。

资料来源:政府采购信息网,2007 年 7 月 20 日。

【讨论的问题】

1. 招标文件在政府采购招投标工作中起到怎样的作用?
2. 招标文件应该包括哪些内容?
3.《政府采购货物和服务招标投标管理办法》在具体执行中是否存在问题?

5.3 政府采购投标的流程

导入案例

专家提示:投标注意七大环节

供应商投标最终目的是为了中标,获得采购人的采购合同,并取得合理利润。供应商在投标竞争中如何才能脱颖而出成为中标人?专家认为供应商应注意七个环节。

第一,精心准备资格审查资料。采购人一般会在正式采购前对供应商的资格进行审查。资格审查应在政府采购监管部门指定的媒体发布资格预审公告,资格审查的内容主要包括:供应商的资质证书、营业执照、税务登记证、经营许可证、产品生产或销售许可证、主要业绩情况等。供应商应按照资格审查的要求,精心准备资格审查资料并在规定的时间内,将相关资料送达采购人指定的地点。

第二,按时领取或购买招标文件。采购人发售招标文件一般有时间限制,因此,供应商应按招标公告或投标邀请书上规定的时间,到指定的地点领取或购买招标文件。如果招标文件是出售的应注意招标文件的售价,对个别招标文件售价较高的项目,供应商应在购买招标文件前预测中标率,再确定是否购买招标文件,以减少不必要的开支。

第三,认真制作投标或报价文件。供应商应根据招标文件的具体要求,认真制作投标或报价文件,投标文件制作的好坏将直接影响供应商能否中标。因此,供应商在制作投标或报价文件时,一是要实质上响应招标文件。供应商购买招标文件后,应认真研究、分析招标文件,尤其是对那些实质性条款,必须逐一核实,逐一响应,不能响应的要权衡是否参加投标,以免造成不必要的浪费。二是要研究制作投标文件范本。供应商在对招标文件的商务部分、技术部分认真研究后,应组织相关技术人员制作投标或报价文件的范本,以便日后参加投标时,可以套用范本并结合具体的技术方案,在较短时间内制作出一份符合规定的投标或报价文件,既提高了制作效率,又降低了制作成本。三是根据不同的报价方式、评标方法采用不同的应对策略。对于招标或询价方式的采购,由于只允许一次报价,因此,一定要在投标或报价前核准价格,尽量报出有竞争性的价格;对于竞争性谈判或单一来源方式的采购,由于有多轮报价的机会,因此,供应商在第一次报价时可以报得略高一点,留有相应的降价空间,在投标活动过程中占得主动,争取合理的利润。同时,应注意招标文件规定的评标方法,如果采用的是“经评审的最低投标价法”,则投标文件只要能够满足招标文件要求,报价越低,中标的可能性就越大;如果采用的是“综合评分法”,则投标文件在满足招标文件要求的基础上,既要考虑报出有竞争性的价格，还要考虑技术方案、后续服务等环节才可能中标。

第四，按时参加投标、谈判活动。供应商在参加具体投标活动过程时，一是要提前准备。注意开标会议开始的时间和地点，提前赶到开标会议现场，在递交投标文件的同时向采购人提交投标保证金，投标或报价文件必须按照招标文件的要求予以密封、加章。二要合理组织相关人员参加开标。参加现场投标活动的人员组成要合理，必须有法人代表或其授权代表，在参加开标时应携带相关证件，以备查验；主要负责答疑或谈判的人员要熟悉投标项目的技术、商务条款，要有一定的专业知识和语言表达能力。三要掌握答疑要点。在评标过程中，评审专家有可能会要求投标的供应商进行答疑，因此，供应商在答疑时必须掌握要点：首先要详细记下评审专家所提出的问题，不清楚的可以当场提问；其次是在回答问题时一定要以书面形式，逐一回答评审专家所提问题，答疑材料要有法定代表人或授权代表签字；对答疑时间有限制的，投标人应在规定的时间内做出准确回答。四要注意谈判报价。由于竞争性谈判采取多轮报价，根据最终报价确定成交供应商，因此，供应商在谈判过程中应根据参与谈判供应的数量和实力，核定自己的报价；一般情况下，采购人会给每个参与谈判的供应商最后一次报价的机会，供应商一定要把握机会，报出最有竞争性的价格。

第五，及时了解中标结果。供应商应及时了解中标结果，以便在公示的有效期内向采购人质疑或向监督机构投诉，维护自己的合法权益。供应商了解中标结果有两种渠道：一是采购人当场宣布。对于部分采购内容并不复杂、评标时间较短的项目，采购人一般会当场宣布中标结果，供应商应做好相应记录；二是采购人直接通知投标人。如果采购人没有当场宣布中标结果，则必然将中标结果通知每个参加投标的供应商。

第六，按时领取中标通知书。采购人确认中标人后，将以中标通知书的形式正式通知中标供应商。中标供应商在接到口头通知后，应及时与采购人联系，并按时到采购人指定的地点领取中标通知书。中标通知书具有法律效力，供应商接到中标通知书，即说明其投标文件已正式被采购人接受。

第七，按约定与采购人签订采购合同。中标供应商应按中标通知书约定的时间和地点与采购人签订采购合同。供应商在签订合同时应注意：一是采购合同应以招标文件与中标文件为准。采购人和中标供应商签订合同的依据必须是采购人的招标文件和中标供应商的投标、报价文件以及澄清的材料，超出以上文件规定的内容，供应商可以拒绝签订合同；二是采购合同的形式应当采用书面形式。《政府采购法》规定，政府采购合同应当采用书面形式，而不能采用其他形式，否则采购合同无效；三是采购合同的义务必须双方平等自愿。在签订合同时应当平等协商，任何一方不能把自己的意志强加给对方；采购人与供应商之间的权利和义务关系，应当按照平等、自愿的原则以合同方式约定，合同双方的法律地位是平等的，签订合同的行为是双方自愿的。

案例详情链接

中国政府信息采购网2007年8月28日。

案例引出的问题

1. 政府采购供应商应从哪里获得招标信息？
2. 政府采购供应商制作投标文件时怎样才能做到更好地响应招标文件？
3. 供应商在签订采购合同时应注意哪些事项？
4. 政府采购供应商可通过怎样的渠道了解中标结果？

原理知识

投标是指潜在投标人接到招标通知后，根据招标文件的要求编制投标文件，并将投标文件送达招标人或招标代理机构的行为。招标阶段工作完成后，响应招标并且符合招标文件规定资格条件和参加投标竞争的法人、其他组织或者自然人作为投标人进行投标，采购进入投标阶段。投标也要按一定程序流程进行。

在这一阶段，投标人所要做的工作很多，要申请投标资格、考察现场、办理投标保函、计算投标价、编制投标文件并送达标书。

5.3.1　投标前的准备

在投标之前，如果招标人要求进行资格预审，投标人要及时购买由招标人拟定的资格预审文件，按要求填写并及时提交，资格预审合格，接到招标人通知后，进入投标准备阶段。

投标人购买招标文件，应仔细研究分析全部内容及投标须知，对照具体要求审视自己是否具备中标能力，能否符合招标价格、技术指标、交货期限、产品质量等各方面的条件。如果是工程招标，投标人还应该到现场进行实地勘察，准备工程概算，编制施工计划等。在此过程中，一个重要的程序是由投标人询价，询价并不单指了解招标项目的市场价格或同类商品招标的中标价格，还包括除价格因素以外应考虑的因素，如竞争对手的基本情况等。一般而言，招标人必须编制标底并密封保存，开标前不得泄露。询价应向招标人以外的其他人了解，不能直接向招标人询问。

5.3.2 编制投标文件

投标人应当按照招标文件的规定编制投标文件，投标文件应对招标文件提出的要求和条件做出实质性响应。投标人对招标文件要求的格式不得更改。投标文件由商务部分、技术部分、价格部分和其他部分组成。应载明的事项有：投标函；投标人资格、资信证明文件；投标项目方案及说明；投标价格；投标保证金或者其他形式的担保；招标文件要求具备的其他内容。投标文件中的总价、单价等要认真核对，表述要准确无误。

5.3.3 投标文件的密封和标记

投标人对编制完成的投标文件必须按照招标文件的要求进行密封、标记，正本和每份副本分别密封在内层包封，再密封在一个外层包封中，并在内包封上正确标明“投标文件正本”或“投标文件副本”。这个过程也非常重要，因为密封或标记不规范被拒绝接受投标的例子有很多。

5.3.4 送达投标文件

投标文件应在规定的截止时间前密封送达投标地点。我国《政府采购法》规定，自招标文件开始发出之日起至投标人提交投标文件截止日止，不得少于20天。招标人对在提交投标文件截止日期后收到的投标文件，应视为无效的投标文件，招标采购单位应当拒收。招标人应当对收到的投标文件签收备案。投标人有权要求招标人或者招标投标中介机构提供签收证明。任何单位和个人不得在开标前开启投标文件。

拓展阅读

我国将逐步推广政府绿色采购制度

2006年11月22日，环保总局和财政部联合发布了《环境标志产品政府采购实施意见》(以下简称《实施意见》)和首批《环境标志产品政府采购清单》(以下简称《采购清单》)，并于2008年1月1日起全面实施。

政府绿色采购制度利用市场机制对全社会的生产和消费行为进行引导，体现了以综合手段保护环境的要求，对于树立政府机构环保形象、提高全社会的环境意识、推动企业技术进步、引导公众绿色消费、实现可持续发展有十分重要的意义。我国于2003年颁布实施《政府采购法》，明确提出政府采购要有利于环境保护的要求。《实施意见》和《产品清单》的颁布，使这个要求变成了可操作的实施办法，为我国在实践中大力推行政府绿色采购提供了重要的制度和政策保障。

《实施意见》对政府绿色采购的范围、产品、工作程序以及具体管理办法等都做出了明确要求。《实施意见》要求，采购人采购的产品属于清单中品目的，在性能、技术、服务等指标同等条件下，应当优先采购清单中的产品。在政府采购活动中，采购人应当在政府采购招标文件中载明对产品的环保要求、合格供应商和产品的条件，以及优先采购的评审标准。《实施意见》明确了中国环境标志产品在政府绿色采购产品清单中的主体地位，国家环保总局将对采购清单实施动态管理，及时补充符合要求的环境标志产品名单和范围；对那些已列入清单的环境标志产品，如果其已超过认证证书有效期，或生产过程中环境技术指标达不到相应的标准要求，将失去被优先采购的资格。《实施意见》还提出了违反相关规定的硬性约束，采购人或其委托的采购代理机构未按《实施意见》要求采购的，有关部门要按照有关法律、法规和规章予以处理，财政部门视情况可以拒付采购资金。

首批《采购清单》是在综合考虑国民经济发展和产品技术性能、信誉度及市场成熟度的情况下，从国家认可的环境标志产品认证机构认证的环境标志产品中选取确定的。包括：轻型汽车、复印机、打印机、传真机及多功能一体机、水性涂料、人造木质板材、木地板、家具、电视机、轻质墙体板材、塑料门窗、白乳胶、建筑用塑料管材、建筑陶瓷、卫生陶瓷等14类产品81家企业856个型号的产品。《采购清单》内容包括产品生产企业名称、产品型号、中国环境标志认证证书号，和认证证书有效截止日期等基本信息，在中国政府采购网、国家环保总局网站和中国绿色采购网公布。

政府绿色采购具有广阔的发展前景。财政部日前公布的全国政府采购统计信息表明，2005年全国实际采购规模达到2 927.6亿元，比上年同期增长37.1%，政府采购规模占全国GDP的比重为1.6%。实施政府采购改革7年来，全国政府采购规模年平均增长77.9%。近年来，中国的政府绿色采购也取得了一定进展，一些部门和单位开展了一些试点工作。如国家环保总局在国家ISO14000示范区建设的要求中提出“区域各相关组织建立绿色消费、绿色采购制度”；《北京2008奥运会行动规划》中明确表示：“在奥运设施建设中，广泛使用绿色环保建筑材料”；北京奥组委还对每一类采购产品均规定了产品的环境要求，优先选购获得环境标志的产品。广州为举办九运会而对全市建筑进行的粉刷中，市建委明确要求必须全部使用通过环境标志认证的涂料。一些地方政府已颁布了或正在制订地方的政府绿色采购法规，如贵阳市政府颁布了《贵阳市政府绿色采购管理办法》，以法规的形式保障政府绿色采购，青岛市已经开始了政府绿色采购的实践，深圳、厦门等一些城市正在制定本地的政府绿色采购法规。随着中国政府绿色采购的概念日益深入人心，一些行业、企业也主动地开始实施绿色采购，一些大型的超市或建材市场要求进入超市的产品应符合相关的环境要求或获得环境标志认证。

下一步,国家环保总局将采取有效措施,推动政府绿色采购的开展。一是完善管理体制,明确管理职责。明确各级采购方和地方环保部门在推行政府绿色采购工作中的职责及其应发挥的作用,以保证《实施意见》的有效实施和有效监管。二是严格管理,加强监督检查。要从政府采购目录的制定、采购限额标准的规定以及政府采购预算的编制、批准上,全面落实绿色产品采购政策,促进绿色产品采购向标准化、规范化、法制化发展。要加强对政府绿色采购政策执行情况和绿色清单中所涉及的企业进行监督检查,加大对违反政府采购要求的处罚力度,提升绿色产品的竞争力。三是完善绿色产品清单,扩大清单范围。集中制定一批涉及政府采购产品的环境标志标准,扩大清单所涵盖的范围,使更多的环境友好型产品进入绿色产品清单,为政府绿色采购提供更多的选择。四是加强宣传教育,提高公众意识。对政府采购人员、招标评审专家、供应商、负有监督管理职责的政府采购监督管理部门实施培训,同时开展形式多样的宣传教育,提高全社会对采购绿色产品、建设环境友好型社会重大意义的认识,促进全社会构建生态价值观。

资料来源:国家环保总局网站2006年11月22日。

5.3.5 已提交投标文件的撤回、补充或修改

投标人在招标文件规定的提交投标文件截止时间前,可撤回、补充或修改已提交的投标文件;但是应当在提交投标文件截止日之前书面通知招标人,撤回、补充或者修改也必须以书面形式并应当按招标文件要求签署、盖章,并作为投标文件的组成部分。在招标文件要求提交投标文件的截止时间后,投标人不得对招标文件进行补充、修改或撤回。

在这一阶段,招标人工作是在规定的时间内正式接受参与政府采购的投标人的投标。对每一个投标人进行登记,并检查投标函件的密封完整情况。

5.3.6 投标保证金

投标人投标时,应当按招标文件要求交纳投标保证金。投标保证金是招标人为确保招标的有效性,在投标时收取各个投标人的信誉保证,同时防止投标后单方面撤销投标。我国《政府采购货物和服务招标投标管理办法》规定,采购单位应当在招标文件中明确投标保证金的数额及交纳办法。招标采购单位规定的投标保证金数额,不得超过采购项目概算的1%。投标保证金可以采用现金支票、银行汇票、银行保函等形式交纳。投标人未按招标文件要求交纳投标保证金的,招标采购单位应当拒绝接收投标人的投标文件。

在开标前撤销投标,须交投标总金额0.2%的补偿费;开标后投标方撤销投标或中标后未按中标通知书指定的时间、地点签订经济合同的投标保证金将被扣缴。

招标采购单位应当在中标通知书发出后 5 个工作日内退还未中标供应商的投标保证金，在采购合同签订后 5 个工作日内退还中标供应商的投标保证金。招标采购单位逾期退还投标保证金的，除应当退还投标保证金本金外，还应当按商业银行同期贷款利率上浮 20% 后的利率支付资金占用费。

5.3.7　投标供应商不足三家的处理

我国《政府采购货物和服务招标投标管理办法》第四十三条还规定，投标截止时间结束后参加投标的供应商不足 3 家的，除采购任务取消情形外，招标采购单位应当报告设区的市、自治州以上人民政府财政部门，由财政部门按照以下原则处理。

第一，招标文件没有不合理条款、招标公告时间及程序符合规定的，同意采取竞争性谈判、询价或者单一来源方式采购。

第二，招标文件存在不合理条款的，招标公告时间及程序不符合规定的，应予废标，并责成招标采购单位依法重新招标。

在评标期间，出现符合专业条件的供应商或者对招标文件做出实质响应的供应商不足 3 家情形的，可以比照前款规定执行。

讨论案例

供应商如何面对政府采购的挑战

2006 年 11 月 22 日，环保总局和财政部联合发布《环境标志产品政府采购实施意见》（简称《实施意见》）和首批《环境标志产品政府采购清单》（简称《采购清单》），并将于 2007 年 1 月 1 日起首先在中央一级预算单位和省级（含计划单列市）预算单位实行，2008 年 1 月 1 日起全面实施。环保总局将进一步完善政府采购清单，加强监督检查，推动政府绿色采购工作顺利开展，落实科学发展观。我国政府采购日益重视“绿色”指标，对多年来致力于环保节能产品开发的企业，无疑是巨大的利好。这些变化都会对政府采购产生重大影响，政府采购会越来越青睐能满足“绿色”指标要求的实力型供应商。

“阳光”采购　青睐实力型公司

目前各地政府采购均在进行重大改革，纷纷在实行招投标的基础上，在涉及政府采购的各个环节做出种种努力，不断提高效率、规范流程，让政府采购更加公开、透明化。事实证明：政府采购的进一步“阳光”化，使供应商在产品性价比、售后服务等方面展开了全面竞争，政府部门更有效的降低了费用支出，并且选择的产品更为符合政府采购单位的需要。而在中国植根多年的三星，在对中国国情深入了解的基础上，其在产品、服务等方面的综合优势在政府采购行业中开始显现出来。随着采购的进一步“阳光”化，让越来越多有实力的企业愿意参与进来。在激烈的竞争中，政府部门可以在更大的范围内选择能够提供更高性价比的产品和更优质服务的公司，而拥有综合优势的企业也收获了订单。

综观屡屡中标政府采购的三星的情况，或许可以让我们有更深切的理解。三星多年来一直在政府等行业默默耕耘，2005年正式成立行业大客户部进入行业市场。三星行业大客户部政府行业经理马桐说，选择此时全面进入政府采购领域，与政府采购对产品要求更为严格有关，他进一步表示：“政府采购大部分采用招投标机制，在操作上更加公平、公开、公正，参与的企业在同一个起跑线上竞争，对三星这样的成熟企业，优势会充分的显现出来。”由于三星在品牌、产品、服务等方面存在诸多优势，加上一贯的良好口碑，三星已成功入选中央、中直、北京市及40多个省、直辖市、省会城市的采购项目也就不难想象。而目前三星在政府行业热推的CLP－500、CLP－600打印机、多功能一体机和46寸、63寸大屏幕显示器等产品大多都通过阳光采购打进过政府采购市场。

满足“绿色”指标成实力的有力注解

根据政府《实施意见》要求，从2007年1月1日起，在中央一级预算单位和省级（含计划单列市）预算单位优先采购拥有环境标志的产品，2008年1月1日起在全国实施。这对政府采购又提出了新的要求，实力型供应商的内涵将发生深刻的变化。

事实上，许多供应商的实力更多地基于规模等优势取得，在产品质量、技术含量等方面，并没有突出的表现。这在政府采购对产品、售后服务要求越来越严格的今天，这些供应商的“实力”将大打折扣，尤其是“绿色”指标的硬性要求，更让这类供应商的“实力”无处施展。不难理解，拥有雄厚技术实力，长期致力于环保、节能产品开发的企业优势会充分显现，三星就是他们之中的杰出代表。

作为世界500强企业在中国的杰出代表，三星多次获得“最佳社会贡献活动奖”等诸多奖项，赢得中国社会的共同尊敬，受到了包括政府在内诸多行业的青睐。需要提到的是，多年来三星在中国不断宣传“绿色”理念，致力于环保、节能产品的开发。三星的显示器、打印机、笔记本电脑等产品在世界范围内通过了很多国家的环保节能认证，特别值得称道的是三星的显示器获得了国家环保总局首批中国环境标志认证（Ⅱ型）证书，是我国第一批真正健康环保的显示器。

政府采购的诸多新举措对众多供应商提出了新的挑战，“阳光”采购让所有厂商在同一平台上公平竞争，而“绿色”采购引导厂商不断推出环保节能型产品。凭借强大的研发实力，加上服务方面的优势，三星必会在政府采购中受益良多。

资料来源：国家环保局网站，2007年8月27日。

【讨论的问题】

1. 三星是凭借什么做到屡屡中标政府采购的？

2. 从你掌握的信息中，找出符合“绿色”条件的中外供应商？

5.4　政府采购的开标

导入案例

组织开标前预备会　落实责任

开标是招标采购的一个重要阶段，开标活动组织得顺利与否直接影响政府采购活动的质量。而开标能否顺利进行，起关键作用的则是开标前的准备工作做得怎么样。在采购实践中，一些政府采购代理机构对开标前的准备工作往往不是十分重视，因此不时会出现“开标环节工作人员手忙脚乱，开标现场混乱不堪”的情况。因此，笔者建议，开标之前，相关人员最好组织一个标前预备会（或标前协调会），对开标环节的工作做一个细致、全面的规划，并对可能遇到的情况进行分析，制定出相应的对策。尤其是一些大项目和潜在投标人比较多的项目，更有必要开个标前预备会（或标前协调会），对相关细节作细致的规划。

标前预备会（或标前协调会）最好在开标前一天举行。一般情况下，项目负责人主持就可以了。对于一些大项目或潜在投标人比较多的项目，可以由分管领导主持（必要时，还可以请单位的一把手出面主持）。标前预备会（或标前协调会）主要用于研究开标过程中的岗位职责，把责任一一落实到人，比如，谁负责开标现场的布置、谁负责投标人的签到、谁负责现场接收投标文件、谁主持开标会、谁负责唱标工作、谁是机动人员（随时接受项目负责人的调配，或配合其他人员的工作和应对突发情况）等；研究遇到突发情况（如出现供应商有过激行为或发生群体事件）时的应急预案。

开标环节的很多工作都非常琐碎，考虑得越周到，准备工作做得越充分，采购活动的质量就越有保证。近年来，不少政府采购代理机构都把不断提升服务品质作为代理活动中的一项重要任务来抓，开标前的准备工作做得越来越细，例如，有的政府采购代理机构在开标前就准备胶水、胶带、剪刀之类的东西，以备个别供应商临时拆封投标文件所用；对于一些投标人比较多、开标时间比较长的项目，部分政府采购代理机构还会提前了解开标场所附近的饭店（或饭馆）情况，为供应商提供午餐的咨询服务；开标中途有休息时间的，有的政府采购代理机构还准备了报纸杂志，为供应商打发时间提供方便。

案例详情链接

http://www.caigou2003.com/theory/poperation/2010/1011/158675_6.html。

案例引出的问题

1. 政府采购开标有哪些具体规定?
2. 开标应采取的步骤是怎样的?
3. 开标对政府采购工作的顺利完成起到怎样的作用?
4. 如果出现开标现场“搅场”的行为,你认为应如何处置?

原理知识

开标是指招标人按照招标通告或投标邀请函规定的时间、地点,将所有投标人的招标文件启封揭晓,由开标主持人逐一宣读投标文件的内容、投标报价和交货方式,并记录在案的行为。开标的主要任务是公开投标文件的主要内容,增加招标的透明度,竞争公开化。

开标按下列程序进行:验标,检查投标文件的密封情况;唱标,宣读每个投标文件的重要内容,并经投标人签字确认;宣布评标其他事项。

5.4.1 开标的时间、地点

开标时间在招标文件中规定,任何立法机构和其他部门不得干预。开标应当在招标文件确定的提交投标文件截止时间的同一时间公开进行;开标地点应当为招标文件中预先确定的地点。特殊情况下开标的时间可暂缓或推迟,如招标文件发售后对原招标文件进行了变更或补充、开标前发现不公正行为及突发事件等。

5.4.2 开标出席人

招标采购单位在开标前,应当通知同级人民政府财政部门及有关部门。财政部门及有关部门可以视情况到现场监督开标活动。

开标由招标采购单位主持,采购人、投标人和有关方面代表参加;评标委员会委员和其他有关单位也应当应邀出席开标。

典型实例

开标环节应严肃对待密封性检查

近日，在某市政府采购中心组织的一个印刷品项目的开标现场发生了这样一件事。在开标会即将开始的时候，某供应商代表突然发现其开标一览表被密封在投标文件里了。看着其他投标人都递交了开标一览表，以供"唱标"之用，该供应商代表很着急。于是，他打开了投标文件并取出了开标一览表，但由于时间来不及，手头上没有密封工具，他只能上交了未密封的投标文件。

开标时间一到，主持人宣布开标大会正式开始。唱标前，采购中心的工作人员和各位供应商代表检查了所有投标文件，并发现了这个没有密封的投标文件。对于这个未密封文件，采购中心以《政府采购货物和服务招标投标管理办法》第五十六条第二款的规定，对该未按照招标文件规定要求密封的投标文件按无效投标处理。

密封性检查是开标评标过程中一个小环节，虽然小，但是如果做不好，也会带来很多麻烦。因为一个小小的失误导致满盘皆输的结局，对于供应商来说，代价是巨大的。

正因如此，作为招标投标活动的操作者和执行者的采购代理机构，更应该在此环节上谨小慎微，马虎不得。遇到上述情况时，应该严格按照相关规定进行处理，不留情面。在其他按照要求操作的供应商看来，这样更能体现公平、公正。

同时，采购代理机构在开标环节上应该适当地体现一些人文关怀。比如，在开标现场，尽量为供应商提供复印机、扫描仪、剪刀、胶带、签字笔等办公用品。服务体现的是一种姿态，细节则体现了服务的品质，作为买与卖的桥梁，采购代理机构服务的不仅仅是采购人，还有供应商。在不违反法律规定的前提下，采购代理机构可以多一些服务意识，这样就会使采购活动更加和谐、顺畅地进行下去。

资料来源：《政府采购信息报》，2010－11－15。

5.4.3　开标的步骤

第一，主持人宣布开标开始，宣布评委会人员名单和工作人员名单。

第二，验标，《政府采购货物和服务招标投标管理办法》规定，开标时，应当由投标人或者其推选的代表检查投标文件的密封情况，也可以由招标人委托的公证机构检查并公证。

第三，开标，经检验确认无误后，由开招标主持工作人员当众按招标文件递交的先后顺序逐个拆封。

第四，唱标，宣读投标人名称、投标价格、价格折扣、招标文件允许提供的备选投标方案和投标文件的其他主要内容。未宣读的投标价格、价格折扣和招标文件允许提供的备选投标方案等实质内容，评标时不予承认。

第五，开标过程应当由招标采购单位指定专人负责记录，并存档备查。

第六，主持人宣读评标原则、评标纪律和下一步工作安排。

典型实例

开标过程须记录并存档

许多政府采购代理机构在开标环节都会邀请监管部门的工作人员进行现场监督或聘请公证人员进行过程公证，但一些项目在遭到质疑、投诉后，现场监督和过程公证却解决不了任何问题。对开标过程进行录像的项目，监管部门的相关负责人会通过调看录像审理供应商的投诉事项；现场没有监控录像的，监管部门首先想到的是调阅采购代理机构对开标过程的记录。但在采购实践中，不少采购代理机构都忽视了对过程进行记录这个细节。

2009 年某市采购代理机构在一个办公大楼外部设计项目的采购过程中也未对开标过程进行记录。采购结束后，未中标供应商 E 公司提出质疑后提起投诉。E 公司在质疑中称，在此次采购的开标环节，中标供应商 Q 公司的报价为可选择性报价，采购代理机构予以了确认，这不符合政府采购的规定。据了解，在此次采购中，Q 公司在开标一览表中承诺："如果本公司中标，将免费赠送室内设计。"开标环节，采购代理机构负责唱标的工作人员提示，Q 公司的赠送条款是以中标为前提的，而且政府采购也不应接受供应商的赠送，评标委员会可能不会确认此赠送条款。

但在 Q 公司中标后，还是有供应商认为，Q 公司之所以中标，主要是得益于"假如中标就有赠送"的附加条件。采购代理机构在开标环节也唱出了 Q 公司的这个附条件的报价。因此，采购代理机构组织的此次采购不合法。

采购代理机构相关负责人在接受调查时表示，自己非但没有认可 Q 公司的赠送条款，还在唱标时，给予提示，但当财政部门相关负责人要求调阅开标过程的相关记录时，采购代理机构相关负责人却拿不出来，因为他们根本就没对过程进行记录。最终，当地财政部门认为，根据《政府采购货物和服务招标投标管理办法》第四十二条的规定，开标过程应当由招标采购单位指定专人负责记录，并存档备查，但采购代理机构却没有记录存档，采购代理机构的开标环节不符合政府采购的规定，责令其重新组织采购。

资料来源：《政府采购信息报》，2010 年 11 月 2 日。

讨论案例

大连药检所政府采购招投标黑幕重重

——一起黑幕重重的 LIMS 采购招投标事件

政府采购蕴藏着巨大的市场购买量,让越来越多的供应商加入公平的市场角逐是政府采购的目的之一。招标方和投标方唯有遵章守法,依法采购,避免暗箱操作,才能使政府采购这样的“阳光下的交易”名至实归。然而,政府采购同时又是滋生腐败的多发地带,如果监管不力,就会造成严重的市场不公平现象,使政府采购的“公平、公正、公开”形象受损。近期在国内 LIMS 行业的几宗政府采购就恰恰说明了这个问题。

一家供应商独霸政府采购市场

LIMS 即实验室信息管理系统,是一种用于提高实验室的工作效率和运作规范的企业级软件。目前国内的 LIMS 市场不大,而各个政府下属的实验室如药品检验所、疾病预防控制中心和环境监测中心等是 LIMS 的主要使用行业之一,目前国内约有七八家 LIMS 供应商活跃在这个市场上,他们分别提供国外厂商的产品或国内自行研发的系统,在产品的性能、服务和价格上各有千秋,过去在政府采购招标中也是各有所获。

但最近两年来,中国几乎所有的 LIMS 政府采购项目都被一家称为北京三维天地科技有限公司(以下简称三维天地)获得。在网上使用 Google 一查,三维天地在 LIMS 项目中标的消息比比皆是,如广东省药品检验所、深圳市药品检验所、北京市药品检验所、大连市药品检验所、上海市环境监测中心、北京市环境监测中心、南京市环境监测中心、上海市疾病预防控制中心和中国疾病预防控制中心等都无一例外在政府采购招标中选择了三维天地。事实上,三维天地在最近两年中几乎囊括了中国国内所有的 LIMS 政府采购订单。这种由一家供应商称霸全国政府采购市场的现象很不寻常。究竟是三维天地代理的 StarLIMS 产品、服务或价格有过人之处呢,还是另有隐情?记者接到有关供应商的反映后对这一事件进行了深入调查。

标书是否“量身定做”?

“这样的政府采购招标,简直就是量身定做。”国内一家 LIMS 的经销商告诉记者。2007 年 11 月,大连市药品检验所发布了 DCZ20071056 号招标公告,采购实验室信息管理系统(LIMS)及办公软件,招标代理机构是大连机械设备成套公司。在这份标书中,关于投标人资格条件要求“具有省级以上行政主管部门颁发的软件企业资质证书”;同时这份标书在主要技术要求的第一项中就要求符合“FDA(美国食品药品管理局)”等国际标准和准则。

“标书上写明投标人要具有省级以上行政主管部门颁发的软件企业资质证书,这相当于把除北京三维天地科技有限公司代理的StarLIMS之外的其他所有国外LIMS厂商统统排除，因为除三维天地外其他的国外LIMS基本上都是成熟的产品，这些厂家在中国的分公司或总代理商都不需要在国内做软件开发，只是做销售、实施和技术支持，类似于汽车行业的4S店，当然也就没有也不需要有软件企业资质证书。同时这个标书在主要技术要求中又写明必须符合FDA（美国食品药品管理局）的准则，而国内自行研发的LIMS目前还没有哪个产品符合FDA的准则，这样一来，能够满足这个标书的主要商务和技术要求的LIMS供应商事实上只有三维天地一家。"一位要求隐去姓名的LIMS经销商接受记者采访时称。这就好比采购的汽车要求必须是国际著名的奔驰、宝马等高档车，同时又要求代理商必须要有自主品牌证书。

2007年12月6日，三维天地中标。

这样的招投标是否有效？

究竟还有没有同时符合这两个条件的其他厂家？一位在LIMS行业有多年经验而目前不属于任何LIMS厂商的黄继红先生告诉记者，目前国内在医药行业比较活跃的LIMS厂商中，同时满足这两个条件的确实只有三维天地一家。《中华人民共和国政府采购法》第三十六条规定："在招标采购中，出现下列情形之一的，应予废标：（一）符合专业条件的供应商或者对招标文件作实质响应的供应商不足三家的。"《招投标法》起草人之一张治峰就此问题接受记者采访时称："如果满足招标条件的厂家是唯一的，这样的招标应该是无效的。"他说，《招投标法》第十八条中明文规定，招标人不得以不合理的条件限制或者排斥潜在投标人，不得对潜在投标人实行歧视待遇。

暗箱操作由来已久？

据有的经销商介绍，三维天地这种在政府采购招标中的非正常行为由来已久，在2007年2月份的北京市药品检验所的LIMS招标中（招标编号：BGPC－06400，项目名称：北京市药品监督管理局信息系统及设备购置，招标单位：北京市政府采购中心，投标截止日期/开标日期：2006年12月27日上午9:30）就有明显的表现。在那次投标中，三维天地的投标价是296万元，而同是国外著名品牌的莱博韦尔的投标价只有198万元，比三维天地的价格低了近100万元，正在莱博韦尔的员工要庆贺即将中标时，却传来了三维天地中标的消息，令业内人士大跌眼镜！他们曾去北京市财政局质疑过，但财政局却没有给予书面答复，这其中的奥秘，就只有天知道了。

资料来源：医药新闻网，http://www.jxxlbm.cn/NewsShow.aspNewsID－442，2008年8月18日。

【讨论的问题】

1. 你认为政府采购招投标最重要的是什么？

2. 如何避免政府采购中的暗箱操作？

5.5　政府采购的评标

导入案例

大学教授担任招标评委受贿21万元获缓刑

2010年9月,南京某大学教授赵明东在校外开公司,以招标评委的身份收受他人贿赂21万余元,因犯非国家工作人员受贿罪,被法院判处有期徒刑3年,缓刑3年,没收财产20万元。

现年49岁的赵明东,是南京某重点高校电子科学与工程系教授,赵教授所研究的专业领域技术性较强,且有一定的研究成果,常被一些单位聘请为技术顾问。2005年5月,赵明东和妻子共同出资成立了一家建筑技术设计咨询公司。平时赵明东在校任教,他妻子在公司承接业务后,交由老公搞设计。这家公司办得越来越红火,2008年3月,公司承接了北京一单位国际会议中心多媒体会议系统的设计咨询业务,赵明东负责该会议系统的设计。北京这家单位对赵明东的设计很满意,随即组建工程评标委员会,打算找工程队施工。评标委员会共有5名专家评委组成,赵明东作为设计人员成为专家评委的一员。

赵明东的朋友李明听说此事后,欲竞标此项工程。当月,李明找到赵明东帮忙,承诺一旦中标,项目所得利润由双方平分。当年5月,招标工作开始,赵明东作为评委参加了评标,李明公司成功中标,同月底开始施工。施工期间,李明多次邀请赵明东到北京的施工现场提供技术指导。施工结束李明收到工程款后,将工程所获利润的一半21万余元再加上赵明东提出的差旅费6万余元,共计27万余元,以劳务费和差旅费的名义支付给赵明东。

2009年2月,赵明东被立案侦查,随后检方诉至法院。赵明东起初对自己的犯罪事实供认不讳,但到了法庭上却突然当庭翻供,辩称所接受的钱款是有偿技术咨询和劳务帮助,不是非法所得。鉴于赵明东突然翻供,检方当庭申请延期审理以补充证据。在对行贿人和多名证人的口供充实后,2010年5月,诉辩双方再次走上法庭,法院最后做出上述判决。(文中人物均为化名)

检察官点评:非国家工作人员受贿也要定罪

2008年,最高人民法院、最高人民检察院《关于办理商业贿赂刑事案件适用法律若干问题的意见》第六条规定:“依法组建的评标委员会、竞争性谈判采购中谈判小组、询价采购中询价小组的组成人员,在招标、政府采购等事项的评标或者采购活动中,索取他人财物或者非法收受他人财物,为他人谋取利益,数额较大的,依照刑法第一百六十三条的规定,以非国家工作人员受贿罪定罪处罚。”

在前述司法解释出台之前,因为相关法律规定的缺位,对于评标委员会中专家评委利用参加评标工作的便利收受投标单位好处费的性质难以认定。该司法解释的出台,体现了国家对于建设公平竞争市场环境、加强反腐败工作的坚定决心。

本案具有一定的代表性,高校教师作为各个行业的专家,在成为评标委员会成员时,这种身份的变化让其有了"位",评标委员会中的专家评委利用这个"位"为自己谋利时,其行为就涉嫌非国家工作人员受贿罪。

评标是依据招标文件的规定和要求,对所有投标文件进行审查、评比和比较的工作,是保证招标成功的重要环节,为保证评标的公正性,评标工作由招标采购单位负责组织,具体评标事务由招标采购单位依法组建的评标委员会负责。

案例详情链接

http://www.sina.com.cn,《扬子晚报》,2010 年 9 月 21 日。

案例引出的问题

1. 你认为作为评标委员会的专家应具备哪些条件?
2. 评标委员会成员应履行哪些义务?
3. 目前我国政府采购关于评审专家的资格的认定有哪些规定?

原理知识

评标是政府采购过程中最为核心的环节,也是采购人和供应商关注的焦点。评标工作的好坏将直接影响整个政府采购活动的成败。一个科学、合理、合法的评标办法和公平、公正、科学、择优的评标过程,是产生客观、公正评标结果的前提,是减少评标争议的重要保证。我国政府采购招投标的制度规定中明确了评标委员会的组成及评标委员会成员应履行的义务。

5.5.1 评标委员会的构成

按我国政府采购招标的有关规定,评委会由 5 人以上单数组成,其中技术、经济等方面的专家不得少于 2/3。采购数额在 300 万元以上、技术复杂的项目,评标委员会中技术、经济方面的专家人数应当为 5 人以上单数。

评标专家应当熟悉政府采购、招标投标的相关政策法规,熟悉市场行情,有良好的职业道德,遵守招标纪律,从事相关领域工作满 8 年并具有高级职称或者具有同等专业水平。专家成员应当从省级以上人民政府有关部门提供的专家名册或招标代理机构的专家库内的相关专家名单中确定,各级人民政府财政部门应当对专家实行动态管理。

评标专家人员名单在中标结果确定前应当保密。

5.5.2　评标委员会成员应当履行的义务

第一,遵纪守法,客观、公正、廉洁地履行职责。

第二,按照招标文件规定的评标方法和评标标准进行评标,对评审意见承担个人责任。

第三,对评标过程和结果,以及供应商的商业秘密保密。

第四,参与评标报告的起草。

第五,配合财政部门的投诉处理工作。

第六,配合招标采购单位答复投标供应商提出的质疑。

典型实例

福州建立政府采购评审专家责任承诺制

福州市政府采购监管部门制定政府采购评审专家《责任书》,对评审专家的基本业务素质和职业道德要求、参与政府采购评审活动时的权利和义务,以及现行法律法规和规章中有关评审专家违规处罚的条款予以明确。在评标活动开始前,评审专家必须认真阅读《责任书》内容,并签字以示承诺。采购活动结束后,政府采购集中代理机构和其他采购代理机构必须将评审专家签字后的《责任书》随同评审报告等文件报政府采购监管部门备案。

资料来源:中国国际招标网中国福州门户网站,2010年11月3日。

5.5.3　评标委员会的工作内容

首先,对所有投标文件进行审查,对不符合招标文件基本条件的投标确定为无效。其次,对投标文件不明确的地方进行必要的澄清,但不能做实质性修改。最后,运用事先在标书中已经确定的评标方法进行最后的评标。通常运用的评标方法主要有三种,即价格评标法、综合评标法和打分法。

评标结束后,评标委员会须写出完整的评标报告,经全体评委签字后,方为有效。中标人确定后,由招标人或招标代理机构向中标人发出中标通知书,并通知所有未中标人。

评标委员会的评标工作必须独立进行,任何单位和个人都不得非法干涉,影响评标过程和结果。只有依据法律法规和招标公告内容独立评标,才能最大限度地维护招标人的形象和利益。

拓展阅读

财政部首次处罚4名政府采购评审专家

日前,4名专家因在评标过程中有明显不合理或不正当倾向性,而受到财政部做出的警告行政处罚。

背景:这4名评审专家在参与某国家机关政府采购项目评标时,对两家供应商投标文件中完全相同的应答内容,打分差别畸大,直接影响了中标结果。在该中标结果受到供应商质疑后,评审专家应要求对该项目投标文件进行了复审,复审后,4名专家仍然维持原评标结果。事后,供应商因不满质疑结果,就该项目向财政部投诉。财政部经过依法调查取证后发现,这4名专家在评标过程中有明显不合理或不正当倾向性,遂对该项目做出废标的投诉处理决定。此后,财政部又按照《中华人民共和国行政处罚法》的有关规定,对4名违规的评审专家给予了警告的行政处罚。

案例分析:按照我国现行的政府采购专家评审制度,相关专家通过自主报名、推荐成为政府采购专家,表明专家已经承诺能够胜任评审工作。专家的评审意见直接决定中标、成交结果,而不仅是作为决策辅助依据,因此评审专家有义务充分理解招投标文件,并进行客观打分。这种制度设计主要是借助专家的专业优势、相对独立的地位以及专家的声望对政府采购项目进行独立、客观、公正的评价。同时,也是为了改变以往存在的部分采购人和供应商以政府采购为渠道满足自身不正当利益的情况,防止腐败现象的发生。《政府采购法》实施6年来,取得了良好的效果,评审专家的作用贯穿了政府采购标书编制、评标、项目验收等环节的始终。但在实际工作中,也存在个别评审专家接受少数采购人和供应商的请托,在评标过程中存在倾向性打分或不负责任的行为。这种行为在一定程度上影响了政府采购工作的公平、公正。

正是在这种情况下,财政部决定,将进一步加大对评审专家的监管力度。一方面,依照《政府采购专家评审管理办法》加大对评审专家的整顿力度,对评审专家库进行清理,对普遍反映存在问题的专家,要坚决清除出采购队伍;另一方面,加大对评审专家违法情况的查处广度和处罚力度,对于存在严重违法的线索,坚决移交司法部门调查处理。

有关专家认为,对4名违规评审专家的依法处理是政府采购监管部门贯彻落实国务院办公厅于2010年4月发布的《关于进一步加强政府采购管理工作的意见》中“对评审专家违反政府采购制度规定、评审程序和评审标准,以及在评审工作中敷衍塞责或故意影响评标结果等行为,要严肃处理”的规定的有力举措,进一步强化了政府采购法律制度的约束，将更有利于我国政府采购工作的健康发展。

资料来源：http://www.xxczj.gov.cn/czfg/show.aspx? fgid=20100926105325。

5.5.4 评标的方法

所谓评标方法，就是运用在招标文件中已确定的评标标准评审、比较、选择推荐中标候选人的具体方法。科学、合理、合法的评标办法和公平、公正、科学、择优的评标过程，是产生正确评标结果的前提，是减少评标争议的重要保证。就评标过程而言，一般可分两步进行，即初步评审和详细评审。只有通过初步评审的投标厂家，才能进入详细评审。初步评审主要有符合性检查、商务评议或资格预审等几种，而详细评审常用的评标方法通常有打分法、综合评估法、最低评标价法等。政府采购公开招标针对标的的具体情况，主要采取以下几种方法。

第一，打分法。采取这种方法，评标委员会每一位成员根据事先制定的评标因素（如价格、质量、信誉、服务等）和相应的分值标准，按重要程度不同，确定出某一投标不同方面的相对权重分值，评审委员会按照评标标准分别对每一投标的各个部分进行评价、打分；计算各部分相应的加权分值，再将所有权重分值进行累加，得出该投标人的得分。最后，汇总计算每一位评委的打分，总分最高或平均分最高的投标即为最佳的投标，该投标人应当被推荐为中标候选人。

打分法在政府采购中是一种使用频率较高的评标方法，关键是把各项指标量化为一定比例分值，被广泛应用于货物采购、服务类的招标评标中。打分法在实际操作中有其利弊、优劣，其利在于能从难于用金额表示的各个不同的投标中选择最好的投标，对买方来说是一种判断投标最终价值的一种合理、满意的办法；直观、便于操作，而且可以避免因各种非正常因素对评标工作造成的影响，因此受到招投标双方的欢迎。其弊则体现在，招标人难于确定不同技术性能的有关分数和确定每一性能所应得的分数，有时可能会忽视一些重要指标。

打分法在使用中需要注意评标细则的制定，如果细则制定不科学、不合理，评标结果就会变成单纯的价格或技术的竞争。采用打分法，通常应该考虑的因素包括：投标价格；运输费用、保险费用及其他费用；交货期或竣工期；偏离合同条款规定的付款条件；备件价格及售后服务；标的性能、质量；技术服务和技术培训等。其中投标价格的分数权数一般占全部因素的60%以上。

典型实例

打分法在政府采购办公家具招标中的应用

首先，评委会对投标厂商进行初步评审；然后，再对初步评审合格的投标厂商进行详细评审，一般是从技术、价格、售后服务、设计、资质与业绩这5个方面的因素分别进行打分，满分为100分；最后，再将所有评委打分进行汇总，得出该投标人的最后得分，汇总得分排序最高的投标人，即被推荐为中标候选人。下面，就5个评标因素的详细评价内容和分值介绍如下。

1. 技术（总分为30分）

序号	评价名称	分值
1	原材料品质报告	5
2	产品报告	5
3	主要五金件档次	10
4	样品外观检测	10

2. 价格（总分为45分）

$$投标价格得分 = 45 - \frac{(投标报价 - 最低报价)}{(最高报价 - 最低报价)} \times K$$

系数 K 是指最低报价得分与最高报价得分之差。对于不同的货物采购招标的评标，一般是通过调节 K 值的大小，来调节最高报价得分与最低报价得分之间的差距。假设对于办公家具采购招标中系数 K 取值为5分，则最低报价得分为45，最高报价得分为40。

3. 售后服务（总分为10分）

序号	评价名称	分值
1	保修期限	5
2	排除故障响应程度	2
3	其他	3

4. 设计（总分为10分）。评委可根据各投标厂商参与设计的程度与水平的高低进行单独打分。

5. 资质与业绩（总分为5分）

序号	评价名称	分值
1	资质	3
2	业绩	2

资料来源：http://www.bidchance.com/info.do?channet.

第二，综合评估法。这种方法是指价格加上其他因素的一种评价方法。在招标文件中，如果价格不是唯一的评标因素，应把其他因素一一列出，并说明各因素在评标中所占比例。或者说是经评标委员会综合评议，投标人的投标文件能最大限度地满足招标文件中规定的各项综合评价标准的，评标总分得分最高的投标人应当被推荐为中标候选人的评标方法。

综合评估法主要用于政府采购项目中小批量货物、服务采购的评标。采用综合评估法时，对于货物招标，评标时除考虑投标价格和国内优惠条件外，还应当根据情况考虑下述因素：①在买方国家发生的，将货物从买方国家目的港/工厂运至最终目的地所发生的国内运费、保险费和其他费用；②投标报价的交货期；③偏离合同条款规定的付款情况；④运营成本；⑤备件价格；⑥货物的有效性和配套性、零配件和服务的供给能力，以及售后服务的情况；⑦货物的性能、产量、质量；⑧检验、安装能力；⑨技术服务及相关的培训；⑩安全性和环境效益等。对于服务类招标，应当对其服务报价、投标人及参与提供服务人员的资格、经验、信誉、可靠性、专业和管理能力等方面进行综合评价。通过对以上因素的综合评估，评审和比较投标文件能否最大限度地满足招标文件中规定的各项要求和评价标准，经集体讨论或投票表决，确定推荐中标候选人。

评标时，评标委员会成员应当独立对每个有效投标人的标书进行评价、打分，然后汇总每个投标人每项评分因素的得分，按得分从高到低的顺序推荐中标候选供应商。该方法的缺点是由于评标办法不够细、评分标准缺乏量化因素，评标主要依赖于评标委员会每一位专家的经验和其是否公平、公正，评委自由裁量权过大，所以与打分法比较起来，更容易受到各种非正常因素的影响，公平、公正性相对较差。如果评委会成员能够客观、公正地履行职务，遵守职业道德，并对所提出的评审意见承担个人责任，对评标过程和评标结果承担保密义务，则采用综合评估法，既能保证评标的公平与公正性，又能满足招标人的采购意愿。对招标人和招标代理机构来说，不失为一种最佳的选择。

第三，最低评标价法。最低评标价法指以价格为主要因素确定中标候选供应商的评标方法，即在符合采购需求、质量和服务相等的前提下，依据统一的价格要素评定最低报价，以提出最低报价的投标人作为中标候选供应商或者中标供应商的评标方法。财政部18号令规定：最低评标价法适用于标准定制商品及通用服务项目。

最低评标价法有其价格计算标准，评标价格等于成本加利润，其中，利润为预先确定的投标人应得的合理利润，成本的计算则有其特定的计算口径。如货物由国外进口，其评标的成本以包括货物购买成本、保险在内的到岸价为基础；对国内商品，以出厂价格为基础，等等。

从有关法规对最低评标价法的描述来看，最低评标价法是一个使用起来相对简单的方法，而在实际应用过程中最低评标价法所出现的问题通常是因为我们简单地理解或简单地使用该办法。最低评标价法存在的问题是招标文件中最低评标价法简单化，造成实际应用过程中的评审难度。

该方法的弊端就出在对最低评标价法的简单使用上，在运用最低评标价法时，有纯粹依据价格的倾向，在评标时，总把最低报价作为评标的唯一依据。同时由于该方法将价格以外的有关因素折成货币或给予相应的加权计算，制定细则时比较麻烦，评标时计算复杂、工作量大，因此一般政府采购项目招标时业主不愿采用，但政府采购项目招标中如涉及机电产品国际招标时，最低评标价法在评标中是被强制使用的。

总的说来，以上几种评标方法，每种方法都各有利弊，因此在评标时应根据招标的货物类别或具体情况灵活运用，可采用一种固定方式，也可结合需求和特点综合评定。由于评标是招标采购工作的关键和难点，因此采用哪一种评标方法，还需因时、因物、因地地参考众多因素而定，随着货物设备采购标的物的变化，影响其评标因素的权重也将随之发生变化，这就要求在实践中不断摸索、不断地完善评标方法，使之更具科学性和合理性。

5.5.5 评标结束的工作

在评标时，当出现最低评标价远远高于标底或缺乏竞争性的情况时，应废除全部投标；评标结束后，招标人要组织评委编写评标报告，上报采购机关，评标报告主要包括招标通告刊登的时间、购买招标文件的单位名称；开标日期、开标汇率；投标商名单；投标报价及调整后价格；价格评比基础；评标的原则、标准和方法；授权建议。

评标结束后，如果是招标代理机构负责代理招标工作，则代理机构应将评标结果通知招标人，经招标人确认后决标，并于3日内书面通知中标人和落标的投标人，退回落标的投标人所提交的投标保证金。

讨论案例

从"格力案"谈投标价　价低是否一定应该中标

最近，"格力案"闹得沸沸扬扬。新闻媒体和社会公众纷纷以各种形式表达了对该案的关注。从各方的评论来看，对国家、人民的热爱可谓真切，对公平、公正的呼唤可谓急迫，对潜规则、腐败的痛恨可谓切肤。众说纷纭之下，似乎缺乏对本案最基本事实的追究和认定，对于基本判断的冷静思考，以及对于政府采购专业基本知识的了解和尊重。

无论是"政府"还是"采购"都是我们日常生活中耳熟能详的事务或事件，于是"政府采购"也似乎顺理成章地成为一个不需要太求甚解，人人都可以根据日常经验进行判断和评论的领域，于是"选择2 100万而不是1 700万"就成了一个天大的笑话，就必然是"潜规则"，成了社会各界口诛笔伐的对象。然而也就是因为前面的"政府"两字，使这个"采购"不同于企业和个人的采购，有了它必须遵循的法律、规则和程序，以及评判相关事件所应当具备的专业知识。本人无意为原、被告任何一方说理，也无意在宣判之前的关键时刻干扰司法公正，而仅仅希望借此议题以及社会各界对政府采购的关注的时机，普及一些政府采购的基本常识，供大家在判断和评论时参考。

投标价与评标价

投标价是指供应商在投标文件中报出的价格。如果采购内容比较复杂，由于供应商对招标文件理解上的差异或者疏漏等原因，导致供应商在投标文件中的响应情况与招标人在招标文件中阐述的实际需求有不一致，而这种不一致又没有大到导致废标的情况下，评标委员会将在评标阶段对各个投标文件的投标价格在折扣、算术性修正、供货范围等方面进行调整，以使各投标文件能在招标文件所确定的同一水平线上进行比较。这个调整后的价格叫评标价。

评标方法

在拍卖中，出价最高的人一定能买到卖品；而在招标中，报价最低未必能赢得合同。这是因为，招标所要购买的内容往往比较复杂，采购人既有对其价格方面的需求，也有对性能质量以及商务方面的需求，即同时具有技术性和经济性，评标时往往需要进行商务、技术和价格的综合评判。目前政府采购中，采用最低评标价法、综合评分法和性价比法是法定的评标方法。

最低评标价法是指以价格为主要因素确定中标候选供应商的评标方法，即在全部满足招标文件实质性要求的前提下，依据统一的价格要素评定最低报价，以提出最低报价的投标人作为中标候选供应商的评标方法。这种方法适用于标准定制商品及通用服务项目，使用时需要注意的是：第一，要全部满足招标文件实质性要求；第二，这里的价格是评标价而不是投标价，第三，不接受低于成本价的投标。

对于非标准化的货物和服务，通常采用综合评分法，是指在最大限度地满足招标文件实质性要求的前提下，按照招标文件中规定的各项因素进行综合评审后，以评标总得分最高的投标人作为中标候选供应商或者中标供应商的评标方法。综合评分的主要因素通常包括：价格、技术、财务状况、信誉、业绩、服务、对招标文件的响应程度等。可以看出，价格因素肯定是评标因素之一，甚至可以是最重要因素，但绝对不是唯一的因素。也就是说，价格最低既不是中标的必要条件，也不是充分条件。

性价比法在采购实践中使用较少，因篇幅所限，在本文中不再详述。

需要指出的是，评标方法的选用以及各项评标因素及其权重，需要事先在招标文件中阐明。这是政府采购公开性的体现。

实质性响应与“星号条款”

根据《政府采购法》及其相关的配套法规，无论采用哪种评标方法，投标人要想中标，其投标文件必须满足招标文件中规定的实质性要求。《政府采购法》还规定：投标人的澄清或说明不得改变投标文件的实质性内容。但是，招标文件中规定的要求很多，到底哪些是“实质性要求”，这在政府采购和招标实践中，是非常容易发生争论和争议的地方。供应商、评标专家乃至监管机构由于自身知识水平的局限性以及所处立场的不同，对投标文件是否满足招标文件的实质性要求往往有不同的见解。在我国，相关各方在招标投标的长期博弈中，形成了一个解决方案：采购人编制招标文件时，将含有自己认为重要的“实质性要求”的商务或技术条款加上“*”（星号），形成了“星号条款”，投标文件中对于任何一个星号条款的不满足都将导致废标。这已被我国的采购实践证明是一种比较行之有效的解决方案，体现了我国招标投标管理部门的智慧。这样做有三个好处，一是用醒目的方法将采购人的需求明确地告知供应商，体现了采购的公开性；二是给评标专家评审提供依据，减少评标专家的自由裁量权；三是有利于监督部门处理争议。供应商购买投标文件后，如发现“星号条款”或其他条款有歧视性，可以提出异议、质疑或投诉。否则，视为认可招标文件中的规则。

程序公正与实体公正

“投标文件中出现错误能否事后改正?”“某投标人递交投标文件仅仅晚了几分钟是否应该接受?”这类问题经常被问起。政府采购中的招标投标过程是一套严谨的法律程序，在评标中体现为按照招标文件中规定的时间、标准和方法来组建评标委员会和决定评标结果的过程。在招标采购过程中，常常伴随着程序公正与实体公正的矛盾。在“格力案”中的媒体报道中，有一种声音认为：“采购中心宁损400万元也不愿给格力一个改正机会?”本人认为，如果格力的投标文件果真违反了招标文件中的星号条款，那么这个机会确实不能给它。因为对实体公正的损害，其损失是有限的、可以衡量的。而作为一个被全国广泛关注的案件，如果为了（姑且认为存在的）实体公正而牺牲程序公正，那么对于程序的损害是无限的、无法衡量的。正如郑成良教授在《论程序公正的价值优先性》中所说：“当各级各类公共权力都可以离开程序去主持正义时，当社会公众都期待着官员们大胆地摆脱程序正义的束缚，转而去扮演‘官方罗宾汉’的角色时，这个社会也许能够成为一个符合某些人（也可能是许多人）理想的社会，但它肯定不是一个法治社会。”

资料来源：《经济参考报》，2009年11月13日。

【讨论的问题】

1. 政府采购评标的方法有哪几种？各自的适用条件如何？
2. 你对“星号条款”有何看法？
3. 评标价是如何产生的？其是否具有科学性？

5.6 政府采购定标

导入案例

招标采购人是否能随意中止中标结果？

背景：某单位采购一批网络设备，在中标通知书发出后，由于发现部分供应商和采购单位经办人存在不规范的行为，政府采购监管部门及时进行了核查，对相关当事人处以罚款，并做出了采购程序合规、维护中标结果的处理意见。但该单位以所购设备已有替代品，计划取消为由拒绝与中标供应商签订采购合同。中标供应商向监管部门投诉，要求采购人赔偿损失。后经政府采购监管部门、采购人主管单位协调，该单位已在限期内与中标供应商签订了采购合同。

案例分析：这是一起招标采购人随意中止中标结果引发的案例。其行为不符合《政府采购法》规定。采购单位发放中标通知书以后，即表示合同要约的确立，没有重大的变故或未发现违法违规的行为，采购人与供应商必须签订采购合同，而不能随意取消采购任务。否则，按《政府采购法》第七十一条规定处理："采购人在中标、成交通知书发出后不与中标、成交供应商签订采购合同的责令限期改正，给予警告，可以并处罚款，对直接负责的主管人员和其他直接责任人员，由其行政主管部门或者有关机关给予处分，并予以通报"。

此案例看起来是继续实施计划与中止计划的简单变化，但从另一个侧面折射出采购人能否依法行政的行为。政府采购各方当事人应是平等的，保护政府采购当事人的合法权益是法律赋予的责任，它不仅体现政府的信誉度和人民群众的认同度，而且会产生巨大的政治影响和社会影响。因此，政府采购各方当事人都要忠实执行相关法律法规，自觉遵守好、维护好政府采购市场秩序。

案例详情链接

http://www.xxczj.gov.cn/czfg/show.aspx？fgid=20100926105325。

案例引出的问题

1. 政府采购定标有哪些注意事项？
2. 招标采购人是否能随意中止中标结果？
3. 中标人确定后，招标人应当如何通知中标人？有没有时间规定？
4. 政府采购招标活动的结束以何为标志？
5. 中标通知书是否具有法律效力？

原理知识

作为评定供应商的最后一项程序，我国政府采购招投标相关法律制度规定了定标工作的程序和相应的注意事项。

5.6.1 政府采购定标的含义

定标是政府采购项目开标后至授标之前的最后一项评定供应商的程序。政府采购在完成招标、投标、开标、评标流程后,依照招标文件要求,从所有投标供应商中,确定最终符合条件的合格供应商。定标时应注意如下事项。

第一,定标前,招标人不得将有关投标的实质性内容透露给投标人。

第二,招标人应当确定排名第一的中标候选人为中标人。排名第一的中标候选人放弃中标、因不可抗力提出不能履行合同,或者未在招标文件规定的期限内提交履约保证金的,招标人可以按次序选择中标候选人为中标人。

第三,招标人可以授权评标委员会直接确定中标人。国务院对中标人的确定另有规定的,从其规定。

第四,中标人确定后,招标人应当向中标人发出中标通知书,并同时将中标结果通知所有未中标的投标人。任何招标项目没有特殊情况,定标决定是越快越好。采购代理机构应当在评标结束后5个工作日内将评标报告送采购人,采购人应当在收到评标报告5个工作日内,按照评标报告中推荐的中标候选人的供应商顺序确定中标供应商,也可以事先授权评标委员会直接确定中标供应商。

第五,中标通知书对招标人和中标人具有法律效率。

中标通知书发出后,招标人改变中标结果的,或中标人放弃中标项目的,应当依法承担法律责任。

5.6.2 签订政府采购合同

政府采购合同是作为采购人的国家机关、事业单位和社会团体为实现公共利益,用国家财政资金进行采购时,与供应商达成的购买货物或服务的协议。政府采购合同与其他签订合同最大的不同是,它要同时遵守我国的《合同法》和《政府采购法》两部法律。

根据中标通知书要求的时间、地点和中标内容,招标人应当及时与中标人签订书面合同。我国政府采购的办法规定,该合同必须在30日内订立,合同的内容不得对招标文件和中标人的投标文件作实质性修改。

合同签订后,本次政府采购招标活动即告结束。

讨论案例

评分报价均相同 中标人该如何遴选

前不久,A市政府采购中心受该市卫生局委托,公开招标采购一套医疗设备。据了解,这套医疗设备乃高科技产品,技术复杂且售价不菲。

开标当天,共有5家供应商前来投标,经过紧张而漫长的评标,最后的评分终于确定。让评标委员会惊讶的是,在采用综合评分法的情况下,位居前两名的B公司和C公司不仅得分相同,总报价也相同。

此时,评标委员会中的采购人代表提出,在C公司的招标文件中未标明此套医疗设备的重要组成部分——可视设备的单项报价,应启动澄清程序由C公司派代表对此进行说明。此提议得到了评标委员会的默许,C公司的技术代表在澄清中表示,其所投的可视设备为进口产品,技术当属国际领先。

最后,评标委员会决议,在总报价相同的情况下,B公司所投可视设备为国产,技术指标和单价都明显低于C公司,由此可认为B公司的报价实际上高于C公司,推荐C公司为中标候选排序中的第一名。

但是,中标通知书发出后,立刻引起了B公司的强烈不满,在质疑未取得满意答复后,他们向监管部门提起了投诉。

此案例有两点值得关注:一是评标委员会认为C公司未标明某项设备的单项报价,要求投标人进行澄清,这种做法是否合法,即澄清程序在何种情况下才能启动?二是采用综合评分法进行评标,在评标得分和报价均相同的情况下,应如何确定中标候选人的最终排序?

澄清程序切勿随意启动

对于案例中评标委员会要求投标人进行澄清的做法,中招国际招标公司的副总经理胡杰认为不妥。他表示,这属于典型的"滥用澄清"。

"其实,在财政部第18号令中,有针对'澄清'的详细规定。"胡杰希望所有参与政府采购的人员都能够正确理解澄清的含义。财政部第18号令第五十四条第二款规定:"对投标文件中含义不明确、同类问题表述不一致或者有明显文字和计算错误的内容,评标委员会可以书面形式(应当由评标委员会专家签字)要求投标人做出必要的澄清、说明或者纠正……"胡杰认为,案例中的情况,根本不在第五十四条适用范围内,此时要求投标人澄清,就等于给被澄清者增加了竞争的砝码,是对其他投标人的不公平。为了成为最后的赢家,投标人的随意解释可构成对投标文件实质性内容的改变,这是法律所坚决不容许的。

"法律在政府采购的程序中设定了澄清环节,实际上是为方便评标专家更准确地对投标人进行评价,一旦被滥用,反而成为采购人借以达成私利的工具。对澄清的错误使用,在当今的政府采购评标中具有共性,应引起业内人士的注意。"胡杰说。

得分相同比较技术指标

既然案例中评标委员会要求C公司进行澄清的做法不妥,那么遇到评标得分和报价均相同的情况,应该如何确定中标候选人排序呢?

财政部第18号令第五十四条第四款对此予以解答:"采用综合评分法的,按评审后得分由高到低的顺序排列。得分相同的,按投标报价由低到高顺序排列。得分且投标报价相同的,按技术指标优劣顺序排列。”

也就是说,评标委员会应该对B公司和C公司投标文件中的技术指标进行综合评定。

既然法律有规定,评委们为何还会犯错?江苏省省级机关政府采购中心的一名工作人员认为,这是由于采购代理机构在编制招标文件时,未将评标办法进行具体描述。“很多采购代理机构都认为,法律有规定,招标文件就不必赘述,其实不然,很多评标专家虽是领域内精英,却未必熟悉评标,采购人则借此漏洞影响评委的评判。要知道,对于某些技术复杂的项目,招标文件中遗漏了一个小细节,就可能影响整个评标结果。”这位工作人员说。

同时他也表示,对于技术指标的评判,也决不能仅仅是单独某一项指标的评比,评标委员会需要对所有技术指标进行综合客观评定,才能给出最后结论。“例如,案例中的B、C公司所投可视设备一为国产另一为进口,评委们不应就此断定在此项技术指标上B公司输于C公司。因为如果国产设备和进口设备一样能够完全满足采购人需求,就应该断定此两种设备技术指标相同。如果招标文件明确规定对使用国货予以加分,最后的结果可能是B公司更胜C公司一筹。”这位工作人员说。

资料来源:《政府采购信息报》,2007年10月26日。

【讨论的问题】

1. 分析我国政府采购合同与其他合同的不同点?
2. 我国政府采购合同定标过程存在哪些问题,应该怎样调整?
3. 本案例中,专家评委评标时既然法律有规定可遵循,评委们为何还会犯错?

5.7 本章实务案例分析

四万亿元经济刺激方案考验我国政府采购

为应对国际金融危机对中国经济的冲击,2008年召开的国务院常务会议决定在两年内投资四万亿元刺激经济增长。政府财政性资金支出中将有很大一部分属于政府采购的范畴,这无疑给政府采购带来巨大挑战。

在中央财经大学举办的“2008公共采购论坛”上,政府采购如何应对这一挑战成为各方专家的热议焦点。与会人士表示,只有健全相关法律,并切实加强政府采购过程中的效率和透明度,才能促进这笔巨额的财政支出真正能取之于民,用之于民。

巨额资金“突如其来”

国务院常务会议确定了进一步扩大内需、促进经济增长的十项措施。实际上,这四万亿资金的巨大部分都将投向“硬件设施”，如：廉租房建设和危房改造、农村沼气和饮水安全工程；城市、农村电网建设和改造；水利工程建设，灌区节水改造，公路铁路及机场建设、学校建设和校舍改造，城市污水，垃圾处理设施建设，防护林和天然林资源保护工程建设，节能减排工程建设，支持高技术产业化建设等。

随着国家保增长计划的出炉，各地纷纷推出配套举措，争挤“四万亿”列车，四万亿投资计划已经被地方政府的热情放大到约18万亿元。记者了解到，江苏省财政支持资金100亿元已全部落实到位，3 000亿元政府主导性投资项目分批落实，并相继推出了从2008年起到2009年即将实施的总投资6 000多亿元的一批重大产业项目。上海的5 000亿元投资中，有部分用于改善市民出行的交通项目。与此同时，不少地区还在追加投资。

“这四万亿资金无论是与我国2007年24.66万亿的国内生产总值、5.13万亿元的财政收入，还是4.96亿元的财政支出相比都是一个很可观的数字，”在2008公共采购论坛上，一位与会专家告诉记者。他指出，由于这笔资金投向的硬件建设大部分是财政部2008年3月向全国人大提交的《2008年中央和地方预算草案》中没有考虑到的，因此，如何把好事办好成为摆在政府面前的一项严峻课题。江苏省采购处处长吴晓明也对记者说：“如此巨大的资金对于各级政府采购来说都是一个机会，但是如果做不好的话就会出现比平时更多的问题，这是各级政府采购部门都要仔细思考的问题。”

《政府采购法实施条例》是2009年立法重点

“两法之间的理不顺的关系给我们的实际工作造成了诸多不便”，吴晓明说。她所说的两法正是《招标投标法》与《政府采购法》。当前，这两法在政府采购领域并行，但它们的解释监督权又属于不同的部门，这给采购人的采购实践和投标人的质疑投诉带来了巨大的困惑和困难。“另外，有的相关部门还出台了诸多关于采购的部门规章，同时各省市甚至县也都出台了与采购相关的管理规定和管理办法。这些规章办法中不乏和《招标投标法》以及《政府采购法》不一致的地方，相互之间存在的矛盾和冲突，经常会让采购各方无法适从。”一位从事政府采购多年的专家在会议间歇告诉记者。他同时指出，一些应急采购的招标管理目前也处于真空，根本无法可依。

“政府采购法律体系要尽快完善。”国家发改委法规司张治峰在接受记者采访时表示，“首先要做好《政府采购法》和《招标投标法》的协调工作，当前阶段的重点工作是尽快出台《政府采购法实施条例》，同时，修订和完善《预算法》、《合同法》、《建筑法》等法律中与政府采购相关的内容。”他同时透露，目前发改委已与财政部就如何理顺两法，防止两法打架的难题上积极交换意见，争取在2009年推出新的实施条例。

一些专家同时建议，长远来看，可以推进《招标投标法》作为《政府采购法》的子法，将工程采购纳入政府采购体系，并将各部门和各地区已经出台的关于工程采购的法律法规制度进行梳理和修订，避免相互间的矛盾和重复，尽快形成全国统一规范的政府采购法律制度体系。

亟须解决地方政府采购机构设置不规范问题

我国政府采购部门设置还很不规范，甚至违规操作在很多地方比比皆是。财政部条法司司长杨敏在论坛发言时指出，各地设立的集中采购机构的隶属关系五花八门，人员属性多种多样，职能定位模糊不清。同时，一些中介机构也存在多头管理，过度膨胀，良莠不齐，恶性竞争的情况，不规范招标、虚假招标、围标串标等行为屡禁不止。根据建设部统计，截至2007年5月31日，仅工程招标代理机构就达4 802家，此外还有商务部管理的机电设备招标代理机构，发改委认定的中央投资项目招标代理机构，财政部认定的政府采购代理机构等。

“在政府采购机构能力建设上，首先要真正实现采购和监管职能的分离，”中央财经大学法学院教授曹富国表示。他说，要统一集中采购机构的设置和隶属关系，严格按照《政府采购法》中政府采购监督管理部门不得设置集中采购机构的规定，将集中采购机构和财政部门脱钩，由本级人民政府作为事业法人参照公务员直接管理，其人员和业务经费由本级财政集中补贴，并加强对其业务指导和统一协调，“可以考虑上一级集中采购部门向下一级集中采购机构进行业务指导的职能，逐步形成全国统一规范的采购模式。”曹富国说。他同时指出，此外还要理顺社会中介机构的管理，面对与社会招标代理机构的资格认定实行统一管理，规范招标代理行为，强化动态监管，加强招标代理行业的信用体系建设，提升采购人员的综合素质。

而曾经参与制订《招标投标法》的中共中央政策研究室副主任郑新立告诉记者，要加强资金监管，首先要扎实做好资金效能的监督，及时发现问题，及时纠正，把问题解决在事前、事中，同时要开展重点监督检查，突出重点，点面结合，条块结合，有步骤有计划的实施监管工作，确保监管工作的有力有序有效推进。另外，要注重加强财政部门内部以及纪检监察审计等部门的协调配合，发挥监管合理，建立联动监督机制，将采购过程阳光化，资金使用情况通过媒体向社会公布，并接受社会监督，建立必要的举报奖励性制度，保证采购的高度透明，充分调动公众监督意识。

资料来源：http://www.sina.cn。《经济参考报》，2008年12月8日。

【讨论的问题】

1. 你认为我国政府采购法律体系哪些方面需要尽快完善？
2. 目前我国政府采购机构设置存在哪些问题？

第6章

政府采购的管理

案　　例	对应知识	学习目标
导入案例： 《中小学教师培训纳入政府采购》 讨论案例： 《国外政府采购管理机构》	6.1 政府采购的管理机构 6.1.1 政府采购管理机构的确定 6.1.2 政府采购管理机构的职责	1. 掌握我国政府采购管理机构的设置 2. 熟悉我国政府采购管理机构的职责
导入案例： 《政府采购预算管理的意义》 讨论案例： 《重政府采购预算编制　促规模效益提高》	6.2 政府采购预算管理 6.2.1 政府采购预算编制的程序 6.2.2 政府采购预算编制的内容	1. 了解政府采购预算管理的含义和意义 2. 熟悉政府采购预算编制的程序 3. 掌握政府采购预算编制的内容
导入案例： 《财政部修订〈政府采购代理机构资格认定办法〉的目的》 讨论案例： 《政府采购代理机构被索赔七十万》	6.3 政府采购代理机构的管理 6.3.1 政府采购代理机构的分类 6.3.2 政府集中采购机构的管理 6.3.3 政府采购代理机构的管理 6.3.4 加强政府采购机构管理的措施	1. 了解我国政府采购的分类 2. 熟悉政府集中采购机构的设置及业务范围 3. 掌握集中采购机构与代理机构业务范围的区别 4. 探究如何加强政府采购机构的管理
导入案例： 《政府采购供应商选择存在的问题》 讨论案例： 《供应商资格审查如何提防虚假材料》	6.4 政府采购供应商的管理 6.4.1 政府采购供应商的资格 6.4.2 政府采购供应商的资格审查	1. 对供应商资格审查包括哪些内容 2. 通过浏览各种媒体，搜集政府采购供应商的案例，分析其选择过程存在的问题，思考改进措施
导入案例： 《美国政府采购专业人才的素质和培养》 讨论案例： 《完善政府采购制度　培训政府采购人才》	6.5 政府采购执业资格的管理 6.5.1 政府采购人员职业资格管理的必要性 6.5.2 政府采购人员执业资格的要求 6.5.3 我国目前政府采购执业人员的现状及改进措施建议	1. 了解政府采购人员需要的专业知识 2. 熟悉政府采购人员执业资格要求 3. 掌握政府采购的专业知识，做一名合格的政府采购执业人员

案　例	对应知识	学习目标
导入案例： 《进一步健全政府采购全过程信息公开机制》 讨论案例： 《信息公告期限不得缩水》	6.6 政府采购信息管理 6.6.1 政府采购信息公告 6.6.2 政府采购信息的记录与保存	1. 了解政府采购信息公开的意义 2. 熟悉政府采购信息管理的内容 3. 从相关媒体了解目前政府采购信息管理现状及问题，寻求治理措施
导入案例： 《政府采购合同签订中存在的问题》 讨论案例： 《政府采购合同缔约的过失责任》	6.7 政府采购合同的管理 6.7.1 采购管理机关对政府采购合同的审查 6.7.2 采购人对合同签订的管理 6.7.3 采购管理机关对合同履行的管理	1. 了解政府采购合同管理的目的 2. 熟悉政府采购合同审查的内容 3. 了解政府采购合同履行管理的内容
导入案例： 《财政部关于加强政府采购供应商投诉受理审查工作的通知》 讨论案例： 《政府采购供应商质疑与投诉的原因及对策》	6.8 政府采购质疑和投诉的管理 6.8.1 询问的形式、范围及处理 6.8.2 质疑的形式、范围及处理 6.8.3 投诉的提出、范围及处理	1. 熟悉政府采购质疑和投诉的形式、范围及管理 2. 利用网络搜集我国供应商质疑及投诉的案例，分析其产生的原因，提出自己的解决方案
	6.9 本章实务案例分析 《通过信息化提升我国政府采购的核心竞争力》	1. 通过此综合案例分析，对本章内容进一步加深理解 2. 将所学各节知识融会贯通，思考我国政府采购管理实践方面的问题

6.1　政府采购的管理机构

导入案例

中小学教师培训纳入政府采购

今后，我国将通过建立政府购买培训服务的机制，确保中小学教师国家级培训的质量。

日前，财政部、教育部联合下发了《教育部、财政部关于实施“中小学教师国家级培训计划”的通知》（以下简称《通知》），明确了中小学教师国家级培训计划（以下简称国培计划）的任务、重点及要求。根据党的十七大关于加强教师队伍建设，重点提高农村教师素质的要求，我国将进一步加强教师培训，全面提高教师队伍素质。

据悉，国培计划包括中小学教师示范性培训项目和中西部农村骨干教师培训项目2项内容。为了实现竞争择优、确保培训质量的目标，《通知》明确指出，对应该纳入政府采购范围的培训项目，要实行政府采购。同时，要建立健全培训项目招投标和优质培训资源遴选机制，建立政府购买培训服务的机制，保证承担培训任务的院校、具备条件的培训机构平等参与招投标，遴选具备条件的高水平院校、具有资质的公办和民办教师培训机构承担国培计划任务，形成国培计划重点基地。

《通知》要求，培训项目要实行招投标机制。中小学教师示范性培训项目实行招标或邀标的机制，按照公开、公平、公正的原则，严格项目申报和审批程序。对于中西部农村骨干教师培训项目，各省份也要通过招投标机制，遴选省域内外高水平院校、具有资质的公办和民办教师培训机构以及优质中小学承担培训任务。

据了解，2010~2012年，中小学教师示范性培训项目将采用集中培训的方式，培训3万名中小学学科骨干教师和骨干班主任教师。同时，将采用远程培训的方式培训90万人，包括60万名义务教育学校学科教师和30万名高中新课程学科教师。并通过政府购买和组织开发一批优质培训资源，为中西部农村骨干教师培训项目和教师终身学习提供服务支撑。

此外，财政部和教育部还将制订相关资金管理办法，要求各地根据国家有关规定，加强项目资金监管，严格执行项目资金预决算制度，并自觉接受监察、审计部门和社会的监督。对违反财政资金使用管理的行为，要按照《财政违法行为处罚处分条例》的有关规定严肃处理。

案例详情链接

《中国政府采购报》，2010年7月14日。

案例引出的问题

1. 我国建立政府购买培训服务机制的意义如何？
2. 比较不同国家政府采购管理机构设置的异同？
3. 我国政府采购管理机构有哪些职责？

原理知识

政府采购作为以政府为主体的规范化的采购，其实施必须有完善的制度保障及操作规程，综观国内外的政府采购制度，都有相应的管理部门依法对政府采购进行监督管理。

6.1.1 政府采购管理机构的确定

从各国的实践看,政府采购的管理部门分两种类型:一类是在政府内设立专门的政府采购机构,一类是由财政部门行使政府采购管理职能。

我国《政府采购法》第十三条规定,各级人民政府财政部门是负责政府采购监督管理的部门,依法履行对政府采购活动的监督管理职责,这一规定也符合国际惯例。之所以将财政部门规定为政府采购的管理部门,主要原因如下。

第一,实行政府采购的国家,基本上都是由财政部门负责政府采购的管理。如美国负责政府采购的专门机构是美国事务管理总署,下设联邦供应局为具体采办机构,州政府和地方政府大多数设有采购部门;在新加坡,政府采购的管理机关是财政部。

第二,国务院于 1998 年赋予财政部"拟定和执行政府采购政策"的职能,确立了财政部门管理政府采购的职能。

第三,财政部门的职能之一是财政支出管理,政府采购既然是财政资金使用的过程,其管理理应由财政部门完成。

第四,由于政府采购过程包括政府采购预算编制、采购方式选择、执行采购程序、拨付采购资金等,其中编制采购预算和拨付采购资金等是财政部门的职能,故应由财政部门负责管理。

6.1.2 政府采购管理机构的职责

我国《政府采购法》明确规定政府采购管理机构的主要职责如下。

第一,制定政策和规章。政府采购管理机构负责拟定政府采购法规草案,制定出台政府采购政策、规章制度,研究确定政府采购的中长期发展规划等。

第二,预算管理。政府采购预算是部门预算的重要组成部分,编制政府采购预算是政府采购管理机构基础工作之一,政府采购要严格按照批准的预算执行,属于中央预算的政府采购项目,由国务院确定采购限额标准,属于地方预算的政府采购项目,由省一级机构或其授权的机构确定采购限额标准。编制和下达政府采购计划,按照预算确定采购计划和项目,财政部门负责支付采购资金。

第三,信息管理。政府采购信息应当在政府采购监督管理部门指定的媒体上及时向全社会公开发布,保证每位潜在的供应商公平的获得竞争机会。

第四,政府采购方式管理。政府采购的主要采购方式是公开招标采购方式,此外还有邀请招标、竞争性谈判等方式,如采购人因特殊情况需要用公开招标以外的采购方式的,应当在采购前经设区的市、自治州以上的人民政府采购管理机构审批后方可进行。

第五,政府采购合同管理。包括由财政部制定合同必备条款,以及各级财政部门受理的合同备案。政府采购项目的采购合同自签订之日起7个工作日内,采购人应当将合同副本报同级政府采购管理机构备案,采购管理部门对其进行全面审核合格后通知拨付财政资金,完成采购。

第六,受理供应商投诉。我国政府采购管理机构担负政府采购仲裁管理职能,当供应商对政府采购活动事项有疑问,或认为采购文件、采购过程和中标、成交结果使自己受到损害时,管理机构负责受理供应商的询问、质疑并及时进行答复和处理,配合仲裁机构和法院处理政府采购当事人违反政府采购法律法规的行为。

第七,规定政府采购专业岗位任职要求。包括对政府采购人员的任职要求、资格认证和业务培训。

第八,监督检查。包括对政府采购活动及集中采购机构执行法律法规情况、采购范围、采购程序的情况的监督检查等。

第九,处理违规违法行为和受理政府采购的行政复议。对采购当事人的违法行为进行处理;当事人对监督管理部门的处理不服申请复议的,还应办理行政复议事项;当事人对监督管理部门的处罚不服上诉的,还应办理应诉事项。

讨论案例

国外政府采购管理机构

美国

国会:负责制定和通过有关政府采购的法律,并对执法情况进行监督。主要机构包括众议院政府改革委员会技术与政府采购办公室和联邦会计总署。前者专门对政府采购中的腐败、欺诈等行为进行监督、调查或者组织听证会,重点对象是联邦服务总署;后者主要负责政府采购投诉处理。

联邦采购政策办公室:总统行政预算办公室下设的一个政府采购政策管理机构,编制25人,办公室主任由总统提名、国会批准。该机构的主要职责是,拟定有关政府采购法律草案,提出修改或者制定法律的动议,组织制定联邦政府的政府采购法规,核批各部门政府采购规章,批准部门合同争议委员会的设立,指导政府采购人员培训,组织制定《联邦采购条例》。

联邦服务总署:该机构是美国联邦政府的后勤服务机构,共有2 400多名工作人员,集中采购是其工作职责之一,主要是为联邦政府租赁办公楼、配置办公设备等。该机构可以制定集中采购具体实施办法,但在颁布前要获得联邦采购政策办公室的核准。

联邦会计总署:该机构为国会的一个审计部门,监督联邦机构公共资金的使用情况,包括受理政府采购投诉案件。在该部门中,负责处理政府采购投诉的人员有

40 名,其中律师 22 人。

联邦索赔法院:负责涉及联邦政府行政赔偿案件的裁定事务,包括税收争议和政府合同争议。该法院有 17 名普通法官,6 名高级法官。这些法官均由总统任命,国会批准,任期 5 年,可以连任。

执行机构:包括联邦政府各部门、提供社会公共服务的科研院校、协会等。联邦政府采购执行机构获得资格的采购官员共有 26 000 多人,参与采购活动的专业人员 15 万人左右,包括技术人员和聘用的专业人员。美国除了服务总署及各部门外,没有为执行机构代理采购业务的社会中介机构。

俄罗斯

中央机构:俄罗斯政府采购管理部门为国家各级经贸部门,联邦政府经贸部为最高管理机构。经贸部下设政府采购司,分设 3 个处室,分别负责政府采购的政策研究制定(研究处);各部门采购需求、具体计划的汇总统计(综合计划处);审批采购方式、审查合同是否合法、受理投诉等事务(救助审查处)。同时,联邦政府各个部门设有部门采购机构或招标委员会和专职工作人员,负责执行本部门具体采购业务。

地方机构:地方政府的政府采购管理机构为经济贸易委员会。圣彼得堡市政府采购通过 3 个管理层次完成。一是经济贸易委员会下设的采购局,属于市级管理机构,主要负责制定地区性采购制度、竞标(招标)采购规则和程序,以及竞标委员会的组织协调管理(相当于竞标委员会的秘书处)。二是竞标委员会,主要由政府官员和专家组成,负责审批单一来源采购、紧急采购,实施公开招标,以及审核合同是否有效等工作。三是 68 个市属部门,主要负责实施具体采购。

西班牙

西班牙政府采购主管部门为财政部。财政部内设政府采购司,统一负责全国的政府采购管理事务。该机构下设监督管理委员会、政府采购法律咨询委员会、供应商认证委员会和集中采购机构 4 个部门。

各地区政府也设立了相应的政府采购管理机构,如巴塞罗那市在经济贸易委员会下设立政府采购办公室,该办公室的主要职能是制定当地政府采购政策,确定政府采购项目,审批采购方式,确定合格供应商名单。办公室还承办了一份杂志,作为指定媒体,用于信息披露。

资料来源:《政府采购信息报》,2010 年 5 月 31 日。

【讨论的问题】

1. 分析国外政府采购管理的特点及我国可以借鉴的做法。

2. 试分析我国政府采购管理存在的问题,应该怎样调整?

6.2 政府采购预算管理

导入案例

政府采购预算管理的意义

政府采购预算集中反映了预算年度内各级政府用于政府采购的支出计划，在一定程度上反映了事业行政单位的资金收支规模、业务活动范围和方向。加强事业行政单位政府采购预算管理，不仅对保证事业计划和行政任务的完成，而且对财政预算的顺利执行，都有十分重要的意义。

一是有利于国家有关方针、政策的贯彻落实。政府采购的主体是事业行政单位。事业单位主要在文化、教育、科学、卫生、社会福利、农业等领域从事公益性的业务活动；行政单位则从事着组织协调经济和社会发展、维护社会秩序等工作。事业行政单位所从事的上述活动基本属于政府的职能范围，其用于政府采购项目的支出，主要依靠财政拨款和财政给予的收入政策解决。因此，事业行政单位政府采购预算，一方面是国家实施有关方针、政策的有效手段；另一方面又是促进各项事业发展、保证行政工作任务完成的物质条件。政府采购政策的制定，是一定时期国家产业政策的体现。事业单位政府采购预算安排是否合理，执行的是否正确，直接关系到国家有关方针、政策的贯彻落实，对各项事业发展、国家政权建设乃至整个国民经济的发展都会产生直接或间接的影响。

二是有利于实现财政收支平衡。政府采购预算是事业行政单位预算的一个组成部分，也是各级财政预算的组成部分。国家财政预算中很大一部分是用于各项事业发展和国家政权建设的支出，政府采购活动实质上是财政资金运动的一种形式。各单位政府采购预算执行如何，既影响着单位预算的平衡，也影响着财政预算的平衡。因此，要实现财政预算收支平衡，就需要各事业行政单位加强政府采购预算管理，在政府采购预算的编制和执行过程中，量力而行，精打细算，合理、有效、节约地使用资金，为财政预算的平衡奠定好基础。

三是有利于提高事业行政单位财务管理水平。政府采购预算是单位财务、资产管理的重要内容，需要各单位财务部门、资产管理部门及其他业务部门的共同配合。严格的政府采购预算管理，对于提高单位财务管理水平具有四个方面的作用：第一，政府采购预算管理为单位财务管理奠定了基础，提供了依据；第二，可以使单位财务管理按照预算规定的内容，有计划、有步骤地进行，避免工作的盲目性；第三，通过编制政府采购预算，可以促使单位合理安排支出，提高资金的使用效益；第四，通过政府采购预算的编制与执行，可以实现财务部门、资产管理部门及业务部门工作的有效衔接。

四是有利于政府采购活动健康有序地开展。政府采购工作有别于以往的财政工作,它除了要结合现有财政政策之外,还与贸易政策、产业政策、招投标法、合同法等关系密切,加强政府采购预算管理,可以促进政府采购工作有序开展,使政府采购制度化、规范化。

案例详情链接

http://www.enet.com.cn/article/2007/0130/A20070130415308.shtml。

案例引出的问题

1.政府采购预算编制单位包括哪些?

2.政府采购预算编制应遵循的具体程序?

3.政府采购预算编制的时间是如何规定的?

原理知识

政府采购预算是指政府在一个财政年度内为满足公共需要,为各预算单位编制实施采购货物、工程或服务的计划。政府采购资金为财政性资金,财政性资金是通过预算进行管理的,所以政府采购资金也必须实行预算管理。国家每年编制财政支出总预算,政府采购预算必然与年度政府财政预算或部门预算编制时同时编报。

6.2.1 政府采购预算编制的程序

预算编制程序的具体思路是:在布置下年度预算编制任务时,同时要求各部门填报采购计划附表,全面、详尽列出采购品目和预算;预算编制机构对采购计划进行审核,确定采购项目和采购金额;人大通过预算后,由采购管理机构汇编采购预算,将由部门为主体的采购计划转换为以采购品目为主体的采购计划(前者反映各部门的采购品目,后者反映每一品种各部门的采购情况)。按这种方式编制采购预算,一方面,可以促进预算编制的细化和量化,提高预算编制的准确性,另一方面,也有利采购管理机构组织、管理采购活动。由于有了详尽的采购预算,采购管理机构就有条件将各部门通用的采购物品单列出来,形成年度政府采购目录,交由集中采购机关统一组织采购活动。没有纳入集中采购目录的采购项目,交由各部门自行采购,采购管理机构依法监督其采购行为。

政府采购预算的编制程序与国家预算的编制程序基本一致,采用"两上两下"的程序。以中央部门政府采购预算流程为例,"一上",由下至上逐级填报政府采购预算草案。各部门根据财政部的部署,由下至上按照政府采购预算表格要求,将本年度政府采购项目及资金来源预算列出,逐级编制预算,汇总后报财政部审核;“一下”,由上至下审核政府采购预算。财政部接到各部门上报的政府采购预算后,结合核定的各部门支出控制数进行审核,并重新编制各部门政府采购预算,将其下达给各部门征求意见,要求各部门按支出控制数调整预算;“二上”,由下至上重新编制政府采购预算。各部门根据财政部下达的支出控制数,结合本单位预算年度收支情况,按照优先顺序,调整支出项目,提出具体采购项目预算金额及实施时间,总支出不得突破控制数,上报财政部;“二下”由上至下批复下达政府采购预算。财政部对各单位调整后的政府采购预算进行汇总,并作进一步审核,随同各部门的预算一起形成预算草案上报国务院批准,经全国人大审议通过后下达执行。

从2001年开始,财政部为减少部门工作量,保证政府采购预算的稳定性和准确性,规定政府采购预算由各部门在“二上”时编报。

6.2.2 政府采购预算编制的内容

第一,项目分类。政府采购分为货物、工程和服务三大类。其中,货物是指各种形态和种类的物品,包括原材料、设备、产品等;工程是指新建、改建、扩建、装修、拆除、修缮等各种建筑物和构筑物以及环保、绿化等建设项目;服务是指除货物和工程以外的其他采购项目。对于兼有货物、工程和服务二者以上难以认定其归属的项目,则按占资金比例最高的组成部分来确定项目类别。政府采购预算资金安排与项目分类紧密相关,因此,政府采购预算编制首先要解决的问题就是采购项目的明确划分,并分类进行编制。

第二,品目与目录。我国政府采购制度的一项重要内容就是实行政府集中采购目录制,同时实行政府采购资金限额标准制度。集中采购的目录由省级以上人民政府确定,凡是纳入集中采购目录范围以内的货物和服务,都必须委托集中采购机构代理采购。同时,由省级以上人民政府确定一次性采购金额的限额标准(即某种采购一次性达到的金额),超过标准必须集中采购。因此,政府采购预算需要在项目分类的基础上实行目录和品目分类,按照目录和品目的差别分别进行编制。

第三,需求确定。政府各机关、事业单位、团体组织编制预算的另一个重要内容,就是要根据各单位履行职责的需要,准确地确定单位采购的功能需求,具体包括各单位的职能、任务定位,为完成这些任务所必需的工程、产品和服务,需求的种类、数量、技术规格、需要的时间等。在确定需求的过程中,要求各部门准确地确定必要功能,保障履行职能的需要,同时不断地剔除不必要的功能,减少不必要的开支并避免浪费。

第四,采购估价。所谓采购估价,就是对所要采购的工程、货物和服务进行价格估计。需要说明的是,采购预算与纯粹的资金预算有很大的差别。纯粹的资金预算只注重资金的安排，而政府采购预算是对采购做出计划和预算，其涉及的内容远比资金预算要复杂很多。采购估价需要处理好定价依据问题。确定采购对象的价格可能有几种依据，一是以现时市场零售价格为基准进行估价，使产品价格保持在社会零售价格的平均水平上。二是以产品的批发价格作为估价依据。三是价格偏离问题。四是价格变化问题。

第五，资金来源。政府采购资金是指采购机关采购货物、工程和服务时支付给供应商的酬金。采购是一种交易活动，采购者向供应商采购产品和服务必须支付一定的价金或酬金，否则交易无法进行。一般而言，政府采购所需的资金应该主要来自于财政预算资金。

第六，预算资金范围。按照我国部门预算编制的要求，各政府机关、事业单位、社会团体组织的预算内资金与预算外资金将统一安排使用，体现在政府采购预算中，即同一项目的采购，无论资金来源是预算内资金，还是预算外资金，其中各占多少比例，应该是十分明确的，但最终纳入统一的预算。不仅如此，必须将政府采购预算中的政府采购资金落到实处，不能列出没有资金保障的欠账和空头采购标的。

第七，采购方式与执行时间。政府采购预算还应该就采购的方式与执行时间做出安排。按照我国《政府采购法》的规定，政府集中采购可以采取公开招标采购、邀请招标采购、谈判采购、单一来源采购等多种方式。严格科学的采购预算，应该根据政府采购法律规定的条件选择和确定政府采购方式。同时，各部门和单位的采购预算应该根据实际需要和资金的安排，确定采购需要的时间，并在执行中严格按预先安排的时间进行。

第八，采购预算的批复与调整。政府采购预算编制完成后，需要提交相应级次的人民代表大会审议通过和批复。同时，由于采购预算涉及需求变化、产品更新、价格变动等因素，变数很大，为了适应这些变数，必须建立相应的预算调整程序。

讨论案例

重政府采购预算编制　促规模效益提高

《政府采购法》第六条、第三十三条明确规定，政府采购应当严格按照批准的预算执行。政府采购在提高财政支出使用效益以及促进廉政建设等方面起到了积极作用，但政府采购前一阶段的预算编制环节仍面临一些问题。

预算编制中存在的问题

认识不到位。部分采购人认为政府采购预算是在现行预算体制下搞的另一套预算，政府采购计划（方案）就是政府采购预算，以政府采购计划（方案）代替政府采购预算。

编制过于粗糙。在计划经济体制下，我国对财政预算管理是重视资金分配、忽视资金使用的粗放式管理。改革开放以来,尽管市场经济体制在我国已经逐步建立和完善,但与之相适应的公共财政体制下的财政支出管理制度却明显滞后,部门预算编制过于粗糙、流于形式。而政府采购预算是部门预算的重要组成部分,建立在部门预算编制的基础之上,因此,政府采购预算编制也是粗放型的,难以操作。

编制不规范。一是部分采购人编制政府采购预算随意性很大,在不同程度上还存在着"争盘子、抢资金"的现象。二是部分采购人受利益的驱动,巧立名目,滥编滥采,造成现有资源的闲置、浪费。三是对采购项目不进行科学的认证和充分的市场调研,采购预算不是过高就是过低。

技术要求含糊不清、存在指定品牌的现象。部分采购人对财政部门确定下来的采购项目,申报的技术指标、规格要求不符合要求:要么填写指定某一品牌或供应商,要么不填,给执行政府采购计划带来很大的难度,客观上影响了政府采购的效率。

需要配套工作的支持

加大宣传力度,努力提高采购人的认识水平。通过举办培训班,下发专门文件等形式,大力宣传编制政府采购预算的必要性和重要性。使采购人逐步认识到编制政府采购预算不仅是法律要求、财政管理要求,更是依法行政、建设法治政府的必然要求。

与部门预算衔接,遵循"两上两下"的程序。根据现行财政管理模式,政府采购预算是含在部门预算之内的,这决定了政府采购预算的编制与部门预算编制的同步性,通过"两上两下"程序,报经人大批准后执行。

采购资金实行国库集中支付。通过制定政府采购资金财政直接拨付管理办法,对采购资金的支付程序、支付要求做出明确规定,即财政部门根据年初人大批准的政府采购项目预算,将采购计划下达到政府集中采购代理机构,由采购人凭采购合同、项目验收报告(经采购单位和专家验收合格的)向财政部门提出支付申请,由财政部门直接支付供应商。如属"拼盘"项目资金,按照先集中后支付的原则,先集中到政府采购资金账户,再由财政部门将款项支付到供应商。政府采购节约的资金,属于预算资金的,原则上由财政核减指标,用于平衡预算。单位自筹资金按各自负担比例原渠道"划还"采购人单位。

应加强预算管理

做好政府采购预算编制和执行工作应从以下几方面入手。

财政业务部门密切配合是前提。根据现行财政管理模式,政府采购预算编制及资金支付管理主要还是由业务部门负责。因此,只有政府采购管理机构与财政业务管理部门密切配合,才能将政府采购预算管理的各项措施、要求落到实处。如果业务管理部门把关不严,无论采购人有无年度采购预算,只要采购人提出采购要求就同意,那么编制政府采购预算就变得毫无意义;如果业务管理部门可以随意地把采购资金直接拨给采购人,政府采购的各项管理都无从谈起。

预算审核是关键。把日常政府采购管理中获得的信息(如价格、性能等)应用到政府采购预算的审核中,努力提高政府采购管理的质量和水平,促进规模效益提高。具体从以下几方面加强审核:一是审核采购项目的完整性,看预算安排的采购项目有无错编、漏编现象;二是审核采购项目的合理性,看预算安排的采购项目是否必须,档次是否必要,项目采购金额是否适中,有无高标准采购或预算安排和市场价格相差悬殊的现象;三是审核采购项目的关联性,看是否有将采购项目化整为零,以规避集中采购或公开招标的现象。

严格执行是根本。经人大批准的预算具有法律效力,任何人、任何单位不经法定程序都不得改变,这要求财政部门要敢于抵制来自各方的压力和说情,严格执行经人大批准的部门预算,才能逐步树立政府采购预算的刚性约束力的形象。如果不严格执行,采购人就会把编制预算当成儿戏。

提高规模效益是目的。科学合理地制定政府集中采购目录和采购限额标准,扩大政府采购目录和分散采购范围,不断提高政府采购支出占财政支出的比例。在做好大宗物品采购的同时,政府采购逐步由货物采购向服务和工程采购领域拓展。要逐步把政府投资的建设工程纳入政府采购范围,严格按照政府采购目录和限额标准编制政府采购预算,加强对分散采购的管理,防止逃避政府采购行为,充分发挥政府采购的规模效益。

资料来源:《政府采购信息报》,2010 年 5 月 31 日。

【讨论的问题】

1. 从本文中,反映出我国政府采购预算编制中有哪些问题?你得到哪些启示?
2. 为何实行政府采购预算管理?
3. 政府采购预算编制包括哪些具体内容?

6.3 政府采购代理机构的管理

导入案例

财政部修订《政府采购代理机构资格认定办法》的目的

2010 年 10 月 26 日,财政部谢旭人部长签署了修订后的《政府采购代理机构资格认定办法》(财政部令第 61 号),新的认定办法将于 2010 年 12 月 1 日起施行。财政部有关负责人表示,财政部对第 31 号令进行修订主要是顺应 3 个方面的要求。

一是适应政府采购代理市场发展的需要。财政部《政府采购代理机构资格认定办法》(财政部第 31 号令)自 2006 年 3 月 1 日施行以来,政府采购代理市场不断扩大,代理机构数量迅速增加。截至 2010 年 2 月,全国甲级政府采购代理机构达

643家，乙级政府采购代理机构约2 000家，仍有许多有能力、愿意从事政府采购代理业务的机构希望申请政府采购代理资格。但在财政部第31号令实施初期，由于客观条件的限制和扩大政府采购代理市场规模的需要，在市场准入条件的设置上要求较低，导致代理机构水平参差不齐，且少数代理机构对政府采购代理机构资格不珍惜。同时，在日常监管中，特别是在2008年全国政府采购执行情况专项检查中发现，部分政府采购代理机构在执业过程中存在一些违法、违规的问题。这些现象的存在严重损害了政府采购代理机构资格的权威性，也不利于树立政府采购阳光工程的形象。为了严格资格认定条件，提高政府采购代理机构执业水平，维护政府采购代理市场秩序，促进政府采购代理市场的良性发展，迫切需要修改完善财政部第31号令。

二是进一步规范和加强政府采购代理机构监管工作的需要。财政部第31号令实施以来，一些地方制定了适用本地区的监督管理办法，在属地管理上取得了一定成效，但各地对代理机构监督管理的范围、方式和程度各不相同，缺乏必要的协调，客观上容易产生管理混乱、执行标准不统一，甚至变相设置市场准入门槛等问题。因此，需要通过修改财政部第31号令，补充完善监管措施，规范和加强监管工作。

三是进一步明确和细化现行具体规定的需要。财政部第31号令实施以来，对营造政府采购代理市场、规范管理起到了较好的促进作用。但是随着代理市场的发展，实际工作中也出现了许多新情况和新问题。例如，财政部第31号令中有些规定过于原则和简单，对在审批认定工作中出现的一些问题缺乏明确的处理依据和措施，难以满足现实工作的需要。因此，需要对部分规定予以明确和细化。

案例详情链接

http://www. mof. gov. cn/zhengwuxinxi/zhengcejiedu/2010nianzhengcejiedu/201011/t20101104_345907. html。

案例引出的问题

1. 财政部修订《政府采购代理机构资格认定办法》是出于哪些考虑？
2. 申请政府采购代理机构资格条件调整的内容及原因是什么？
3. 我国的政府采购代理机构有哪些亟待解决的问题？
4. 对政府采购代理机构如何加强监督检查？

原理知识

新修订的财政部《政府采购代理机构资格认定办法》中明确规定，政府采购代理机构，是指取得财政部门认定资格的，依法接受采购人委托，从事政府采购货物、工程和服务采购代理业务的社会中介机构。各级人民政府设立的集中采购机构不适用本办法。

6.3.1 政府采购代理机构的分类

政府采购代理机构分两种，一是政府部门设立的政府集中采购机构，另一种是指具备一定条件的政府采购代理中介机构。

第一，政府采购代理中介机构。政府采购代理中介机构是指经财政部门认定资格的，依法接受采购人委托，从事政府采购货物、工程和服务的招标、竞争性谈判、询价等采购代理业务，以及政府采购咨询、培训等相关专业服务的社会中介机构，同时向采购人或中标人收取一定费用。政府采购代理中介机构作为专业机构，不但具有丰富的招标经验和大量的信息资源，还拥有熟练技能的专家，因此在政府采购活动中充当重要角色。

第二，政府集中采购机构。政府集中采购机构是政府采购的重要组织形式，也是政府采购的重要特征之一。政府设立的集中采购机构属于非营利机构，负责组织实施集中采购活动，隶属于各级政府，接受各级财政部门的业务指导和监督。

第三，两类代理机构的区别。政府集中采购机构和政府采购代理中介机构的设置目的、业务范围和性质都有所不同。《政府采购法》规定，政府集中采购机构为代理政府采购业务的非营利事业单位，不以营利为目的，采购机构的运行和从事的采购活动全部依靠国家财政维持，属于为党政机关各部门办理采购工作的服务性机构，是依照国家公务员制度管理的全额拨款事业单位，属于准行政组织范畴，不接受企业的委托；而政府采购代理中介机构则是经国家工商行政管理部门登记注册的以营利为目的自负盈亏的企业，它既能够接受政府部门的委托进行采购，又能接受企业的委托采购，而且都要收取一定费用，是以追求利润最大化为根本目标。

6.3.2 政府集中采购机构的管理

实行集中采购有利于充分实现规模效益，有利于发挥政府采购的政策功能，有利于降低监督成本。为使得我国政府集中采购组织管理更加科学，充分发挥集中采购的优越性，《政府采购法》对此作了全面规定。

第一，集中采购制度简述。按照国际通行做法，政府采购的组织实施形式分为集中采购、分散采购及集中与分散相结合 3 种采购模式。集中采购机构的设置主要有两种形式，一是政府独立设置，代表国家有美国、英国，设有专门的国家集中采购机构；一是设在财政部门，代表国家有韩国和比利时，如韩国的采购厅、比利时的采购局。这些国家的集中采购机构都是政府机关，其中的工作人员均为政府公务员。随着社会经济的发展和政府采购制度的完善，有些国家将这些机构改革成企业性质的经济实体,如法国、英国和意大利。造成这种变化的主要原因,一是西方国家人力资源短缺,政府工作繁重,尽量将一些事务由市场承担;二是由政府机构承担采购事务,效率不高,不能及时满足用户需求;三是市场产品日益丰富,要增加用户选择商品的自主权。

我国推行政府采购制度以来,上海、深圳等地区率先设立了集中采购机构并主要设在财政部门。随后绝大部分地区也相继设立集中采购机构,大多数地区仍将其设在财政部门,但也有些地区将集中采购机构从财政部门调整出去,设立在政府机关事务管理部门,性质属事业单位。2002年,我国《政府采购法》出台,其中第十六条规定,集中采购机构为政府采购代理机构,设区的市、自治州以上人民政府根据本级政府采购项目组织集中采购的需设立集中采购机构。

典型实例

中央预算单位2007年政府集中采购目录

货物类	台式计算机、便携计算机、计算机通用软件、PC服务器、网络交换机、中低端路由器、程控交换机、复印机、多功能一体机、一般办公用品(打印机、电话机、碎纸机、移动存储设备、照相机、摄像机、扫描仪、投影仪、电视机、复印纸、电冰箱、传真机)、汽车、电梯、供暖锅炉、空调、办公家具、建筑装饰材料、变配电设备
工程类	统一组织的房屋(含宿舍)修缮、装修。指国务院机关事务管理局或中共中央直属机关事务管理局部门预算内的工程项目
服务类	汽车维修、汽车保险、汽车加油、印刷项目、会议服务、机关办公场所物业管理
货物类	救灾物资、防汛物资、抗旱物资、农用物资、储备物资、医疗设备和器械、计划生育设备、交通管理监控设备、港口设备、农用机械设备、气象专用仪器设备、交通管理监控设备、港口设备、测绘专业仪器设备、消防设备、警用设备和用品、专用教学设备、广播电视和影像设备及专业摄影器材、文艺设备、体育设备、海关专用物资设备、税务专用物资设备、边界勘界和联检专用设备、质检专用仪器设备、金融系统专用设备及有价单证和凭证、救助船舶和直升机、执法船舶、检察诉讼设备、法庭内部装备、救护车等特种车辆及定制车和改装车、缉私船、地震专用仪器设备、水利专用仪器设备(水保、水文专用仪器设备)

续表

工程类	部门确定的本单位公用房建设及修缮和装修工程
服务类	网络系统开发、信息管理系统开发及维护项目，部门确定的其他有特殊要求的专用服务项目

第二，集中采购机构的工作要求。由于集中采购机构属国家政府机关这一特殊性质，为防止集中采购机构滥用职权、滋生腐败和官僚作风，我国《政府采购法》制定了针对集中采购机构的工作要求。

(1)采购价格要低于市场平均价格。采购价格是指具体采购对象的价格，市场平均价格是指具体采购对象的成本加上合理利润，既不是市场价格，也不能低于成本，这是推行政府采购制度的基本要求。集中采购具有的规模优势使之具备采用竞争优势，降低采购成本，节约财政资金，提高财政资金使用效益的条件。

(2)采购效率高。采购效率是指采购的频率低，周期短，按时履行协议规定事项，目标是满足采购人需要。为达到这一目标，集中采购机构应加强内部管理，提高采购能力，增强采购计划性，缩短采购周期，按照协议要求及时完成受委托的采购项目，保证采购人相关工作的正常开展。

(3)采购质量优良。采购质量是指对采购对象的规格、性能、安全性等方面的要求，采购质量不仅针对采购对象本身，还涉及售后服务水平。政府采购的对象的质量直接关系到政府提供公共服务的水平，要实现物有所值的目标。要做到这一点，就要求集中采购机构人员要有质量管理方面的知识，全面提高人员素质，熟悉市场，准确理解和掌握采购人的需求，确定科学的评标标准，强化检验和验收工作，替采购人把好质量关。

(4)服务良好。集中采购机关作为采购人的采购代理机构，中心工作是为采购人服好务。为此，集中采购机构要加强自身建设，强化服务意识，增强责任心，提高服务水平，克服官僚作风，把采购人的利益放在第一位。

第三，集中采购机构的业务范围。集中采购机构的业务范围，由集中采购目录确定。集中采购目录由省级以上人民政府公布，实行分级管理。属于中央预算的政府采购项目，其集中采购目录由国务院确定并颁布；属于地方预算的政府采购项目，其集中采购目录由省、自治区、直辖市人民政府或者其授权机构确定并颁布。

我国《政府采购法》第十八条规定，纳入集中采购目录的采购项目，必须委托集中采购机构代理采购。由于集中采购分政府集中采购和部门集中采购两种形式，纳入集中采购目录的采购项目也要分清各自范围，其中，集中采购目录中的通用政府采购项目，主要是跨部门的通用商品及日常服务项目等，必须由集中采购机构代理采购，部门和单位不允许自行采购。集中采购目录中涉及某些部门的特殊项目，应由相关部门实行集中采购。如果纳入集中采购目录中的采购项目，属于个别单位的特殊需求,且不具备批量特征,可由该单位自行组织采购,但事前必须得到省级以上人民政府的批准。否则,视为违法。

此外,法律还规定集中采购机构也可以代理分散采购。对未纳入集中采购目录的采购项目,即限额标准以上大采购项目,采购人可以自行采购,也可以委托集中采购机构在委托范围内代理采购。归纳起来,集中采购机构的业务范围分两大类,一是法定业务,即纳入集中采购目录中的通用政府采购项目;二是自愿委托业务,即采购人将限额标准以上的采购项目自愿委托政府集中采购办理。两种业务的采购人都必须与政府集中采购机构签订委托代理协议,依法确定委托代理事项,约定各自权利和义务。

6.3.3　政府采购代理机构的管理

财政部《政府采购代理机构资格认定办法》(财政部令第 31 号)于 2005 年 12 月 28 日颁布,并于 2006 年 1 月 1 日施行。2010 年 10 月 26 日,《政府采购代理机构资格认定办法》(财政部令第 61 号)是重新修订的,新的认定办法于 2010 年 12 月 1 日起施行,这是我国对政府采购代理机构管理的法律依据之一。

第一, 政府采购代理机构资格认定管理。代理政府采购事宜的机构,应当依法取得财政部或者省级人民政府财政部门认定的政府采购代理机构资格。政府采购代理机构资格认定由省、自治区、直辖市以上人民政府财政部门依据本办法规定的权限和程序实施。财政部负责全国政府采购代理机构资格认定管理工作。省、自治区、直辖市人民政府财政部门负责本行政区域内政府采购代理机构资格认定管理工作。

认定政府采购代理机构资格分为审批资格和确认资格两种方式:一是审批资格适用于招标代理机构以外的机构申请政府采购代理机构资格,以及招标代理机构申请原招标代理业务范围以外的政府采购项目采购代理的资格。二是确认资格适用于招标代理机构申请确认其原招标代理业务范围以内的政府采购项目招标代理的资格。

第二, 审批代理机构资格的种类及条件。政府采购代理机构资格分为甲级资格和乙级资格。政府采购代理机构甲级资格的认定工作由财政部负责;乙级资格的认定工作由申请人工商注册所在地的省级人民政府财政部门负责。取得甲级资格的政府采购代理机构可以代理所有政府采购项目。取得乙级资格的政府采购代理机构只能代理单项政府采购项目预算金额在 1 000 万元人民币以下的政府采购项目。

审批资格的乙级政府采购代理机构应当具备下列条件:

(1)具有企业法人资格,且注册资本为人民币 100 万元以上;

(2)与行政机关没有隶属关系或者其他利益关系;

(3)具有健全的组织机构和内部管理制度；

(4)有固定的营业场所和开展政府采购代理业务所需的开标场所，以及电子监控等办公设备、设施；

(5)申请政府采购代理机构资格之前3年内，在经营活动中没有因违反有关法律法规受到刑事处罚或者取消资格的行政处罚；

(6)有参加过规定的政府采购培训，熟悉政府采购法规和采购代理业务的法律、经济和技术方面的专职人员；母公司和子公司分别提出申请的，母公司与子公司从事政府采购代理业务的专职人员不得相同；

(7)专职人员总数不得少于10人，其中具有中级以上专业技术职务任职资格的不得少于专职人员总数的40%；

(8)财政部规定的其他条件。

审批的甲级政府采购代理机构除应当具备以上第(2)项至第(6)项条件外，还应当具备下列条件：

(1)具有企业法人资格，且注册资本为人民币500万元以上；

(2)专职人员总数不得少于30人，其中具有中级以上专业技术职务任职资格的不得少于专职人员总数的60%；

(3)取得政府采购代理机构乙级资格1年以上，最近两年内代理政府采购项目中标、成交金额累计达到1亿元人民币以上；或者从事招标代理业务2年以上，最近两年中标金额累计达到10亿元人民币以上；

(4)财政部规定的其他条件。

第三，资格证书的授予及管理。财政部或者省级人民政府财政部门应当向取得认定资格的政府采购代理机构颁发《政府采购代理机构资格证书》(以下简称《资格证书》)。《资格证书》应当载明政府采购代理机构名称、代理业务范围、资格有效期限起止日期等事项，并加盖颁发证书的财政部门印章。《资格证书》分为正本和副本，有效期为3年，持有人不得出借、出租、转让或者涂改。

政府采购代理机构可以依法在全国范围内代理政府采购事宜。任何部门、单位和个人不得采取任何方式，阻挠和限制政府采购代理机构依法自由进入本地区或者本行业的政府采购市场。政府采购代理机构拟在其工商注册地以外的省、自治区、直辖市开展业务的，应当持有效的企业法人营业执照、税务登记证副本、《资格证书》复印件向当地省级人民政府财政部门备案。

第四，招标代理机构政府采购代理资格确认的管理。《政府采购代理机构资格认定办法》规定，招标代理机构从事原招标代理业务范围以内的政府采购项目的招标代理业务的，应当经省级以上人民政府财政部门确认资格。申请政府采购代理机构乙级资格的，申请人应当向其工商注册所在地的省级人民政府财政部门提交资格认定申请书，并提供下列材料：

(1)有效的企业法人营业执照、税务登记证副本和社会保险登记证书复印件;

(2)经工商管理部门备案的《企业章程》复印件;

(3)与行政机关没有隶属关系和其他利益关系的书面声明;

(4)机构内部各项管理制度;

(5)有固定的营业场所和开展政府采购代理业务所需的开标场所、电子监控等办公设备、设施的相关证明材料,营业场所、开标场所为自有场所的提供产权证复印件;营业场所、开标场所为租用场所的提供出租方产权证以及租用合同或者协议的复印件;

(6)申请政府采购代理机构资格之前3年内,在经营活动中没有因违反有关法律法规受到刑事处罚或者取消资格的行政处罚的书面声明;

(7)专职人员的名单、中级以上专业技术职务证书、劳动合同、人事档案管理代理证明以及申请之前6个月或者企业成立以来缴纳社会保险费的证明(社会保险缴纳情况表或者银行缴款单据)复印件;

(8)母公司或者子公司已申请或者取得政府采购代理机构资格情况的说明;

(9)财政部规定的其他材料。

申请政府采购代理机构甲级资格的,申请人应当向财政部提交资格认定申请书,并提供下列材料:

(1)申请乙级资格规定的所有材料;

(2)具备政府采购代理机构乙级资格的,提交乙级资格证书复印件;

(3)《政府采购代理有效业绩一览表》或者《招标代理有效业绩一览表》,以及与所列业绩相应的委托代理协议和采购人(招标人)确定中标、成交结果的书面通知复印件。

此外,在提供申请材料时,要求申请人如实提交申请材料和反映真实情况,并对其申请材料实质内容的真实性负责,财政部或者省级人民政府财政部门不得要求申请人提供与政府采购代理机构资格认定无关的材料;申请人在递交申请材料复印件的同时,应当提交相应的原件,经财政部或者省级人民政府财政部门核对无误后予以退回;申请人将申请材料中的复印件交由公证机构公证"与原件一致"后装订成册提交的,可以不提交复印件的原件。

第五,政府采购代理机构的业务范围。授予政府采购代理机构资格认证并取得《政府采购代理机构资格证书》的机构,可以从事未纳入集中采购目录的项目采购。具体业务包括货物招标、竞争性谈判、询价等采购代理业务;服务招标、竞争性谈判、询价等采购代理业务;政府采购咨询服务,此外有些机构还附加确认国际招标代理、工程招标代理、通信建设项目招标代理的资格。

政府采购代理机构不得代理其本身或者与其有股权关系的自然人、法人或者其他组织作为直接或者间接供应商参加的政府采购项目。在政府采购代理业务中,政府采购代理机构应当向委托人提供合法、方便、优质、高效和价格合理的服务。政府采购代理机构不得以不正当的手段承揽政府采购代理业务。政府采购代理机构代理政府采购事宜,按照国家有关规定收取中介服务费。财政部门在实施政府采购代理机构资格认定和对政府采购代理机构资格进行监督检查工作中,不得收取任何费用。

6.3.4 加强政府采购机构管理的措施

虽然我国早已出台了政府采购机构管理的有关法律和制度,但政府采购代理活动中仍然存在违法违规的事件,对政府采购代理活动不公正的质疑和投诉时有发生,为此,进一步加强对政府采购代理机构的管理势在必行。具体措施如下。

第一,重视人员培训,提高采购人员的业务水平。不论是政府集中采购机构还是社会中介代理机构,提高工作人员的专业水平,使之充分掌握有关政府采购的法律法规,是政府采购工作顺利开展的重要保证,此外,还要保障结构合理的采购专业队伍,如专业技术人员达到一定数量、各等级职称的人员保持适当比例,定期进行政府采购系统知识培训等。

第二,建立科学运作流程,提高采购效率。严格按照法律法规要求的流程进行采购,减少不必要的操作程序,建立完整且操作性强的制度体系,加强内部控制监督,尽量减少人为操作失误,降低风险,确保政府采购项目公开、公平、公正进行。

讨论案例

政府采购代理机构被索赔七十万

2007年7月29日,受采购人委托,某政府采购代理机构就其所需电子政务局域网横向传输网专线线路租用项目进行公开招标。根据采购公告,投标截止时间和开标时间为8月21日9点整。但在8月16日,代理机构突然发现招标文件中有个实质性要求可能产生歧义,于是不得不对招标文件进行修改。8月21日,开评标活动如期举行,评标活动于当天结束。8月22日,有供应商对代理机构修改招标文件的"时间"提出了质疑——根据《政府采购货物和服务招标投标管理办法》第二十七条规定,招标采购单位对已发出的招标文件进行修改,应当在招标文件要求提交投标文件截止时间15日前。

面对质疑,代理机构主动向监管部门提出"该项目作废标处理",请求重新招标。请求得到批准后,9月19日,采购中心再次发布招标公告,重新组织对采购人的"电子政务局域网横向传输网专线线路租用"项目进行公开招标。10月21日,重新招标又有了结果,B公司成为该项目的首选中标人,第一次招标排名第一的A公司则位居第二。这个结果公布后,A公司提出了质疑。质疑答复后第三天,该公司提起投诉，对投标单位的采购程序、招标过程、评审标准等环节都提出质疑。A公司关于“代理机构的招标程序问题”的投诉事由中，主要提出两大问题：(1)因本项目第一次招标废标和重新招标泄露了其“优惠报价和先进的技术方案”，使其在第二次招标中无法体现优势，这完全是由于代理机构违反政府采购有关程序造成的，要求代理机构赔偿其第一次如果中标可得的70万元总利润。(2)投标人C公司根本不具备招标要求的资质，代理机构应在资格预审时确定其不能参加投标。当地财政局受理后，驳回了供应商的投诉。

资料来源：《政府采购信息报》，2007年11月1日。

【讨论的问题】

1. 本案例中投诉人的投诉事由是否合理？

2. 投标资格的审查权到底属于谁？

案例评析

上述案例中，当地财政局驳回投诉的理由为：投诉人不具备就本事项依法投诉的条件；对于供应商是否具备投标资格的问题，代理机构没有最终决定权。

有两个问题值得思考：一是投诉人的投诉事由是否合理？二是投标资格的审查权到底属于谁？

投诉合理　但过了有效期

据了解，A公司得知评标结果后，并未在法定期限内提出质疑和投诉，而是参加了重新招标。专家认为，根据《政府采购法》第五十二条等相关规定，“供应商认为采购文件、采购过程和中标、成交结果使自己权益受到损害的，可以在知道或者应知其权益受到损害之日起七个工作日内，以书面形式向采购人提出质疑”，A公司的投诉显然过了投诉有效期。因此，财政局据此驳回投诉是有理有据的。

但有供应商提出另外一个问题：代理机构操作失误致使项目废标，给投标人带来的损失该由谁来承担？业界专家指出，事实上，投标人参与政府采购是需要投入大量成本的，参与两次投标，肯定会投入更多精力，另外，同样一个项目，两度招标，投标人的情况基本相同，是很难保证有关供应商的投标信息得到有效保密的。

有专家建议，操作机构在采购实践中，一定要在严格依照法律的前提下慎之又慎，“案例中，供应商对该项的投诉确实很容易过了投诉有效期，因为供应商往往会在落标后才提起投诉。如果供应商选择诉讼，代理机构很难免责”。

公开招标　不该搞资格预审

上述采购中，投标人C公司不具备招标要求的资质，而该公司的投标文件也的确进入到评标环节。代理机构的解释是，C公司报名参加本项目重新招标的投标时，代理机构的工作人员已明确告知其没有通过资格预审不要参加投标，在其强烈要求下代理机构同意其投标资格由评标委员会审查决定。开标时评标委员会发现C公司的投标报价超过本项目采购预算,便直接判其投标为无效投标,因此C公司并未实质性参与项目的有效评标。

关于C公司的投标,有人认为,根据《政府采购法》和《政府采购货物和服务招标投标管理办法》第五十四条的有关规定,政府采购投标的评审和确定中标(成交)人或中标(成交)候选人是评标委员会(或谈判小组,或询价小组)的权力,审查投标人的投标资格是评标委员会的权力职责,代理机构为了维护政府采购招投标的秩序,有义务在开标前预审投标供应商的资格,但没有最终决定权。因此,案例代理机构最终允许C公司参与投标的做法并没有错。但也有业界专家从另一个角度否定了案例中代理机构的做法——政府采购中的邀请招标可以对供应商的资格进行预审,但公开招标不能搞资格预审,代理机构搞资格预审已经有错在先。

6.4 政府采购供应商的管理

导入案例

政府采购供应商选择存在的问题

当前,公开招标和邀请招标是政府采购的两种主要的招标方式。由于公开招标周期长,采购成本高,而且参与投标的供应商数量不易掌握,因而在日常招标中,邀请招标被较多的政府采购机构采用。实践中,邀请招标既较好地体现了政府采购的"公开、公平、公正"的原则,同时在降低采购成本,提高采购工作效率方面发挥了较好的作用。但是,邀请招标的选择范围较窄,且需要大量的供应商信息作支撑,因而在邀请招标中,特别是在供应商选择方面还存在不少的困难,影响了采购工作的开展。目前供应商选择中存在的问题主要表现在以下方面。

1. 缺乏科学的选择方法,随意性较强

由于制度上不完善,缺乏科学的选择供应商的方法,在大多数项目选择供应商时,更多的是参考供应商本身提供的各类书面文字材料及其自己介绍的市场口碑,或凭借主观臆想选择供应商参与竞标,因而供应商的选择掺杂的人为因素大,这既不利于政府采购工作的规范操作,同时也会给广大供应商造成不良的影响,影响了政府采购的声誉。

2. 选择余地小,缺乏有效竞争

由于政府采购制度在我国实行时间有限,宣传力度不够,故许多供应商对政府采购还缺乏了解,因而进入政府采购市场的供应商数量和质量远不能满足日益发展的政府采购需要,在实施邀请招标时,可供选择的供应商余地较小,而且各供应商的实力也存在明显的差异,缺乏有效的竞争。在一些采购频率比较高的项目(如电脑、汽车、办公家具)中,参与竞标的供应商经常是"老面孔",故而导致两种结果,一是致使个别供应商在同类项目中"屡屡中标",从而影响了其他供应商参与政府采购的积极性;二是容易使参加竞标的供应商暗中联合,抬高价格。

3. 对供应商信息缺少了解,选择缺乏针对性

由于进入政府采购市场的供应商数量有限,在部分项目的供应商选择中出现捉襟见肘,虽然各采购机构考虑扩大政府采购的影响,让更多的供应商进入政府采购市场,但对已经进入政府采购市场的供应商的信息(如生产经营规模、产品质量、技术特长、售后服务等)缺少了解,致使供应商选择盲目,缺乏针对性,很难选择既有实力又能满足项目需求的供应商参与竞标,最终往往"矬子里拔将军",不易采购到理想的商品。

另外,还有网络设计、软件开发及办公家具等项目,在实施招标前,采购商事先已通过个别供应商策划,设计了具体方案,这类项目在实施邀请招标时,对其他供应商显然有失公平。

案例详情链接

1. http://www.ccgp.gov.cn/site13/cgzn/gys/1047075.shtml。
2.《上海政府采购》,2009 年 11 月 19 日。

案例引出的问题

1. 我国目前政府采购供应商现状如何？是否满足市场的需求？
2. 政府采购的供应商应符合哪些标准？
3. 对政府采购供应商进行资格审查国际上有哪些做法？
4. 我国政府采购供应商审查方式有几种？
5. 政府采购供应商审查在我国有什么必要性？

原理知识

供应商是政府采购当事人之一,其对政府采购活动的积极参与,给政府采购带来竞争和活力,因此,加强对供应商的管理,是政府采购工作成败的关键。

6.4.1　政府采购供应商的资格

我国《政府采购法》第二章第二十二条规定了供应商参加政府采购应当具备的条件:

(1)具有独立承担民事责任的能力;

(2)具有良好的商业信誉和健全的财务会计制度;

(3)具有履行合同所必需的设备和专业技术能力;

(4)有依法缴纳税收和社会保障资金的良好记录;

(5)参加政府采购活动前3年内,在经营活动中没有重大违法记录;

(6)法律行政法规规定的其他条件。

第二十三条规定,采购人可以要求参加政府采购的供应商提供有关资质证明文件和业绩情况,并根据《政府采购法》规定的供应商条件和采购项目对供应商的特定要求,对供应商资格进行审查。

6.4.2 政府采购供应商的资格审查

由于政府采购项目金额大、数量多,而供应商既有法人也有自然人,同为某种项目的供应商,其资质、信誉、技能方面存在很大差异,为确保采购项目的质量,政府采购活动中要对供应商的资格进行严格审查,确保采购到真正符合要求、价廉物美的商品、项目和服务。

有关供应商资格审查的具体操作方面,国际政府采购的规则及我国的做法有如下内容。

第一,联合国贸易法委员会《采购示范法》及世贸组织《政府采购协议》的有关规定。联合国贸易法委员会《采购示范法》第6条规定了供应商的资格:具有履行采购合同所需的专业技术资格、技术能力、财力资源、设备和其他物质设施、管理能力、可靠性、经验、声誉和人员;具有订立合同的法定权力;并非处于无清偿能力、财产被接管、破产或结业状态,其事务目前并非由法院或司法人员进行管理,其业务活动并未中止,而且也未因上述任何原因而成为法律诉讼的主体;履行了缴纳本国税款和社会保障款项的义务;在采购过程开始之前(由颁布国规定的一定时限)一定期间内该企业未被判犯有与假报或虚报资格骗取采购合同有关的任何刑事犯罪,其董事或企业主要成员也未被判犯有与其职业行为有关的或与假报或虚报资格骗取采购合同有关的任何刑事犯罪,也未曾由行政部门勒令停业或被取消资格程序取消资格。

在不损害供应商保护其知识产权或商业秘密的权利的前提下,采购人可要求参加采购过程的供应商提供采购人认为有用的适当书面证据或其他资料,使采购人得以确信该供应商符合上述资格标准。

世贸组织《政府采购协议》第8条规定了供应商资格审查程序,要求参与采购程序的条件应限于那些与保证供应商履行合同能力有重要关系的方面。对供应商参与政府采购所规定的条件包括:资金担保、技术资格和确定供应商资金、商务和技术能力所需的资料以及资格审查的证据。

第二,我国政府采购对供应商资格的审查。我国《政府采购法》第二十三条规定,供应商资格的审查或确认由采购人负责。在具体采购活动中,采购人还可以要求供应商提供证明其履约能力的文件,如资质要求:供应商要提供由有关行政主管部门颁发的资质证书;业绩情况要求:供应商提供之前在相关行业完成的项目、效果和用户评价等文件以备审查或确认。

(1)由供应商提交能够提供的资质证明文件。在法律规定的供应商条件中,有的供应商自身可以提供,有的主要涉及政策性要求的条件,需要有关部门提供。采购人可以要求供应商对有关政策性条件以保证或声明方式提供。采购人审查完供应商资格后,要将结果分别通知符合和不符合条件的供应商。采购商若对其他供应商条件有异议的,采购人应及时核实。对情况属实的,应当取消其资格,并将处理结果报本级政府采购监管部门备案。

(2)审查供应商资格的方式。采购人审查供应商资格的方式有以下几种。

一是按照国际上通行的做法,采取集中审查和分散审查两种形式。集中审查可以由政府采购管理机构依照《政府采购法》的规定,制定供应商资格审查办法,再由执行机构统一对供应商进行资格审查,并建立供应商信息库,经审查合格的供应商可列入政府采购供应商库,对列入供应商库的供应商可规定3年以下的有效期,在有效期内,采购人或采购代理机构在实施采购活动时可在供应商库中随机抽取一定数量的相关供应商参加政府采购活动,而不必每次采购都要进行资格审查。分散审查就是由各采购人或采购代理机构在实施具体采购活动时根据采购项目特点和技术要求规定供应商的特定条件,自行对供应商的资格进行审查。

二是采用两阶段招标方法,即先进行资格招标,通过资格招标专门评审供应商的资格,然后再进行商务招标,只有在资格招标中通过资格评审且具备商务投标资格的供应商才能参加商务招标的投标,这种方式适用于对供应商有特定条件要求的采购项目。

三是在采购活动实施过程中,要求供应商在参与投标(或谈判、报价)时将资格证明文件随投标文件(谈判文件、报价文件)一并送采购人,采购人在评标(谈判、评价)时,先查阅其资格证明文件,对其资格进行审查或评审,只对符合资格条件的供应商的投标(报价)进行评审,对条件不符的供应商的投标作废标(谈判资格或报价无效)处理,不予评审。

(3)资格审查结果的有效范围。采购人对供应商资格审查的结果在全国范围内有效,为避免重复审查,采购人应将供应商审查结果在财政部指定的政府采购信息发布媒体上公布,在规定时间内无异议的,纳入供应商库。其他采购人在采购相同或劳务类似项目时,对已列入供应商库的供应商,对其资格可以免审。

讨论案例

供应商资格审查如何提防虚假材料

案例回顾

2004年2月6日，受X省某局委托，省集中采购机构对该局综合业务网络管理系统项目进行邀请招标。

这本是一次寻常的采购。从招标信息发布，到中标通知书发出，所有程序按部就班。

一切似乎一帆风顺地就要结束了。然而，就在供需双方正准备签订政府采购合同的节骨眼上，中标供应商T左等右等，就是等不来采购人。法律规定的签订政府采购合同的30日期限很快就过去了。一项500多万元的网络管理系统采购项目在“万事俱备”的情况下终于搁浅。

为何状告财政厅

中标供应商T是一家主营应用软件及系统软件开发与推广的公司，此次招标的项目恰是其主打产品。面对这一“节外生枝”，中标供应商T在与采购人协调无果的情况下，以法定程序向其提出了书面质疑。采购人在中标供应商公司所在地工商局的配合调查下，做出质疑答复，称中标供应商在此次投标中使用了虚假材料。中标供应商T不满答复，于2004年6月16日向X省财政厅投诉。

X省财政厅受理投诉后，遂展开投诉调查，发现了3点费解之处。

第一，中标供应商投标文件上的公司地址与其提供的《企业法人营业执照》上的不符，且完全是两个城市。但评标时并未发现这一情况。

第二，中标供应商投标文件中一份《质量认证体系证书》复印件上所写的企业名称是一个名为M的防伪技术公司，并非中标供应商本身。这即采购人所指的“使用虚假材料”。

第三，中标供应商投标文件中公司简介部分有夸大其词之嫌。据调查，所称“高科技集团”事实上只是一个注册资本100万元的小公司。

值得注意的是，这份被采购人指为“虚假材料”的《质量认证体系证书》复印件，招标文件中并没有要求投标供应商提供。T公司为何要提供一份招标文件并没有要求的证书呢？

X省财政厅发函要求T公司澄清以上事实。T公司回函解释：“投标文件中对公司住所地和性质的表述出现失误及多提交了一份与此次招投标无关的证书，属‘笔误’和‘误装’”，并认为这只能算投标文件中的瑕疵，并没有对评委造成任何影响。而且，2003年10月份，公司进行过一次工商变更，变更前，是证书上所写M公司的子公司。

事实是什么

据T公司所在地工商局提供的资料显示，中标供应商T与M公司间的唯一关系，是M公司下属子公司曾拥有中标供应商25%的股份。但资料证明，中标供应商在参与此次投标时，M下属子公司已完全从中撤资，可以认定，投标时，中标供应商与M公司之间已无任何关系。

而M公司是一家在软件开发业内具有一定影响的公司。调查获悉，中标供应商在评标答疑时，曾强调自己是M公司的子公司。而面对那份招标文件并没有要求的证书，评委在商务部分打分时都酌情加了分。这使得中标供应商商务分得分颇高，并成为中标的关键因素。

根据投诉调查情况，X省财政厅认为，中标供应商T在投标时提供的虚假材料误导了评委，而且其回函并没有澄清所问问题，违反《政府采购法》第七十七条第一款的规定，遂于2004年8月2日下达《关于T公司有关投诉事项的处理决定》，认定其在此次招标中中标结果无效。

历经二审　财政厅获胜

T公司岂能坐视收入囊中的大业务化作清烟？遂向财政部申请行政复议。2004年10月13日，财政部下达行政复议决定书，认为X省财政厅的投诉处理书"证据确凿，法律引用适当"，维持财政厅的处理决定。

T公司不服，认为《政府采购法》规定，政府采购监督管理部门不得设置集中采购机构，X省财政厅下设集中采购机构的行为属于违法，其受理投诉后做出的任何处理决定行为都应属无效。于2004年11月4日以主体不合格为主要理由，向X省W市T区人民法院提起行政诉讼，要求确认其投诉处理决定无效。

一审历经5个月，2005年1月12日，该区人民法院下达行政判决书，驳回T公司的诉讼请求。T公司不服，以判决书"不分析、不说理，不尊重法律和事实"等理由，依法向W市中级人民法院提起行政申诉，2005年6月27日中级人民法院下达终审判决书，维持原判。

曲终人散，一起政府采购供应商投诉案历时整整一年半。

资料来源：http://finance.nen.com.cn/74344591108603904/20100611/2644241.shtml。

【讨论的问题】

1. 总结供应商在政府采购中应有的职责。
2. 以此案例分析我国招投标过程中还存在哪些问题，应该怎样调整？
3. 你是否支持供应商T的做法？
4. T供应商所谓"政府采购监督管理部门不得设置集中采购机构，X省财政厅下设集中采购机构的行为属于违法"的说法是否正确？请提供我国《政府采购法》关于此问题的规定。

6.5 政府采购执业资格的管理

导入案例

美国政府采购专业人才的素质和培养

美国是世界上政府采购制度相对完善的国家之一，其政府采购规模大、范围广、法律体系完善，是《政府采购协议》的发起国和推动国之一。美国政府采购有一支强有力的采购队伍，它不仅具有较高的专业化水平，而且是高素质人才的集合体，是政府公务员的重要组成部分。美国有着相对完善的人才培养和考核标准，联邦政府采购中心(FAS)把内部人员分为：管理人员和专业采购官员。对于专业的采购人员聘用考核较为严格，涉及教育水平、培训情况以及工作经历等。针对不同的合同金额，对采购人员实行专业等级管理。定期对采购人员进行专业化的培训，持证上岗，由政府合同资格审核委员会定期审批其上岗资格。

美国政府采购人员需要通过专业机构资格认定，实际上这是美国政府采购活动的品质的重要保证。美国目前有一支业务素质较高的专业采购队伍，其中拥有30 000 名采购专家，15 000 名采购官员，并有一套完整的培训管理制度。美国政府采购人员有3 种类型：一是合同官员，二是采购官员，三是采购经办人员。合同官员由合同官员、合同谈判官员、合同管理官员、合同终止官员、采购分析官员、成本分析官员、法律顾问等组成；采购官员和经办人员由采购、供应程序管理人员、市场及运行分析人员、质量管理人员、政府财产管理人员、财务人员、审计人员、法律人员、小型企业分析人员、运输管理人员、后勤管理人员等组成，这些人员必须具有专门知识、技术和能力。

同企业的采购人员一样，这些政府采购人员也要经历严格的培训，比如，负责大宗商品或具有高风险商品和服务的采购官员必须受过高等教育，要经中央政府培训。负责小额商品采购的官员由部门进行培训。通过培训，这些采购人员必须掌握以下系列知识才能通过资格认定：政府采购道德准则、国际国内市场运作、商业运行规则、经济学原理、政府采购内容的专业知识和供应管理知识、政府采购程序、政府采购法律、国际采购法规与惯例、国家经济宏观调控和政府采购政策、国际货币制度、政府采购技术、采购对象的价格构成和定价、社会公共关系知识、政府采购保障与安全知识。培训合格的官员，并通过资格认证、主管部门注册后才能上岗任职。美国政府采购人员资格认证称号有：专业公共采购员(P. P. B.)、注册公共采购官员(C. P. P. O.)、注册采购管理员(C. P. M.)、注册专业合同官员、注册专业后勤师等。

案例详情链接

1.《中国发展观察》,2010 年第 9 期。

2. http://www.civillaw.com.cn/article/default.asp? id=50568。

3. http://www.ggj.gov.cn/jghq/zgjghq/2006/200602/t20060429_5443.htm。

案例引出的问题

1. 我国政府采购执业资格管理为什么是市场的需要?

2. 政府采购执业资格管理有哪些主要内容?

3. 美国政府采购专业人才的素质和培养方法哪些是值得我国借鉴的?

原理知识

政府采购工作涉及财政、金融、法律、贸易和工程技术等诸多领域,是专业技术性很强、责任重大的工作,政府采购的管理人员和执业人员的专业技术能力和职业道德水准,直接影响到政府采购工作的质量和采购目标能否得以实现,因此,建立科学、合理的政府采购从业人员执业资格制度,是政府采购工作顺利进行的保障。政府采购职业资格要求包括两个方面:一是政府采购执业的技术资格要求,二是政府采购职业道德与整体素质要求。因此,加强政府采购执业资格管理很有必要。建立政府采购执业资格制度,就必须要求从事政府采购的人员,包括政府采购管理人员和执行操作人员,熟练掌握政府采购方面的专业知识和专门技术,具有良好的职业道德水准,通过国家特定的资格考试和资格认定,获得从事政府采购执业的合法资格,只有这样,才能提升政府采购的管理水平,促进我国政府采购事业的顺利发展。

6.5.1　政府采购人员执业资格管理的必要性

政府采购执业资格,是指从事政府采购的人员,包括政府采购管理人员和执行操作人员,必须掌握政府采购方面的专业知识和专门技术,具有良好的职业道德水准,通过国家规定的资格考试和资格认定,获得从事政府采购执业的合法资格。

我国政府采购工作开展时间只有十几年,政府采购管理和操作人员从无到有,从最初主要来自财政部门和其他行政部门,仅了解财政部门的预算编制、国库管理和预算会计等财政管理方面的业务,缺乏政府采购专业方面的知识和采购技能人员,初步形成了一支有一定采购理论基础和执业经验的从业人员队伍,但部分政府采购队伍从业人员缺少专门的学习和训练,导致政府采购工作发生诸多问题,有的甚至影响了政府采购的质量和政府的形象，我国政府采购的法律法规和规章已逐步建立和完善，但最终法规的执行必须靠人，因此，发展我国政府采购事业，除了健全的管理规章，还要加强政府采购队伍建设，建立和完善政府采购人员执业资格制度，提升政府采购工作人员整体素质。

拓展阅读

财政部2010年政府采购工作要点

财办库[2010]7号

2010年政府采购工作的总体要求是：坚持以科学发展观为指导，深入贯彻落实《国务院办公厅关于进一步加强政府采购管理工作的意见》(国办发[2009]35号)精神，按照政府采购科学化、精细化的工作要求，以加强法制建设为重点，以规范操作执行和健全监督管理为核心，以全面夯实基础工作和加快电子化建设为支撑，以推动专业化队伍建设为保障，不断创新发展思路，改进工作方法，谋划工作新举措，努力开拓政府采购工作新局面。

2010年财政部政府采购工作要点包括八大项内容，其中第七项专门针对政府采购队伍建设，内容如下：

七、加强政府采购队伍建设，提高政府采购从业人员的专业化水平

(1)建立和完善对政府采购从业人员的培训机制，加大培训力度，有针对性地组织法律制度和操作实务等培训，开展加强政府采购科学化精细化管理等专题研讨，增强政府采购从业人员依法行政和依法采购的观念，提高采购管理和操作执行水平，以及解决复杂问题的能力。

(2)研究建立政府采购从业人员执业资格制度，制定政府采购从业人员准则和岗位标准，实行持证上岗，尽快出台政府采购从业人员资格管理办法，推动政府采购从业人员职业化进程。

资料来源：《中国财经报》2010年2月3日。

http://www.sxbid.com.cn/issue/cinform_content.asp? no=30118。

6.5.2 政府采购人员执业资格的要求

第一，集中采购机构的专业岗位任职要求。我国《政府采购法》第七章第六十二条明确规定："集中采购机构的采购人员应当具有相关职业素质和专业技能，符合政府采购监督管理部门规定的专业岗位任职要求"，"对采购人员的专业水平、工作业绩和职业道德状况定期进行考核。"

(1)专业岗位的设置。《政府采购法》第六十一条明确规定,经办采购的人员与负责采购合同的审核、验收人员的职责权限应当明确,并相互分离。政府采购涉及的范围广泛,就采购对象而言包括货物、服务和工程,在采购经办人员中应当有相应的专业人员,对不同的专业人员应提出不同的专业岗位的任职要求。合同的审核、验收人员也应当有专业方面的要求。合同的审核包括法律、商务和技术等方面的审核,而合同的验收主要是技术方面的,有严格的技术性。相同的岗位,有不同的专业要求。除明确设置采购经办人员和合同审核、验收人员外,政府采购的相关人员的岗位设置也应当明确,包括采购计划的编制人员、接受供应商询问和质疑的专门人员、从事教育培训的人员等。

(2)专业岗位的任职要求。根据《政府采购法》第六十二条之规定,对集中采购机构采购人员的专业岗位任职要求由政府采购监督管理部门规定。就学历而言应当要求大学本科以上,政府采购需要各方面的人才,包括经济、技术和法律方面的人才,更需要懂技术、懂经济、懂法律、懂外语的复合型人才。一般而言,对政府采购人员的任职要求应当包括以下几方面的职业素质和专业技能:一是政治素质。从事政府采购的人员应当具备较高的政治素质,因为政府采购人员代表政府进行采购,其言行影响政府的形象,关系到国家利益,社会公共利益。所以,政府采购人员应当要有强烈的责任感和职业的荣誉感。能够正确理解并掌握国家的方针政策。二是职业道德执业纪律方面。建立政府采购制度的目的之一是促进廉政建设,从源头上遏制腐败,所以对从事政府采购的人员应当有严格的职业道德和执业纪律。

拓展阅读

政府采购执业人员"职业化"才是期待

【背景资料】

某县集中采购机构编制8人,除一名会计和一名专职司机外,实际采购工作人员为6人,全年采购211次,采购资金总额达1 900万元,平均日采购0.58次,每次采购周期为1.7天,每日采购量为5.27万元,每次采购量为9万元,人均年采购量为317万元。就是这样一支高效率的采购队伍在一次关于执业质量的民意测评中却被评为不满意单位,由此,在一味追求大规模高效率的背后所暴露出来的采购执业人员专业性问题迅速成为人们关注的焦点。

【分析】

这种政府采购中高效率低质量现象的发生,其根源主要是以下几个方面。

不重视执业质量制度建设。有许多的采购机构制定了很多的内部管理制度，如考勤制度、电话费管理制度等，就是没有执业质量管理制度。采购人员在执业中没有严格的标准，执业过程得不到监督。

不遵守政策法规。有些采购机构不签订或事后签订采购业务约定书、编制采购计划、为套算节约率而倒挤采购预算等，这是造成政府采购质量低的一个重要因素。

采购档案管理不规范。不注重采购档案的收集管理，特别是一些关键环节上的实质性内容，如：参与投标的供应商概况、在竞标过程中各供应商的承诺情况、在评标过程中对各供应商的评价情况，等等。

缺乏风险意识、质量意识和责任心。有的采购机构在执业中不讲风险、不求质量，片面追求业务规模。

【措施】

(1)加强基础工作的建设。政府采购基础工作是保证政府采购执业质量的基础。所以，首先要明确规定政府采购人员的职责分工、任职要求和应持有的职业道德。其次，建立和实施政府采购内部控制制度，包括建设内部控制环境、完善会计系统、规范控制程序等。然后，规范政府采购档案的归案要求、保管期限、移交手续、销毁程序。最后，明确政府采购监督的基本程序和要求，从而形成内部监督、国家监督和社会监督共同构筑的完整的有效监督体系。

(2)建立有效的项目人员组织体系。有效的人员组织体系是保证执业质量的关键。建立采购人员的级别制度，在编制采购计划时就可以直接参照人员的级别进行组合；制定适当的采购人员轮换制度，从而避免产生诸如与采购人、供应商之间形成过分密切的关系或形成潜在的倾向性等弊端；明确职责分工的要求，以避免工作责任的相互推诿；完善采购项目的时间分配。

(3)建立合理的质量控制制度。合理的质量控制制度是保证执业质量的客观要求。首先要建立有效的政府采购流程，一方面请购、采购、验收、付款等环节应有交易授权，有相关主管人员签字；另一方面请购与审批、询价与确定供应商、采购合同的订立与审批、采购与验收、验收与相关会计记录、付款审批与付款执行应适当分离，以确保不相容岗位相互分离、制约和监督。建立政府采购质量责任、分析、教育、检查、总结、奖惩制度，实现质量控制的预警功能也是很重要的。

(4)建立良好的质量控制环境。良好的质量控制环境是执业质量的重要保障，所以要做好以下几点：签好委托代理协议；加强对供应商的履约管理，建立供应商信誉档案；建立供应商的经济赔偿制度，维护采购人的合法权益；加强对采购价格的市场行情监测，采取聘请专家对协议供货中标产品定期进行检查的方式，解决好中标产品价格虚高问题，维护采购人的利益；督促各部门严把货物验收关，采购单位要由专人负责，严格审查，出现质量问题，要按照采购合同约定，直接追究供应商的法律责任；进一步完善招标文件和采购合同的标准文本，不断提高招标文件的编写质量，细化合同条款，增强招标文件和采购合同的严密性。

资料来源：www.100gczg.com，2009年11月10日。

第二，政府采购执业人员的资格要求。

(1)政府采购人员的技术资格。政府采购人员应掌握综合性的业务知识，主要包括以下内容。

一是法律知识。政府采购主要特征之一就是方式和程序的法定性，所以，政府采购人员首先要熟悉政府采购的法律、法规和规章。《政府采购法》是政府采购的基本法，应当充分理解和掌握，与政府采购相关的法律还包括《招标投标法》、《合同法》、《产品质量法》、《建筑法》等。特别是对《招标投标法》和《合同法》应当熟练掌握，以规范招标行为和签约行为。

二是经济知识和财务会计知识。包括一般经济学原理，国家宏观经济政策，国际经济贸易规则、采购原理与理论，国际惯例等；政府采购人员应当能够解读财务会计报表，熟悉预算的编制。

三是货物、工程和服务知识。从事货物采购的人员，要求掌握所采购货物的功能作用、技术性能、规格要求、技术标准与等级、价格构成、包装状况等；从事工程采购的人员，必须具备建筑工程方面的知识，包括工程设计、工程预算、工程结构、建筑材料的种类、性能、技术规格、工程造价、工程质量检测与评价方面的技术与知识等；从事服务采购的人员，应该对服务内容、种类、评价方式等具备专门的知识。

四是计算机和外语知识。随着网上采购的推广，政府采购人员的计算机知识不仅要熟练掌握办公自动化，还要熟练掌握网络技术，熟练操作各种采购软件。

随着中国政府采购市场的对外开放，我国在不久的将来也要加入WTO的《政府采购协定》，政府采购人员要接受外国供应商的投标，所以，要求政府采购人员具备一定的外语能力。

除具备上述知识之外，政府采购人员应当具备一定的能力和技巧。

一是实际采购技术能力。政府采购人员应该是精通采购技术的专家。采购人员应当掌握一定的采购原理，在实际工作中熟练运用各种采购方式、操作规程和程序。要精通编制采购计划和制作招标文件，组织评标或主持采购谈判的技术。

二是市场分析与判断能力。政府采购人员应当具备对市场调查、分析和判断的能力，能够及时掌握国际、国内市场的变化特征及发展趋势。政府采购人员明确政府采购的需求定位，广泛收集市场变化信息，研究和分析产品价格的变动趋向，善于进行采购价格和采购成本的核算，对各种不同产品成本进行科学的估算，以实现政府采购的物有所值。

三是缔约与履约验收的能力。政府采购人员能够制作合同文本，充分理解合同条款的含义，明确双方的权利和义务。在合同履行过程中懂得全面适当履行合同，懂得行使合同履行的抗辩权。及时了解政府采购的货物、工程、服务的履约状况，掌握商品质量与技术监督方面的知识和技能。

四是政府采购管理能力。政府采购管理是对整个政府采购过程的组织、协调、监督与控制的过程，它贯穿于整个政府采购过程之中。作为政府采购执业人员应该掌握政府采购的管理知识与技术，包括采购计划和预算的编制、执行过程的管理和监督等。

在我国，政府采购制度建设在《政府采购法》规范下全面推进，政府采购队伍的建设对政府采购制度的发展至关重要，政府采购管理部门和政府采购执行机构应当加强政府采购人员的教育培训。

(2)政府采购人员的职业道德要求。职业道德最基本的素质要求是公正、诚实和责任感。政府采购人员代表政府从事采购活动，应当有更高尚的职业道德要求。实施政府采购工作的目的之一，就是从源头治理腐败，供应商会采取各种方式对采购人员进行“公关”，政府采购人员应有强烈的使命感和责任感，对国家和纳税人负责。职业道德的基本准则包括：一是奉公守法，廉洁自律，严格按照国家政府采购法律法规要求办事，平等地对待所有供应商，树立政府采购的良好形象；二是诚实守信，勤勉尽责，忠实地维护采购人的利益，也不误导供应商或其他相关利益主体；三是应当保守国家机密和供应商的商业秘密，珍视和维护政府采购人员职业声誉；四是应当努力钻研业务，不断提高职业水平。

典型实例

营口市政府采购中心工作人员廉洁自律

承诺书

1. 认真学习并遵守党纪政纪和政府采购法律法规，不断提高法律意识和法制观念。

2. 严格执行政府采购的各项规章制度、操作规程和办事程序。

3. 主动接受有关部门对政府采购业务和政府采购工作人员依法、有效、持续的监督。

4. 不接受可能影响采购公正的单位和个人的宴请、休闲和旅游活动及礼品馈赠、有价证券等。

5. 不利用工作之便谋取不正当利益。

6. 不与供应商发生不正当的经济往来。

7. 采购活动期间不在非办公场所与供应商私自单独接触。

8. 文明办公，热情服务，不断提高办事效率和服务水平。

资料来源：http://www.mxwz.com/city/view.aspx? CID=8&ID=351344。

6.5.3　我国目前政府采购执业人员的现状及改进措施建议

第一，现状。首先，从我国目前政府采购执业人员的现状分析，绝大多数政府采购工作人员来自财政部门和其他行政部门，经过几年的采购实践，虽然已掌握了一些采购知识，但不论知识结构和采购技能远远满足不了现阶段政府采购工作的需要，迫切需要系统学习采购专业知识；其次，我国职业教育机制不健全，相当一部分地区没有系统、全面、完善的职业人才教育培养计划，各种短期培训和专家讲座的教育方式占主角，以短训为主或是采取以会代训的方式，在政府采购知识和技能的传授上还缺乏系统性和完整性；再次，人才管理机制不完善，全国尚未建立职业资格考试和持证上岗的职业资格管理制度，这在很大程度上影响了各地政府采购队伍的建设，使政府采购队伍的专业建设停留在低水平、低层次上。最后，正常政府采购业务培训缺失，即使培训也广泛存在内容单一，不结合实际，培训纪律松弛，参培率低，不进行考核等现象。

第二，改进措施。2009年4月10日，国务院办公厅发布关于加强政府采购管理工作的意见，就政府采购队伍建设提出坚持考核培训，进一步加强政府采购队伍建设，各地区、各部门要继续加强政府采购从业人员的职业教育、法制教育和技能培训，增强政府采购从业人员依法行政和依法采购的观念，建立系统的教育培训制度。财政部要会同有关部门研究建立政府采购从业人员执业资格制度，对采购单位、集中采购机构、社会代理机构和评审专家等从业人员实行持证上岗和执业考核，推动政府采购从业人员职业化的进程。集中采购机构要建立内部岗位标准和考核办法，形成优胜劣汰的良性机制，不断提高集中采购机构专业化操作水平。

具体措施如下。

(1)加大培训力度，充实培训内容。提高培训质量。在增加培训周期的基础上，规范培训内容。财政部要尽快制定统一规范的培训教材，内容应包括：培训主体、培训任务、培训对象和培训内容，形成定期培训、定期考核、优胜劣汰的培训制度体系。不但要加强对政府采购管理人员、采购操作人员和评审专家的培训，而且对采购人和供应商也要培训。采购人可以通过培训熟悉政府采购法律制度、商品知识、预算编制技术等；供应商需要通过培训掌握政府采购的法律要求、程序与方式。同时，各地在每年的培训中，还要不断更新和充实政府采购培训内容，规范培训方式和规范培训管理，要采用多样化、生动化的培训方式，加强培训工作的组织管理，每次培训前都要制订周密的工作计划，规范培训秩序，严肃培训纪律。

(2)建立政府采购岗位责任和执业资格制度。按照政府采购管理与操作专业化的要求，建立一支理论基础扎实、操作业务熟练、职业道德优良的政府采购管理和操作队伍，还必须建立一套政府采购执业资格制度，真正有利于推进政府采购职业化。财政部要会同有关部门，尽快研究建立政府采购从业人员执业资格制度，对采购单位、集中采购机构、社会代理机构和评审专家等从业人员实行持证上岗和执业考核,推动政府采购从业人员职业化的进程。

(3)适时建立政府采购专业协会管理制度。政府采购行业的特殊性在于,一方面,政府采购作为以政府为主体的公共采购,需要政府行政管理;另一方面,由于从事政府采购具体操作的机构和人员是非行政人员,并不宜或不便直接进行行政管理和干预。因此,除法律制度要求必须进行行政管理和监督的情况外,在很多情况下,政府采购还需依靠行业管理和规范来完成。即建立政府采购专门的行业协会,实行行业协会式管理,履行包括制订行业执业规范,进行行业宣传、行业培训,实施行业维权和行业交流等行业性管理职责。

讨论案例

完善政府采购制度　培训政府采购人才

加快建立和完善政府采购培训制度,建立政府采购岗位责任制度和执业资格制度是十分紧迫的任务。

政府采购本质上是社会公共采购。一方面,政府采购的公共本质决定其必须实现恰当地满足公共物品与服务需求、实现社会经济政策目标、促进商业公正、防止腐败等一系列重要目标;另一方面,政府采购又是一项十分复杂的系统工程,不仅涉及采购人、采购机构、供应商和社会公众等多方面的利益关系,而且涉及复杂的法律制度、有关的政策、广泛的商品知识和复杂的采购技术知识。因此,要实现政府采购的多种目标及采购科学化,除建立完善的法律制度以外,还离不开精通采购技术、熟悉采购法律制度、具有较高职业水准和职业道德的管理人员和执行人员,更离不开良好的政府采购从业队伍的形成、晋升、淘汰机制及与之相对应的制度。

10 多年来,政府采购管理和操作人员从无到有,初步形成了一支有一定理论基础和执业经验的从业人员队伍。但我国政府采购制度建设基本上处于初期阶段,部分政府采购队伍从业人员缺少专门的学习和训练。因此,尽快建立和完善政府采购培训制度,建立政府采购岗位责任制度和执业资格制度,对于提高我国政府采购质量和效率、实现政府采购科学化和规范化是十分紧迫的任务。

首先,应建立全面系统的政府采购人员培训制度,内容包括:明确培训主体、培训任务、培训对象和培训内容,形成定期培训、定期考核、优胜劣汰的培训制度体系。不但要加强对政府采购管理人员、采购操作人员和评审专家的培训,而且对采购人和供应商也要培训。采购人可以通过培训熟悉政府采购法律制度、商品知识、预算编制技术等;供应商需要通过培训掌握政府采购的法律要求、程序与方式。

其次，还应建立政府采购岗位责任和执业资格制度。按照政府采购管理与操作专业化的要求，建立一支理论基础扎实、操作业务熟练、职业道德优良的政府采购管理和操作队伍，还必须建立一套政府采购执业资格制度，真正有利于推进政府采购职业化。通过建立岗位责任和执业资格的方式，可以形成特定的职业规范化机制。

此外，建立政府采购专业协会管理制度也十分必要。政府采购行业的特殊性在于，一方面，政府采购作为以政府为主体的公共采购，需要政府行政管理；另一方面，由于从事政府采购具体操作的机构和人员是非行政人员，并不宜或不便直接进行行政管理和干预。因此，除法律制度要求必须进行行政管理和监督的情况外，在很多情况下，政府采购还需依靠行业管理和规范来完成。即建立政府采购专门的行业协会，实行行业协会式管理，履行包括制订行业执业规范，进行行业宣传、行业培训，实施行业维权和行业交流等行业性管理职责。

资料来源：《经济日报》，2010年2月24日。

【讨论的问题】

1. 分析政府采购专业化队伍建设的必要性？

2. 你对目前我国政府采购工作人员素质及专业培养有何建议？

6.6 政府采购信息的管理

导入案例

进一步健全政府采购全过程信息公开机制

2010年10月22日，江苏常州以政府采购风险控制和规避为主题，对当前政府采购领域内存在的风险及其控制和防范措施进行深入探讨的"政府采购风险控制与规避·中国政府采购高峰论坛2010"上，财政部国库司（国库支付中心）副主任王瑛就进一步建立健全政府采购全过程的信息公开机制，制定信息发布格式化文本，细化从招标信息、中标结果以及投诉和举报处理结果等全过程的公开提出要求。会议由中国政府采购报社举办。

王瑛表示，政府采购制度改革的重心已由改革初期的建章立制、扩面增量转向现阶段的程序控制、行为规范上。随着政府采购制度改革的推进，政府采购信息的透明度和社会关注度进一步提高。一是以推进政府信息公开为契机，政府采购信息公告的发布机制得到了进一步完善。二是政府采购信息化建设的逐步加强和政府采购媒体的不断壮大，为政府采购信息的公开提供了更好的条件。三是政府采购信息的发布范围和发布数量实现了新的突破。政府采购信息公告的范围从采购执行中的招投标信息扩展到采购监管中的代理机构资格认定、投诉和检查处理等。2009 年全国共发布采购信息公告 361 232 条，比 2008 年增长 1 万多条。与此同时，政府采购的社会关注度也空前提高。

“在政府采购透明度和社会关注度越来越高的情况下，政府采购领域的各种风险也逐步显现。”王瑛提出，政府采购风险的防范与控制是一项系统工程，从当前的形势来看，推进这项工作，可以从以下几个方面入手。

一是着力加大政府采购信息公开力度，使政府采购真正成为“阳光采购”。进一步建立健全政府采购全过程的公开机制。制定信息发布格式化文本，细化从招标信息、中标结果以及投诉和举报处理结果等全过程采购信息的公开要求；拓展公开内容，加大政府采购计划执行和采购过程的公开力度。进一步支持政府采购指定媒体的发展，畅通政府采购信息公开渠道。支持《中国政府采购报》、《中国政府采购》杂志等平面媒体的发展，提升政府采购媒体的社会影响力。

二是着力推进政府采购科学化、精细化管理，不断加强政府采购规范化建设。要抓紧制定采购文件编制规范、信息公告和采购合同格式以及产品验收等环节的具体标准和程序要求，制定评审专家抽取和专家评审的具体规范，明确处理供应商质疑投诉处理的工作规则，推进政府采购流程标准化。更加注重加强各项政府采购政策的衔接配合，强化政府采购政策的执行力，研究建立政府采购政策效果评价体系，不断提高政策实施效果。积极采取措施解决执行中价格高、效率低等问题。

三是着力推进政府采购信息化建设，加快建设全国政府采购管理交易系统。通过建立“标准统一、资源共享、规范透明、安全高效”的全国管理交易一体化系统，实现政府采购全流程操作电子化、全过程监控网络化、全方位协作信息化、全覆盖上下一体化，加强对政府采购信息发布、计划执行、方式变更、合同备案等重点环节的监控，规范政府采购的操作与执行。

四是着力加强政府采购从业人员的培训和教育，建立政府采购风险防控机制。加快建立政府采购从业人员职业资格制度。全面加强采购从业人员职业教育、法制教育和技能培训。要从风险战略、政策制度和执行操作、风险处理层面入手，完善政府采购制度设计，健全政府采购代理机构内部治理结构，建立健全政府采购风险预警和防范机制。

案例详情链接

1.《中国财经报》，2010 年 11 月 2 日。

2. http://finance.sina.com.cn/china/bwdt/20101102/17538888146.shtml。

案例引出的问题

1. 我国政府采购制度改革目前发生了怎样的变化?
2. 政府采购信息公开的必要性有哪些?
3. 推进政府采购信息化建设的措施有什么?

原理知识

我国《政府采购信息公告管理办法》给出政府采购信息的定义,即政府采购信息是指政府采购法律、法规、政策规定以及反映政府采购活动状况的资料和数据的总称。在政府采购活动中,需要依据相关法律法规和规章制度,这些法规要及时通过相关媒体向社会公开发布;采购人采购商品或服务需要了解掌握有关采购商品或服务的大量资料和供应商的信息;供应商要随时掌握政府采购的招标信息及其他供应商信息,这些采购信息的及时准确获得直接影响政府采购活动的效率与质量。现代社会是以计算机和互联网为主导的信息时代,政府采购工作需要大量及时、准确和充分的信息为其提供基础服务,因此,政府采购信息管理是政府采购工作的基本环节,是建立政府采购制度的重要内容,是实现政府采购目标和贯彻政府采购原则的基本要求,更是政府采购科学化的关键。

政府采购信息的管理包括采购信息公告、信息收集、信息记录、信息存储和查阅等项内容。

6.6.1 政府采购信息公告

政府采购信息公告,是指应当公开的政府采购信息在财政部门指定的政府采购信息发布媒体上向社会公开发布政府采购信息。这是国际通行做法。实行政府采购的国家和地区,一般都是在政府公报上发布政府采购信息,也有的国家和地区创办了专门的“政府采购报”。除报纸外,还无一例外地建立了政府采购信息网站。

第一,政府采购信息公告的必要性。

(1)政府采购信息公告提高了采购的透明度。公开政府采购的法律法规、采购计划和预算,扩大了政府采购的影响,社会公众可以了解政府采购的过程和结果,便于判别政府决策的科学性,便于公众对政府采购的监督;供应商可以全面了解采购的需求及采购时间,监督管理部门可以跟踪采购活动进展,监管采购动态。

(2)维护信息披露的公平性。采购信息公告使社会公众在同一时间获得同样的政府采购信息内容,创造了公平的环境。如果允许各级政府采购监督管理部门各自指定媒体,将会分散采购信息,不同地区的供应商难以公平地获得采购信息。

(3)采购信息在国家统一指定媒体发布,减少了供应商获取政府采购信息的财力和人力,使采购各方借此平台获取真实可靠的资料,避免不实信息的传播。

(4)减少政府公告支出。市场经济条件下,通过媒体发布信息多属商业性行为,需要支付费用。如果数量众多的政府采购信息通过商业性方式发布,将大大增加政府公告的支出。而建立指定媒体制度,收费很低或完全免费,既可加强政府采购信息管理,又节约了资金,同时也符合国际经济合作的要求。

(5)能够从源头预防腐败现象滋生。政府采购主要是通过商业运作形式实现,潜藏着权钱交易风险,关系到采购各方的经济利益,容易滋生腐败现象。多年来,我国采购活动中的腐败现象较为普遍,主要原因是透明度差,暗箱操作的存在。随着制度健全,政府采购信息公开力度的加强,必将减少腐败的发生,成为真正的"阳光下的交易"。

拓展阅读

黑龙江:稳步推进政府采购改革

黑龙江省政府采购制度改革自2000年全面铺开以来,特别是2003年《政府采购法》正式实施后,政府认真贯彻依法行政、依法理财、依法采购的原则,积极探索和实践。

政府采购范围和规模不断扩大

本级财政预算内外资金、专项资金、国债资金、农业开发资金等均实行政府采购。

在采购资金上,从本级财政预算内、外资金扩展到中央、省专项补助、国债资金、农业开发资金及借(贷)款资金;在采购范围上,货物类项目从一般通用采购项目扩展到行业部门有特殊要求的专用设备采购项目,服务类项目从会议定点扩展到公务车辆保险、软件开发等采购项目,工程类项目从房屋修缮装饰扩展到市政道路、园区绿化、中小型公共设施等采购项目。政府采购组织形式主要以公开招标为主,省本级规定对货物类和工程类中同类品目采购计划(预算)金额达到100万元的,服务类中的印刷、信息技术、信息管理软件开发设计项目,采购计划(预算)金额达到50万元的,要采取公开招标或邀请招标方式组织采购。

政府采购规模每年都有较大幅度增长,全省政府采购规模从2000年的10.9亿元增加到2009年的121.2亿元,累计实现政府采购额519.4亿元,年均增长30.6%,节约资金56.2亿元,平均节支率9.76%。其中省本级政府采购规模从2000年的2.8亿元增加到2009年的56.7亿元,累计实现政府采购额197.4亿元,年均增长39.8%,节约资金17.4亿元,平均节支率8.1%。

政府采购政策功能得到发挥

推进全省信息安全认证体系建设,产品收录工作已基本完成。

政府采购作为国家宏观调控的重要手段,在国家扩大内需的形势下,我们及时把政府采购工作重心从简单的节省资金转向发挥政府采购政策功能上来,帮助企业保增长、促发展。一是认真贯彻落实财政部印发的《政府采购进口产品管理办法》和《财政部办公厅关于政府采购进口产品管理有关问题的通知》,加强了对进口产品审核管理。二是认真贯彻落实《国务院办公厅关于建立政府强制采购节能产品制度的通知》和财政部、国家发改委印发的《节能产品政府采购实施意见》,严格按照国家规定实施节能、环境采购,并进一步扩大了节能产品、环境标志产品政府集中采购的范围。三是为贯彻落实《省政府关于促进非公有制经济(中小企业)加快发展的实施意见》(黑政发【2010】1号),研究制定了支持中小企业发展的具体措施。四是推进全省信息安全认证体系建设,省财政厅与省工信委联合下发了《关于建立黑龙江省信息安全产品政府采购目录的通知》。目前,政府采购信息安全产品收录工作已基本完成。

政府采购信息管理系统各项功能进一步完善

开发了涵盖政府采购全部业务流程的政府采购信息管理系统。

从2003年开始,黑龙江省就开发了政府采购信息管理系统,涵盖政府采购全部业务流程。目前,已完成外网网站、采购中心内部办公系统、采购办内部办公系统和专家库、供应商库的建设,政府采购信息管理系统建设也已经基本完成。目前在网上登记注册的供应商已达5 012户,经审核入库3 865户,网上征集评审专家681人,已审核入库310人,招标采购项目专家评委的选取已实现网上随机选取和管、用分离。省本级和哈尔滨、大庆等10个市(地)不同程度地应用了政府采购信息管理系统;省本级还启用了加密和电子印章系统;预算单位集中采购计划和分散采购计划已全部实现网上在线申报审核、下达。同时,省级和部分市(地)加大推进网上公开招标、询价和竞争性谈判的采购力度,增强了采购活动透明度,降低了采购成本,确保采购活动公平、公开、公正和诚实信用。

资料来源:《中国政府采购报》,2010年8月3日。

http://www.cfen.com.cn/web/meyw/2010-08/03/content_652911.htm。

第二,政府采购信息公告的内容。政府采购信息的发布涉及与采购相关的法律制度及采购活动的所有信息。财政部2006年颁布的《政府采购信息公告管理办法》中规定,除涉及国家秘密、供应商的商业秘密,以及法律、行政法规规定应予保密的政府采购信息以外,必须公告的政府采购信息的内容如下。

(1)法律制度公告。指有关政府采购的法律、法规、规章和其他规范性文件,是政府采购当事人的行为规范。具体包括各级人大颁布的有关政府采购的法律，如《政府采购法》；各级政府颁布的政府采购的有关规定，采购目录及限额标准，指省级以上人民政府公布的集中采购目录、政府采购限额标准和公开招标数额标准，如《2003年中央单位政府集中采购目录、限额标准及招标数额标准》；开展采购活动的行动指南；各级政府采购监督管理部门的部门规章，如财政部颁布的《政府采购货物和服务招投标管理办法》等。

(2)每个财政年度的政府采购安排。包括各级人大批复的预算安排，便于公众和供应商全面了解全年政府采购的规模和具体项目。

(3)政府采购招标业务代理机构名录。

(4)招标投标信息公告。如招标公告中，要注明招标采购人、采购代理机构的名称、地址和联系方式；招标项目的名称、用途、数量、简要技术要求或者招标项目的性质；供应商资格要求；获取招标文件的时间、地点、方式及招标文件售价；投标截止时间、开标时间及地点；采购项目联系人姓名和电话等。

(5)邀请招标资格预审公告。邀请招标资格预审公告应当包括采购人、采购代理机构的名称、地址和联系方式；招标项目的名称、用途、数量、简要技术要求或招标项目的性质；供应商资格要求；提交资格申请及证明材料的截止时间及资格审查日期；采购项目联系人姓名和电话。

(6)中标信息公告。包括采购人、采购代理机构的名称、地址和联系方式；采购项目名称、用途、数量、简要技术要求及合同履行日期；定标日期(注明招标文件编号)；本项目招标公告日期；中标供应商名称、地址和中标金额；评标委员会成员名单；采购项目联系人姓名和电话。

(7)信息变更和更正事项公告。包括采购人、采购代理机构名称、地址和联系方式；原公告的采购项目名称及首次公告日期；更正事项、内容及日期；采购项目联系人和电话。

(8)财政部门受理政府采购投诉的联系方式及投诉处理决定，包括投诉人名称及投诉事项；投诉处理机关名称；处理决定的主要内容。

(9)财政部门对集中采购机构的考核结果。

(10)采购代理机构、供应商不良行为记录名单。

(11)法律、法规和规章规定应当公告的其他政府采购信息。

典型实例

中华人民共和国财政部政府采购信息公告(第七号)

根据《政府采购信息公告管理办法》(财政部第19号令)第八条的规定，现将本机关对国家广播电影电视总局无线广播电视数字化采购项目投诉案做出的处理决定公告如下。

一、相关当事人名称

投诉人名称：北京立洋创业科技有限公司

被投诉人名称：中技国际招标公司

二、基本情况

投诉人认为，在"国家广播电影电视总局无线广播电视数字化采购项目（项目编号:0701－104150150138）"第13包、第14包、第15包中，中标人所投产品的技术指标不符合招标文件的要求，存在虚假的技术指标。且中标人均为高价中标，而报价低的投标人却没有中标。投诉人于2010年9月向本机关进行投诉。经审查，本机关正式受理，并依法对投诉事项进行了调查取证，征求了相关当事人的意见，现本案已审查终结，本机关于2010年11月3日依法做出投诉处理决定（财库[2010]121号）。

三、处理结果

本机关认为，投诉人关于中标人所投产品的技术指标是虚假的投诉事项缺乏事实依据。同时，评标委员会的评分符合法律规定，中标人并非高价中标。因此，本机关做出如下处理决定：根据《政府采购供应商投诉处理办法》（财政部第20号令）第十七条第二款第二项的规定，投诉人的投诉事项缺乏事实依据，予以驳回。

二〇一〇年十一月十九日

资料来源：财政部网，2010年11月24日。

第三，政府采购信息公告的媒介及其管理。在现代信息社会中，报刊、广播、网络都是传播媒介，信息公告可以选择多种方式，但如果政府采购信息在所有媒体公告，不仅增加采购人的采购成本，也不能突出政府采购的重要性。因此，在采购信息公告方式上，各国都选择在政府指定的媒体上发布的方式，即采购人的信息必须通过政府采购管理部门指定的媒体发布，供应商主要通过这些媒体获取政府采购信息。我国《政府采购信息公告管理办法》规定，政府采购法律、法规、规章和其他规范性文件、集中采购目录、政府采购限额标准、公开招标限额标准等信息，由省级以上人民政府财政部门负责在政府采购信息指定发布媒体上公告，并规定指定发布媒体发布政府采购信息，应当体现公益性原则，即指定媒体应当免费刊登和发布政府采购信息。目前经财政部门指定的发布政府采购信息的媒体包括：《中国财经报》、《中国政府采购》杂志、《中国政府采购网》及各省级地方政府采购网等。

《政府采购信息公告管理办法》对公告媒体的工作有严格要求。

（1）公告政府采购信息必须做到内容真实、准确可靠，不得有虚假和误导性陈述，不得遗漏依法必须公告的事项。

(2)在各政府采购信息指定发布媒体上分别公告同一政府采购信息的,内容必须保持一致。内容不一致的,以在财政部指定的政府采购信息发布媒体上公告的信息为准。

(3)在各政府采购信息指定发布媒体上公告同一政府采购信息,时间不一致的,以在财政部指定的政府采购信息发布媒体上最早公告信息的时间为公告时间,同时是政府采购当事人对有关事项应当知道的时间。

(4)政府采购信息指定发布媒体应当按照信息提供者提供的信息内容发布信息。但是,对信息篇幅过大的,政府采购信息指定发布媒体可以按照统一的技术要求进行适当的压缩和调整;进行压缩和调整的,不得改变提供信息的实质性内容。

(5)政府采购信息指定发布媒体发现信息提供者提供的信息违反法律、法规、规章和本办法规定的,应当及时建议信息提供者修改;信息提供者拒不修改的,应当向信息提供者同级的人民政府财政部门报告。

(6)财政部门指定的政府采购信息发布媒体中的网络媒体,应当在收到公告信息之日起1个工作日内上网发布;指定的报纸,应当在收到公告信息之日起3个工作日内发布;指定的杂志,应当及时刊登有关公告信息。

(7)政府采购信息指定发布媒体应当对其发布的政府采购信息进行分类统计,并将统计结果按期报送同级人民政府财政部门。

(8)政府采购信息指定发布媒体应当向社会公告本媒体的名称和联系方式。名称和联系方式发生变更的,应当及时向社会公告,并向负责指定其发布政府采购信息的财政部门备案。

政府采购信息指定发布媒体对存在下列情形之一的违规行为,《政府采购信息公告管理办法》规定了由省级以上人民政府财政部门给予警告;情节严重的,依法取消其政府采购信息指定发布媒体资格;造成经济损失的,依法承担相应的赔偿责任:

(1)违反事先约定收取或者变相收取信息发布费用的;

(2)无正当理由拒绝发布信息提供者提供信息的;

(3)无正当理由延误政府采购信息发布时间的;

(4)发布政府采购信息改变信息提供者提供信息实质性内容的;

(5)其他违反政府采购信息管理的行为。

典型实例

上海政府采购信息管理平台一期推广应用大会召开

2010年8月18日,上海市监察局和市财政局联合召开了上海市政府采购管理信息平台一期推广应用部署动员大会，市财政局国库处副处长吴光明对政府采购信息管理平台基本情况作了介绍，市财政局袁白薇副局长作了动员部署。

上海市政府采购信息管理平台是推进本市政府采购信息化建设的核心工作，也是深化本市政府采购制度改革的重要举措，同时也是本市反腐倡廉“制度加科技”的重点项目。根据“统一平台、分级管理、分步实施”的原则，本市18个区县将分两批于2010年底前上线，2011年1月1日起本市所有的区县采购人按照市区一体化操作的要求在政府采购信息管理平台的电子集市中进行协议商品的采购。

市财政局副局长袁白薇要求大家充分认识政府采购全市统一平台信息化运行的意义，市财政局要加强对区县财政的培训和沟通，了解区县财政的业务需求，培训工作要全面细致。在推广期间做好业务指导和技术保障工作。推广后要进一步拓展电子集市采购范围，优化电子集市协议商品公开招标的方法，建立健全价格评估体系。同时，对区县政府采购“管采分离”工作提出了明确要求。

市监察局王玉副局长提出：上海市政府采购信息管理平台推广应用时间紧、任务重，各单位要进一步统一思想、提高认识，切实增强责任感和紧迫感，认真贯彻本市反腐倡廉创新观念工作推进会关于“制度加科技”重点项目要求，落实领导责任和工作责任，确保推广应用工作有效落实。各区县纪检监察部门要积极做好组织协调工作，对于协助抓好的工作，要主动加强联系沟通，互相支持、配合，形成合力，使推广工作落到实处，取得实际成效。

资料来源：上海政府采购网，2010年10月12日。

http://www.caigou2003.com/information/ep/importantnews/2010/1012/158918.html。

第四，政府采购信息公告亟待解决的问题。

(1)信息公告制度存在矛盾。我国政府采购信息公告依据的是《政府采购法》和《招标投标法》两部法律，加之2004年财政部颁布的《政府采购信息公告管理办法》，国家发改委出台的行政法规《招标公告公布暂行办法》，都对政府采购信息公告的指定媒体作了规定，这些报刊、网络等媒体对信息公告发布的基本要素及方式存在一定差异，多数指定媒体对法律法规制度发布较多，招标和中标公告及其他信息还很不全面，且公告的及时性和准确性不够，与指定媒体应有的地位及采购工作的进展程度明显不匹配，这不仅对政府采购信息公告的统一和规范不利，也削弱了政府采购信息发布的作用。

(2)信息公告的媒体过多。目前，我国政府指定媒体发布政府采购信息的报刊和网站已超过10家，还不包括国家各部委主管的报刊和地方政府报刊、网站。几乎各省级财政部门都指定了省级党报作为发布政府采购信息的权威媒体，地方各部门进行政府采购则通常优先选定本部门的报刊和网站进行信息公告，其次才是官方网站，有些政府采购规模很大的地区在指定媒体公告的信息明显偏少，有些地区宁愿花高价在其他社会媒体上发布政府采购信息。据不完全统计，我国被指定的有权披露政府采购信息的报刊及网站数量远超过 1 000 家。过多的媒体不仅使供应商花费大量时间阅读不同的报刊和网站信息，增加了时间成本，同时也加大了政府采购管理部门的监管难度。

6.6.2 政府采购信息的记录与保存

每一项政府采购活动过程从开始至结束都会涉及大量的采购信息资料和具有法律效力的文件，这些文件是政府采购活动真实内容的反映，保存好采购文件和客观完整地反映采购活动全过程及各项决策记录是采购人、采购代理机构应尽的义务，二者必须自觉履行好各自的义务。我国《政府采购法》第四十二条对此做出了明确的规定，即采购人、采购代理机构对政府采购项目。每项采购活动的采购文件应当妥善保存，不得伪造、变造、隐匿或者销毁。采购文件的保存期限为采购结束之日起至少保存 15 年（对规模大、价值高、性能复杂的采购项目，采购文件保存的时间应当更长一些）。

第一，信息记录与保存的内容。采购信息是指反映采购活动各类文书的总称，我国《政府采购法》规定，应当依法保存的采购信息包括以下内容。

（1）采购人或者采购代理机构对采购活动的有关记录；

（2）财政部门对该采购项目批准的采购预算或计划；

（3）采购人或者采购代理机构发放的招标文件；

（4）供应商提交的投标文件；

（5）评标委员会采用的评标标准；

（6）采购人或者采购代理机构撰写的评估报告；

（7）采购人或集中采购机构签署的定标文件；

（8）采购人或者集中采购机构与供应商签订的合同文本；

（9）验收方提交的验收报告；

（10）对供应商质疑的答复意见，有关部门做出的投诉决定等；

（11）其他有关文件、资料，如采购人或集中采购机构制订的关于招标文件修改、补充材料，采购人与采购代理机构签订的委托代理协议书等。

采购人和采购代理机构应当安排指定专人负责本单位（或本部门）采购文件的收集和文件的保存工作，并提供保存采购文件必须的场所及必要的设备。采购人和采购代理机构要在开展每项采购活动期间，注意及时收集、编写采购文件或者记录；在每完成一个采购项目时，要及时将采购文件进行整理，交内部有关机构保存。

采购活动记录是指采购人或者采购代理机构在采购活动结束后撰写的采购活

动情况报告，采购活动记录至少应当包括下列内容。

(1)采购项目类别、名称(即要求说明本采购项目是货物、服务还是工程类别的项目，并完整表述具体项目的名称)；

(2)采购项目预算、资金构成和合同价格(要求载明采购项目的预算总额、资金来源以及最后确定的合同价格)；

(3)采购方式，采用公开招标以外采购方式的，应当载明原因；

(4)邀请和选择供应商的条件及原因；

(5)评标标准及确定中标人的原因；

(6)废标的原因(如果该采购项目在执行中出现过废标情况，应当如实说明废标的理由)；

(7)采用招标以外的采购方式的相应记载，如谈判小组或者询价小组人员构成情况，谈判或者询价过程等。

第二，信息的存储与查阅。完整妥善地保存好采购信息，可以为政府采购的统计分析、总结经验教训、接受监督检查、处理纠纷等项工作提供客观公正的依据；我国《政府采购法》规定采购文件的保存期限为采购结束之日起至少保存15年。由于采购信息存储的时间较长，必须有专门的信息储存方法，使之妥善保存并方便查询。一些省市也专门制定了政府采购信息存储办法，如2009年6月4日江苏省国税局制定《江苏省国家税务局系统政府采购档案管理暂行办法》，要求从政府采购项目的前期准备材料，采购项目开展过程中的各类采购资料，采购项目结束后的资料均应按照资料类别，及时收集整理，按序编制目录，并在规定期限内立卷装订。同时，各级政府还加强了政府采购信息化建设，逐步建立了覆盖全省各级政府采购当事人、监管部门、各类采购项目和整个采购过程的政府采购信息管理系统。

归纳起来，政府采购信息的储存应做好以下工作。

(1)政府采购部门要建立起岗位责任制度，采购项目经办人负责归档前信息的管理，在政府采购合同签订、交付验收和结算完成后，按照内容要求，负责收集、整理、立卷、装订、编制目录，确保政府采购信息安全保管、存放有序、查阅方便。

(2)采购信息整理归集时，还应将电子文档及时备份，对以专门软件编报的报表数据应尽可能将其转为Execl格式以便查询。采购经办人员换岗时，应将所保管的纸质信息及电子数据一并移交。

(3)归档后的采购信息应由管理人员按照行政档案管理的要求妥善保管，并应保证储存场所的清洁卫生，做好防虫、防尘、防潮、防火、防盗和防鼠等工作。

政府采购信息的查询应做好以下工作。

(1)加强政府采购信息的借阅管理。除政府采购监管部门和其他对政府采购活动依法行使监督检查职能的部门，因监督检查需要可以查阅、借阅或复印政府采购信息外，政府采购信息原则上不得查阅、复印和借出。

（2）确需借阅或复印政府采购信息的，须经采购部门负责人批准、由采购经办人办理登记手续后，进行借阅或复印。其中，对于需复印的，应由信息管理人员按指定页码进行复印。借阅信息归还时，信息管理人员必须按外借时登记的内容核查信息，并办理归还手续。

（3）政府采购信息管理人员和查阅人员应对政府采购信息的保密、安全和完整负责，不得传播、污损、涂改、转借、拆封、抽换和丢失。

第三，政府采购信息管理的现代化建设。为适应信息全球化迅猛发展的趋势和我国政府管理现代化、信息化发展的要求，财政部按照党中央、国务院的指示，从1999年下半年开始规划建立“政府财政管理信息系统”。2002年初，国务院正式命名财政部“政府财政管理信息系统”为“金财工程”。从2006年下半年到2009年上半年，初步完成金财工程一期建设，基本建成业务标准统一、操作功能完善、网络安全可靠、覆盖所有财政性资金、辐射各级财政部门和预算单位的政府财政管理信息系统，进一步提高财政资金分配和使用的安全性、规范性和有效性。在预算执行系统建设项目中，就包含政府采购管理系统的开发建设。

我国政府采购信息管理还处于建设阶段，与《政府采购法》规定的要求相比差距较大。建立和完善政府采购信息管理体系是一项系统工程，需要经历一定时间。政府采购信息管理体系以建立和完善以政府采购网站为平台，以采购执行、采购管理、在线服务和决策分析为主要内容的政府采购信息管理系统，打破各类采购机构自成一体、封闭操作的现状，逐步建成覆盖全国和各省、市、县（市、区，下同）几级政府采购监管部门、集中采购机构、社会（中介）代理机构和其他采购当事人，涵盖政府采购预算执行管理、采购活动组织实施、采购资金支付和征信评估等整个政府采购流程，全国及省、市、县三级政府采购信息的集中交互、统一发布和互通共享，最大限度地方便采购单位和供应商获取采购信息、参与采购交易和享受公共服务，达到政府采购规范化、标准化、精细化管理，以及“依法采购、廉洁采购、科学采购、和谐采购”的目标。

（1）政府采购信息化建设要按照《政府采购法》的要求，结合信息技术的规律对业务需求进行重组和优化，建立符合信息化管理、统一规范的基本业务流程、采购代码体系、文书样式和表证单书，以确保政府采购信息管理系统的科学、规范、统一和高效。要完善“中国政府采购网”，尽快做到与各地区、各部门联网，便于采购人加载采购信息。

（2）建立统一的政府采购标准规范体系。标准规范体系是政府采购信息一体化建设的基础。要在现有信息系统的技术标准体系基础上，继续完善相关数据标准、接口标准、代码体系、技术规范和项目管理规范，统一规范技术平台和数据交换平台，建立统一的标准规范体系，健全硬件网络技术规范和数据安全保障体系，为应用系统的整合和建设，确保数据安全、实现信息共享打下坚实的基础。

(3)实现政府采购基础资源共享。在统一数据标准的基础上,实现全国范围内的政府采购供应商库、专家库、商品库、代理机构库的信息共享。通过全国共享基础信息库建设,建立全国统一的分类登记、注册准入和考核评价等机制,实现供应商、专家等信息的"一地注册,全国通用",以及各类采购业务资源的跨地区使用,促进全国政府采购的诚信体系建设。

(4)建立全国协议供货统一交易平台。基于基础资源的全国共享,以全国协议供货商品的网上集中交易为突破口,探索建立覆盖全国的网上集中采购市场,充分发挥政府集中采购的规模效应,增强政府采购的竞争性,为供应商提供更加广泛的政府采购市场和平等竞争机会,使采购人更自主、快捷地采购到"质优价廉"的商品和服务,有效节约采购成本,提高资金使用效率。

(5)建立全国政府采购数据交换平台。基于全国统一的数据标准,搭建以省级为主、以市级为辅的政府采购数据交换平台和适度集中处理的数据中心,实时采集、整理和汇总分析各地的政府采购业务数据,以业务数据的全程处理和深化挖掘为依据,实现采购业务的全程监管,逐步建立各省份乃至全国政府采购数据统计查询和分析监控平台,为科学编制采购预算、制定政府采购政策提供有效依据。

(6)统一各级政府采购信息数据接口。政府采购信息管理系统的数据标准和软件开发要留有扩展接口,以方便系统升级、整合需要和与其他应用软件及系统管理平台的数据交换。在此基础上,各地可增加地方性的扩展指标,以满足不同需求。

(7)建立统一的系统安全体系。安全体系建设是政府采购信息一体化建设的重要组成部分。政府采购信息安全体系应与软硬件系统同步规划、设计和建设。在建立健全安全管理机构、人员和制度的同时,应加强技术安全体系的建设,建立从设备、网络、系统软件、数据库、系统应用等多层次的安全体系和安全机制,严格控制对各业务、数据和资源的访问权限,并建立统一的数字认证(CA 认证)制度,建立完整的安全记录、严格的访问审核和时间戳功能等,保证数据生成、存储和传输的安全与可靠。

讨论案例

信息公告期限不得缩水

在政府采购活动中,信息公告的合法合规,越来越受到各地采购代理机构和供应商的重视。因信息公告不合法而遭受供应商质疑投诉的采购中心不在少数。采购中心稍有不慎,就有可能因为细小之处的粗心而引发投诉。

2009 年 2 月 1 日,某省卫生部门新建的办公大楼装修完毕,欲采购一批 380 万元的木质办公家具装点气派的新楼。经过前期聘请专家对需求的充分论证,该部门对项目的采购需求把握得十分到位，通过市场调研了解价格行情之后，该卫生部门将该项目的采购委托给了当地政府采购中心。2月19日，采购中心就该项目在政府采购指定宣传媒体上发布了招标公告并同步公布招标文件，至2月27日，共有9家当地及外地家具供应商参与了投标。2月28日，该卫生部门就招标文件中的有关技术条款进行了澄清说明，并发布了更正公告。3月8日下午5时，采购中心关闭网上投标通道，停止了该项目的投标。

但在截止投标的第二天，W品牌位于北京的家具供应商K向该采购中心提出质疑，质疑理由为信息公告时间不足法定时间，耽误了其投标。采购中心在答复中表示，虽然在项目投标期间对招标文件的部分条款进行了澄清说明，但已经发布过更正公告，因此，项目在规定的投标截止日期停止投标符合规范要求。

供应商K对采购中心的答复十分不满，并向当地财政部门投诉，称采购中心的公开招标信息发布公告存在违法行为，严重侵犯了供应商K应该享有的合法权益。

该案例引发了关于两个问题的讨论：第一，政府采购公开招标公告发布期限应为多长时间？第二，招标文件在发出期间做过澄清或者更正，采购中心应该如何作为？

招标文件发布不得少于20天

《政府采购法》第三十五条和《政府采购货物与服务招标投标管理办法》第十六条规定："货物和服务实行招标方式采购的，自招标文件开始发出之日起至投标人提交投标文件截止之日，不得少于二十日。"就是说，只要是以公开招标方式进行的政府采购活动，其公告发布时间均不得少于20天。

国家税务总局集中采购中心有关人士表示，2009年2月只有28天，在这个时间点之前发布的招标公告，要考虑到这个因素，切忌还以一个月30天来计算发布公告的日期。该人士分析，在该案例中，即使没有对招标文件进行澄清说明，该项目的投标截止时间也不应该是3月8日，而应该是3月10日。何况在公告过程中又进行了澄清说明，因此投标截止时间更应该向后顺延。

澄清应于截止投标15日前做出

有关专家表示，《政府采购货物与服务招标投标管理办法》第二十七条规定，招标采购单位对已发出的招标文件进行必要澄清或者修改的，应当在招标文件要求提交投标文件截止时间15日前做出。该案例中，由于招标文件的澄清说明是公告发布9天之后才做出的，按照公告必须不少于20天，且"招标文件进行必要澄清或者修改的，应当在招标文件要求提交投标文件截止时间15日前"计算，该项目的投标截止时间应该是在3月8日的基础上顺延7天，即在3月15日截止投标才符合规定。

同时，该专家表示，当投标文件涉及澄清、说明或者修改等事项时，除了要按照规定的时间期限发布公告和确定投标截止时间外，还要及时在指定媒体上发布更正公告,并以书面形式通知所有招标文件收受人。该澄清或者修改的内容为招标文件的组成部分。

资料来源:《政府采购信息报》,2009 年 10 月 27 日。

【讨论的问题】

1. 我国政府采购信息公告的内容包括哪些?

2. 本案例信息公告的问题出在哪里?

3. 目前我国政府采购信息管理面临怎样的问题?应如何加强管理?

6.7　政府采购合同的管理

导入案例

政府采购合同签订中存在的问题

政府采购项目按照公开、公平、公正、择优的原则,经法定操作方式和程序确定了中标供应商后即进入采购合同签订阶段。一般情况,在规定的时限内采购单位与中标供应商都能严格按照《政府采购法》、《合同法》及招标文件的规定和要求签订合同,明确供需双方各自的权利和义务,为采购项目的顺利进行提供了保证。

但集中采购机构在对合同审核时经常会出现一些问题,比如,合同不能如期签订,合同内容被随意改变,滥用合同追加条款等。政府采购合同签订中存在的这些违规现象不仅造成采购项目不能按序实施,也削弱了《政府采购法》和《合同法》等法律法规的严肃性、权威性和公正性,直接影响了政府采购的声誉,造成不良后果。

存在的问题及原因

1. 拒签采购合同。中标供应商确定后,供需双方应按招标文件规定的时限和要求完成采购合同的签订,但有时这一过程却不能顺利实现,采购合同迟迟不能签订,采购项目也随之被搁置。

分析其原因主要有以下几方面:一是供应商为谋取中标,在投标时恶意压低价格,中标后企图采取降低配置、以次充好等不正当手段弥补损失,其行为被采购单位拒绝,导致合同不能签订。二是由于市场行情发生变化、业务人员的水平限制或工作的失误等原因,使投标报价出现失误,造成不能履约的后果,导致合同不能签订。三是采购单位因中标供应商,不是其事先挂钩的供应商,就以各种理由,设置种种障碍,提出超过招标文件规定的不合理要求,迫使中标供应商不能与之签订合同,最终放弃中标。

2. 拖延合同签订时间。供应商在接到中标通知后,不按时与采购单位签订合同，或合同签订后不及时供货，借故拖延时间，致使采购单位不能及时获得货物或服务，影响采购单位正常工作。

供应商拖延时间的原因主要有以下几点：一是等待时机，当市场出现下跌行情时再下订单，达到降低进货成本的目的。二是将较小订单拼成较大订单，形成规模获取更多优惠。

3. 变动采购项目内容。供应商中标后本应严格按照招标文件中对采购项目的设备配置、质量要求、售后服务、付款方式等规定与采购单位签订合同，履行投标文件做出的报价、质量、服务等各项承诺，不得擅自更改有关内容，但有些供应商为谋取不正当利益，要么与采购单位经办人串通一气，要么采取欺骗的手段更改、变通项目要求。

例如：有的供应商谎称招标文件所列的某型号产品已停产或已过时，他们所提供的为最新的替代产品，用较低价格产品替代较高价格产品；有的供应商利用采购单位对产品不够了解或信息掌握不全面之机，随意减少、降低或更改设备的标准配置及配件，缩短设备的质保期限，降低设备的质保方式；有的供应商为降低资金使用成本，想方设法更改付款方式，改分期付款为一次性付款等。

4. 滥用合同追加条款。《政府采购法》规定了在政府采购合同履行中，采购人需要追加与合同标的相同的货物、工程或服务的，在不改变合同其他条款的前提下，可以与供应商协商签订补充合同，但所有补充合同的采购额不得超过原合同金额的10%。

有些供应商在投标前即与采购单位经办人达成约定，商定中标后给予合同追加，供应商即可以较低的投标报价中标，达到双方谋取私利的目的；有些供应商为获取中标的机会，在投标报价时压低价格，中标后为弥补损失，采取各种手段在合同签订时滥用上述合同追加条款，肆意抬高招标文件中未列的设备或服务的价格，增加合同金额，达到谋取不正当利益的目的。

以上虽没有包括所有的采购合同签订问题，但这些问题给政府采购工作带来很多危害，扰乱了政府采购市场，破坏了公平竞争的环境，阻碍了政府采购工作的健康发展。

案例详情链接

《政府采购信息报》，2010 年 1 月 6 日。

案例引出的问题

1. 目前我国政府采购合同的签订遵循哪些法律法规？

2. 政府采购合同的审查从哪些方面入手?

3. 我国政府采购合同签订过程中存在哪些问题?分析问题产生的原因?

4. 政府采购合同履行的管理在我国有什么必要性?

原理知识

政府采购合同是从事政府采购的政府机关、事业单位及团体为实现政府职能和社会公共利益,以消费者身份使用财政资金签订的采购合同。政府采购合同与一般的经济合同不同,它在符合《合同法》、《政府采购法》的同时,还要遵守 1999 年 7 月 3 日财政部专门制定的《政府采购合同监督暂行办法》。

6.7.1　采购管理机关对政府采购合同的审查

政府采购管理机关应从下列方面对合同文件进行检查。

第一,是否符合政府采购的有关法律和政策。

第二,是否符合政府采购预算的要求。

第三,合同的主要条款是否符合招标文件的要求。

第四,合同中是否包括政府采购管理机关对政府采购合同的履行验收提出的特别要求。

6.7.2　采购人对合同签订的管理

合同签订前,采购人可以委托采购代理机构代表其与供应商签订政府采购合同。由采购代理机构以采购人名义签订合同的,应当提交采购人的授权委托书,作为合同附件;政府采购合同应当采用书面形式并必须具备规定的合同条款。采购人与中标、成交供应商应当在中标、成交通知书发出之日起 30 日内,按照采购文件确定的事项签订政府采购合同。

合同签订后,政府采购项目的采购合同自签订之日起 7 个工作日内,采购人应当将合同副本报同级政府采购监督管理部门和有关部门备案。经采购人同意,中标、成交供应商可以依法采取分包方式履行合同。政府采购合同分包履行的,中标、成交供应商就采购项目和分包项目向采购人负责,分包供应商就分包项目承担责任。

合同履行中,采购人需追加与合同标的相同的货物、工程或者服务的,在不改变合同其他条款的前提下,可以与供应商协商签订补充合同,但所有补充合同的采购金额不得超过原合同采购金额的 10%。政府采购合同的双方当事人不得擅自变更、中止或者终止合同。政府采购合同继续履行将损害国家利益和社会公共利益的,双方当事人应当变更、中止或者终止合同。有过错的一方应当承担赔偿责任,双方都有过错的,各自承担相应的责任。

6.7.3 采购管理机关对合同履行的管理

第一,政府采购管理机关应对合同履行时采购资金使用情况进行监督。政府采购合同需要变更的,采购机关应当将有关合同变更的内容及时书面报政府采购管理机关。

第二,政府采购合同履行过程中,因某些特殊情况需终止合同的,采购机关应当将终止合同的理由以及相应的措施,及时书面报政府采购管理机关。

第三,供应商有违反政府采购合同的行为,政府采购机关应当将有关供应商违约的情况以及拟采取的措施,及时书面报政府采购管理机关。

第四,政府采购合同的履行验收,依照合同的约定进行。政府采购合同的质量验收,原则上应由第三方负责。政府采购管理机关不得参加合同履行验收工作。

第五,在政府采购合同履行期间以及履行后,政府采购管理机关可以随时抽查用户,对采购标准、采购内容等事项进行核实。

第六,经政府采购管理机关抽查而发现的问题,应当责令采购机关进行纠正,并追究有关人员的责任。政府采购管理机关对政府采购项目的执行,可以独立进行全面的审核、调查,并对发现的问题进行处理。

政府采购当事人违反本规定的,由政府采购管理机关依据《政府采购管理暂行办法》的有关规定进行处罚。

典型实例

终止履行政府采购合同受行政处罚

2007 年 4 月 12 日,甲贸易有限公司参加了某市政府采购中心组织的市第二人民医院(以下简称第二医院)医疗设备公开招标活动,并在第 8 包多参数 15 台监护仪项目中中标,中标金额 119 700 元,随后双方签订了《政府采购合同书》。2007 年 5 月 30 日,该贸易有限公司突然向某市政府采购中心发函表示,由于向其提供产品的制造商生产的产品升级换代,原投标时中标的产品已停止生产,导致其无法向第二医院供货,决定停止履行所签订的政府采购合同。同时,第二医院也向市政府采购中心发函表示同意终止政府采购合同。

市政府采购中心接到双方有关解除政府采购合同的函后,将有关情况报告该市财政局政府采购办公室(以下简称采购办),采购办经调查后认为,甲贸易有限公司的行为违反了《政府采购货物和服务招标投标管理办法》(财政部 18 号令)第七十五条的规定，应当给予相应的行政处罚。鉴于甲贸易有限公司认错态度较好，并及时向采购人及政府采购中心反映了不能履约的情况，同时也得到了采购人的理解，实际上也没有造成严重的违约后果，属于情节比较轻微的违法行为，因此决定予以从轻处罚。根据《政府采购货物和服务招标投标管理办法》第七十五条的规定，决定给予甲贸易有限公司罚款1 197元（按中标金额119 700元的1‰计算）的行政处罚。

2007年6月12日，市财政局向甲贸易有限公司下达了《行政处罚事项告知书》，该贸易有限公司当场表示愿意接受处罚。2007年6月20日，市财政局向甲贸易有限公司下达了《行政处罚决定书》，甲贸易有限公司接到决定书后，没有提起行政复议，也没有向人民法院提起行政诉讼。

资料来源：http://www.mof.gov.cn/czzz/zhongguocaizhengzazhishe_daohanglanmu/zhongguocaizhengzazhishe_kanwudaodu/zhongguocaizhengzazhishe_zhongguocaizheng/333/33344/3333/200902/t20090210_112718.html。

讨论案例

政府采购合同缔约的过失责任

浙江省遂昌县电力工业局（下称电力局）因新建电力调度营业用房需购买电梯两台，通过邀请招标的采购方式，邀请丽水市信成机电设备有限公司（下称信成公司）等6家单位参加投标。接到投标邀请书后，信成公司于2002年11月25日提交了投标文件，并交纳投标保证金1万元。2002年12月10日，经开标、评标后，确定信成公司为中标单位，中标价为120万元。2002年12月16日，信成公司向电力局交纳履约保证金10万元。次日，电力局向信成公司发出《中标单位通知书》，约定于2002年12月24日前签订采购合同。此后，采购人电力局一直未与中标供应商信成公司签订采购合同。

2003年1月16日，电力局以邀请招标不符合法律规定，招投标程序不到位，缺少评标标准且评委会为8人，不符合《政府采购法》的有关规定为由，通知当事人该中标无效。信成公司经与采购人协商无果，遂于2003年3月6日向法院提起民事诉讼，要求电力局赔偿可得利润损失17.64万元。后电力局主动退回保证金。

浙江省遂昌县人民法院审理认为，电力局电力调度营业大楼电梯工程项目，按有关规定依法进行招投标，并于2002年2月17日向原告信成公司发出中标通知书，该中标通知书对招标人和中标人具有法律效力。嗣后，电力局又拒绝在招标文件规定的时间内与原告签订采购合同，其行为违背诚实信用原则，应当依法承担法律责任，适当赔偿原告信成公司的可得利益损失。遂判决：被告电力局赔偿原告信成公司人民币 10.5 万元,并承担诉讼费用。

资料来源:http://jpkc.zucc.edu.cn/jjf/UploadFile/200997164746787.doc。

http://www.telewiki.cn/MyWeb/baike/WordContent.aspx? id = m2089236282。

【讨论的问题】

1.本案例中信成公司的中标是否有效?

2.电力局拒绝签订采购合同的行为是否违法,其应当承担哪些法律责任?

案例解析

本案中电力局认为招投标程序中出现的邀请招标不符合法律规定,招投标程序不到位,缺少评标标准且评标委员会成员为 8 人等现象均违反了《招标投标法》的有关规定,从而认定中标无效的理由是不成立的。根据《招标投标法》第五十二条至第五十五条的规定,并不是所有违反该法的行为都将导致中标无效,只有出现下列情形时,才能认定中标无效。

(1)招标代理机构违反《招标投标法》规定,泄露应当保密的与招标投标活动有关的情况和资料的,或者与招标人、投标人串通损害国家利益、社会公共利益或者他人合法权益,并影响中标结果的;

(2)依法必须进行招标的项目的招标人向他人透露已获取招标文件的潜在投标人的名称、数量或者可能影响公平竞争的有关招标投标的其他情况的,或者泄露标底,并影响中标结果的;

(3)依法必须进行招标的项目,招标人违反招标投标法规定,与投标人就投标价格、投标方案等实质性内容进行谈判,并影响中标结果的;

(4)投标人相互串通投标或者与招标人串通投标的,投标人以向招标人或者评标委员会成员行贿的手段谋取中标的;

(5)投标人以他人名义投标或者以其他方式弄虚作假,骗取中标的;

(6)招标人在评标委员会依法推荐的中标候选人以外确定中标人的,依法必须进行招标的项目在所有投标被评标委员会否决后自行确定中标人的。

反观电力局所提出的三项理由,均不符合上述六种中标无效的情形,故应当认定信成公司的中标有效,电业局应当依法与之签订采购合同。

本案中电力局在向信成公司发出《中标通知书》后拒绝与之签订采购合同,违反了《政府采购法》第七十一条的规定,应当责令限期改正,给予警告,可以并处罚款,对直接负责的主管人员和其他直接责任人员,由其行政主管部门或者有关机关给予处分,并予通报。由于电力局拒绝签订采购合同,导致信成公司损失可得利润 17.64 万元,对此电力局还应当承担缔约过失责任,赔偿信成公司的该项损失。

6.8　政府采购质疑和投诉的管理

导入案例

财政部关于加强政府采购供应商投诉受理审查工作的通知

党中央有关部门,国务院各部委、各直属机构,全国人大常委会办公厅,全国政协办公厅,高法院,高检院,有关人民团体,各省、自治区、直辖市、计划单列市财政厅(局),新疆生产建设兵团:

为了规范政府采购供应商投诉及财政部门受理投诉行为,保护政府采购当事人合法权益,维护政府采购秩序,提高投诉处理效率,现就政府采购供应商投诉受理审查有关事项通知如下:

一、充分认识加强供应商投诉受理审查工作的重要性

供应商投诉是《政府采购法》赋予供应商的权利,是发挥供应商监督,促进政府采购活动公开、公正、公平,维护政府采购当事人合法权益的有效措施。各级财政部门要高度重视供应商投诉,不得阻碍供应商投诉,不得无故拒绝供应商投诉,要指导供应商投诉,及时办理受理审查工作,从源头上提高投诉处理工作效率。

二、不予受理的投诉要书面告知

财政部门经审查,有投诉人不是参加投诉项目政府采购活动的当事人、被投诉人为采购人或采购代理机构之外的当事人、所有投诉事项未经过质疑、所有投诉事项超过投诉有效期、以具有法律效力的文书送达之外方式提出的投诉等情形之一的,应当认定为无效投诉,不予受理,并及时书面告知投诉人不予受理的理由。

三、投诉书允许修改但要限定期限

财政部门经审查,有投诉书副本数量不足、投诉事项或投诉请求不清晰、相关依据或证明材料不全、投诉书署名不符合规定等情形之一的,应当及时告知投诉人限期补充或修改后重新投诉,逾期不予受理。

财政部门在投诉审查期间,认定投诉事项与采购人行为有关但采购人不是被投诉人的,应当要求投诉人将采购人追加为被投诉人,并限期修改投诉书重新投诉,逾期不予受理。

财政部门经审查,供应商投诉事项与质疑事项不一致的,超出质疑事项的投诉事项应当认定为无效投诉事项,并告知投诉人撤回投诉书,对在质疑有效期内的未质疑事项进行质疑,或限期修改投诉书重新投诉,逾期不予受理。

四、涉密事项的投诉要提供依据

投诉事项属于有关法律、法规和规章规定处于保密阶段的事项,财政部门应当要求投诉人提供信息来源或有效证据,否则,应当认定为无效投诉事项。

五、严格执行受理审查程序

财政部门收到供应商投诉后,应当在5个工作日内完成审查工作。

在供应商投诉受理审查期间,相关信息或材料、文件的传递,财政部门、投诉人以及相关当事人应当采用书面形式,并办理签收手续。

二〇〇七年一月十日

案例详情链接

1. 财政部网站。
2. 法律无忧网 http:// www.001law.com。

案例引出的问题

1. 以上案例中,供应商在何种情形下可提出投诉?
2. 供应商的投诉应向什么部门提出?
3. 投诉处理机构是否可以对投诉请求不予支持?

原理知识

供应商在政府采购活动中既是主要当事人,也是主要监督人,为了维护程序的公正性,保护供应商的合法权益,我国《政府采购法》以法律的形式确认了供应商对政府采购活动的知情权和监督权,规定了在政府采购活动中供应商可针对采购事项有疑问或对相关事项提出异议的,可依法向采购人询问或者质疑,采购人应在规定时间予以答复。如有必要,可向财政部门投诉,申请行政复议或向法院提起行政诉讼。

2006年11月27日,国务院机关事务管理局还颁布了《中央国家机关政府集中采购供应商询问、质疑处理办法(试行)》,此外,各地政府采购中心也出台了一系列关于政府采购供应商询问、质疑处理办法。

6.8.1 询问的形式、范围及处理

当供应商对政府采购活动有任何疑问时,可向采购人询问。

第一,询问的形式和范围。当供应商对采购活动中采购信息的发布内容、采购机构的某些做法等任何问题有疑问的,可以向采购人或采购代理机构提出询问。我国法律制度规定,所有供应商都可以享有对政府采购活动事项进行询问的权利。当供应商对采购活动有疑问时,可采用口头或是书面的形式,不受任何约束地向采

购人或采购代理机构提出询问,采购人或采购代理机构不得以任何借口和手段进行限制。供应商的询问应采取实名制。

第二,对询问的处理。对任何供应商的询问,采购人、采购代理机构应当进行答复,但答复的内容不得涉及商业秘密。虽然法律对答复时间没做明文规定,但采购人或代理机构应本着保护供应商权益,重视供应商询问的态度,及时、耐心地回答哪怕是不太合理的询问。询问可采取书面和口头方式进行。例如,《中央国家机关政府集中采购供应商询问、质疑处理办法(试行)》在答复时间上规定,采购中心应当在收到供应商询问之日起两个工作日内进行答复,答复的内容仅限于供应商的询问,不得涉及国家秘密和商业秘密,也不得涉及已获取采购文件的供应商名称、数量以及可能影响公平竞争的其他有关情况。询问可以采取电话、主任信箱、当面询问或书面等形式。

采购代理机构在对供应商提出的询问进行答复时,只限于采购人委托授权范围内的事项,至于采购人委托授权范围外的事项,仍然由采购人负责答复。

6.8.2　质疑的形式、范围及处理

当供应商认为采购文件、采购过程或成交结果使自己的合法权益或社会公共利益受到损害的,可以在规定时间向采购人或代理机构提出质疑。提出质疑是供应商法定权利之一。

第一,质疑的形式和范围。我国《政府采购法》规定,供应商提出质疑的政府采购活动范围相比询问而言,要有一定约束,以免对正常的政府采购进程造成干扰。《政府采购法》规定,供应商提出质疑的范围只包括采购文件、采购过程及中标、成交结果等事项,并且这些事项使供应商的权益受到了损害。质疑的时限规定为供应商在得知其权益受到损害之日起 7 个工作日内。提出质疑的形式必须采取书面形式,且须经法定代表人签字并加盖公章,否则,质疑无效。口头质疑不具法律效力,采购人或采购代理机构可以不予书面答复。

第二,对质疑的处理。采购人有义务对供应商提出的质疑做出及时处理并研究解答,我国《政府采购法》规定,采购人或者采购代理机构应当在收到供应商的书面质疑后 7 个工作日内做出答复,并采用书面形式通知质疑供应商,但答复的内容不得涉及商业秘密。政府采购活动涉及多个供应商,采购人或采购代理人的书面答复也要通知其他有关供应商。

当出现下列情形之一时,供应商提出的质疑采购人或采购代理机构不予受理。

(1)由非参与政府采购活动的供应商或其他非相关人员提出的;

(2)没有提供书面材料的;

(3)质疑文件没有基本的理由或不能提供翔实证明材料的;

(4)质疑文件无法定代表人签字或公司公章的;

(5)质疑人提供虚假情况超过三次以上的;

(6)没有在规定时间内提出质疑的。

6.8.3 投诉的提出、范围及处理

按照《政府采购法》的规定,质疑供应商对各采购人或采购代理机构的答复不满意,或者采购人、采购代理机构没有在规定期限内做出答复的,可以在规定时间内向同级政府采购监管部门投诉,接受投诉的政府采购监管部门应当在规定的时间内对投诉做出处理决定,并通知有关当事人。

第一,投诉的提出。在政府采购活动中,采购人、采购代理机构对质疑的答复令供应商不满意,或者采购人、采购代理机构没有在规定期限内答复质疑,使供应商的权益可能产生损害,就需要为质疑供应商提供一个公正、迅速的解决问题的途径。各国政府对采购投诉的裁决处理部门有不同的规定,有的规定由财政部门负责处理,有的规定由地方法院负责处理,还有的规定由采购仲裁机构负责处理。我国则规定政府采购监管部门负责处理。

第二,投诉的处理。应当在收到投诉后 30 个工作日内,对投诉事项做出处理决定,并以书面形式通知投诉人和与投诉事项有关的当事人。政府采购监管部门在处理投诉事项期间,可视具体情况书面通知采购人暂停采购活动,但暂停时间不得超过 30 日。

第三,申请行政复议或提起行政诉讼。投诉供应商对政府采购监管部门的投诉处理决定不服或者政府采购监管部门逾期未作处理的,可以依法申请行政复议或向人民法院提起行政诉讼。

讨论案例

政府采购供应商质疑与投诉的原因及对策

近几年随着政府采购规模的不断增长,政府采购供应商的质疑与投诉也呈逐年上升趋势。而这些质疑投诉直接影响到政府采购效率的提高,给政府采购工作带来了一定的负面影响。质疑投诉产生的原因,固然有供应商维权意识逐步增强的因素,而更深层的原因却有待于进一步探究。

一、法律、法规方面

(一)国家相关法律、法规的缺失,导致了政府采购供应商无效投诉量大幅增加

目前,由于国家没有相关的政府采购法律、法规对政府采购供应商的不合理或无理投诉给予相应的处罚的规定,部分政府采购供应商对所投项目稍有疑问或不理解,即到有关部门进行投诉。而供应商投诉的零成本(投诉失败后,不用承担任何责任),使有些供应商变得更加肆无忌惮,动不动就到有关部门投诉,小问题能整

出大毛病,没问题也能拨弄出几条是非。

(二)国家相关法律、法规间的冲突性,也是导致质疑投诉产生的重要原因之一

因《政府采购法》实施时间不长,且没有具体实施细则出台,在具体操作层面上与《招标投标法》或财政部有关政府采购法律、法规存有冲突。比如说联合投标的定义,《政府采购法》与财政部第18号令就分别给出了不同的定义。前者规定参加联合投标的供应商均应满足采购文件的基本资质要求,并出具联合投标声明;而财政部第18号令要求联合投标体只要主投一方满足采购文件的基本资质要求即可。法律、法规的分歧性,经常会引起供应商的质疑和投诉。

二、政府采购程序方面

(一)采购方式确定依据的"模糊性"

《政府采购法》只是对公开招标、邀请招标等五种政府采购方式的适用条件予以了框架性的界定,缺乏明确客观的标准。而同类采购项目为什么采用了不同的采购方式,这中间既有客观原因或特殊情况,也不排除有人为因素影响,而这些也常常是政府采购供应商质疑投诉的原因之一。

(二)采购文件技术方案的"倾向性"

采购文件编制环节在整个采购项目中起着承上启下的作用,采购文件制作质量的高低直接关系到采购活动能否顺利、公平实施。采购文件编制环节表面上看是采购人与采购代理机构之间的沟通,而实际上采购人由于自身专业知识的缺乏,制作技术方案时需咨询相关的供应商,这就造成了其所提交的技术方案往往是根据某家供应商量身定做的,这样的方案必定会包含倾向性的特殊条件或隐性条款。而技术方案中的倾向性也是最常见的政府采购供应商质疑投诉的原因。

(三)政府采购评审专家打分的"不透明性"

作为政府采购评审专家,有关法律、法规赋予了其对评审项目的自由裁量权和不受干扰权,但缺乏有效的制约机制。不排除有些专家责任心较差,在参与政府采购项目评审过程中,不按评审规则打分,或随意打分。而根据相关规定,各评审专家的打分情况均属于保密范畴,作为评审专家的使用方——采购机构无权向投标商透露这些信息,最终只能提交评审委员会裁量。政府采购评审专家打分的"不透明性"就成为政府采购供应商质疑投诉的焦点之一。

三、对质疑与投诉的几点建议

(1)尽快出台《政府采购法》实施细则,就政府采购供应商质疑投诉有关问题做出更为具体、更为明确的规定,以维护政府采购各方当事人的合法权益;

(2)由有关部门牵头,尽快协调解决《政府采购法》、《招标投标法》以及财政部有关规定方面的矛盾性和冲突性,实现法律、法规的一致性;

(3)财政监管部门严把政府采购评审专家评选关,加大对政府采购评审专家的培训和考核力度,确保专家队伍具有较高的技术水平、较强的法律意识和良好的

职业道德；

(4)加大对采购机构工作人员的培训力度，实现由单纯操作型向政府采购专业型、复合型人才的转变，并逐步实现政府采购工作人员执业资格管理。

资料来源：《经济》，2009 年第 6 期。http://www.jingji.com.cn/dym1.asp?ProductID=311。

【讨论的问题】

1. 你认为政府采购机构降低供应商质疑投诉的办法还有哪些？

2. 供应商质疑和投诉的范围有哪些？

6.9 本章实务案例分析

通过信息化提升我国政府采购的核心竞争力

——当务之急　政采信息化"十统一"

我国的政府采购信息化道路，不能再像以前那样各自为政，必须在高标准、智能化基础上实现全国上下的统一规划建设。展望未来，倘若能将信息化建设当作政府采购的"杀手锏"甚至是"独门绝技"，就能在 GPA 谈判中抢占先机，并进一步促进政府采购规模的扩张。

现状：各自为政形成信息壁垒

十年来，我们一直在尽力奉行政府采购信息化的透明理念，但实践的结果却似乎总是与制度设计者们的初衷相去甚远，甚至还有负于民众的热切期待。一方面，我国的政府采购信息化建设的的确确已经取得了令人瞩目的巨大成就；另一方面，却因为种种先天缺陷，合法不合理或者是合理不合法的问题比比皆是，让人难以乐观。

当前我国政府采购信息化建设显然出现了无序局面，各自为政、各自为战的现象越演越烈，重复建设、盲目建设层出不穷。各省市监管部门痴迷于自立门户开发所谓的信息公告媒体，各地方集采机构沉迷于另起炉灶研发所谓的招标采购系统，甚至某些部门集采机构也热衷于开设独立的采购门户网站。从中央到县市各级几乎都有自己独立的信息发布媒体，从监管到操作也无一例外都有自己独立的交易平台。一个有意参加政府采购招投标活动的潜在供应商，为了获取一条可靠而有用的采购信息，必须天天指定专人去逐一检索各省、市、县的信息网站，倘有疏漏则会贻误商机。

再者，有的地方已经实现了招标评标电子化，而大部分的地方则仍然沿用手工开标评标方式，适应这种差异对于供应商或者评审专家无疑都是巨大挑战。更有甚者，某些不良供应商正是借着政府采购信息化这种看似"天网恢恢"其实"疏而有漏”的缺陷,到处招摇撞骗却依然可以逍遥法外。

令人担忧的政府采购信息化建设局面,不仅带来了人力财力物力的巨大浪费,更造成了政府采购的信息不畅甚至是法治障碍。这种政出多门的无序局面如不及时制止将贻害无穷,这种各行其是的地方保护如不及时遏止将后患无穷。现在,我们不仅要面对依法采购的严格要求,更要应对GPA谈判的严峻挑战。凡政府采购界的有识之士,皆应以匹夫有责之勇气和智慧,皆应以拨乱反正之胆识和谋略,将政府采购信息化建设问题摆上重要的议事日程,真正走上由天下大“乱”到天下大“治”的良性轨道。

对策:全国统一规划建设

政府采购信息化建设是个系统工程,绝不只是个简单的信息公告媒体或者评审软件系统,更不可能单凭满腔热忱就能一蹴而就。十年政府采购信息化建设的弯路和曲折,正足以为未来公开透明的阳光工程提供经验和借鉴。倘能实现政府采购信息化建设的“十个统一”,不但可以将阳光正义之“明镜”高悬于政府采购当事人的头顶之上,而且还有助于提升政府采购的服务形象和效率,还可以拓展政府采购的政策功能和效应。

统一建设理念　实现和谐采购

鉴于目前比较混乱的重复建设、多头开发的问题,有专家认为政府采购信息化建设应当分远景目标和近期目标二步走。财政部作为法定主管机关,应当尽快出台全国统一的建设规划纲要,有步骤分计划地由全省统一建网过渡到全国性的统一平台,真正实现高效透明、快捷安全的政府采购信息化建设理念。

政府采购信息化建设的远景目标是:按照“以中央财政为龙头,地方监管为枢纽,省市集采为骨干,县区采购为基础,部门采购为补充”的远景目标,在整合全国信息资源上下工夫,在疏通各级网络媒体上做文章,在规范监管操作流程上出精品,在扩展政策服务功能上求实效。要通过重组各省市政府采购网站、培训政府采购信息人才、启动远程招标投标系统,真正建成集依法监管和规范操作为一体的全国统一的政府采购信息网络,努力开创诚信采购、和谐采购、廉洁采购、平安采购的全国统一的政府采购信息化新局面。

政府采购信息化建设的近期目标是,坚持“寓监管于操作,寓合法于合理”的建设理念,以全国财政系统“金财工程”为电子平台,整合部门预算、政府采购和国库支付“三驾马车”的管理流程,实现省内采购信息的统一发布和统一管理,确保资源共享和信息透明度最大化,为建立以省为单位的统一开放、透明规范、竞争有序的区域性政府采购市场奠定基础。

政府采购信息化建设工程的远景目标是要构建一个全国统一的信息管理平台,而近期目标则是要建立一个全省统一的政府采购信息网络。无论是全国平台还是全省网络,首先要按照“全省统一、逐步并网、安全链接、资源共享”的建设原则，由省级财政部门会同政府采购监管和执行机构共同建设，充分利用“金财工程”的有利平台，实行市县分级维护与分工管理相结合，做到管采信息互联与资源共享相结合，切忌再出现市县各自为政、管采各行其是的多头开发、重复建设的无序局面。

统一技术标准　实现资源共享

毋庸置疑，我国的政府采购信息化建设至今尚未形成统一的建设标准和统一的管理规范，各省市之间包括省内市县之间的信息系统几乎很难形成相应的技术兼容，这导致了信息资源不能充分发挥其应有的价值。由此，全国各地五花八门的政府采购网站也几乎变成了“信息孤岛”，不仅不能充分吸引全国各地的潜在供应商获取投标信息，还造成了人力物力财力的严重浪费。更为严重的是，无意识地形成的信息壁垒和信息屏障，客观上给公开透明的政府采购蒙上了一定的阴影。

全国财政系统“金财工程”成功开发和良性运用的实践表明，统一技术标准是政府采购信息化建设的基本前提。现在迫在眉睫的工作是在现有“金财工程”信息系统的技术标准体系上，根据政府采购的活动特性去完善相关的数据标准、接口标准、代码体系、技术规范和项目管理规范。要在省市一级范围内研究如何建立统一规范的技术平台和数据交换平台，尤其是要在健全硬件网络技术规范和数据安全保障体系方面，由财政部统一加以明确，先行实现省级范围内从采购预算编制到采购计划下达、从招标文件制作到评审现场管理、从合同签订到资金支付的全方位、全口径的电子化采购流程。一旦时机成熟，财政部即可在全国范围内按统一标准建成一个真正意义上的全国性政府采购网，真正实现资源共享，正如“金财工程”一样上下一网，全国联动。

统一交易平台　实现规模效应

随着依法采购工作的不断推进，政府采购的方式方法也会与时俱进。定点采购、协议供货和网上采购等采购方式，因为便捷高效而得以普遍推广运用，有的地方已经拓展了全省联动或是区域联动，体现了政府采购的规模效应。基于采购信息资源的共享互通，建立能够满足协议供货或网上采购所需的统一交易平台，为供应商提供更多、更充分的公平竞争机会，使采购人能够自主、快捷地享受“质优价廉”的公共产品和优质服务，让集采机构更加有效地节约采购成本，以发挥政府集中采购的规模效应，增强政府采购的竞争优势。现在，因为全国没有形成统一而有影响力的采购交易平台，各地只能自主研发一些适合当地情形的交易平台，这种局面对供应商是个非常大的不便利。

统一评审软件　实现闭合管理

政府采购从某种程度上来说，似乎与世界杯有点异曲同工的味道。集采机构只是一个“世界杯”的承办者，在招标与投标的平台上采购人与供应商就是双方竞赛的运动员，而评审专家才是实实在在的主宰生杀大权的裁判员。英国和德国八分之一决赛时那个“地球人都看清了”的漂亮进球，恰恰被当场主裁视而不见，而这起冤案注定要被载入世界杯的笑话史册。政府采购又何尝不是如此？个别专家不负责任的评审，往往就导致了供应商和采购人的不满情绪。由此，那些“雪花”一般的质疑投诉文件，铺天盖地地“倾泻”在了集采机构的头上。甚至一向威严的监管部门也不得不硬着头皮出庭应对被起诉。

虽然，秉公执法的监管部门都建立了数目庞大的专家管理库；虽然，持中守正的集采机构也都是从专家库中随机抽取使用评审专家的，但仍有少数的采购项目不尽如人意。一个重要原因就是现有专家库的地域性、广泛性和专业性受到了一定的限制，而专家库的建立恰恰就是画地为牢的结果。专家作为政府采购重要的当事人之一，其评审质量真的是至关重要，而专家库的建立又是政府采购信息化建设工程的重中之重。有关专家认为，政府采购评审专家软件系统应当以方便管理、灵活使用为核心，以提高项目评审质量为目的，起码是在一个省市的范围内集专家的资格管理、抽取使用、行为考核和查询统计等多项功能于一体，且是一个随时都能升级换代的统一的专家管理软件系统。重点是要解决只进不出的问题，也就是要真正实现评审专家的闭合管理，切实做到优胜劣汰和资源共享。如能实现异地抽取功能，就可以满足县市区域专家数量不足的问题。建设全省乃至全国统一的专家评审系统，应当是政府采购信息化建设的近期目标之一。

统一系统接口　实现扩展需求

政府采购信息化建设虽然起步较晚，但进展却出奇的神速。短短的十年时间，各级政府纷纷投资建立了自己的信息公告媒体，也研发了诸如招标、评标等许多独立的软件系统，为推进透明采购作出了巨大贡献。问题是，很多地方都是本着急功近利的原则，边开发边使用。虽然也重视了系统间的接口，却往往低估了系统接口的复杂性，甚至忽略了系统间交互的前瞻性，这导致了日后开发的新系统与之前使用的旧系统很难兼容对接，也很难满足采购业务的扩展需求。因此，在建设初期就要留有扩展接口，以方便日后系统升级、整合需要以及与其他应用软件及系统管理平台的数据交换。而这种系统的前瞻性和软件的实用性，恰恰是政府采购信息化建设中不可或缺的技术标准之一。

统一认证制度　实现信息安全

目前，我国在涉及技术标准、功能标准、监测标准等信息安全标准建设方面与发达国家相比仍有很大的距离。如果将政府采购的信息安全比作一个木桶，那么，这个“木桶”究竟是由哪几块“木板”组成的？什么样的“木板”能打造政府采购信息的安全“木桶”？这是一个十分严峻的问题。因此，统一政府采购信息安全认证制度已刻不容缓。

安全体系建设是政府采购信息一体化建设的重要组成部分。有关专家认为，政府采购信息安全体系应与软硬件系统同步规划、同步设计、同步建设。在建立健全政府采购安全管理体制的同时，重点加强技术安全体系的建设力度，在建立健全包括系统软硬件、数据库、系统应用等安全体系上下工夫，构建全国统一的数字认证(CA认证)制度，真正实现安全记录的完整性、访问审核的严格性，保证数据生成方便快捷、存储传输安全可靠。

政府采购信息化建设中的安全问题尤为重要，它不仅仅涉及依法采购和公权透明的是非功过问题，更涉及国家机密和商业机密。所以，安全体系建设是政府采购信息化建设的重中之重。

统一监管功能　实现预警纠错

一个完善的政府采购信息化系统，应当是一条上下贯通、管采联动甚至是纵横交错的高速公路。现在的问题是，全国政府采购信息化建设几乎没有形成一个真正意义上的“中字头”的监管系统。虽然，“财政部信息统计系统”已几经修改并投入使用，但实际执行的效果并不理想，尤其是管采之间的环节衔接总不顺畅，甚至出现了人机并行的尴尬局面。有关专家认为，今后一段时间，政府采购信息化建设应当将“统一监管功能，实现预警纠错”放在重中之重的位置加以优化完善。作为法定主管机关的财政部门必须充分利用信息平台，全面实现全程监察与过程纠错相结合，数据传输与数据查询相结合，统计分析与绩效评估相结合，真正做到由程序当值裁决，由制度当家做主，避免人工操作甚至人为干预的行为发生。未来的政府采购监管，不再是靠几个人到采购现场的目测监督，而应启动电子化的远程遥控。更为重要的是，那种动态的预警纠错和实时的过程控制，唯有依托信息化手段才能实现统一高效的监管功能。

统一监控程序　实现阳光招标

在政府采购招标现场，全国各地从上到下几乎是一个模式：由监督部门和采购人派出的代表实施现场监督；工作人员忙碌着开启投标文件，接着就是唱标记录；专家评委集中阅读各种资料并对照评分办法进行打分；工作人员最后现场宣布采购结果。一切都是那么的认真而原始。只是一旦出现了质疑投诉，有关部门要采集现场的原始证据非常困难，甚至还给某些别有用心的人钻了好多空子。有关专家以为，政府采购信息化建设近期目标中，首当其冲的就是要尽快建立完善的招投标现场监管系统，对开标、评标、定标等活动实行电子化的实时监控管理，将同步录音录像资料作为调查处理质疑投诉的原始法律证据；尤其是要重点监控评审现场，有效地阻止采购人代表的倾向性言行，及时制止评委会专家的诱导性言行，竭力遏止代理方人员的误导性言行，坚决做到评审人与采购人、投标人、代理人和监督人相互之间的“四不见面”或“四不接触”，要使采购现场变成一个透明的玻璃缸，要让所有的当事人变成鲜活的小金鱼，要将那透明玻璃缸中的小金鱼的每一个呼吸转身动作进行现场直播，保证采购活动的独立性、客观性、公正性和法律性，实现真正意义上的全过程监督和全方位监控。虽然，阳光采购的前行之路还很长，责任和压力也不小，但只要过了这座独木桥，就能赢得全社会和纳税人的掌声和笑声。

统一分析口径　实现绩效评估

政府采购要实现节约财政资金和党风廉政建设的法定目标，充分体现国家宏观调控政策的功能效应，一个重要前提就是要统一采购数据的分析口径，一项重要措施就是要实现采购结果的绩效评价。目前正在使用的数据分析系统，虽然已经具备了统计、分析模块等基本功能，但远远不能满足特定采购项目的非常规统计分析，尤其是不能满足采购活动中的被监管态势和采购过程中的被预警状况，这就造成了监管部门只能事后发现和处理问题的局面。还有一个问题是，现行的数据分析系统，不能按照制度设计的预期目标和监督管理的考核规则，来正确反映采购活动的实时和动态过程，尤其是不能实现对采购当事人违规违纪行为的数据进行统计评价，甚至不能进行横向对比和系统警告。

有关专家认为，统一数据口径是进行绩效评价的前提条件，而绩效评价首先必须统一数据口径。我们是否可以确定一个政府采购总额占财政支出总额的比例标准，或者确定一个全国政府采购绩效评价的预期指标，通过程序设计和模块功能自动实现定量统计与定性分析？可以预见的是，如果能够实现口径统一的绩效评价，政府采购信息化建设就能实现巨大的飞越甚至是制度性的革命。

统一诚信平台　实现联动制裁

构建统一的诚信平台，是推进政府采购信息化不可或缺的重要载体。近几年来，少数当事人利用采购信息的不对称和诚信体系的不完善，公开挑衅甚至践踏诚信原则，或多或少地让政府采购蒙羞。有关专家认为，政府采购信息化建设近期目标之一，就是要加大政府采购诚信体系的建设力度，建立全国性的政府采购当事人不良记录"网上档案馆"，建成全国性的政府采购联动制裁"网上曝光台"，让那些沾染"诚信污点"的违法者搬起石头砸自己的脚，真正做到法网恢恢，疏而不漏。当然，在我国政府采购信息化诚信平台统一建成之前，要让失信成为失信者的绊脚石，还有很长的路要走，但也绝非"蜀道难，难于上青天"。现在的任务是，我们应该利用政府采购信息化建设这个平台，首先实现政府采购监管和执行环节的信息共享，而且是全国范围内的管采信息的共享共用，目的是要通过上下联动的方式，增大失信者的违法成本和失信额度，增强诚信采购的威慑力和约束力。

资料来源：《政府采购信息报》，2010年8月5日。

第三篇　国际政府采购规则及外国政府采购制度

第7章

国际政府采购规则

案　例	对应知识	学习目标
导入案例： 《中国正积极推动加入〈政府采购协议〉谈判》 讨论案例： 《欧盟施压中国政府采购　想入GPA须附带地方政府》	7.1《政府采购协议》 7.1.1《政府采购协议》产生的背景 7.1.2《政府采购协议》的主要内容	1. 了解《政府采购协议》产生的背景 2. 了解《政府采购协议》的主要内容 3. 掌握我国加入《政府采购协议》的必要性
导入案例： 《世行贷款项目采购招标与内资项目采购招标的异同分析》 讨论案例： 《世界银行贷款助推浙江经济社会发展》	7.2《采购指南》 7.2.1《采购指南》形成的背景 7.2.2《采购指南》的主要内容	1. 了解《采购指南》产生的背景 2. 了解《采购指南》的产生发展过程 3. 区分《采购指南》与《政府采购协议》的不同
导入案例： 《南开大学教授参与修订联合国〈采购示范法〉》 讨论案例： 《〈采购示范法〉修订最新动态》	7.3《采购示范法》 7.3.1《采购示范法》形成的背景 7.3.2《采购示范法》的主要内容	1. 了解《采购示范法》形成的背景 2. 了解《采购示范法》的主要内容 3. 区分《采购示范法》与《政府采购协议》的不同
导入案例： 《比利时：鼓励中国企业参与采购竞标》 讨论案例： 《意大利的政府采购法律制度》	7.4《政府采购指令》 7.4.1《政府采购指令》形成的背景 7.4.2《政府采购指令》的主要内容	1. 了解《政府采购指令》形成的背景 2. 了解《政府采购指令》的主要内容

案　例	对应知识	学习目标
导入案例： 《中国递交加入 WTO 政府采购协议的新提议》 讨论案例： 《万亿政府采购市场开放步伐加急》	7.5 我国政府为加入 WTO《政府采购协议》积极努力 7.5.1 申请加入 WTO《政府采购协议》的背景 7.5.2 启动加入《政府采购协议》谈判 7.5.3 加入 WTO《政府采购协议》谈判的主要内容 7.5.4 修改加入 WTO《政府采购协议》出价 7.5.5 继续努力	1. 了解我国加入 WTO《政府采购协议》的重要意义 2. 了解我国加入 WTO《政府采购协议》谈判的主要内容 3. 了解我国为加入 WTO《政府采购协议》所做的努力
	7.6 实务案例分析 《海外政府采购：长城进军国际的迂回突破》	1. 通过此综合案例分析，对本章内容更进一步加深理解 2. 将所学知识融会贯通，思考我国政府采购管理实践方面的问题

7.1 《政府采购协议》

导入案例

中国正积极推动加入《政府采购协议》谈判

中国商务部部长陈德铭2010年6月10日在日本东京召开的中日投资促进机构第17次联席会议上表示，吸收外资是中国对外开放的重要内容，尽管受到金融危机的冲击，中国吸收外资保持良好势头，事实证明，中国仍然是全球最具吸引力的外商投资目的地。中国将进一步优化外资结构，促进吸收外资方式多样化，深化外商投资管理体制改革，营造良好投资环境。他希望有关国家认识到中国作为发展中国家的国情，降低要价，为中国早日加入《政府采购协议》创造条件，以实现政府采购市场的相互开放。

他同时也指出，中国在政府采购中，认定本地产品的标准是根据其在中国境内实现的增加值，这对中国境内的所有企业，包括外资企业也是一视同仁的。中国还不是世贸组织《政府采购协议》的成员，但在政府采购中也购买了不少外国企业的高技术产品。中国正在积极推进加入《政府采购协议》的谈判，希望有关国家认识到中国作为发展中国家的国情，降低要价，为中国早日加入该协议创造条件，以实现政府采购市场的相互开放。

案例详情链接

人民网,2010 年 6 月 10 日。

案例引出的问题

1.《政府采购协议》的产生背景?

2.我国为何要加入《政府采购协议》?

3.政府采购市场的开放会带给我们什么变化?

原理知识

采购的国际化是伴随着国际贸易一体化的发展而发展的。在 1947 年起草“关税与贸易总协定”时,由于当时政府采购的市场规模较小,对国际贸易的影响不大,因而没有将政府采购问题列入议程。随着国际贸易的发展和政府采购规模的扩大,政府采购的市场和作用已不容忽视,1976 年 7 月,在关税与贸易总协定第七轮多边谈判——东京回合中,政府采购问题被列入谈判范围。

7.1.1 《政府采购协议》产生的背景

《政府采购协议》(GPA)是世界贸易组织(WTO)框架下的一项诸边协议,即世贸组织成员可以自愿选择是否加入。《政府采购协议》中的规则仅对加入者适用。只有加入《政府采购协议》,才能享受其权利,履行相应的义务。

世贸组织的前身关税与贸易总协定(GATT)成立之初,并未将政府采购纳入其管辖范围。主要原因是政府采购是绝大多数国家通行的保护国内产业的重要政策手段,如美国 1933 年《购买美国产品法》要求联邦政府必须购买美国产品。为了不与各国施行的政策相冲突,GATT 将政府采购排除在外。

随着国家公共服务职能的加强,潜力巨大的政府采购市场日益引起一些发达国家的关注,政府采购的重要性日益显现。许多国家或地区政府采购占国内生产总值(GDP)的份额达到了 15% 左右,占货物和服务的份额也越来越高。1963 年,代表发达国家的经济合作与发展组织(OECD,简称经合组织)首先开始着手制定政府采购领域的国际公共规则。为消除政府采购政策可能引起的贸易壁垒,促进政府采购市场的对外开放和扩大国际贸易,需要一个有约束力的政府间公共采购协议。1976 年在关贸总协定(GATT)举行的第七轮谈判即“东京回合”中,政府采购问题被列入谈判范围,经过艰苦谈判,于 1979 年 4 月在日内瓦通过了由埃及、印度等发展中国家提出的,并得到发达国家支持的动议,最终达成了《政府采购守则》(也称《政府采购法典》),并于1981年1月1日生效。其后经过多次修改和完善,适用范围由货物扩大到服务及建筑项目,由中央政府采购实体扩大到次中央级实体和其他公共实体,自由化范围进一步扩大。最终于1994年4月15日在马拉喀什按照自愿原则,由部分世界贸易组织成员方自愿加入,达成现行的《政府采购协议》,协议于1996年1月1日生效,一个无歧视、透明的国际性的政府采购贸易的权利与义务的法律框架逐步确立。目前,《政府采购协议》成员主要是发达国家和地区,有27个成员方和21个观察方,还没有真正的发展中国家。

典型实例

联合国每年采购140亿美元　中企仅百分之一

"联合国每年采购140亿元美元,只有1%是从中国采购的,但是20%左右的产品是中国制造",联合国项目事务厅亚太局局长王粤10月20日在南宁举行第七届中国—东盟博览会联合国采购说明会介绍说。多名联合国采购官员表示,目前中国在联合国采购比例较小,提升空间大。

联合国采购司综合支持部主任Kiyohiro Mitsui表示,联合国采购量在这几年逐年增长,尤其是在维和行动中需要大量采购,对中国和其他一些东盟国家都需要一些采购。王粤还表示,东南亚是自然灾害频发的地区,联合国对灾后重建战后重建、援助也需要大量的采购,这也给中国和其他东盟国家提供了机遇。联合国儿童基金会驻华代表处采购处处长Raju Shrestha则表示,在联合国儿童基金会的采购中,中国所占数额则比同是亚洲发展中国家的印度少数十倍。

据了解,联合国目前在中国采购的种类还比较有限,大多为维和活动的中药,因此Kiyohiro Mitsui认为,联合国采购司和中国业务的增长还会有比较大的市场前景。

而王粤则在接受记者采访时说:"联合国每年采购140亿美元,只有1%是从中国采购的,但是相当20%左右的产品是中国制造,很多商品不是直接从中国买的。现在联合国各机构和中国都意识到这个差距,所以我们直接采购使中国企业能够挣更多的钱,也能使联合国机构省更多的钱。"

王粤认为,中国的企业在联合国采购量占比比较小的原因是信息闭塞,中国的企业对于参与联合国采购信息知识、经验不足,以前从来没有或很少参与。另外,中国企业在一些技术层面,语言方面也要及时跟上需要。

据介绍,在此次联合国采购推介会上,很多企业对联合国的采购都表示非常有兴趣,然而主要面临的问题竟是最初级的"门槛类"问题,例如,许多企业不懂要如何注册为联合国全球供应商。

据了解,联合国采购机构也曾在中国广州、上海等地开展过联合国采购推介会。经过联合国采购机构在中国的一些宣传,不少中国企业开始意识到联合国采购意义的重要性。然而企业的品质参差不齐,联合国希望中国政府能利用各种商会协会等权威机构来帮助联合国甄别企业的优劣。另外,他们希望中国政府能够给一些中小企业贷款和担保,以便让更多的企业参与到联合国采购中来。

资料来源:中国政府采购网,2010年10月22日。

7.1.2 《政府采购协议》的主要内容

《政府采购协议》由两大部分组成,第一部分包括序言和24个条款,第二部分为《政府采购协议》的附录二。其主要内容可以归纳为以下几方面。

第一,目标和原则。《政府采购协议》的基本目标如下。

(1)通过建立一个有效的关于政府采购的法律、规则、程序和措施方面的权利与义务的多边框架,实现世界贸易的扩大和更大程度的自由化,改善并协调世界贸易现行的环境。

(2)通过政府采购中竞争的扩大,加强透明度和客观性,促进政府采购程序的经济性和高效率。

《政府采购协议》对缔约方政府采购强调了以下原则。

(1)国民待遇原则和非歧视待遇原则。《政府采购协议》要求各参加方开放政府采购市场,按照国民待遇和非歧视原则开展政府采购活动,通过更大程度的自由贸易,来实现全球贸易的扩大。在具体的谈判中,各成员均坚持互惠原则。政府采购的开放项目要通过谈判设置门槛价,门槛价以上的项目才对成员开放。货物和服务的门槛价大致在同一水平。工程项目的门槛价差异较大。各缔约方不得通过拟订、采取或实施政府采购的法律、规则、程序和做法来保护国内产品或供应商而歧视外国产品或供应商。

(2)公开性原则。各缔约方有关政府采购的法律、规则、程序和做法都应公开。

(3)对发展中国家的优惠待遇原则。《政府采购协议》鼓励发展中成员加入。为顺应国际贸易形势的发展变化,吸引和鼓励更多的国家和地区,尤其是发展中国家的加入,2006年12月,世贸组织政府采购委员会通过了对《政府采购协议》的全面修订,扩大了政府采购自由化的范围、消除了歧视性措施、扩大并澄清了发展中成员适用的过渡措施等。《政府采购协议》2006年修订版成为新成员加入谈判的依据。考虑到发展中国家的经济和社会发展目标、国际收支状况等,要求有关缔约方应向发展中国家,尤其是最不发达国家提供特殊待遇和差别待遇,以照顾其发展、财政和贸易的需求。

(4)《政府采购协议》本身规定了一些例外领域,主要涉及国家安全、保密等项目。此外,各成员还可以通过谈判确定适用例外,如美国、日本、加拿大、韩国等都对其支持中小企业的政府采购单位做出豁免。《政府采购协议》还规定要补偿发展中国家。该协议附录一的"总则"要求各成员方,尤其是发达国家成员要给予发展中国家成员以优惠待遇,并对发展中国家进行技术支持和援助,为降低发展中国家成员的准入门槛以及向其提供特殊待遇等方面做出努力。《政府采购协议》规定,发展中国家成员可以在其他成员方允许的前提下,按时间表在过渡期内采取过渡性措施,如价格优惠、贸易补偿、渐进性开放和更高的门槛价等四项过渡性措施以保护其民族产业不受冲击。

第二,适用范围。《政府采购协议》的适用范围包括如下内容。

(1)采购主体:是"直接或基本上受政府控制的实体或其他由政府指定的实体",不仅包括政府机构本身,而且包括其他实体,如政府代理机构;不仅包括中央一级的政府实体,还包括地方政府采购实体。各缔约方在加入《政府采购协议》时应提供一份采购实体清单,列入《政府采购协议》附件。只有被列入清单的采购实体才受《政府采购协议》的约束。

(2)采购对象:适用于缔约方一定金额的货物、工程(基本建设工程特许合同除外)和服务的采购。其中中央一级采购实体在货物采购方面受协议管辖的最低限价为13亿特别提款权,而中央一级采购实体在服务方面、地方一级采购实体在货物和服务方面受协议管辖的最低限价由各成员方协商确定,并列入《政府采购协议》附件三。工程采购项目,以联合国中央物品分类第51章所列的建筑工程为准。但对于涉及国家安全的采购,包括武器、弹药、战略物资的采购,或与国家安全及国防密切相关的连带采购;以及涉及维护公共道德、公共秩序、公共安全、人民与动植物的生命或健康、知识产权、保护残疾人组织、慈善机构或劳改产品等方面的采购,不适用《政府采购协议》。

第三,采购方式。《政府采购协议》对采购方式规定比较灵活。主要有以下三种。

(1)公开招标采购,是指通过公告程序,邀请所有感兴趣的国内外合格供应商参加招标的采购程序。

(2)选择性招标采购,是指各采购实体在与采购制度的有效实施相一致的情况下,通过公告程序,最大限度地邀请国内外合格供应商参加投标的采购方式。

(3)限制性招标采购,即《政府采购协议》第15条规定的采取公开招标或者选择性招标后,有下列情形发生时可不通过公告程序采取的采购方式:没有供应商参加投标、勾结投标、投标不符合要求或不符合本协议的规定;对于艺术作品或者因保护专利和版权、技术原因等,供应商独此一家,无其他替代选择;出现了无法预见的极为紧急的情况;如更换供应商将不能满足要求而必须向原供应商采购替换零备件;因研究开发需要或者特定合同需要而续购的产品和服务:追加的工程采购必须由原供应商办理且金额未超过原主体合同金额的50%;在商品市场上采购的产品；只有短时间内出现的对政府机构及其下属机构极为有利的向非经常供应商的采购；与设计比赛获胜者签订的采购合同。

(4)谈判式采购，是指一缔约方在严格的限制条件下，在授予合同程序同投标人进行谈判。这些条件包括：采购方在发出招标邀请时已表达这种意图；通过评估，没有一个投标明显优于其他投标；谈判应主要用来鉴定各个投标的优劣；在谈判中采购人在不同的供应商中实行差别待遇。

第四，质疑程序。《政府采购协议》第20条规定，当一供应商对某项采购违反《政府采购协议》的情形提出质疑时，每一缔约方应鼓励该供应商通过与采购实体进行磋商来解决质疑；有关供应商应在知道或应当知道该项质疑之日起10天内开始质疑程序，并通知采购实体；各项质疑应由一家法院或与采购结果无关的独立公正的审议机构进行审理；为纠正违反《政府采购协议》的行为，确保商业机会，质疑程序中可以采取暂时的果断措施，在决定是否采取这种可能造成该采购过程中断的措施时，应考虑可能对有关利益包括公共利益产生的重大不利后果。同时，为维护商业和其他有关方面的利益，质疑程序一般应及时结束。

讨论案例

欧盟施压中国政府采购　想入GPA须附带地方政府

光列出中央采购清单还不够，还要地方政府和国企加入。欧美在签署政府采购合同上刁难中国，加入GPA美国凭啥玩双重标准？在各国就汇率政策争论不休之时，欧盟正挑头在另一方面对中国施压：政府采购合同。欧盟官员日前表示，希望敦促中国签署《政府采购协议》(GPA)，促使中国进一步开放政府采购。

1.《政府采购协议》(GPA)

于1994年签订，是WTO四个多边协议之一，目前有40个缔约方，明确规定建立一个有效的有关政府采购法律、规则和措施方面的权利义务的多边框架。该协议就协议的适用范围、非歧视原则、限制竞争的方式、招标投标程序、质疑与争端解决等做了详细的规定。

2.欧美施压

想加入GPA？把地方政府带上。美国《华尔街日报》指出，西方在GPA问题上对中国施压，目的主要有两个：一是要中国改变现行的政府采购中支持"自主创新"的政策，二是要求中国的地方政府和国企加入GPA。之前，美国和欧盟一直指责中国的"自主创新"政策，即大部分政府采购合同仅向那些商标和技术均在中国注册的公司开放竞标的政策。

不过，加入《政府采购协议》并不意味着一国所有的政府部门都加入该协议，例如在美国，有多达14个州并没有加入这一协议，因此这些政府机构的公共合同并不需要遵守该协议的要求。

中国自2002年2月成为《政府采购协议》的观察员,并且于2008年1月已经提出了正式加入该协议的申请,但欧盟一直要求中国除了中央政府外,富裕的省级政府和国企也应加入该协议。值得注意的是,美国又是在玩双重标准,无视自己有14个州没有加入该协议,却积极支持欧盟的立场。

3. 意欲何为

欧盟盯上中国财神爷。实际上,前面说到的这两个目的,从根本上说,还是源于欧美经济复苏乏力,需要在海外打开更多市场。有英国媒体指出,经济衰退加大了欧盟为其公司打开大型发展中国家市场的压力。

中国为抵御国际经济衰退而推出了5 000多亿美元的经济刺激方案,其中很大一部分都用于基础设施工程项目,使其成为众多欧盟公司的头号目标。加入GPA,意味着如果成员方认为自己的企业在某国的公共合同竞标中遭到了歧视,就可以向WTO寻求法律支持,顺利的话,将有权对对方进行报复性制裁。

不过,GPA的这一大棒自诞生以来只被人挥舞过三次,而上一次成员方借此进行制裁已经是9年前的事了。《华尔街日报》指出,沉睡了多年的GPA忽然被欧美拎出来,实际上是源于各国政府纷纷推出大手笔救市方案。

4. 现实情况

在华外企并未感到“歧视”。中国近两年来大力投资建设高速铁路,来自德国的西门子公司、法国的阿尔斯通公司都对此兴趣极大,而中国民航业飞机订单也是空中客车等觊觎的对象。有趣的是,尽管欧盟挂在嘴边的是自己的企业在中国的市场中受到各种“歧视”,但实际上连那些外资企业,尤其是在中国有一定基础的大型企业都承认,在中国的政府采购中并没有受到所谓的歧视。

欧盟政商两界领导人说,对于大型成熟企业来讲,目前的环境“还算可以”。比如,西门子发言人朗根多夫就表示,西门子在中国存在了130多年之久,并且实际上雇用了超过4.3万本地人,“我们受到了和中资公司一样的对待”。

5. 深入分析

中国应避免“羊入狼群”。实际上,中国并非不愿签署《政府采购协议》。中国一直在同各国进行加入GPA的谈判,只是欧盟和美国等缔约方一直要求中国多做让步,这才使中国加入GPA之旅如此波折。2010年7月,中国再次递交了一份加入GPA的修改清单,但西方认为中国只将中央政府的采购活动纳入GPA是不够的,因此拒绝了申请。中方表示,将在2011年6月前递交修改过的申请。

需要注意的是,尽管挂着世界贸易组织的名号,但实际上《政府采购协议》的缔约方远不如世贸组织那么人丁兴旺,而更像是一个“富国俱乐部”。目前GPA共有40个缔约方,其中除欧盟的27个成员国中有一些经济不太发达的国家外(如拉脱维亚、保加利亚等),其余缔约方都是老资格的发达经济体。分析称,中国要加入这样的一个组织，必须考虑到自身经济发展水平的特殊性，这样才能避免盲目的“羊入狼群”。

资料来源：《法制晚报》，2010 年 11 月 10 日。

【讨论的问题】

1.《政府采购协议》包括哪些主要内容？

2. 目前《政府采购协议》缔约方有哪些国家？

3. 面对案例中欧盟政府施压中国政府采购，你认为应如何应对？

7.2 《采购指南》

导入案例

世行贷款项目采购招标与内资项目采购招标的异同分析

当今在我国的采购活动，无论是国内项目还是世行项目，都要做到有法可依，这个法就是我国的《招投标法》，世行贷款项目所不同的就是在此前提上构建了一个更符合它的要求的指南，世行的《采购指南》与我国的招投标制度不尽相同，两者可以说大同小异，其基本原则、目标与程序等都有相通、相近之处，不同之处仅在于具体的规定。而此不同与它的出发点和利益关系是分不开的，如何既能满足世行要求，又能满足我国基本法规的要求，就是在策划与实施世行贷款项目时要妥善处理的问题，为了更加顺利地推动项目工作，了解其差异就是必要的，现将一些异同之处详述如下。

(1)采购原则：我国《招投标法》规定的原则为公平、公正、公开和诚实守信，这与世行《采购指南》的透明、成员国机会、鼓励当地投标相对应，不同之处在于世行更注重经济、高效原则。

(2)采购方式：我国《招投标法》规定的采购方式为公开招标和邀请招标，而世行以其项目的特点和为让成员国互利，将采购方式细分为国际竞争性招标(ICB)、有限国际招标(LIB)、国内竞争性招标(NCB)、国际询价(IS)、国内询价(NS)、直采(Direct Contracting)、自营(Force Account)等，且对于竞争性招标，世行建议合同包尽可能大，以吸引国际投标人和国内大型集团参加投标。另外采购方式划分的不同及相应的划分限额标准也有差异。

(3)招标广告：在竞争性招标中，世行项目除了要在项目国的全国性报纸上刊登外，另还需在世行规定的媒体上公布。如 ICB 项目必须在《联合国发展商业报》(UNDB online)和发展门户网(dgMarket)上刊登。

(4)资格预审：世行项目中所有通过资格预审的投标人均可投标，并在资格预审时可不考虑设备和人员,而国内项目中有部分项目在资格预审中已开始排名筛选(交通部文件:只通过最高分的4~8家),设备和人员是资格预审的强性标准。

(5)招标文件出售:世行项目在开标前没有售标书的截止时间,买标书时也不需要等级资格证明,而国内项目却相反。此外,世行项目招标文件的售价只能收回招标文件印刷和邮寄的费用,而国内项目包含招标文件编制,广告甚至评标的费用。

(6)投标时间:世行项目投标周期长,国际招标大型土建56天以上(小型可45天),货物42天以上,国内招标30天以上。国内项目从招标文件发出至投标截止不短于20天为标准。

(7)评标:国内项目报价超过标底的某一范围或低于成本就无效,而世行项目不接受此种做法,其评标标准在招标文件中规定,采用客观评标,评标结果不取决于专家,专家组由3名以上专家组成,包括编写招标文件的专家,评标也不以与标底的差距作为评标标准,项目成本计算涵盖项目整个生命周期,最终以最低评标价中标等(注:最低评标价法不等于绝对最低价中标)。这与国内项目有异,国内项目采用由7部委联合发文要求公开的评标标准,与标底接近的得分高,专家从专家库中随机抽取,业主人员不超过1/3。

(8)合同授予:世行项目采购合同授予具有实质响应性的最低评标价的投标人,而国内项目采购中最大限度满足者中标,最低评标价中标,但低于成本的除外。

(9)重新招标:世行项目重新招标必须世行批准,固定价合同如投标有效期延长超过56天要调价,而国内项目大部分采取总价合同,合同全额不调价。

(10)咨询服务采购:世行在这方面与货物和工程的采购不同,质量是最主要因素,无投标保证金和履约保证金,根据不同要求采购方式有基于质量和费用选择(QCBS)、基于质量选择(QBS)、预算固定选择(SFB)、最低费用选择(LCS)、基于咨询者资格选择(CQS)、单一来源选择(SSS)、单个咨询者选择(Individual Consultant)。而国内项目的咨询服务采购与货物和工程的采购相同,有投标保证金和履约保证金。

除了以上在采购各环节中所表现出的差异外,以管理严谨著称的世行在项目采购方面,更是从项目整体采购计划、项目第一年采购计划、项目打包方式、采购编号系统等进行逐步检查以及采购过程的事前、事后审查,把好采购关,推进项目进展,保证项目质量,实现项目预期效益,这一点值得我国借鉴。

案例详情链接

http://home.cnenv.com/quan/read.asp? qid=1052&class=&id=324。

案例引出的问题

1. 我国《招投标法》规定的原则与世行《采购指南》的原则有何区别？
2. 世行《采购指南》的主要内容有哪些？
3. 世行在项目采购方面以管理严谨著称，我国应如何借鉴？
4. 我国招标文件出售的费用与世行《采购指南》相比是否过高？

原理知识

世界银行制定采购规则的主要原因是使借款国家利用世界银行贷款从事的采购项目都能够按规定执行，实现世行贷款的目标。世界银行贷款项目的采购主要采取竞争性招标方式。招标采购的特点是涉及面广、要求较严、难度较大。

7.2.1 《采购指南》形成的背景

《采购指南》是《国际复兴开发银行和国际开发协会信贷采购指南》的简称，由世界银行于 1964 年出版，并于 1985 年和 1996 年进行较大修改和补充。世界银行主要业务活动是为成员国，尤其是发展中国家项目提供中长期贷款，为借款的会员国提供技术援助，因此项目贷款是其主要的活动。世界银行成员有 180 多个，由于世行的资金来自各会员国以及从国际资本市场的借贷资金，协定条款专门列有这样一条，即要求世行保证它贷出的款项只能用于提供贷款所规定的目的，并且要讲求节约和效率。它还负有监督资金使用的责任，但世行的工作人员有限，不可能参与每一项招标活动，因此通过制定《采购指南》，明确采购方式、采购条件、供应商资格审查、规定采购程序规则等，可以使借款国家利用世界银行贷款从事的采购项目都能够按规定执行，实现世行贷款的目标，这是世界银行决定制定采购规则的主要原因。

世界银行放贷有其自身的特点。其中包括，由世界银行批准的项目，其规划、设计和实施均由借款国负责。这包括借款方有责任签订有关合同，如实施项目所需的土建、物资设备供应以及提供咨询服务等合同。这意味着借款方（而不是世界银行）是必须执行采购规则的一方。即使这些规则被称作“世界银行采购指南”，只要项目是由世界银行提供资金的，借款方就必须遵循这些程序。

由于世界银行属于多边性质，为全体会员国所有。因此，采购规则必须为所有会员国的公司提供赢得合同的公平机会。又鉴于各会员国对世界银行借出并负责管理的资金都拥有自己的利益，因此，对这些资金严加监督确保其合理使用，显得尤为重要。协定条款要求制定能节约资金和提高效率的程序。由于采购的种类繁多、数量巨大，制定能适合各种情况的基本规则显得尤为重要。最后，由于世界银行的工作重点是在为项目提供资金上,因此需要制定适合于缔结实施项目所需的物资、工程和服务合同的采购程序。这些因素一起构成了世界银行采购规则的基础。

世界银行的宗旨是向发展中国家提供中长期资金支持和技术援助,帮发展中国家实现长期、稳定的经济发展,其中,项目采购是其中一种主要的贷款形式。这种贷款大部分用于对借款国具有战略性的部门,如农业与农村发展、基础设施建设等,这些对发展中国家的一系列特殊优惠政策,为我国经济发展筹集资金提供了良好的机会。我国只有通过不断提高我国供应商的技术水平和管理能力,使其符合《采购指南》各项条款的要求,努力争取世界银行项目贷款。

7.2.2 《采购指南》的主要内容

《采购指南》明确了其目的、适用范围、投标商资格审查、世界银行的审查范围等问题,主要目的是使项目实施人员了解和利用世行贷款安排的有关货物和土建工程(包括相关服务)采购所遵循的政策和规则。采购的范围,适用于全部或部分由银行贷款资助的货物和工程合同,包括 BOT 合同和其他特许合同,对于不足由银行贷款资助的货物和土建合同的采购,借款人可以采用其他采购程序。

第一,采购原则。世界银行《采购指南》认为,具体采购程序取决于每个项目的特定情况,但是总的说是考虑以下四点:一是在项目实施包括有关的货物和工程采购中,必须注意节约和效率;二是世界银行力图为所有合格的供应商提供竞争合同的机会;三是作为一个开发机构,世界银行愿意促进借款国国内承包业和制造业的发展;四是采购过程要有高度的透明度。总的来说,世行采购具有有效性、竞争性、开发性、公正性等四个方面的原则要求,它们是统一的,不可分割的。具体原则如下。

(1)有效性。有效性是指采购要为项目目标服务。世界银行贷款项目的金额都比较高,其中绝大部分用于货物或工程的采购,采购是项目实施的关键环节之一,如果不能节俭高效地采购,很可能会增大成本、推迟项目的及时建成,就会造成贷款项目的浪费,使项目效益难以充分实现。这样,不仅使借款人遭受损失,对世界银行也不利。有效性的第一个体现是采购标的的既定性。采购标的必须属于既定的采购范围,必须满足既定的质量和数量要求,必须用于既定的目的,不能被倒卖和串换。第二个体现是采购结果的经济性。在技术上,讲究适用技术优先,兼顾先进性和超前性;在商务上,讲究“物美价廉”,最低评标价优先,对符合技术要求者一致对待,高出技术要求者不优待。第三个体现是采购过程的效率性。要求及时编制好分包方案和采购计划,选择好采购方式,招标文件(视情况而定,包括资格预审文件,下同)要清晰,要采用标准文本(范本)、评标和签署合同要在投标有效期内完成等。另外,在快速支付业务的采购中,还允许采用简化的公告规定,即通过国际竞争性招标方式进行采购的合同不需要公布在总采购公告中；在商品的采购中，在不要求提供投标保证金或投标人已经提供了在某一规定期限内保持有效的保证金的情况下，允许采用电传或传真方式投标。

（2）竞争性。世界银行是一个国际性组织，每个成员国都向世界银行缴纳会员费。世界银行的贷款项目必须考虑到所有成员国，既有发展中国家利益，也有发达国家的利益。世界银行规定，成员国的所有合格的投标人对世界银行贷款项目的采购招标均有公平竞争的机会，不管是来自发达国家还是发展中国家，采购者不得对任何符合条件的国家的供应商歧视。国际竞争性招标被认为是最能体现竞争性的一种采购方式，因为它实现了采购信息的最大范围的传播。只有在国际竞争性招标明显不是最经济和最有效的情况下，才能选择其他的采购方式，比如，供应商数量少和合同金额小等。即使在此情况下，竞争性也不能被忽略：有限国际招标应从一份列有足够广泛的潜在供货人的名单（供货人为数不多时包括全部供货人）中寻求投标，国内竞争性招标应在全国范围内刊登招标通告，询价采购的被询价方应至少为3家，直接采购必须符合世行确定的极端严格的标准。

（3）开发性。开发性有两个含义。其一，世界银行是一个开发性机构，其主要宗旨是协助成员国境内的复兴与重建，帮助发展中国家发展经济，开发生产设施和资源，提高生产力和生活水平，因此，采购不应涉及政治上的或其他非经济因素的影响或考虑。在采购中，世行不允许借款人以任何与其成功履行合同能力和资源无关的理由拒绝对某公司进行资格预审或判定其无投标资格，除非符合世行规定的例外条件。近些年来，在这方面，世行还要求在采购中要考虑可持续发展和社区的参与。其二，世行鼓励发展中国家参与竞争，愿意促进借款国的承包业和制造业的发展，制定有适用于符合条件的借款国制造商和承包商的国内优惠规定。但由于发展中国家企业无论资金实力或是技术水平、管理能力等都与发达国家有很大差别，因此，公平招标胜利者主要是发达国家的厂商企业。所以世界银行《采购指南》专门规定在采购中发展中国家的本国投标商可以享受一定程度的优惠。这一政策有利于发展中国家工业和承包业的发展，既符合发展中国家发展经济的要求，也合乎国际惯例。

（4）公正性。公正性是世行《采购指南》的灵魂，是有效性、竞争性和开发性的具体保证，其本质要求是公开和公平，确保采购行为的透明度。为此，《采购指南》对采购全过程提出了一系列要求，包括充分及时地披露采购信息、采用统一的评标标准、旗帜鲜明地反对腐败和欺诈行为、事前和事后审查等，并对错误采购行为进行惩罚。比如，项目评估文件要在世行的公共信息中心公布，招标通告要根据合同金额和招标方式相应地在《联合国商业发展报》、国际广泛发行的报纸和国内广泛发行的报纸上公布，招标文件要得到世行的批准并向所有潜在的投标人发出，评比因素要在采购文件中明确，开标要公开地在招标文件规定时间和地点进行并允许投标人的代表参加等。保证公正性不仅促进采购的各项政策目标的实现,而且对于防止采购中出现腐败有极其重要的作用。

第二,采购公告。《采购指南》采用总采购公告和具体合同预告相结合的公告制度,规定凡是项目中以国际竞争性方式采购的货物和工程,贷款人必须准备并交世界银行一份总采购公告。世界银行将免费在联合国出版的《联合国商业发展报》上刊登。公告包括的内容有:借款人的名称,贷款金额和用途,国际竞争性招标采购的范围以及借款人负责的单位名称和地址。如果需要更明确的话,还应说明得到的资格预审文件或招标文件的预定日期。该文告送交世界银行的时间应不迟于将已经准备好的招标文件向投标人公开发售之前的60天,以便潜在的投标人有时间考虑,并表示他们对该项采购有兴趣。

除了总采购公告外,《采购指南》规定,借款人应将具体合同的投标机会及时通知各方,及时刊登具体合同的招标公告,即投标邀请书。与总采购公告不同的是,这类具体合同招标广告虽不要求,但鼓励刊登在《联合国商业发展报》上,至少应刊登在借款人国内广泛发行的一种报纸上。招标广告的副本,应转发给有可能提供所需采购的货物或工程的合格国家的驻当地代表,也应发给那些看到总采购公告表示感兴趣的国内外供应商。大型的、专业性强的或重要的合同,世界银行也可要求借款人把招标广告刊登在国际上发行很广的著名技术性杂志、报纸或贸易刊物上。

采购公告还规定了时间要求,即从发出广告到投标人做出反应之间应有充分的时间,以便投标人进行准备。从刊登招标广告或发售招标文件算起,给予投标人准备投标的时间应不得少于45天,工程项目通常为60~90天,大型工程或复杂的设备,投标准备时间应不少于90天;特殊情况可长达180天。

第三,采购方式。概括起来,世界银行《采购指南》规定的采购方式包括招标采购、询价采购和其他采购三大类采购方式。

(1)招标采购。招标采购是世行采购最常用也是最基本的一种采购方式,绝大多数的采购活动是通过这种方式进行的(一般情况下,一个项目的招标采购额占总采购额的80%以上)。它具有信息传播的充分性和广泛性、要约与承诺的一次性和一致性等特点,最能满足世行采购的原则要求。按照竞争者的来源,招标采购可以被进一步地划分为国际竞争性招标(ICB)、有限国际招标(LIB)和国内竞争性招标(NCB)等三种方式,具有大小不同的竞争程度。

其一,国际竞争性招标。国际竞争性招标,是指按世界银行《采购指南》规定的程序"及时充分"地通知成员国的供应商,为其提供所需货物和土建工程进行投标提供平等机会。这是投标人来源范围最广、竞争性最强的一种采购方式,也是世行极力要求和推介的一种采购方式。它要求借款人要在《联合国商业发展报》上发布和更新项目总采购通告(每年一次),在国际上广泛发行的报纸上刊登招标通告(每批采购一次),出售招标文件给所有合格的感兴趣的潜在的投标人并随后接受他们的投标书,在评标中不歧视他们中的任何一方。世界银行根据不同地区和国家的情况,规定凡采购金额在一定限额以上的货物和工程合同,都必须采用国际竞争性招标的采购方式。这种方式适用于标的为市场供应者众多的成熟产品、合同金额较大、非紧急任务的货物采购,以及标的为大型复杂任务的工程采购。对一般借款国而言,单个合同金额10万~25万美元的货物采购,以及单个合同金额不少于1 000万等值美元的工程采购,必须采用国际竞争性招标进行采购。在世界银行用于采购的贷款总额中,国际竞争性招标占80%左右。但该方式存在程序较复杂,过程较长,工作量较大,操作费用较高,对借款人的组织协调能力要求高的缺点。

其二,有限国际招标。有限国际招标又称国际邀请招标,是指不需要公开刊登广告,在世界范围内(包括借款国本身)直接邀请合格的投标人进行投标。因为省略了公开刊登广告和资格预审程序,借款人节省了一定的时间和操作费用,但是投标者的来源是有限的,竞争也是有限的,在理论上借款人得不到最优的价格,而且容易由于信息的不对称性造成一定程度的偏袒和不公。为了保证所寻求的投标具有竞争性,世行要求,借款人拟邀请的投标人的短名单应具有足够的广泛性,并在供货人不多时包括所有的供货人。这就要求借款人要做好充分的市场调查。

这种采购方式的适用条件有三项:合同金额小,供货人数量有限,有其他作为例外的理由可证明不完全按照国际竞争性招标的程序进行采购是正当的。只要符合其中的一个条件就可以申请使用这种采购方式。对于具有类似要求的特殊工程,也可以考虑采用这种方式。

其三,国内竞争性招标。国内竞争性招标又称国内公开招标,是指在借款国国内的报纸或官方杂志上发布招标公告的方式邀请全体潜在的投标人(包括国外投标人)进行投标。对于估价不超过人民币500万元的中、小型土建工程可以只在地方性报纸上发布招标通告。与国际竞争性招标相比,因为采购信息的传播面变窄,国外厂商和承包人很难及时充分地获得这类采购信息,因此缩小了投标者来源的范围,降低了竞争程度。同时,招标文件可以用中文准备,招标通告可以用中文发布。

只有在采购标的因其性质或范围难以吸引国外厂商和承包人的兴趣,或在合理地预见到采用国际竞争性招标方式引起的行政或财务负担明显地超过其优越性时,世行才允许采用这种方式。世行同时也对单个合同的限额做了要求,一般情况下,货物采购要低于20万等值美元,工程采购要低于1 000万等值美元,并在《贷款协定》和《开发信贷协定》中规定一个总额。另外,在紧急重建项目中,如果对时间有特殊要求,也可采用这种方式。近年来,这种采购方式在我国多个地方的扶贫、卫生、改水、农业等类打捆项目中有扩大的趋势。

(2)询价采购。询价采购又称比价采购,是指直接邀请国内外几家供应商(通常至少3家)提供报价,对这些报价进行评比并做出最终采购决策,授予合同。询价采购与招标采购最大的区别在于采购的公开性。询价采购无需正式招标文件,无需公开发布采购信息和公开报价,无需公布评比结果,在一般情况下也不需要办理事前审批手续,报价书可以采用电传或传真的形式提交,省时省力。相应地,询价采购的竞争程度也远远低于招标采购。只适用于采购时可以获得的现货或标准规格的产品和服务。根据竞争者的来源范围,询价采购可以被进一步地划分为国际询价和国内询价。

其一,国际询价。国际询价的特点是"两国三家"。"三家"即至少3家供应商,"两国"指的是被询价人要来自至少两个国家,既可以都是外国,也可以中外结合。在采用这种方式时,询价书和报价书要用英文,且两者要具有达成一对符合国际商务惯例的要约和承诺的基本要素。通常,对国内供货来源很少或国内没有竞争优势的货物的采购,以及某些因特殊原因需要国外承包商参与的工程采购,如果合同金额小,采用这种方式比较合适。

其二,国内询价。国内询价与国际询价的根本区别仅在于前者没有国外厂商或承包商的参与。因此,基本上与国内竞争性招标一样,竞争发生在国内厂商或承包商之间。在采用这种方式时,询价书用中文准备,报价书也用中文提交。由于在这种方式下选择范围非常狭窄而且完全把国外厂商或承包商摒弃在外,一般情况下,只有在所要采购的货物或工程的合同金额非常小且技术和商务要求非常简单时才采用这种方式。比较典型的是"即买即用"型物资的采购和简易工程的采购。

(3)其他采购。除了招标采购和询价采购外,世行采购还可以采用直接采购、自营工程、从联合国机构采购等方式。这三种方式的实质是一样的,都是单一来源采购,只不过来源不同而已。与招标采购和询价采购相比,它们的竞争程度是最低的。因此,它们的适用范围也是最窄的,适用条件也最苛刻,只能适用于某些极其特殊的"别无选择"的情况。世行在这方面的审查也是极其严格的。

其一,直接采购。直接采购就是将合同直接授予特定的厂商或承包商。这种方式不存在竞争,世界银行为此规定了严格的适用条件:现在货物或土建工程是按照世行授受的程序授予的,可能需要续签以增购或增建的货物或工程;为了使设备或零件达到标准化的目的,从现在设备的供货商处继续采购;所需设备或产品具有专卖性质,而且只有单一来源,即"只此一家,别无分店";负责工艺设计的承包人要求从某一特定供应商处采购关键性部件或材料,作为性能保证的条件等。

其二,自营工程。自营工程是指借款人使用自己的人员和设备进行施工的工程。实际上是自己将合同授予自己,同时集工程发包人和承包商两种角色于一身。其适用的主要情况是:无法事先确定所涉及的工程量,工程碎而分散,或工程地点较远,致使承包商筹备费用过高,有资格的施工公司不大可能以合理的价格投标;

要求在不给日常运营造成混乱的情况下施工；没有承包商对承担工程感兴趣；需要迅速采取行动的紧急情况等。采用这种方式的典型例子是位于边远山区或分散于大范围区域上的农村打井、农村道路、小型灌溉系统工程、植树造林工程等。

其三，从联合国机构采购。从联合国机构采购是指将合同直接授予联合国的专门机构，由其根据自身的程序进行采购并向借款人供货。由于联合国有关专门机构在其日常运行中需要通过招标方式采购大量的类似物资，因此它们能够获得最有竞争力的价格。因此有些情况下，从联合国有关专门机构采购小批量的现货，是最经济、最有效的方式。这种方式主要适用于在教育、卫生、农村供水和环境卫生等领域的项目下某些物资的采购，如教学用品、文具、药品、医疗用品、消毒剂等。在联合国的专门机构中，最经常承担这种任务的主要是联合国教科文组织、联合国儿童基金会和世界卫生组织。是否通过联合国专门机构进行采购应由借款人选择，在采用这种方式时，必须符合世行对合格性的要求且必须采用世行的程序采购。

讨论案例

世界银行贷款助推浙江经济社会发展

作为世界最大的国际金融组织之一，世界银行一直致力于全球的扶贫和发展事业，今年是我国与世界银行合作30周年，而浙江省与世界银行在贷款领域的合作也已走过了26个春秋。世界银行贷款因其在资金、技术、经验、理念等方面的独特优势，是浙江省政府外债的重要组成部分，占全省利用政府外债总额的60%以上。浙江省第一个利用政府外债的项目就是世界银行贷款教育项目，始于1984年。截至2009年底，浙江省共利用世界银行贷款项目28个，贷款额约15.5亿美元，涉及交通、能源、教育、卫生、农林和社会发展等各个领域，为浙江省经济社会又好又快发展起到了积极的助推作用。

（一）有效缓解了资金供求矛盾

20世纪八九十年代，适逢改革开放初期，浙江省经济社会各项事业亟待发展，国内资金不足日益成为制约浙江省经济发展的瓶颈，长期稳定优惠的世界银行贷款资金，支持了浙江省一大批国家和省级重点项目的建设，有效缓解了经济建设与资金不足的矛盾。素有长江三角洲南翼外向型经济"黄金通道"之称的沪杭甬高速公路，利用世界银行贷款资金约4亿美元，成为杭州湾两岸的交通主骨架，为浙江省最终实现"四小时经济圈"的构想打下了坚实的基础，也实现了浙江省高速公路零的突破。位于东海之滨的北仑电厂二期工程是浙江省目前利用世界银行贷款资金量最大的项目，首次采用世界银行贷款和国际银团联合融资的方式引进资金5.5亿美元，建设了180万千瓦总装机容量的火电厂，同时利用世界银行贷款3亿美元建设的安吉天荒坪抽水蓄能电站，以其独特的抽水蓄能、调节峰谷的方式提供优质清洁的能源，极大地缓解了浙江省乃至华东地区用电紧张的状况，改善了电源结构。11.32万公顷郁郁葱葱的世界银行贷款项目林地为提前实现“五年消灭荒山，十年绿化浙江”作出了重要贡献。7个世界银行贷款教育项目改善了浙江省10所大专院校的办学条件，提高了教学科研水平。与国内银行贷款或国债资金相比，世界银行贷款资金有其独特的优势，贷款期限长（一般长达20～30年），5年以上的宽限期（期间只付利息不还本金），贷款利率相对较低，对建设周期长，投资回报较慢的大型基础设施项目或社会效益明显而经济效益有限的项目十分有利，能有效分散还款压力，并起到了引导国内配套资金投向、改善投资结构的作用。

（二）引进了科学规范的项目管理经验

世界银行在全球各个领域实施了成千上万个项目，形成了一套科学规范的项目管理经验。事实上，我国现在推行的招投标制度、工程监理制度等最早都来源于国际金融组织。世界银行贷款项目在浙江省的实施，为浙江省较早地了解并借鉴国际先进的项目管理经验提供了契机。如每个世界银行项目都具有完整的“项目周期”，包括立项、准备、评估、谈判、实施、监测及后评价等环节，特别重视项目的前期准备和论证，通常需要1～2年时间，对项目的技术、机构、财务、经济、环境影响、移民安置、可持续运营等方面进行全面的考察和评估，必须确立清晰的项目目标、合理可行的建设内容，尽量做到“事前”控制，减少建设的盲目性及可能带来的不利影响。又如，在采购方面，世界银行推行严格的招投标制度，要求全面采用国际或国内竞争性招标方式，以最大竞争性原则最大限度降低成本。在资金拨付方面采用报账制，即项目单位先以自有资金垫付工程、设备等款项，再根据发票、监理公司出具的中期支付证书、工程进度报告等证明文件向世界银行“报销”，以确保专款专用。在信息公开方面，重视民众的知情权和参与权，每个项目必须制定《移民安置计划》，并要求信息及时公开。此外，世界银行项目十分重视绩效管理，强调“以结果为导向”的绩效管理理念，在立项时确立了一系列“结果指标”及“中间结果指标”，并收集大量的“基线”数据；在项目执行过程中，通过报送项目进度报告和实地检查等方式进行监测；项目完工后，世界银行派出独立评价局人员围绕“相关性、效率、可持续性、影响”等关键评价指标进行后评价，及时总结项目经验和教训。这些管理经验有的是国际通行的惯例，有的是世界银行特有的管理方法，其背后渗透着“公平竞争”、“公开透明”、“相互监督”、“科学规范”、“诚实守信”等理念。这些项目管理经验对浙江省同类项目的实施有着重要的借鉴意义。

（三）引进了先进的技术和理念

浙江省许多世界银行贷款项目都具有“示范性”、“创新性”等特点。如集装箱项目在20世纪90年代末就引入了“一关三检”的概念，即在内陆集装箱中转站一次完成海关、商检、卫检手续，并通过计算机网络提交单据，实现了通关手续的一体化和信息化。又如,20年前浙江省利用世界银行贷款在温州市建成了国际一流的自来水厂,引进的设备和技术至今仍不落后。再如,世界银行与浙江省历史文化名城绍兴市两次合作,且两次都体现出了具有“前瞻性”的项目规划。第一次合作是20世纪90年代初,以开发新区来保护旧城为主要建设内容,世界银行专家与国内技术人员反复讨论新区规划,许多超前的设计经过时间的检验证明是正确且必要的。二度合作是本世纪初,利用世界银行贷款实施绍兴古城保护项目,并获得赠款资金聘请了国际咨询专家。世界银行专家、国际咨询专家在项目的规划、使用的材料及工艺等方面献计献策,并提出“原汁原味地保护、原模原样地恢复、有根有据地重建、有脉有络地创新”的理念,使整个保护工程既展现了历史的真实性又体现了风貌的延续性,既保护了文物古迹,又改善了当地居民的生活环境。其中的一项保护工程还荣获了联合国教科文组织亚太地区文化遗产保护优秀奖。与世界银行的项目合作,不仅促进了当地旅游业的蓬勃发展,且大大提升了城市竞争力。此外,在合作开展供水、污水处理项目的过程中,世界银行较早地提出了改革水价等公用事业行业收费价格机制,在推动浙江省公用事业行业市场化转变方面也起到了积极的作用。

(四)锻炼培养了一批高素质人才

世界银行贷款项目为浙江省经济社会发展培养了一批懂技术、会管理、能创新的高素质人才,为省内其他项目建设提供了人才保障。许多世界银行贷款项目办或项目单位的人员在谈到参与项目的体会时,往往有“痛并快乐着”的感受。世界银行项目技术新、理念新且国际专家经验丰富,工作态度严谨细致,参与世界银行项目能积累很多新知识、新理念,能学到国外先进的技术和管理经验,能激发起极大的事业心和责任感。然而,世界银行贷款项目程序复杂、手续繁多,又有国内国外两套程序,往往涉及国内多级多部门联动,协调难度大,且要准备并提交大量的案卷材料,与国内同类项目相比要付出加倍的努力和辛劳。但大家都有同样的感受,即世界银行贷款项目特别能锻炼人,能有效激发各方面的潜能。

诚然,在浙江省的世界银行贷款项目也有过失败的教训,且项目本身存在程序过于复杂、准备时间过长、项目设计要求过高而脱离当地实际情况、外汇汇率风险等问题。然而,若用发展的眼光来看,浙江省的世界银行贷款项目的确起到了引资引智的作用。当前,浙江省正处于经济快速发展时期,同时也肩负着转变经济增长方式、统筹城乡协调发展、缓解能源压力、应对环境污染等诸多重任。我们相信,浙江省今后与世界银行的合作将远远超越缓解资金压力的初始阶段,而将重点转向促进体制机制改革、制度创新等领域。我们将积极寻求与世界银行合作的机会,愿世界银行以其“知识银行”的优势,在新的历史发展时期为浙江省全面建设小康社会、构建社会主义和谐社会起到新一轮的助推作用。

资料来源:财政部网站,2010年9月6日。

【讨论的问题】

1. 世行贷款项目为杭州的经济发展起到哪些助推作用?

2. 世行项目的设计和管理特色对我国有哪些借鉴意义?

7.3 《采购示范法》

导入案例

南开大学教授参与修订联合国《采购示范法》

2008年10月,作为中国代表团的3名成员之一,南开大学法学院何红锋教授参加了在奥地利维也纳召开的联合国国际贸易法委员会(以下简称贸法会)政府采购工作组(即第一工作组)第14届会议,并应中国商务部委托起草工作报告。

本次会议旨在讨论修订贸法会1994年通过的《贸易法委员会货物、工程和服务采购示范法》(以下简称示范法)。讨论期间,针对《示范法》中一些制度缺陷及当前出现的电子化采购等新的采购方式,结合我国目前的政府采购制度,何红锋多次代表中国提出公共采购的救济和使用框架协议的修改意见,引起与会代表热烈反响,有多项修改意见被工作组会议报告采纳。

此次取得的对《示范法》修订的阶段性成果,对于提高采购透明度、节约财政资金、杜绝腐败和促进国际贸易都有着积极的意义。中国、法国、俄罗斯、英国、美国等31个贸法会成员国的代表,阿根廷等21个国家的观察员,及联合国工业发展组织、世界银行、欧盟委员会、经济合作与发展组织、世界贸易组织、国际律师协会等组织的观察员出席了会议。

工作组第15届会议将于2009年在纽约举行,我国拟继续组团参加,及时跟踪了解修订情况。

《联合国国际贸易法委员会货物、工程和服务采购示范法》由联合国国际贸易法委员会在1994年第27次大会通过。本示范法是在1993年通过的《货物和工程采购示范法》的基础上增加服务采购的内容而形成的,同时出版的还有采购法起草指南。制定本示范法是为了帮助正在改革公共采购系统的国家增加其经济的市场导向,或者帮助这些国家更新采购立法,进一步撤除国际贸易壁垒。通过竞争最大化,公平对待全部投标人,增加透明度和客观性。示范法为尚没有采购法的国家提供了一个起草、评价其采购法和采购惯例的样本。

本示范法的目的在于发展经济、提高采购的效率和抑制腐败,使公众有信心认为通过负责任的政府采购,可以获得公共资金的价值,投标人可以得到公平的对待。

案例详情链接

http://news.sohu.com/20081017/n260094243.shtml 2008 年 10 月 17 日。

案例引出的问题

1. 你认为我国教授参与修订联合国《采购示范法》的意义如何?
2. 联合国《采购示范法》的主要内容有哪些?
3. 联合国《采购示范法》的修订对我国有何影响?

原理知识

联合国贸易和立法委员会(贸易法委员会)是联合国大会的一个政府机构,《采购示范法》是迄今为止联合国贸法会关于货物、工程和服务采购方面制定的较为完善的示范性法律文件。但《采购示范法》并非真正意义的法,不具任何法律效率,对贸法会各成员国的行为不具约束力。

7.3.1 《采购示范法》形成的背景

第一,成立时间及基本任务。联合国贸易和立法委员会(贸易法委员会)是联合国大会于1966年成立的一个附属机构,基本任务是促进国际贸易法的逐步协调和统一,"协调"和"统一"国际法是指建立和采用可促进国际商务的法律的过程。国际商务可能因缺乏可预测的规范法律或因过时的法律不适合商业惯例等诸多因素而受到妨碍。联合国国际法委员会查明这些问题,然后精心制定可使法律制度不同以及经济和社会发展水平不同的国家接受的解决办法。贸易法委员会自设立以来编写了种类繁多的公约、采购示范法和其他文书,内容涉及规范贸易交易或商法中对国际贸易有影响的其他方面的实体法。《采购示范法》系简称,指联合国贸易法委员会在1994年第27届年会上通过的《贸易法委员会货物、工程和服务采购示范法》,以及与之配套的文件《立法指南》。它是迄今为止联合国贸法会关于货物、工程和服务采购方面制定的较为完善的示范性法律文件。

第二,《采购示范法》的特点。其一是联合国的《采购示范法》规定了全面的采购方法,为发展中国家和其他没有采购立法的国家提供了参考范本,该法通过以来,已经成为许多国家和地区完善采购法律的参考依据和借鉴,被认为是国际政府采购制度情况的综合反映。其二是《采购示范法》使采购开销节省和提高效率,并使得采购程序更具透明度,使采购过程诚实、公平,培养公众对政府采购的信心。其三是促进和鼓励任何国家供应商与承包商参与采购过程,尤其在适当情况下促进和鼓励无论任何国籍的供应商和承包商的参与，为供应拟采购的货物、工程和服务平等竞争，从而促进国际贸易。其四是通过普遍协调、统一各国采购立法，减少国际公共采购贸易的障碍，促进国际贸易的发展。

第三，法规的起草及成员国。贸易法委员会法规案文由联合国国际贸易法委员会提出、起草和通过，委员会由 60 个选举产生的代表各个地域的成员国组成。起草过程的参与者包括委员会成员国及其他国家（称为“观察员国”），另外还有有关的国际政府间组织和非政府组织。

联合国大会由联合国的所有会员国组成，而贸易法委员会则同大会的大多数附属机构一样，为便于进行审议，成员资格仅限于少数国家。贸易法委员会最初由 29 个国家组成；1973 年扩大到 36 个国家，2004 年又扩大到 60 个国家。成员组成代表了不同地域以及世界上的各大经济和法律体系。委员会成员选举产生，任期 6 年，每 3 年有半数成员任期届满。我国于 1983 年加入该委员会。委员会代表了 5 个区域组：非洲国家、亚洲国家、东欧国家、拉丁美洲和加勒比国家、西欧及其他国家。

第四，制定法律考虑发展中国家的利益。贸易法委员会在其工作中“考虑发展中国家人民在国际贸易广大发展中之利益”。委员会成员代表不同的地理区域，由大会选出，同时“妥适顾及世界各主要经济及法律制度，以及已发展国家与发展中国家均有充分代表参加”。发展中国家对起草和通过贸易法的法规起着积极的作用。委员会和秘书处致力于向这些国家提供培训和技术援助，这也是长期和一贯不变的做法。

需要说明的是，贸易法委员会的工作不同于世界贸易组织。贸易法委员会是联合国大会的一个附属机构。贸易法委员会秘书处是联合国秘书处法律事务厅的国际贸易法司。而世界贸易组织是一个独立于联合国的政府间组织。世贸组织处理的问题与贸易法委员会处理的问题不同。世贸组织处理的是贸易政策问题，例如，贸易自由化、消除贸易壁垒、不公平的贸易惯例或其他通常与公法有关的类似问题，而贸易法委员会处理的则是适用于国际交易中私人当事方的法律。因此，贸易法委员会不涉及反倾销、反倾销税或进口配额等“国家对国家”的问题。

拓展阅读

中国参与联合国《采购示范法》修订的重要意义

在中国正在进行 GPA 谈判的过程中，积极参与联合国《示范法》的修订工作显得尤为重要，主要有以下四个方面的原因。

(1)积极参与联合国示范法的修订工作,可以对当前国际政府采购领域出现的新问题和新做法有更多的了解,尤其是电子采购、框架协议、救济制度等方面的内容。他山之石,可以攻玉。这对解决我国政府采购中出现的问题有很好的借鉴作用。

(2)积极参与联合国示范法的修订工作,可以对示范法的条文和立法原则有更深入的理解。我国的《政府采购法》已经颁布5年了,但由于没有实施细则,同时这5年中政府采购的环境和状况也有了巨大的变化。对于《采购示范法》深入的理解将对《政府采购法》的理解、执行乃至今后的补充、完善起到很好的参考作用。这对于今后GPA条款的谈判无疑是有益的。

(3)积极参与联合国示范法的修订工作,能够使示范法更符合我国的具体情况。虽然示范法不是具有约束性的法律文本,但是作为一种国际通用的示范性文本,将指导各国政府采购法律的建设。中国作为大国,应积极促使示范法与我国的实际情况接轨,这样可以减少我国与其他国家政府采购法律的差异与摩擦。尽量为GPA谈判和今后的执行提供一个共同的基础和平台。

(4)积极参与联合国示范法的修订工作,可以促进我国与世界各国的交流和互相了解。由于GPA的成员国大多也是贸法会的成员。这样各方成员就增加了一种沟通的渠道和手段。通过在贸法会上的接触,有助于各方将来在GPA谈判中营造一个高效、友好谈判氛围。

【详情链接】中国国际招标网,2009年2月6日。

http://www.chinabidding.com/zxzx.jhtml? method = detail&docId = 3149756。

7.3.2 《采购示范法》的主要内容

第一,基本目标。贸易法委员会通过制定《采购示范法》,实现下列目标:促进最大限度的竞争;使参与政府采购活动的供应商均能获得公平待遇;提高采购的透明度和客观性,等等。这项目标对于节约财政资金,提高采购效率,杜绝腐败等都是非常重要的。任何国家将《采购示范法》的规定纳入本国或地区的法律中后,需要创造必要的环境,向公众表明政府采购部门能够在使用公共支出时,做到廉洁奉公,认真负责,对供应商一视同仁,实现物有所值。

《采购示范法》只是一个法律框架,针对采购实体在各种情况下进行的采购规定了必不可少的程序和原则,并未考虑因执行需要,规定详细的程序和全部的条例和细则。《采购示范法》将制定采购条例的任务留给了颁布国,但条例的制定应以不违背既定的程序和目标为条件。

第二,主要内容。《采购示范法》包括两大部分:法律条款及立法说明。法律条款部分涉及的内容有:总则、采购方法及其适用条件、招标程序、征求投标和资格预审申请、投标书的提交、投标书的评审和比较、服务采购的主要方法、招标方法以外的采购程序、审查等。

(1)总则。总则中对本法的一些基本问题做出相应的规定,包括适用范围、相关定义、供应商资格、采购合同生效、通讯形式及文法要求等。

关于适用范围,《采购示范法》将关系到国防和安全的采购排除在外,同时规定,颁布国还可以在其采购或实施条件中规定其他不适用条款,但不宜做出更多的限制。《采购示范法》中还规定,即使有不适用规定条款的采购项目,在具体执行时,也应按本法的原则操作。

《采购示范法》中规定了采购实体如何选择供应商并与之签订合同的程序,并未涉及合同的签订及其执行等方面的问题,例如,合同条款、合同管理、履约争端的解决或合同的终止等,但颁布国应制定相关方面的法律并确定相应的机构,规范并监督合同履约。

关于供应商资格,为了确保采购合同能够顺利履行,明确供应商的能力资格是非常必要的,同时考虑到政府采购属政府行为,政府必须维护公共利益,因此,《采购示范法》在确定供应商的资格条件时,除一般性要求如法人身份、财务状况等以外,还有些政策性要求,如"履行了缴纳本国税款和社会保障款项的义务",在采购过程开始之前一定年限内没有刑事犯罪记录等。

关于采购实体的界定,《采购示范法》主要着眼于处理政府单位和其他公共实体和企业的采购问题,考虑到这些实体的界限因国而异,本法提出两种选择:一是实体范围包括颁布国的所有政府部门、机构、机关和其他单位,涉及颁布国或地区中央政府以及省、地方政府或其他政府下属单位,这种选择适用于非联邦国家以及可对下属单位制定立法的某些联邦国家;二是实体范围适用于国家政府机关、其他实体或企业。对于第二种选择,如果颁布国要把某些实体纳入进来,需要考虑一些相关因素,如政府是否向实体提供财政资金或担保,该实体是否由政府管理或控制,政府是否对该实体销售货物或提供服务而给予独家垄断权,该实体是否负责向政府或财政部报告赢利情况等。

(2)采购方法。这一部分规定了货物和工程采购的方法及其适用条件。颁布国不必将该法中所有的采购方法都纳入采购法规之中,可根据当地具体情况确定几种采购方法。《采购示范法》中规定,采购实体采购货物或工程均应通过招标程序进行采购;对招标即使可行但采购实体认为不是最能获得最佳效益的采购方法,可采用其他采购方法。

由于服务采购与货物和工程采购有所不同,主要区别在于评审和评选过程,因此,《采购示范法》中对服务采购方法另做了规定,重点明确对服务提供者的资格和专门知识进行评估的程序,包括不通过谈判的评选程序,通过同时谈判的评选程序以及通过顺序谈判的评选程序等。适用服务采购的一些方法基本类似货物和服务采购方法。

(3)采购程序。与采购方法相对应,本法对招标采购方法和招标采购方法以外的采购程序做了相应的规定。关于招标采购方法的采购程序,本法做了较为详细的规定,包括征求投标或资格预审申请的程序、投标邀请书和资格预审邀请书的内容、招标文件的语种及提交、投标有效期、投标的修改和撤回、投标担保、开标、投标书的审查和评审比较、接受投标和采购合同生效等。

无论采取用哪种招标采购方法,采购实体与供应商之间不得就投标文件进行谈判。这条规定是为了避免出现“拍卖”效应,即利用一个投标商的投标对另一个投标商施加压力,迫使其降低报价或提供其他方面更为有利的投标,如果供应商得知采购程序中有谈判的规定,他们在投标时就会提高报价。为了体现公平原则,供应商都不希望在招标程序中出现报价的规定。

(4)审查机制。采取有效手段,依据明确的程序,审查采购实体的行为和决定,对保证采购活动的正常进行,加强对政府采购的监督,都是极其重要的。因此《采购示范法》中特别规定了有关审查的权利及行使这种权力的办法。《采购示范法》中规定了供应商要求审查的权利,包括采购方法的选择、评选程序、国别歧视、废标决定、拒绝邀请等。要求审查的权力是赋予供应商的,而不是公众,主要是为了防止出现过多的干扰,对公共采购的效益和效率产生不利影响。审查分为三个层次,首先是向采购实体(或审批机关)提出投诉;如对采购实体的答复不满意,可以提出行政审查;对行政审查结果不服的,可以要求司法审查。

本法中规定的行政审查只适用于允许上级对下级行政审查权的国家或地区,而且有资格申请行政审查的供应商为曾向采购实体或审批机关提出投诉的供应商,原因是供应商对采购实体或审批机关的决定不服。提出行政审查的另一个条件是,采购合同已经生效才提出上诉。本法也同样规定了行政审查在属实时应采取的补救措施,包括赔偿或终止采购活动等。

司法审查只是为了确定供应商的一种权力,准许供应商针对采购实体或行政审查机构不合理的决定或未采取必要的行动而寻求司法裁判。本法只就司法审查的补救办法提出了最低限度的规定,主要是为了避免触犯各国法律和程序中与司法程序有关的规则。

(5)保护性规定。由于政府采购与国际贸易密切相关,为了消除贸易壁垒,根据《采购示范法》的立法宗旨,越是广泛竞争,越能提高公共支出的效率,因此,《采购示范法》总的要求是,不得对外国供应商有所歧视,即使采用招标以外的采购方法,也应将采购信息告之外国供应商,并让他们能够准确理解采购信息。尽管如此,在某些情况下,《采购示范法》还是允许可以限制外国供应商的参与,目的是保护本国某些关键性的经济部门,使本国的工业能力避免由于过多的外国竞争而受到损害。如第1条的适用范围中,涉及国家安全或国防的采购可以不适用于本法,颁布国还可以扩大不适用范围;第2条采购实体规定中,可以将企业排除在外;第8

条第一款规定，颁布国可按采购条例或其他法律规定，根据国籍限制确定供应商的参与等。

《采购示范法》第34条及第39条规定了可以使用“优惠幅度”的手段，优先考虑本国供应商，使颁布国可以同时兼顾到国际参与和促进本国工业生产能力这两大目标，而无需单纯采用国内采购方法。

讨论案例

《采购示范法》修订最新动态

随着各国政府采购实践的不断发展，为了使《采购示范法》更好发挥作用，2004年贸法会第37届会议决定由其第一工作组（即政府采购工作组）对《采购示范法》及其立法指南进行修订和完善。此后，政府采购工作组多次召开会议，逐步完成《采购示范法》修订草案的研讨工作。2010年11月1日至5日，工作组第19届会议在奥地利维也纳召开，共有包括我国在内的30个成员国、11个观察员和8个国际组织的代表参加了会议。

一、会议情况

按照会议秘书组的安排，此次会议重点研讨了《示范法》修订草案第八章“审查”的内容，以及往届会议遗留的部分争议问题。主要包括：

（一）关于第八章“审查”

《采购示范法》规定，当供应商认为采购过程中有违法行为可能对其造成损害时，可以向采购实体或审批机关、独立行政机构提出投诉，也可以直接向司法机关提起诉讼。修订草案从自动暂停机制、采购实体受理投诉时限和救济措施等3个方面，对《采购示范法》相关条款作了修订。

1. 关于自动暂停机制

修订草案主张设立自动暂停机制，认为从采购活动开始至采购合同生效前，一旦供应商提出投诉，采购活动就应自动暂停。对此，欧盟代表表示赞成，认为此举可以避免供应商因投诉未被及时处理而丧失采购机会。我国代表认为，按照《采购示范法》的规定，供应商进行投诉的条件非常宽泛，投诉成本很低，如果再设立自动暂停机制，将进一步降低采购效率。美国代表认为，应由采购实体和独立行政机构自行决定是否暂停采购程序，以防止供应商滥用自动暂停规定，损害公共利益。工作组最后商定，不设立自动暂停机制，一旦有供应商提出投诉，由采购实体或独立行政机构自行判断是否暂停采购程序，但同时规定，除非不及时订立采购合同将对公共利益造成重大损害或者属于紧急采购，否则在采购实体或独立行政机构做出投诉处理决定前，不允许订立采购合同。

2. 关于采购实体受理投诉的时限

欧盟代表认为，采购实体只能在合同生效前受理投诉，因为《采购示范法》规定了定标到合同生效前的停顿期，已为采购实体处理投诉提供了足够的时间保障。美国代表认为，采购实体可以在合同订立后受理投诉，因为有些国家没有设置独立行政机构，如果采购实体不能在合同生效后受理投诉，供应商就只能向法院提出诉讼，而诉讼程序繁琐、成本高、效率低。工作组最终商定，不应赋予采购实体单方面修改已订立的合同的权利，采购实体受理投诉的时限应在合同生效前。

3. 关于救济措施

美国代表认为，《采购示范法》对独立行政机构的职责规定不明确，应对其能采取的救济措施进行适当精简。法国代表则强调《采购示范法》的"工具箱"作用，认为应尽可能做出全面规定，以便成员国视情况选择。工作组最后商定，重新梳理、全面规定独立行政机构可以采取的救济措施，具体包括暂停或终止采购程序、驳回投诉、撤销非法采购合同、重新做出合法决定、要求赔偿损失等，并商定在下阶段修订立法指南时，明确其中哪些措施是必要的，哪些措施是可选的。

（二）其他重点问题

1. 关于适用范围

《采购示范法》规定，该法不适用于涉及国防或国家安全的采购。工作组认为，国防或国家安全部门进行的采购并非都直接涉及国家安全，不应不加区分的全部排除在一国的采购法律制度之外。工作组商定将《采购示范法》适用范围扩大到所有公共采购，并将《货物、工程和服务采购示范法》更名为《公共采购示范法》。

2. 关于公共采购的政策功能

美国、法国等参会代表认为，在公共采购中过多考虑经济社会政策功能，会提高采购成本，建议删除《采购示范法》中的有关表述。我国和土耳其等国家的参会代表对此坚决予以反对，认为对于发展中国家而言，在公共采购中考虑经济社会政策功能至关重要，《采购示范法》必须保留相关表述；同时，各国可以根据自身需要，通过国内立法明确经济社会政策的范围，《采购示范法》不应对此做出限制。由于各方在此问题上分歧很大，工作组最后议定，此次先保留相关条款，及时将这个具有高度"政治敏感性"的问题提交更高级别的联合国国际贸易法委员会会议讨论。

3. 关于采购方式

部分参会代表认为，鉴于《采购示范法》对各种采购方式的适用条件做出了详细规定，因此宜由采购实体按规定自行选择最佳采购方式，建议删除《采购示范法》中以公开招标为首要采购方式的表述。对此，部分参会代表表示反对，认为公开招标是保证竞争、促进公平的最佳方式，仍应坚持以公开招标为主。工作组最后商定，保留以公开招标为首要采购方式的条文。

（三）下阶段工作安排

工作组决定，由秘书处按照此次会议讨论形成的思路和建议，进一步完善修订草案，于2011年3月前在贸法会网站上发布，并争取在7月贸法会会议上通过。另外，工作组第20届会议拟于2011年3月14日至18日在纽约举行，届时将按照贸法会网站上发布的修订草案，讨论修改立法指南。

二、几点建议

第一，美国、欧盟等成员国高度重视《采购示范法》的导向作用，我国宜进一步积极参与修订工作。由于《采购示范法》对各国采购立法具有重要的参考价值和指引作用，美国、欧盟等发达成员非常注重将基于本国利益考量的价值诉求和利益关切融入《采购示范法》修订过程中，借以影响其他国家采购法律制度的建立和变革，增加本国企业在他国政府采购市场的竞争力和市场份额。我国作为一个发展中的新兴大国，深受发达国家要求进一步开放政府采购市场的压力，应当充分利用好贸法会这一国际舞台，进一步积极参与《采购示范法》修订工作，与有关各国沟通协商，表达主张，寻求理解，增进共识，扩大影响，尽量为GPA谈判等相关事项赢取主动。

第二，《采购示范法》修订草案总结了近年来公共采购实践经验，我国宜在完善政府采购法律制度过程中认真研究借鉴。《采购示范法》修订草案，扩大了公共采购的范围，新增了征求意见书、电子逆向拍卖、框架性协议等新兴的采购方式，促进了电子采购的发展，保留了多渠道的救济措施。这些政府采购领域的新问题和新做法都值得我国在制定《政府采购法实施条例》、修订《政府采购法》、完善政府采购法律制度体系的过程中认真研究借鉴。

第三，各国都高度重视公共采购过程中经济社会政策功能的发挥，我国宜加大对相关内容的研究和创新。《采购示范法》修订草案保留了有关经济社会政策功能的条款，给各国制定政府采购政策预留了空间。尽管美国等部分国家的代表在会上对此表示反对，但据我们会下了解，金融危机爆发后，美国政府实际上进一步强化了政府采购的经济社会政策功能。除了此前饱受各方争议的购买本国产品条款外，目前美国正研究将碳排放量化指标纳入政府采购评标因素的可行性。这表面上是为了促进节能减排，实质上是美国试图绕过GPA对外国产品进行限制，从而扶持本国企业。我们既要高度关注美国的相关政策动向，积极应对，更要广泛借鉴国际经验，善于运用立法技巧，勇于创新制度设计，合理合法、行之有效地实现我国政府采购的经济社会政策目标。

第四，贸法会有进一步加强公共采购领域反腐败工作的新动向，我国宜予以充分关注。本届会议最后一天，会议秘书处专门安排联合国毒品和犯罪办公室（UNODC）的官员发言，着重阐述在公共采购领域加强反腐败工作的重要性，据该官员介绍，UNODC拟于12月13~15日在维也纳召开成员国第一次会议，期间将对公共采购及其利益冲突问题进行讨论，从目前掌握的情况来看，预防和打击腐败将成为未来公共采购领域国际立法的一项重要内容。我国宜对此予以充分关注。

资料来源:财政部网站。

http://www.mof.gov.cn/pub/tfs/zhengwuxinxi/faguixinxifanying/201101/t20110112-411016.html。

【讨论的问题】

1. 从《采购示范法》修订的内容中,分析政府采购领域国际立法的重要性。

2. 中国参与《采购示范法》修订,对完善我国政府采购法律制度体系有何借鉴?

7.4 《政府采购指令》

导入案例

比利时:鼓励中国企业参与采购竞标

记者日前就比利时的政府采购情况采访了比利时众议院副议长安德烈·弗拉奥。据弗拉奥介绍,比利时没有一个负责整个政府采购的专门机构,而是由联邦、大区和省级政府采购部门以及政府机构的附属组织根据需要实施政府采购计划,各项采购都是在遵守有关法律法规的基础上采取公开招标的方式进行的。

比利时的政府采购分4个行政级别进行,首先是联邦政府;第二是大区政府,即弗拉芒大区、瓦隆大区和布鲁塞尔大区政府;第三是省级政府,即安特卫普、西弗拉芒、东弗拉芒、列日和那慕尔等10个省级政府;第四级是政府机构的附属组织。

各级政府机构和组织都独立进行采购,在采购中都要遵守市场经济法律。在比利时,联邦政府虽然没有负责采购的人员,但联邦政府各部都有自己负责采购的人员,3个大区政府、10个省政府和政府机构的附属组织都有各自负责采购的人员。如果你是一位供应商,也许你会与不同级别的采购人员打交道,但他们都是在遵守市场法律的基础上开展工作的,这是比利时的法律所规定的,同时也是遵照欧盟共同市场的总体要求。比如,你想把产品卖给瓦隆大区政府,那么你就需要见联邦政府部长和瓦隆大区的部长,只见一个负责人是不够的,因为每个级别的部长权限不同。

如果政府的部长要为工作人员购买包括消费类电子在内的所需相关产品,他首先要向他们询问需要的种类和数量,然后公布一个招标细则,在细则中将公布购买的数量,并详细叙述购买产品的要求。之后将评估每个投标方的报价和能力,选择出一个最合适的供应商而不仅仅是最低报价者,最后向政府提出建议。

政府的招标文件是在比利时和欧洲范围内公布的,无论是比利时公司还是非欧洲跨国公司,只要是在欧洲设有分公司的企业均可以参加投标,如果他们报出的条件和价格合适，又能为所在地区创造新的就业机会，那么通过审核后他们也一样会中标。例如，中国的华为公司，在鲁汶设有分公司，那么华为公司就可以参与比利时的政府采购竞标。

各级政府采购机构和组织都可以公布招标文件进行采购。企业要参与比利时的政府采购竞标必须具备一定的条件，首先要符合比利时的国家标准，如按时纳税、保证社会安全、有良好的财政状况、其生产过程不影响环境、不违法用工等，这些都是竞标企业所要具备的条件。

各级政府在进行政府采购时，对国内产品和外国产品一视同仁。例如，中国的纺织品很便宜，如果有个中国企业参与欧洲市场的竞争，欧洲市场法律不允许比利时有关方面说不。市场法规是为了保护市场能充分运作，发挥市场竞争优胜劣汰的作用，这也是市场经济的一大特点。

比利时联邦政府与各级政府和下属机构一样，在进行政府采购时都要遵守市场法律，所有的政府采购都是公开透明的，这样可以避免暗箱操作，防止腐败和犯罪的产生。

案例详情链接

《经济参考报》2010 年 7 月 6 日。http://finance.qq.com/a/20100706/002589.htm

案例引出的问题

1. 欧盟成员国比利时的政府采购制度对我国有何借鉴意义？
2. 欧盟的《政府采购指令》的主要内容有哪些？

原理知识

欧盟各国在政府采购方面，除要遵守本国法律规定外，还必须遵守欧盟的规定，如果是 WTO《政府采购协定》(GPA)的成员，在政府采购方面还要遵守 GPA 的相关规定。欧盟有关政府采购的规定主要是政府采购方面的欧盟指令，欧盟不断更新修订其政府采购领域的法律法规，使其能够跟上时代步伐，适应现代采购的需要。

7.4.1 《政府采购指令》形成的背景

欧洲联盟是一个立足相互开放、相互依存、相互保护和相互扶持的国际区域市场,目前已成为全球区域性组织中组合最完全、影响力最大的共同市场,它的最终目标是,通过关税同盟、政治同盟,实现西欧各国的经济一体化和政治一体化,创立一个人员、货物、服务和资本自由流动的统一内部市场。政府采购市场的相互开放也是其努力方向之一,因此,在世界各类国际经济组织中,欧盟最早开始着手消除区域内的有关政府采购障碍。

早在1966年,欧盟的前身欧共体就通过了有关政府采购的原则,在其区域内建立国际政府采购制度要比关贸总协定通过的《政府采购协议》早13年。欧共体之所以对政府采购给以极大关注,是由于政府采购金额在欧共体的GDP和贸易额中占有很大的比重。据欧共体统计,各成员国的政府采购和国有企业的采购总额平均每年达到4 000亿欧洲货币单位,占欧共体GDP的14%,以上的统计数字还未包括运输、能源和邮电等部门进行的采购。但是,由于在执行欧共体有关规定的严格程度方面,各成员国间存在着很大的差距,结果,仅有一部分政府采购实行了国际招标,其余部分则是各国政府从本国企业直接购买。回避国际市场的竞争必然带来价格的垄断、采购成本上升,因而增加了纳税人的负担。欧共体估计,这部分损失每年为400亿欧洲货币单位。

因此,为了在欧共体范围内彻底消除货物自由流通的障碍,欧共体(欧盟)相继颁布了关于政府采购各个领域的公共指令,构成了目前欧盟的公共采购法律体系。在这个法律体系中有四部指令是关于公共采购的实体性法律,有两部是程序性法律。这六部指令是适用于欧盟范围内的公共采购的主要规则。这个立法的目的是,通过制度规范统一的采购制度和程序,为各成员国的供应商或承包商提供公开平等竞争机会,实现政府采购市场内部自由化;同时,公开招标有助于成员国公共部门资金的使用得到监督和节约,从而达到降低政府部门开支,进而降低国内税赋的目的。

政府采购方面的欧盟指令主要包括欧盟委员会1992年颁布的《关于协调公共服务采购程序的指令》(93/36/EEC)、1993年颁布的《关于协调公共货物采购程序的指令》(93/36/EEC)和《关于协调公共工程采购程序的指令》(93/37/EEC),欧洲议会和欧盟委员会2004年重新颁布的《关于协调公共工程、货物和服务采购程序的指令》(2004/18/EC)和《关于协调供水、能源、交通和邮政服务程序的指令》(2004/17/EC)等。

7.4.2 《政府采购指令》的主要内容

第一,《政府采购指令》的目标和原则。《政府采购指令》的目标是确保各成员国遵守关于在单一市场中货物和服务的自由流动的规定。具体包括以下内容。

(1)在欧盟成员国范围内增加采购程序和活动的透明度;

(2)促进成员国之间货物和服务的自由流动;

(3)改善公共供应和服务合同有效竞争的条件。

为了实现这些目标,欧盟通过其制定的指令确立了三项基本原则,即透明度原则、非歧视原则和竞争性原则。

第二,《政府采购指令》的适用范围。

(1)缔约机构。《政府采购指令》所适用的缔约机构通常是中央、地方和地方政府机关以及公法所管理的或由指令所规定的其他公共机关。公法所管理的公共机关是指为满足公共利益,由国家、地区或地方当局管理或资助的,具有法人资格的机关。每个指令都包含有指令所适用的名单附件。

(2)适用的合同。《政府采购指令》适用于由签约机关和供应商签订的书面合同,包括公共工程合同、公共工程特许合同、补贴工程合同、公共供应合同、公共服务合同、公共事业许可合同、设计竞争合同、公用事业合同八大类,但每个指令也都规定了免除适用指令的具体条件。

第三,采购合同的分类。

(1)公共工程合同。

其一,定义及起点价。公共工程合同是指执行工程或者建筑工程的合同,或者根据该合同,采购者雇用人员依照具体要求进行的工程采购。如果租赁是采购者要求进行制订的新工程合同也被视为工程合同。受指令约束的工程合同,起点价为500万欧洲货币单位。在单一合同涉及一个以上子合同的情况下,在决定是否达到起点价时,必须是所有子合同估价的合计价。在已达到起点价的情况下,除小合同(又称“小批量”)外,指令将适用于每一个子合同。小合同的价值按合计低于100万欧洲货币单位计算。

其二,采购方式。在正常情况下应该采用公开投标或限制性招标采购方式,但在例外情况下,也可以采用竞争性谈判采购方式。例外情况是指:根据合同规定,工程或多个合同纯粹是为了研究、实验或者开发的需要,而不是为了商业性或者为了收回研究与开发费用;根据工程的性质,由于涉及一定的风险,禁止事先做出总体定价。当因技术或艺术的原因,或者因与保护专利有关,合同只能由某一特定的人来执行时,也可以采用非竞争性采购方式。

其三,采购信息发布要求。符合指令要求的工程计划决定后,必须尽快将相关信息通知给欧盟的官方杂志。采购信息的发布要给予供应商充足的准备时间。

采用限制性招标采购方式的,申请投标的时间从发送时计算不少于37天(紧急情况下不少于15天);如事先已发布了信息的情况下为26天(紧急情况下10天)。在招标阶段,投标准备时间至少为40天。

采用竞争性谈判采购方式的,申请参加谈判的时间,从发送信息时起不少于37天(紧急情况下不少于15天)。合同授予通知应该在合同授予者已确定后的48天期限内送到官方杂志处。

(2)公共工程特许合同。

其一,定义及起点价。公共工程特许合同是指特殊的公共工程合同,在这种合同中,公共部门给予一定的补偿,包括执行工程(或多个工程)的权力。公共特许工程的起点价为500万欧洲货币单位,起点价的计价规则与公共工程的规则相同。

其二,采购方式。没有竞争要求,但不能以国籍为理由而拒绝有兴趣的投标商。

其三,采购信息发布要求。合同通知送至官方杂志处时,从发送时计算不少于52天,以便于因可能让步而做出反应。

(3)补贴工程合同。补贴工程合同是指给予一个机构而不是一个公共部门的某类工程合同,在这种合同中,公共部门承担一半以上的补偿。

补贴工程范围是指一些国内工程活动,包括医院建筑、娱乐休闲设施、学校和大学建筑,或者用于行政管理目的的建筑。

(4)公共供应合同。

其一,定义及起点价。公共供应合同是指购买或租赁货物和对这些货物进行运送或安装的合同。起点价包括两个层次:符合列入世界贸易组织政府采购协议附件一的部门(大多数为中央政府部门,但对国防部另有特别条文),起点价为13万特别提款权;其他部门的合同为20万欧洲货币单位。确定起点价的依据,一是单一合同的总估价;二是系列批量合同价,包括所要支付或期望支付的补贴。

其二,采购方式。一般情况下,要求采用公开招标采购方式和限制性招标采购方式。在下列情况下,可采用不需要竞争的谈判采购方式:生产的货物纯粹用于研究、实验者开发目的,购买这种货物不是为了商业目的或为了收回研究与开发的费用;因技术或艺术原因,或者与保护专用权利有关,购买的货物只能由某一特定的人来生产或者供应。

其三,采购信息的发布要求。就规定范围内的合同而言,当一个财政年度开始后,必须尽快将采购信息送至官方杂志处。在这种情况下,该部门根据合同情况要给予某一特别产品的补贴为75万欧洲货币单位,或者更多。

具体要求为:采用公开招标采购方式的,从发送信息时计算,不少于52天。采用限制招标采购方式的,申请投标的时间,从信息发送之日计算不少于37天(紧急情况下不少于15天)。在已发出招标书后,等标期不少于40天(紧急情况下为10天)。采用竞争性谈判方式的,申请谈判的时间计算,不少于15天。合同授予通知应在合同被确定授予后的48天内送至官方杂志。

(5)公共服务合同。

其一,定义及起点价。公共服务合同是指合同部门雇用某人提供所签订的合同,而不是服务特许合同。

服务包括两部分共27类:一部分主要有车辆与设备的保养和维修、陆路和航空运输、陆路邮政和空中邮政运输、金融服务、计算机及相关服务、会计、审计和记账服务、市场调研和民意测验服务、管理咨询服务和相关服务等,另一部分主要有宾馆与饭店服务、铁路运输服务、水上运输服务、法律服务、教育与就业教育服务、健康与社会服务、文化娱乐与体育服务等,其中,第二部分服务不受竞争规则的约束。

起点价为20万欧洲货币单位,但也有许多例外规定。除标准例外以外,指令中规定的例外还包括雇佣合同,某些电信服务、土地、广播器材和广播时间、仲裁或者调解服务、某些金融和研究服务的合同以及具有专利性质的合同。

其二,采购方式。正常情况下,应该使用公开招标或限制性招标的采购方式,但在下列情况下,竞争性谈判采购方式也可以使用:一是所提供的服务具有风险,禁止估算总价;二是拟采购的服务难以明确适应招标要求的技术规格。因技术或艺术原因,或者因与保护专利权有关的原因,拟采购的服务只能由某一特定的人来提供,在此情况下,还可以采用非竞争谈判采购方式。

其三,采购信息发布要求。就第一部分服务而言,在第一个财政年度开始后,必须尽快将采购信息送至官方杂志处。要求如下:采用公开招标采购方式的,投标准备期从信息发送日起计算,不少于52天,已发布信息时为36天;采用限制性招标采购方式的,申请投标的时间,从信息发送之日起计算,不少于37天(紧急情况下不少于15天),已发布信息时为26天(紧急情况下为10天);采用竞争性谈判采购方式的,申请谈判的时间,从信息发送之日计算,不少于37天(紧急情况下不少于15天);合同授予通知的期限为48天。对第二部分服务合同是否有合同授予通知,由采购者自行决定。

(6)公用事业许可合同。

其一,定义。公共事业许可合同是指一个公共机构向社会提供其职责范围内的服务并授权对服务收费而产生的一种合同。

其二,适用范围。欧盟的规定不适用于服务许可合同,因此没有竞争要求。但是在指令中规定,如果一个公共机构授予某人而不是某公共机构特别或排他性权力为民众提供服务时,不能以国籍为由歧视某成员的供应商,或以合同商来自另一成员为由拒绝其他成员的供应商。

(7)设计竞争合同。

其一,定义及起点价。设计竞争是指获得计划或设计而签订的一种服务合同。指令适用于有望获得价值20万欧洲货币单位(包括奖金)以上的公用事业合同。

其二,采购信息发布要求。设计竞争必须在官方杂志上刊登广告,对参加方的数量必须限制,但要按明确和无歧视标准进行选择。

(8)公用事业合同。

其一,定义及适用范围。公用事业合同的定义与公共机构合同的定义相同,但有例外;与证券发行、销售、购买或转让有关的财政服务合同或其他金融证券和中央银行服务包括在设备规定之中。公共机构、公用事业(指公共机构可以直接或间接施加影响的公用事业)、以特别获得排他权力为基础经营的经营机构(包括私营机构)。上述特别或排他权力是指:提供或经营固定网络,以向社会提供与饮用水、电或天然气或热力的生产;运输或分配有关的服务;向这种网络提供饮用水、电、热或气;水网经营者进行的排污或水利工程活动;利用地理区域勘探或开采石油天然气、煤或其他固态油;利用地理区域提供机构、水下或内陆港口措施;经营网络,通过铁路、公共汽车、电缆或自动体系向社会提供运输服务;提供或经营电信网络或提供电信服务。

关于适用规则的起点价,一般为 500 万欧洲货币单位,能源、水及运输部门的供应和服务为 40 万欧洲货币单位,电信部门的供应服务为 60 万欧洲货币单位。达到起点价的服务,除标准例外以外,还有许多例外,包括雇工合同、土地、仲裁和调解服务,某些研究和开发服务的合同,受某些条件的约束,因下列原因,服务合同也被排除在外:在欧共体外进行;货物、工程或服务的获得是为了竞争性转售;水利机构对水利的购买,以及能源机构对能源或石油的购买是为了能源的生产;在其他人根据实质上相同的条件提供这些服务而不受限制的领域中,与公共汽车服务或电信服务的提供相关。欧共体的规定还不适用于给予附属企业的合同。在欧盟,附属企业的 80% 以上的营业额来源于向主营机构提供的服务。

其二,采购方式。采购方式包括三种:公开招标采购、限制性招标采购以及竞争性谈判采购,具体的采购方式,采购机构有权自由选择。在特定的情况下,也可以采用非竞争采购方式。

其三,采购信息发布要求。超过起点价的货物和第一部分服务合同以及工程合同,至少每年要发布一次采购通告。投标准备期要求如下:采用公开招标采购方式的,准备期从信息发送到官方杂志处时计算,不少于 52 天。事先已发布信息的为 36 天。采用限制性招标采购方式或竞争性谈判采购方式的,申请投标或谈判的时间,从信息发送时计算不少于 5 周,任何情况下,不得少于 22 天。通过参与协商,或者未经协商,在发出标书后,收讫标书的时间一般至少是 3 周,任何情况下都不得少于 10 天。

其四,对欧盟以外第三国的限制。欧盟规则中对第三国提供的货物(包括电信软件)有限制性规定。当欧盟提供的产品与第三国提供的产品价格差异在 3% 以内的,欧盟提供的产品要给予优先。如果欧盟与第三国有互惠协议,如世界贸易组织的《政府采购协议》,则不存在限制问题。

第四,采购程序。

(1)公告。公共采购领域最重要的程序之一是所有受指令管理的合同必须在官方杂志上发布公告,邀请承包商进行投标,这就是所说的“竞争邀请”。竞争邀请也必须公布在EC计算机信息系统,即每日电子标讯上。现将EC采购指令所规定的最重要的四种公告形式介绍如下。

其一,定期合同预告也即PIN公告。绝大多数缔约方机构都必须发布PIN公告,列出其未来合同的细节。在公共领域,PIN公告只是向投标人预告未来合同的一种方法。在发布PIN公告的情况下,发布招标公告之后接受投标的期限就要缩短。同时公共指令对发布PIN公告的时间规定也有细微的差别。《工程指令》规定,在进行工程建设的决策做出之后,缔约机构应立即将限额以上的工程发布PIN公告。《供应和服务指令》规定,缔约机构应在财政年初将未来12个月内拟授予的合同发布PIN公告,只要合同的实际价值超过了限额。在公用事业领域,PIN公告相当于竞争邀请,在发布PIN公告的情况下,缔约机构可以不必再发布招标公告。同时,PIN公告发布的时间,在工程、供应和服务合同之间也有差别,这一点同公共领域的情况相似。

其二,使用合格者名单公告。这一公告只适用于受《公用事业指令》管理的合同。使用了资格预审制度的公用事业机关,必须每年将该制度公布于众。公共领域的采购指令没有正式规定可以使用合格供应商名单,但只要缔约机构选择合格供应商的标准与有关指令和EC法律保持一致,比如非歧视性以及授予合同应对所有投标商公开,他们就可以在非正式的情况下使用该名单并无义务将该非正式名单公布于众。

其三,招标公告。这是最重要的采购公告,缔约机构公布其将要授予的单个合同。即使已经发布了PIN公告,指令也仍然要求缔约机构发布招标公告,除非在公用事业领域和在有限的情况下使用非竞争性谈判程序时。同时,根据指令的规定,缔约机构只能授予招标公告所描述的合同,因此缔约机构对招标公告的措词应十分小心,除非在公告中特别规定允许变更公告内容。

其四,授予合同公告。一旦授予了一项合同,缔约机构必须将该结果公布在指定的刊物上。该公告必须详细说明合同授予的方式和对象,包括授予日期,使用的标准,投标商数量以及合同的最终价格。在公共领域,授予合同公告必须在授予合同的40天内公布在指定的刊物上。指令对公告使用的语言作出规定:公告应以本国语言在指定的刊物上全文发表,同时以别国官方语言摘要发表。每个指令均包括有标准公告形式供缔约机构使用。

(2)招标程序。缔约机构必须使用的程序,包括公开招标、限制性招标和谈判程序。

其一,公开招标。根据这一程序,所有有兴趣的供应商、承包商,或服务提供者都可进行投标,并且所有在适当的时间内向缔约机构呈递标书的投标人都应给予授予合同的考虑。

其二,限制性招标。只有那些受到了缔约机构邀请的供应商、承包商,或服务提供者才能进行投标。在使用限制性程序时,招标过程分为两个阶段:投标申请和正式投标。

其三,谈判程序。缔约机构同一个或一个以上的供应商、承包商或服务提供者直接谈判以做出选择。如果缔约机构发出邀请,该程序的前一阶段类似于限制性招标的第一阶段,具有严格的时间限制。如果没有发出竞争邀请,则没有时间限制。公共领域的指令详细地罗列了使用谈判程序的条件,并指出在使用了竞争邀请的谈判程序中,应至少有3个投标人以保证竞争,而《公用事业指令》只要求所选择的投标人数量能保证适当的竞争即可。除了《公用事业指令》外,所有的指令都鼓励使用公开和限制性招标,并对使用谈判程序的条件作出规定。《公用事业指令》允许缔约机构可以选择使用任一招标方式。

(3)合同文件的提供。根据公开采购程序,缔约机构必须在接到投标申请后的6天内将合同文件提供给有兴趣的投标人,而与合同有关的其他信息必须在投标截止日至少6天前提供。如果不可能在6天内提供合同文件或在需要现场考察或进一步提供文件时,时间限制就必须延长。

根据限制性程序和谈判程序,缔约机构必须同时以书面的形式将招标邀请、合同文本和其他信息提供给所有的投标候选人。其他与合同文本有关的信息也必须在投标截止日至少6天前由缔约机构提供(谈判程序中紧急情况除外)。在谈判程序中出现紧急情况时,额外信息必须在投标截止日至少4天前提供。

第五,技术规格。为了避免对外国投标人的歧视,缔约机构必须使用欧洲的标准或规格,或者实施欧委会认同的国家标准,在得不到这些标准的情况下,必须参照欧洲通用的其他技术规格。在欧洲或通用技术规格都不存在的情况下,缔约机构应参照(按优先顺序)实施国际标准的国家标准、其他国家标准,或其他标准来制定合同的技术规格。缔约机构必须将这些技术规格包括在合同文件中,并对没有使用欧洲标准,或通用技术标准的原因做出记录。

缔约机构只能在有限的情况下偏离这种原则。例如,如果是创新工程且使用现有标准不合适,就存在技术标准与新工程不相容的问题;或者使用现有标准会造成不适当的成本或技术困难。另外,指令也不允许缔约机构在它们的合同规格中要求使用特定的产品或工艺,例如,指令尤其禁止指定具体商标或专利,除非参照此类商标或专利是为了对合同本身进行说明并且缔约机构已就合同的标的物使用了"或其相当物"的术语。

第六,授予合同的标准。缔约机构在决标时应选择最低报价的投标或经济上最有利的投标。一般而言,最常用的标准是价格最低的投标。在不以价格作为唯一考虑的因素时,缔约机构必须事先规定其决定最佳投标时所考虑的因素,并将其以重要因素的程度进行排列。指令所列举的用以选择最佳投标的因素包括价格、交货期、质量、售后服务或成本有效性。缔约机构也可以使用其他标准,比如供应的安全性、垄断的避免、不能交货的风险等。缔约机构必须按照招标通告或招标邀请中载明的标准对所有投标进行评价。如果缔约机构收到了价格异常低的投标,要求投标人加以解释,而不是仅仅因为价格因素异常加以拒绝。

第七,救济指令。依照《救济指令》,供应商、承包商或服务商可以在国家法院或法庭对采购提起诉讼,谋求救济方法。欧盟委员会也可以在欧洲法院或成员国提起诉讼。两种救济方法中的任何一种都可能导致中止合同授予程序或撤销招标结果的决定。

在国家一级的诉讼中,还可能给予损失补偿。在欧洲法院的诉讼中,通常的结果是欧洲法院对成员方是否未执行欧盟法律作出裁决。只有在非常严重的案件中,欧洲法院才下令合同的终止执行。

讨论案例

意大利的政府采购法律制度

一、意大利的政府采购法律制度

意大利是欧盟成员也是世贸组织《政府采购协定》的成员,因此在政府采购方面除要遵守本国法律外,还必须遵守欧盟及《政府采购协定》的有关规定。

1. 欧盟关于政府采购方面的主要指令

欧盟有关政府采购的规定主要是政府采购方面的欧盟指令,这些指令主要包括欧盟委员会1992年颁布的《关于协调公共服务采购程序的指令》、1993年颁布的《关于协调公共货物采购程序的指令》和《关于协调公共工程采购程序的指令》,欧洲议会和欧盟委员会2004年重新颁布的《关于协调公共工程、货物和服务采购程序的指令》以及《关于协调供水、能源、交通和邮政服务程序的指令》。时至今日,欧盟仍在不断更新修订其政府采购领域的法律法规,使其能适应现代采购的需要。

2. 意大利《公共合同法》(Il Codice dei Contratti Pubblici)

为了能使欧盟有关指令在本国顺利推行,意大利于2006年颁布了《公共合同法》。该合同法实为一法律集合,涵盖了欧盟统一指令及本国所有关于一般性和特殊性公共工程、服务和货物采购招标方式的法律规定。该法以公共采购应具备的灵活性、透明性、时代性和明确性等特点为指导,本着保护和优化市场竞争、适应自然和社会要求的原则,对意大利的公共采购体系和运作程序进行了完善和简化,在将欧盟指令引入意大利的同时,也对意大利原先制定的、关于公共采购的相对零散法律法规进行了整理,构建了系统的法律框架。

意大利《公共合同法》共分为五大部分:

第一部分　关于公共合同的一般性原则和法规,以及不适用或部分适用本法

律的合同

在该部分里，囊括了所有与公共采购行为有关的法规、准则、法律定义、法律依据以及国家和地方政府相应负责部门，并列举了不适用本法律的合同类型，如秘密采购合同等。

第二部分 一般性公共工程、服务和货物的采购合同规定

该部分根据欧盟第18/2004号指令要求，对一般性公共工程、服务和货物的采购合同（既包括欧盟权限采购合同也包括本国权限采购合同）进行规定。该部分是公共工程、服务和货物采购合同规定的基础范本，在对特殊类型采购合同和特殊行业采购进行规定时多会参照这一基本规定，找出例外，再进行个别规定。

第三部分 特殊行业公共工程、服务和货物采购合同规定

该部分明确了对一般行业和特殊行业都适用的法规，列举了仅适用于特殊行业的特别规定，以及仅适用于本国采购权限下的特殊行业公共采购合同管理条例。

第四部分 诉讼

列举了适用的法律工具和法外处理方式

第五部分 法律协调规定、过渡法律规定以及法律废除规定

该《公共合同法》以欧盟指令为第一准则，它的制定简化了公共采购的运作程序和所需材料，提高了采购效率，并对意大利原有的零散、不系统的政府采购法律法规进行了整合，标志着意大利政府采购完整法律体系的建立。

二、意大利的政府采购法律制度中可能影响我国产品和服务参与意大利政府采购市场的规定

按照意大利规定，对于欧盟外国家的企业，根据对等原则，其所在国必须签署WTO项下关于公共招标的多边协议，或与欧盟或意大利签署其他的关于公共招标的多、双边协议才有资格参与意政府采购竞标。由于我国目前尚未与欧盟或意大利签署有关双边协议，与WTO关于公共招标的多边协议也仍在谈判中，因此对我企业参与意政府公共招标采购项目造成阻碍。2008年10月，我清华同方威视技术股份有限公司就因该原因被取消了参与意海关集装箱检测设备投标的资格。

此外，尽管意大利《公共合同法》本身未对其他国家企业参与本国政府采购合同进行明确限制，但其对参与招标企业资质提出的要求将对我企业形成潜在壁垒。在一些特殊行业的招标中，如医疗领域，供应商在当地的年销售量需达到一定规模才有可能参与竞标；此外采购实体还会组织专家团对企业产品进行挑选，个人对产品的喜好起很大的决定因素。这就对我许多尚未进入或刚刚进入欧盟市场的或是品牌影响力不大的企业参与投标造成较大困难。此外，欧盟目前正在大力发展电子化政府采购工作，根据计划，2006年前签订欧盟电子化政府采购协议的成员国其采购交易的重要部分要通过电子化实施，2010年则要实现电子化采购的普遍应

用,欧盟范围内将建立统一的企业注册系统,使用统一格式的电子签名。届时,欧盟外企业若想参与欧盟国家的政府采购项目则必须先在欧盟进行注册获取电子签名,无形中增加了难度。

三、加入 GPA 后,我产品和服务在意大利的出口前景

中意两国贸易长期以来保持着良好的发展势头,根据我海关统计,2008 年中意两国进出口贸易总额达到 382.55 亿美元,其中,我对意出口 266.08 亿美元,较 2007 年增长 25.7%。中国是意大利第三大进口来源地,而意大利也成为中国在欧盟的第四大贸易伙伴。我国目前对意大利出口的主要产品为:纺织服装、电子设备、金属及其加工产品、机械设备、皮革皮具、化工产品、橡胶和塑料产品等。特别在劳动密集型产品方面,中国是意大利的主要供给国,根据意方统计,中国出口到意大利的纺织服装、家具玩具、皮革制品和鞋靴伞等轻工产品分别占意大利同类产品市场份额的 23.0%、31.2%、22.6%和 21.2%。

政府采购在国民经济中占有非常重要的地位。根据联合国的统计,一个国家的政府采购金额可以达到这个国家国内生产总值(GDP)的 15%以上。2008 年意大利政府及公共机构的采购规模为 1 200 亿欧元(不包括军火和秘密采购),对我企业来说是个颇具潜力的市场。但我们也应注意到,尽管我国产品具有性价比较高的优势,但意大利保护主义倾向明显,政府采购开放程度有限,特别对纺织、服装、鞋类、餐具和玻璃制品等我国主要出口产业仍未完全开放。因此,加入 GPA 后我国产品能否迅速参与意政府采购项目并占有一定份额很难预测。此外,欧盟实施统一的网上政府采购系统势在必行,届时所有希望参与欧盟成员国政府采购项目的企业必须先在该系统中进行注册,获取由欧盟认可的电子签名而后进行竞标等活动,这无论从程序上还是语言上都将为中国企业造成不便,形成潜在壁垒,应引起我企业的密切关注。

为了在加入 GPA 后,我企业能更快地进入欧盟政府采购市场,参与各成员国的政府采购项目,我国企业除认真学习和了解欧盟各国关于政府采购的法律制度和运作程序外,还要在科技创新方面多下工夫。目前各国都在引导和推动对节能环保产品的市场消费,作为各国的政府部门都将优先采购节能产品,开发生产高质量的节能环保型产品,将可能成为帮助我企业尽早进入政府采购市场的敲门砖。

资料来源:中国驻意大利使馆经济商务参赞处网站,2009 年。

【讨论的问题】

1. 为配合欧盟《政府采购指令》能在本国顺利推行,意大利出台了哪些政策?
2. 加入 GPA 会对我国出口意大利的产品和服务产生哪些影响?

7.5 我国政府为加入 WTO《政府采购协议》积极努力

导入案例

中国递交加入 WTO 政府采购协议的新提议

2010 年 7 月 21 日外电报道,中国提出加大外国公司参与中国政府采购的途径,努力克服国际上有关中国歧视外国供应商的怨言,不过外国分析人士说,此举可能仍不足以缓解他们的担忧。新提议对 2007 年中国的首次提议进行了修改,此次提出之际正值外国公司和政府强烈批评中国政府管理大规模政府采购市场准入的新规定之际。中国官员估计,2009 年政府采购合同额超过了 1 000 亿美元。

2001 年中国加入 WTO 时,曾承诺将启动加入政府采购协议的提议,不过美国和其他 WTO 成员国拒绝了中国于 2007 年底递交的第一份提议。此后,美国和其他 WTO 成员国就一直敦促监管机构递交一份修改后的提议,5 月份中国在中美战略与经济对话上同意在本月前递交新的提议。政府采购协议是由包括美国和欧盟在内的十多个缔约方以及 20 多个观察团达成的一项协议。包括中国在内的多个观察团目前正在加入该协议的谈判过程中。新的提议内容尚未公开,中国商务部发言人姚坚没有提供细节。曾看到新提议复印件或得到其内容介绍的人说,提议解决了对 2007 年第一份提议的若干不满。另一位看过提议的人士说,举例来讲,新的版本把中国提出的实施协议的过渡期从 15 年缩短到了 5 年,并增加了 15 个采购项目涵盖在协议中的中央政府机构。

姚坚说,中国希望其他成员国考虑一下中国仍是发展中国家,中国企业目前在美国、欧洲及其他海外市场面临着市场机会的瓶颈,由于中国缺乏成员国身份,这意味着中国企业没有资格获得该协议的好处。他补充说,新提议在《政府采购协议》磋商中得到相关方的正面评价,还要进行更多磋商。

中国美国商会会长孟克文表示,新的提议较以前出价有所改善,但毫无疑问的是,在我们得到世界贸易组织和《政府采购协议》成员国广泛接纳的最终出价前,还要进行进一步磋商。

案例详情链接

凤凰网,2010 年 7 月 21 日。

http://finance.ifeng.com/hk/sckx/20100721/2430160.shtml。

案例引出的问题

1. 我国政府为加入《政府采购协议》做了哪些有意的工作？

2. 我国政府为加入《政府采购协议》的谈判主要围绕哪些主要内容做了努力？

原理知识

自2007年12月18日向WTO秘书处递交加入GPA的申请和初步出价清单后，我国正式启动了加入GPA谈判，为早日加入《政府采购协议》而积极努力。

7.5.1 我国申请加入WTO《政府采购协议》的背景

世贸组织《政府采购协议》生效以来，在其确立的规则基础上，促使各参加方政府采购市场迅速发展，政府采购效率大大提高。据测算，全球政府采购市场的开放导致贸易增长和效率提高而节约的金额大概是1 000亿到1 500亿美元。开放政府采购市场的长期规模效应对全球经济发展产生了积极的影响。

由于GPA并不在加入世贸组织（WTO）所需签订的一揽子协议范围，因此，我国在2001年加入WTO时，并没有同时签署GPA，只是表示愿意接受，尽快启动加入GPA的谈判。作为GPA成员国的发达国家一直希望发展中国家能够加入。按照OECD的测算，中央及地方政府采购金额，一般要占到一国国民生产总值的10%～15%，从理论上讲，我国的政府采购不会低于这一比例，政府采购的总值可能相当于1万亿元人民币左右。虽然我国政府采购是非常巨大的市场，但作为WTO法律框架下的协议之一，GPA的高度开放性和WTO相同，加入也需要和成员国进行一对一的谈判，复杂程度几乎等同于加入WTO谈判。

7.5.2 启动加入WTO《政府采购协议》谈判

政府采购制度的优势随着时间的推移日益显现。我国政府采购资金年平均节约率达到10%以上。我国政府采购制度改革也已从试点阶段进入了全国推行时期。目前，我国政府采购制度的框架体系已经初步形成，政府采购的范围不断扩大，政府采购规模持续增长。

根据财政部的工作计划，为实现与国际市场的接轨和为加入WTO《政府采购协议》做好准备，从2007年开始，财政部政府采购制度改革进一步深化。具体做法是，进一步健全在政府采购制度框架下的各种条例和规定，针对当时在操作环节出现的问题，重点加强采购关键环节的监管，规范采购行为。在继续落实政府采购节能产品、环境标志产品等产品政策的基础上，财政部进一步研究制定自主创新产品政府采购政策措施及具体操作办法。此外，将加强电子化政府采购研究，统一规划全国电子化政府采购交易平台。

2007年6月11日在北京"中欧政府采购研讨会"上,中欧双方自2005年建立有关政府采购问题的对话机制以来,首次就《政府采购协议》进行专门研讨,财政部国库司司长詹静涛表示,尽管中国目前政府采购制度改革面临很多困难,但2007年底启动加入《政府采购协议》的承诺不会改变。中国政府致力于建立一个开放的政府采购市场。在加入世界贸易组织时,中国政府承诺,在成为WTO成员后,将尽快启动加入《政府采购协议》谈判。2006年又进一步承诺,在2007年年底前,提出《政府采购协议》附件一初始出价,启动加入《政府采购协议》谈判。

为履行承诺,按照国务院部署,财政部在加大政府采购改革力度的同时,已会同有关部门积极为启动谈判做准备工作。财政部牵头,国家发改委、商务部等部门参加的《政府采购协议》研究工作小组,正在根据工作计划,就《政府采购协议》的有关问题进行全面的研究和深入分析。

2007年12月,财政部部长谢旭人代表中国政府签署了中国加入世界贸易组织《政府采购协议》申请书。中国常驻WTO代表团当日将申请书和中国加入《政府采购协议》初步出价清单递交给WTO秘书处,并与美国、韩国、日本、加拿大、欧盟这5个GPA成员进行了首轮谈判。在首轮谈判中,WTO秘书处和GPA成员对我国履行承诺给予了高度评价,但GPA成员国认为,中方的出价于保守,与GPA通行方式完全不符,并希望我国对初步出价清单做出重大的实质性改变。

7.5.3 加入WTO《政府采购协议》谈判的主要内容

《政府采购协议》是WTO的一项诸边协议,目标是促进成员方开放政府采购市场,扩大国际贸易。《政府采购协议》由WTO成员自愿签署。目前,《政府采购协议》成员主要是发达国家和地区,有27个成员方和21个观察方,它们都保证遵循互惠对等原则,向其他成员方开放政府招标采购市场,还没有真正的发展中国家加入。加入《政府采购协议》谈判,是继加入WTO后,中国在对外经贸领域开展的又一项重大谈判,对中国经济社会发展将产生广泛和深远的影响。

中国将从其政府采购体制的现代化进程中受益。多个分析欧盟政府采购市场的研究表明,一个开放并透明的政府采购体制可以节省10%到30%的采购开支。中国加入GPA,意味着中国企业不论国有还是私营企业,无论是货物还是服务供应商将拥有进入西方公共采购市场的"准入通道",不仅有助于提高中国企业的海外竞争力,也有助于中国政府采购内部机制的完善。同时GPA发展所面临的长期之"痛"就是它被认为仅仅是"富人俱乐部",尤其是发展中国家缺乏参与的热情。而2006年GPA改革的一个重要目标就是通过GPA自身的改革吸引发展中国家加入。中国开始启动加入GPA的这一进程,对于GPA而言意义重大。

加入《政府采购协议》谈判的主要内容是政府采购市场开放范围,包括与谈判方相互开放的中央采购机构、省级采购机构和其他采购机构清单,以及这些机构开放的货物、服务和工程采购项目。初步出价清单是申请方单方面提出的开放范围。

7.5.4 修改加入 WTO《政府采购协议》出价

2010 年 7 月 21 日,中国为加入《政府采购协议》提交了第一份修改后的出价。中国提出将实施协议的过渡期从 15 年缩短到 5 年,并增加了协议涵盖的中央政府机构数量。由此推断围绕中国加入世界贸易组织《政府采购协议》最新提议的谈判可能将重点关注省级政府的采购行为,因为省级政府的地方保护主义倾向更为普遍。在其他成员国以申请条件不够格为由拒绝了中国 2007 年提交的最初提议后,中国 2009 年在一次中美峰会上承诺会提交一份加入《政府采购协议》的新提议。

第一,"次级中央实体"之争。对中国在《政府采购协议》中"次级中央实体"的界定一直是谈判争论的焦点。

欧美方面谈判立场,体现在中国美国商会在北京发布的 2010 年《美国企业在中国》白皮书中。对于在 2010 年上半年提交一份具有实质意义的、经修改的中国加入 GPA 的出价清单,"白皮书"第九章政府采购部分认为,"在修改的出价中,应该全面囊括各级地方政府实体"。与此同时,要"列出非商业性采购(即政府采购)中参与采购的所有'其他实体',从而在中国修改后的出价中全面囊括'其他实体',如国有企业或国家投资企业"。

美方对中国政府初步出价在中央政府等实体之覆盖范围、适用客体范围、适用例外与宽限期、国货优先、政府采购公共政策等方面提出异议,对中国加入 GPA 协定出价期待过高。

第二,如何定义本地产品。第二个争论焦点在于如何认定"本地产品"。

在上述"白皮书"中,"将中国的《招标投标法》体制与《政府采购法》体制合二为一,以使'公共工程项目'纳入政府采购工程范围,允许外商投资企业同时参与依据该两套体制组织实施的政府采购活动;向中央和地方各级政府实体明确指明:在政府采购中,外商投资企业在华投资生产的商品应算作本土企业生产的国内产品"。在如何认定是本地产品方面,美方的测试标准为国产组件的成本必须超过全部组件成本的 50%,美国的标准比较详细,可以借鉴。

2010 年 6 月初,中国商务部部长陈德铭在日本的一次会议上,也对如何界定中国在政府采购中的"本土产品"做出详细澄清。陈德铭表示:"认定本地产品的标准是根据其在中国境内实现的增加值,这对中国境内的所有企业,包括外资企业也是一视同仁的。"

中国还不是世贸组织《政府采购协议》的成员,但在政府采购中也购买了不少外国企业的高技术产品。陈德铭呼吁,中国正在积极推进加入《政府采购协议》的谈判，希望有关国家认识到中国作为发展中国家的国情，降低要价，为中国早日加入该协议创造条件，以实现政府采购市场的相互开放。

7.5.5　继续努力

《政府采购协议》因其高度的开放性被称为“第二个 WTO”。加入遵循互惠对等原则的《政府采购协议》，将增加我国企业、产品和服务进入国际市场的机会和渠道，如最大的政府采购市场美国，其《购买美国产品法》要求政府采购最终产品必须是美国货，但 GPA 成员方不受限制。中国如成为 GPA 成员，将不再受《购买美国产品法》约束，中国产品将有机会参与美国政府采购。据悉，加入《政府采购协议》将使我国外部市场扩大数千亿美元。

2010 年 7 月 20 日，商务部新闻发言人姚坚在例行发布会上表示：“截至 2010 年，中国加入世界贸易组织的承诺全部履行完毕，建立起符合规则要求的经济贸易体制，成为全球最开放的市场之一。”然而，一个很刺眼的例外是，中国入世多年以后，仍然没有加入世贸的《政府采购协议》。加入《政府采购协议》，才能显示中国有诚意成为一个负责任的世贸成员，以及全球经济的领袖之一。欧盟欧洲委员会驻华代表团大使赛日·安博(Serge Abou)也对《时代周报》表示，欧盟不承认中国的市场经济地位的原因之一，就与中国尚未加入《政府采购协议》有关。除此之外，在知识产权保护、外来投资法律和一些商贸的标准制定等问题上，中国还需做出更多努力。

2010 年，我国政府采购市场加快了开放步伐。按照此前第二轮中美经济对话达成的初步意向，中方将在世界贸易组织政府采购委员会 7 月会议前，提交一份“强有力”的政府采购协议修改出价，加快政府采购市场对外开放的谈判。目前，这份协议正在紧张修改之中，一旦签署协议，中国政府采购就必须对外企开放。此次协议修改较此前申请的版本中有很大变化，包括放开的采购部门、采购价格清单等世贸成员国关心的问题会有所调整。

讨论案例

万亿政府采购市场开放步伐加急

近日，本报记者获悉，按照此前第二轮中美经济对话达成的初步意向，中方将在世界贸易组织政府采购委员会 7 月会议前，提交一份“强有力”的《政府采购协议》修改出价，加快政府采购市场对外开放的谈判。目前，这份协议正在紧张修改之中，一旦签署协议，中国政府采购就必须对外企开放。

一位知情者告诉记者。此次协议修改较此前申请的版本中有很大变化，包括放开的采购部门、采购价格清单等世贸成员国关心的问题会有所调整。

“各方对我国的政府采购市场觊觎已久,期望值很高,不会容许谈判久拖不决,必要时会通过政治途径向我国施压,迫使我们做出牺牲,谈判将是艰苦的。”一位参与首轮谈判的人士告诉记者。

作为WTO法律框架下的协议之一,《政府采购协议》,是世界贸易组织的一项诸边协议,目标是促进成员方开放政府采购市场,扩大国际贸易。但《政府采购协议》并未纳入加入WTO必须接受的一揽子协议的范围之内,一般在后续进行谈判。

按照OECD的测算,中央及地方政府采购金额,一般要占到一国GDP的10%~15%,从理论上讲,我国的政府采购不会低于这一比例,政府采购的总值可能相当于1万亿元人民币左右。也就是说,政府采购意味着一块非常巨大的市场,世界上没有一个供应商会对这块蛋糕不感兴趣。

2007年的首轮双边磋商,GPA成员国认为中方的出价与GPA通行方式完全不符,并希望中国做出实质性改变。“门槛过高”是它们较为失望的理由之一。

欧盟给出的意见认为,中国的出价没有体现中国经济在全球的地位,“希望中方能够在保护国内产业发展和物有所值之间找到一个平衡点”。

一般而言,政府采购具体的开放范围由5个附件来决定:中央政府、地方政府、其他主体,还有服务附件以及工程附件,此外还有一个总备注(附件的备注),由此具体确定政府采购向GPA开放的范围。而中国的附件2地方政府空缺,没有列出地方实体,附件3其他主题中的14个国务院直属事业单位也应当列入附件1中。

“事实上中方的附件3中没有列入任何实体,且没有任何国有企业。”谈判中,一位欧盟谈判代表曾表示过不满。

而按照我国《政府采购法》的规定,政府采购的主体只限于各级国家机关、事业单位和团体组织,国有企业和国有控股企业使用预算资金进行的采购不包括在这一范围之内。

“政府采购市场的谈判,开放的范围取决于新加入的国家与GPA现有成员国谈判的结果。从总体上来看,任何一个国家加入GPA绝对不意味着是开放整个政府采购市场。”曹富国告诉记者,在他看来,加入GPA以后政府采购市场的态势一定是双轨制。所谓的双轨制即在政府采购中设定一个边界,在边界之外和之内执行不同的采购规则,开放的范围内执行的是GPA的规则,在不开放下执行的是国内的采购规则。

“双轨制是两套规则,不存在一般意义上讲的国内规则与GPA规则怎么取舍,或者和GPA的规则保持一致的问题。”曹富国说。

挂钩市场经济地位

《政府采购协议》所关注的焦点,虽然集中在政府采购市场的开放程度、各国的采购制度及采购过程的透明度、对其他成员方的供应商给予平等的竞争机会等方面,但其目的也是将一国政府采购市场纳入整个的世界贸易体制之中,降低和消除政府采购造成的贸易壁垒。

也就是说，GPA 所关注的重心不是政府采购制度，而是政府采购市场的开放和非歧视待遇。

中国社科院经济研究所研究员刘霞辉认为，我国迈入 GPA 大门并不单纯是谈判问题，实际上与“相关国家到目前为止并未承认我国市场经济地位”密切相关，“带着‘非市场经济’标签自然会在 GPA 申请中重重受阻”。

目前，GPA 共有 38 个成员，主要是发达国家或地区，缔约方约占世界贸易组织全部成员的 1/5，GPA 因此也被称为“富人俱乐部”。而主要的 GPA 成员国对中国施加了很大压力，希望中国能够早日加入 GPA。有学者认为，这将为中国争取市场经济地位提供一个良好的机会。

曹富国注意到，最近中美商贸联委会的成果公告中，关于市场经济地位和政府采购的承诺是在同一个段落里面表述的。“从 GPA 本身所具有的特点以及 GPA 的对等谈判机制而言，以政府采购市场交换市场经济地位，拿政府采购市场交换中国所需要的其他利益，从理论上来讲，完全是可能的。”

第二次中美战略对话后，美国表示将由中美商贸联合会迅速承认我国市场经济地位，而在中美商贸联合会关于第二轮中美战略与经济对话成果中提到，中方承诺在世界贸易组织政府采购委员会 7 月会议前，提交一份强有力的政府采购协议修改出价，而美方对此表示欢迎和期待。美方将在贸易救济调查中，认真考虑并给予提出“市场导向行业”申请的中国企业公正、合理的待遇，并通过中美商贸联委会以一种合作的方式迅速承认中国市场经济地位。

“从 GPA 谈判机制本身来讲这种可能性是存在的，这个取决于双方政府，中国政府想要什么，和就哪项能做出让步，所以这给人一个想象的空间。”曹富国说。

争议自主创新产品

由于 GPA 现有成员主要是发达国家和地区，为了鼓励发展中国家及不发达国家开放政府采购市场，GPA 规定了对发展中国家的特殊和差别待遇。

但是广大发展中国家对加入 GPA 一直都持谨慎态度，担心本国的国内产业尤其是一些稚嫩产业和关系国计民生的重要的基础性产业还不能适应国际竞争的环境。

“从理论上讲，中国加入 GPA 的成本收益分析，或者叫利弊的分析尚未完成的情况下，启动这样的谈判程序，是不很成熟的。”曹富国认为。

我国的政府采购立法的一个核心任务就是构建合法的贸易壁垒，在我国加入 WTO 之后为民族产业提供合法的保护。

我国出台的自主创新产品认定办法，被美方认为是对进口产品的歧视，美国企业要求中国取消自主创新产品的优先采购政策。

商务部亚洲司司长吕克俭在回答本报记者的提问时表示：“不管是日本企业，

还是亚洲等其他国家的企业,只要在中国依法注册的企业都视为中国企业,其产品也视为中国制造,在这方面对所有外资企业都是一视同仁的。"

发改委对外经济研究所所长张燕生认为,自主创新的目的是培育和扶持中国自主的幼稚新兴产业,包括一些地区对中国尚处于成长初期的高科技产品实施"政府首购制度"。

在他看来,如果国家自主创新产品认定对境内企业一视同仁,自主创新产品的生产主体是来华投资的美国企业,既混淆了"自主"的主体界定,幼稚新兴产业也将失去成长空间。如果政府公共物品采购不能分担幼稚新兴产业初始阶段的"沉淀成本",而为境外跨国公司创造超额利润,不仅纳税人权益得不到保障,国家和产业安全也将受到伤害。

"启动加入GPA谈判最根本的战略是建设好中国自己的政府采购制度,并以此来促进产业竞争力的提升。没有国内产业竞争力的提升,所有的谈判成果都将落空。因为不但在本土政府采购市场的竞争中会失利,你也不可能赢得国外对我们开放的政府采购市场上的胜利。"曹富国表示。

资料来源:《21世纪经济导报》,2010年6月21日。

【讨论的问题】

1. 加入《政府采购协议》,对中国政府采购市场进一步开放的意义?
2.《政府采购协议》关注的重心是什么?

7.6 本章实务案例分析

海外政府采购:长城进军国际的迂回突破

2009年7月初,800辆汽车经检验合格后发往阿尔及利亚,长城汽车完成了又一个海外政府采购订单。

金融危机爆发以来,在冷清的中国汽车出口市场中,长城汽车的表现颇有些惹眼:2009年上半年汽车出口数量接近两万台,稳居国内第一,出口金额也位居同行业前列,"这多得益于海外政府采购的迂回突破。"长城汽车国际部总经理邢文林"一语道破天机"。

多方举措助逆势增长

金融危机下,曾为自主品牌车企带来丰厚利润的出口市场迎来寒流。据海关总署统计数据,2009年前7个月,全国汽车商品累计进出口总额为339.07亿美元,其中进口金额149.88亿美元,同比下降22.22%,出口金额189.19亿美元,同比下降35.97%。出口的下滑直接打击了国内的自主品牌车企,以奇瑞汽车为例,2009年上半年共出口1.5万辆,仅相当于2008年的单月最高销量,同比下滑高达82%。

然而，此时的长城汽车的出口似乎正风生水起。先是2008年10月，4 500台迪尔出口古巴，接下来2009年3月，3 300台皮卡出口利比亚，紧接着长城汽车又收获了阿尔及利亚800台汽车的政府采购大单。“在我国尚未签订世贸组织政府采购协议的前提下，国内车企能取得这样的成绩当属不易。”中国物流与采购联合会副会长戴定一指出。据他介绍，我国没有签署相关协议时，其他国家完全可以不采购我国的产品。然而，这并不代表国内产品一定会遭遇“封杀”。

优秀的质量无疑是第一位。据邢文林介绍，长城过硬的产品提供了其进军海外市场的基础，近几年，该公司不断创新技术，与意大利、日本等数十家国际设计公司开展密切合作，拥有国际一流的研发设备和体系。

以出口利比亚的长城迪尔系列为例，它是长城汽车最早、也是最成熟的车型，经过多轮更新换代，科技含量也越来越高。采购方就曾公开表示，选择长城汽车正是看中了其在动力、操控、通过性等方面的出色表现。与此同时，在海外零售市场日益萎缩的情况下，长城汽车决定单独制定经销商团购和政府招标等大宗订单的支持政策，以扩大海外政府采购等大宗用户的份额。“我们会根据不同市场制定不同力度的支持政策，尽最大可能的给予外商更合适的价格，保证合作伙伴的基本利润空间。”邢文林说。不能影响采购国同类产业的发展和就业也是决定能否获得海外政府采购订单的关键。

此外，长城汽车也没有忽略海外营销的种种细节，比如主动与外商进行宣传促销活动，在展会开展、广告宣传、推广活动等方面向外商提供大量的宣传物料、给予资金补贴；维护网络的稳定，增强外商的信心等。目前，长城汽车将系统地做海外市场、强化海外售后服务作为发展战略，从过去的单纯的整车贸易转为系统的做海外市场，将销售、服务网络拓展、技术输出、建立配件中心库、海外建厂等全方位展开。

破除技术壁垒可自由销售欧盟

虽然目前我国出口的汽车多为中低端产品，主要采购国也多为不发达国家，但重要的是，它为国内车企提供了打入国际市场的契机。戴定一分析说，这有助于培养其国外营销经验，熟悉海外政府采购相关法律、制度、全球服务体系及产品品质、服务要求等，所有这些都有利于其逐渐进入到发达国家的市场。长城汽车批量出口海外市场以来，一直以优良的性能和较高的性价比，深得海外客户的认可，随着产品质量和各项性能的日渐提升，长城汽车在非洲、拉美地区的品牌影响力也不断扩大。“通过多种模式发展自己，从而将自己品牌全面地对海外市场进行渗透，是长城汽车带给自主品牌海外生存并长久发展的制胜法宝。”邢文林说。政府采购在这方面的高效得以充分显现。

中国物流与采购联合会主编的《中国采购发展报告》指出，一般来说，获得政府大量采购订单的车型在政府采购事件后销量会获得极大提升，首先，政府采购不同于个人采购、家庭采购和企业采购，获得政府采购无异于获得了采购国对所采购产品质量上的认同,同时由于其公开性,也将极大扩大采购产品的品牌效应,扩大了产品的影响力,提高了该国对其产品的认知度,为企业进军该国市场提供了帮助。2009年9月初,长城汽车宣布,该公司的四款汽车通过欧盟整车认证,成为中国首家获得在欧盟国家无限制自由销售权的自主品牌汽车企业。这意味着长城汽车在欧盟市场已经破除了技术方面的壁垒,可以在欧盟国家无限制自由销售。这一认证也同时被中东、南非以及南美洲等所有承认欧盟法规的国家所承认。

质量、售后服务、安全性会有更苛刻条件

海外市场并不是平安无事的乐土,有时也险象环生,这在欧美等发达国家表现的尤为突出。中国车企要进军欧盟、北美这样的高标准市场,需迎接一系列关于产品质量和售后服务的挑战,会在环保、安全性能等方面遇到更为苛刻条件,比如,当前,随着全球社会经济发展过程中面临的资源环境问题越来越突出,欧美等国更加崇尚政府绿色采购,通过政府庞大的采购力量,优先购买对环境影响较小的环境标志产品。不仅如此,政府采购相对商业采购而言,其对流程的透明化要求很高,通常对流程本身的管理也很严格。因此我国出口企业一定要了解对方政府采购的流程和相关法律法规要求,能够经受各个环节的审计和检查。

欧美等发达国家均拥有相对完善的政府采购法律体系。以美国为例,美国国会为了管理联邦政府的采购行为,通过了一系列管理政府采购的基本法律。另外,各行政部门还制定了相关实施细则。在英国,政府采购的法律包括《政府拔款条例》、《采购政策指南》等,政府部门采购的商品和服务必须在财政部授权支出范围之内,且所有支出必须向议会负责。除此之外,欧美国家对进口产品还可能进行"有意识地封锁"。金融危机下,海外市场不断升级的贸易保护主义壁垒便让中国汽车出口业"屋漏偏逢连阴雨"。

自经济危机爆发以来,各国汽车消费需求大幅下降,由此也引发了贸易保护主义的抬头,各国纷纷以加关税、反倾销等手段实施贸易壁垒,打压进口汽车数量。受贸易保护等因素的影响,2009年,我国汽车出口出现大幅下滑,中汽协统计数据显示,2009年8月出口汽车2.18万辆,比上月下降2.63%,比上年同期下降50.80%,1至8月累计出口汽车18.66万辆,比上年同期下降59.37%。

那么,进军海外必须要有一套切实可行的战略战术。做到这点,要求企业将出口看做一个长期战略,从产品开发到营销网络以及服务体系的建立均要按照海外市场的需求有针对性地进行。

资料来源:《经济参考报》,2009年09月23日。

【讨论的问题】

1. 长城汽车进入国际市场政府采购采取了哪些措施?
2. 长城汽车参与外国政府采购带给我国其他企业哪些启示?

第 8 章

外国政府及香港特区政府采购制度

案　例	对应知识	学习目标
导入案例： 《美联邦总务局局长：联想尚不能入围美国政府采购》 讨论案例： 《美国：政府采购禁止外国公司直接投标》	8.1 美国的政府采购制度 8.1.1 美国政府采购法规体系 8.1.2 美国政府采购管理的相关机构 8.1.3 美国政府采购的主要制度 8.1.4 美国政府采购的主要方法 8.1.5 美国政府采购管理的公共使命 8.1.6 美国政府采购制度给我国的启示	1. 了解美国政府采购法规体系 2. 了解美国政府采购主要制度 3. 美国政府采购制度对我国的启示
导入案例： 《政府采购怎样消除国货歧视》 讨论案例： 《德国电子化采购的主要做法》	8.2 德国的政府采购制度 8.2.1 德国的政府采购目标及原则 8.2.2 德国政府采购政策法律 8.2.3 德国政府采购方式和采购程序 8.2.4 德国政府采购项目预算管理 8.2.5 德国政府采购的监督体系 8.2.6 德国政府采购的人员管理 8.2.7 德国政府采购中的招标制度 8.2.8 德国电子招投标业务的发展 8.2.9 德国政府采购给我们的启示	1. 了解德国政府采购法规体系 2. 了解德国政府采购主要制度 3. 了解德国政府采购方式和程序 4. 德国政府采购制度对我国的启示
导入案例： 《英国：优先考虑欧盟内部产品》 讨论案例： 《削减政府开支，英国政府想出奇招，请私营企业家对政府采购效益进行审议》	8.3 英国的政府采购制度 8.3.1 英国政府采购的基本原则 8.3.2 英国政府采购的基本程序 8.3.3 英国政府采购法律法规及管理体制 8.3.4 英国政府采购的方式	1. 了解英国政府采购基本程序 2. 了解英国政府采购法规及管理体制 3. 了解英国政府采购方式 4. 英国政府采购制度对我国的启示

案　例	对应知识	学习目标
导入案例： 《出门坐公交　购公车不知所云　日本政府开什么车?》 讨论案例： 《绿色政府采购在日本》	8.4 日本的政府采购制度 8.4.1 日本政府采购的分散采购制 8.4.2 日本政府采购的法律体系 8.4.3 日本政府采购中的申诉体制和质疑机制 8.4.4 日本政府采购中的道德规范 8.4.5 日本政府采购的启示和经验借鉴	1. 了解日本政府采购概况 2. 了解日本政府采购分散采购制 3. 了解日本政府采购质疑机制及反腐败制度建设 4. 日本政府采购反腐败的制度及对我国的启示
导入案例： 《走在世界前列的韩国政府采购电子化》 讨论案例： 《韩国政府借助网上采购杜绝政府采购黑洞》	8.5 韩国的政府采购制度 8.5.1 韩国政府集中采购机构和职能 8.5.2 韩国政府集中采购范围和规模 8.5.3 韩国政府采购法律法规体系 8.5.4 韩国实施政府集中采购的成效	1. 了解韩国政府采购机构和职能 2. 了解韩国政府采购法规体系 3. 了解韩国政府集中采购成效 4. 韩国政府采购成效对我国的启示
导入案例： 《中国香港特别行政区政府采购制度》 讨论案例： 《国际上政府采购电子化的基本做法》	8.6 中国香港特别行政区政府采购制度 8.6.1 香港特区政府采购管理体制 8.6.2 香港特区政府集中采购机构及其职责 8.6.3 香港特区政府集中采购范围 8.6.4 香港特区政府集中采购的具体组织实施 8.6.5 香港特区政府集中采购的法律法规体系	1. 了解香港特区政府采购管理体制 2. 了解香港特区政府采购具体法规体系 3. 了解香港特区政府采购机构及职责 4. 香港特区政府采购制度对我国的启示
	8.7 实务案例分析 《财政部部署 2011 年政府采购工作重点》	在学习了解多个国家（地区）的政府采购法律制度后，学会比较分析不同国家（地区）政府采购法律的特点和经验，以供我国参考借鉴

8.1　美国的政府采购制度

导入案例

美联邦总务局局长:联想尚不能入围美国政府采购

美国联邦总务局局长 James A. Williams 接受本报专访,释疑美政府采购政策,并呼吁中国加入 GPA 协议。

“联想目前尚不能直接入围美国政府采购”

2009 年 5 月 21 日,在北京国际科技产业博览会上,面对数百中国企业代表,美国联邦总务局(GSA)局长、联邦采购服务委员会主席 James A. Williams 画出了一张美国政府采购的“大饼”。同时,Williams 也希望此行能说服中国相关部门向美国开放中国的政府采购市场。他说:“我此次来华主要是向更多的中国企业介绍美国政府的采购政策,我们实际上也需要中国企业的产品,尤其是越来越多的中国高科技产品,因为我们需要将美国纳税人的钱最优化。”美国联邦总务局是美国联邦政府设立的集中采购机关,联邦政府每年的采购花费约 500 亿美元。身为总局局长的 Williams 有权支配超过 1/4 的政府采购费用。

中国企业目前在政府采购领域,依然受到极大的限制

限制主要来自于 WTO 成员国之间的政府采购协议(GPA),目前加入该协议的有 39 个国家,在协议成员国政府采购时,成员国企业都可以参加无门槛的竞标。中国尚不在该协议国家之中。中国企业如何才能入围美国政府采购供应商名单?Williams 给出了自己的回答:一是直接方式,即中国政府加入 GPA 协议;一是间接方式,这需要中国企业将产品部件拿到 39 个协议国中重新组装,实现曲线入“美”。

渴望采购中国产品

《21 世纪》:你此次北京之行的主要目标是什么?是否已经与中国相关企业达成了合作?

Williams:我此次来华主要是向更多的中国企业介绍美国政府的采购政策,我们实际上也需要中国企业的产品,尤其是越来越多的中国高科技产品,因为我们需要将美国纳税人的钱最优化。当然,我也呼吁中国方面早日成为 GPA 协议成员国,并希望能与更多的中国企业达成合作。

《21 世纪》:你如何看待越来越多的开始全球化的中国公司?比如收购了 IBM PC 业务的联想,以及生产电信设备的华为。如果美国政府对它们的产品有需求,联想和华为能入围你的采购名单吗?

Williams:目前,联想尚不能直接入围美国政府采购,因为中国不是 GPA 协议成员国。尽管联想的总部已经设在了美国,但是我们采购时看的是产品的生产和组装地。此外我们采购的是整套系统,而不是一个单独产品,比如,当电脑显示器坏了的时候,我们需要整个系统的发货人来处理。联想只有将电脑的各个组件和系统运到39个协议国,组装成整个系统,符合GPA的标准后,才能进入我们的采购名单。

《21世纪》:目前中国已经是WTO成员国,如果中国政府签署了GPA协议,这意味着将新增多大的市场?

Williams:美国联邦年采购额约500亿美元,其他38个国家(包括日本、加拿大以及大多数欧洲国家)的政府采购市场规模也不小。

这些国家政府采购将按照透明、公开、公正的原则向协议国开放,当一个采购需求刊登出来的时候,各国的公司都可以平等地参加投标。

目前,美国联邦采购基本实现了在线采购,这个采购平台与亚马逊网站非常类似,可以直接在平台上实现企业信息搜索和购买,采购信息都是100%的公开和透明。

《21世纪》:在世界上,中国以强大的制造能力和有竞争性的产品价格而闻名。美国政府采购对中国产品有多大的需求?

Williams:我们希望能把纳税人的钱最优化,当然希望产品的来源越多越好。中国有许多产品都是我们非常希望采购的。比如就汽车而言,美国每年需要采购38 000辆汽车,而有不少中国生产的汽车很环保、耗油低又便宜。

《21世纪》:如果中国政府加入了采购协议,是否意味着也将能获得美国的高科技产品?

Williams:中国届时可以面向所有协议国进行招标,各国企业在竞标中都可以进行公平竞争,美国企业也可以参与中国政府采购的竞标。但是对于某些美国政府有限制的,比如涉及国防等敏感领域的产品,只有在符合美国相关政策时,产品出口才能被放行。

"买美国货条款"被误读

《21世纪》:你如何看待正在全球不少国家抬头的贸易保护主义?

Williams:奥巴马认为,保护主义并不是解决经济危机的方法,也并没有采取贸易保护主义措施。我们认为,自由市场依然非常重要,这已经被历史所证明。

《21世纪》:不过,美国前段时间推出了"买美国货条款",这是不是美国贸易保护倾向的一个表现,这将对美国政府采购产生多大的影响?

Williams:由于美国小部分人的一些喧哗,这个条款实际上被很多人误读了。尽管我无法给出具体数字,但"买美国货条款"只涉及政府采购中很少的一部分,并且只是针对总采购额在19.5万美元以下的产品。

此外,在美国公司的产品和其他国家的产品同时进行招标的情况下,该条款对美国公司产品的偏袒力度并不大,它只是为美国公司增加了6%的权重优势。以采购一台PC为例，如果美国公司和其他国家公司的报价都是100美元，那么在政府采购中别国的报价将被视为106美元。这只是很小的一个优势，并不会成为最终采购的决定性因素。

案例详情链接

《21世纪经济报道》，2009年5月22日。

案例引出的问题

1. 我国企业在政府采购领域受到哪些限制？
2. 联想目前尚不能直接入围美国政府采购的原因在哪里？

原理知识

美国政府采购有比较悠久的历史。早在1861年就通过一项联邦法案，规定超过一定金额的联邦政府采购，必须使用公开招标的程序。纵观当今各国的政府采购的情况，美国的政府采购制度最为完善，无论在政策的制定、机构的设置，还是相关法律框架的构建、监督监管体系的组成，都处于世界领先水平。

8.1.1　美国政府采购法规体系

美国联邦政府采购法规体系的构成主要包括三个层次：一是法律对政府采购行为的规范；二是联邦政府根据联邦法律对政府采购行为的规范；三是联邦政府有关部门根据联邦法律和联邦政府的规定对政府采购行为的规范。

第一，联邦政府采购法律。美国联邦议会没有制定专门的政府采购法律，只是在有关法律中对联邦政府采购问题做出相应的规定。迄今为止，与政府采购相关的法律有500部之多，主要有：1948年的《武装部队采购法案》、1949年的《联邦政府采购政策办公室法案》、《联邦财产及管理法案》、《1996克林格尔—科享法案》、《小额采购业务法案》、《1994联邦采购合理化法案》、《合同竞争法案》、《1978合同纠纷法案》、《1978总监法案》、《小企业法案》、《购买美国产品法》(BAA)、《贸易协定法案》、《服务合同法案》、《戴维斯—培根法案》等。

美国有些法令旨在对政府官员和承包商之间的贪污和欺诈行为进行惩罚，从而促进政府采购过程的整体一致性。如《反贪污受贿、渎职及利益冲突法》、1986年的《反回扣法》、1986年修订的《虚假赔偿法令》、1962年的《谈判真实性法》等。

第二，联邦政府采购法规。由于没有专门的政府采购法律，有关政府采购的规定散见于众多法律之中，很难具体操作，因此，联邦政府将有关法律中所作的规定加以综合和细化，形成了一部集许多指导联邦所有的购买活动的许多条例于一体的《联邦采购条例》(FAR)。该条例对联邦政府的采购计划、采购方式、合同类型、签约方法及要求、采购合同管理、采购合同条款及合同格式等，都做出了具体规定。《联邦采购条例》由总务局、国防部、航天局等部门根据总统的指示负责拟订，并根据实际情况的变化及时进行修改，一经批准公布，联邦政府各部门的所有采购活动都应当依照《联邦采购条例》进行。

第三，联邦政府各部门采购具体规定。联邦政府各部门和机构可以颁布贯彻、补充《联邦采购条例》的采购条文，并且在一些情况下，可以依照适当的通知要求，偏离《联邦采购条例》，但不得与有关的法律和《联邦采购条例》的原则相抵触。

第四，美国各州政府采购法规体系。由于美国实行联邦制，各州拥有独立的立法权。除联邦政府采购规章制度外，每个行政部门或各州及以下地方行政机关，都结合实际制定了详细具体的适用于本部门、本系统和本地区的规章制度。各州的政府采购不适用联邦议会制定的有关法律和联邦政府制定的《联邦采购条例》，而是按照各州制定的有关政府采购的法律进行。这些规章制度有很多，但对全国、对其他机构一般没有效力。在美国各州，有的制定了专门的政府采购法律，如弗吉利亚州就制定了《弗吉利亚州公共采购法》；有的则没有制定专门的政府采购法律，而是在相关法律中进行规范。

与联邦情况类似，美国各州的政府采购法规体系也是由州议会通过的法律，州政府以及各县、市议会依据州有关法律制定的采购条例，州政府各部门以及各县、市政府依据法律和条例制定的具体实施细则三个层次组成。各州、县、市政府的所有采购活动都必须依照本州的政府采购有关法律、条例和具体实施细则执行。

8.1.2 美国政府采购管理的相关机构

负责美国政府采购(除国防采购外)的专门机构是：美国事务管理总署，下设联邦供应局为具体采办部门。美国事务管理总署除了由设在华盛顿的总部负责全面的采购管理及制度的执行外，还在美国各大城市设立分部，进行地区政府采购。

第一，法律监督机构。一是1990年成立的联邦采购规则委员会，主要负责监管联邦公共采购法律的实施，其成员由采购任务较多的政府重要部门负责人如联邦采购政策办公室主任、国防部长、宇航局长及总服务局长等组成；二是总会计师事务所，作为美国国会下属的机关，根据宪法对政府采购活动进行监督；三是总审计署办公室，有权对行政机关的采购活动进行评估和审计，受理投标人及其他有关当事人对采购招标的投诉。此外，联邦政府各部门还设有独立的监察办公室，负责审定是否需要对本部门的公共采购采取纠正措施。

第二，采购执行机构。采购执行机构分为3个层次。

(1)联邦采购政策办公室。功能是“在行政机关采购制度的制定过程中起总体的指导和领导作用”,负责发布普遍适用于各个行政机关的规章制度,协调具体的采购活动。

(2)政府机关中的管理部门。负责美国政府采购的专门机构是美国事务管理总署,下设联邦供应局为具体采办部门。联邦供应局设有5个职能处:供应管理处、购储处、标准处、运输管理处和动产利用处。联邦政府的主要部门也设有专门采购机关,直接管理本部门、本系统的采购活动。各地方政府也设有专事政府采购的机构,负责本级政府运行和办公所需的采购及其监督管理。

(3)合同官员。政府采购合同制度的实施是通过某些合同官员进行的。每项采购所涉及的官员很多,可是将签订合同的权力限制于一些确定的官员,可以实现公开、诚实和节俭,通过其对采购系统的高效管理和监督以保护公共资源,还给整个采购系统带来确定性。因此美国法律规定,合同官员通过有权机关的授权证书指定。证书中说明授权的范围和界限,并公开给所有承包商,以便承包商知道具体哪个人代表政府并且知道这个人在合同谈判和合同管理决策中约束政府的权力范围。在特定情况下,合同官员可以委托下属一定范围的权力以开展合同活动,或者给下属指令以约束其行为。

第三,纠纷处理机构。一是合同上诉理事会。它是设在采购机关内部的一个行政性法庭,责任是裁定政府和采购承包商之间的合同纠纷。绝大多数行政机关都有这样的法庭。合同上诉理事会的行政法官,必须有5年以上从事政府合同事务的经验。二是美国联邦赔偿法院。除了某些招标上诉之外,一般的美国联邦法院不听证政府合同纠纷。但美国联邦赔偿法院,建立的目的就是听证政府合同纠纷。政府采购合同赔偿可以投诉到合同上诉理事会或者联邦赔偿法院。三是美国联邦巡回上诉法院。美国联邦赔偿法院或者合同上诉理事会接收。

典型实例

欧盟将调查中国4万亿采购是否“偏爱国货”

中国的第一大贸易伙伴欧盟,将调查中国政府日前推行的4万亿人民币经济刺激方案,是否有“偏爱国货”的情形,并将要求中国政府对此澄清。中国多个部委日前联合发文要求各地执行此一政策后,似乎开始面对国际间的高度关注。

《工商时报》引述路透社报道称,欧盟委员会发言人 Amadeu Altafaj Tardio 昨日(17日)表示:“我们正在关注中国政府日前所发布的采购指导方针,而且我们将密切关注这项政策的后续发展”。据了解,中国发改委、工信部、监察部等8个部委日前联合发文,强调4万亿人民币的经济刺激方案属于政府采购,应该优先采用国货。发改委在文中指出,属于政府采购的项目,除了该工程、货物或服务无法在中国境内获取,或无法以合理商业条件获取等法定情形之外,应当采购中国产品;需采购进口产品者,则必须在采购活动展开之前,依规定上报相关部门审核同意。

针对发改委的联合发文,中国欧盟商会主席伍克德(Joerg Wuttke)稍早发表评论,认为中国似乎有意将外国供应商排除在其4万亿元人民币刺激方案之外。而在此之前,北京在今年2月曾经保证,对于采购的项目,国内外的产品将受到平等对待,并呼吁各国支持自由贸易。中国政府在当时甚至谴责华盛顿方面要求中国使用美国钢铁的请求,新华社认为美国的措施,是解救全球金融危机的"毒药"。

如今,中国"爱用国货"政令一出,美国与欧洲的商会都认为,发改委的政策不但鼓励使用国货,而且对外国产品限制过多,将打击外商投资中国的意愿。针对外商的质疑,发改委确有回应,强调当初联合发文的初衷是希望厂商不要歧视国货,而且鼓励中国企业努力克服对国货的排斥心态。不过,在中国的美国与欧洲商会已经多次向北京请求,希望政府在进行扩大内需政策时能够平等对待外国产品。

分析师认为,中国虽然已经是WTO(世界贸易组织)的会员国,本负有打击保护主义、并且公平对待本国与外国产品的责任,但是中国在WTO所签署的项目中,并没有包含政府采购项目在内,也就是说,在进行政府采购时,WTO无权干涉中国政府所做的歧视行为。在没有第三方协调的情形下,美国与欧洲商会所做的诉求在短时间内很难实现。

据了解,欧盟从2004年就开始取代美国与日本,已经连续5年成为中国第一大贸易伙伴,在WTO无力干涉的情况下,欧盟关切的重要性自然不言而喻。

资料来源:中国政府采购网,2009年06月19日。

8.1.3 美国政府采购的主要制度

美国的政府采购制度所管理的范围相比其他国家更为全面,包括5个方面。

第一,招标制度。首先,政府采购要求用招标程序,并统一招标文件格式,实行规范化操作管理,国家制定了通用的招标公告、标书、招标文件及合同条款等文本规范;其次,制度管理采购合同条款,如:条款中的价格条件,政府给出6种标准供选择,同时规定每种价格条件的含义与解释;在技术规格条款中,有明确的规格设计的原则、方法以及应当参照的国家标准等;最后,规定招标的步骤和程序;对招标的管理人员和操作人员有明确定位,确定不同的人员在招标过程中的工作范围,互相衔接和配合方法。

实行招标制度的目的是为了保证政府采购透明和有效,政府采购部门及其官员的行为"像金鱼缸里的鱼一样"得到有关机构的监督,以保证采购既经济节省又能实现公共利益的最大增长。

第二,作业标准化制度。政府采购部门除须按照有关法律规章进行工作外,还要按照依法制定的政府采购细则执行采购程序。细则规定了招标采购操作规程，采购人员严格按照每一步程序完成。例如，有关法律对采购的内容进行分类，分交不同部门办理。金额超过法律规定限额以上、适合招标的合同，美国事务管理总署或有关政府部门进行国内或国际招标；金额较小，采购要求特殊等，采购合同由用货单位说明理由，审查批准后直接采购，采购完成后要对每一步跟踪记录在案，完结后存档。例如，将国际招标分为8个阶段，每个阶段又分数个步骤，8个阶段总共46个步骤。还将细分后的步骤制成“招标采购项目进度表”，统一编目和编号。并且将进度表发给采购管理人员和操作人员，每一步骤完成后签字交付，待整项工作完成后形成资料齐全的档案。这套科学的管理制度在大型的国家采购中，特别是头绪多、时间长的国际工程采购项目中发挥了很大的作用。

第三，供应商评审制度。为了加强对企业信息的掌握，美国政府采购规定，凡有意向政府部门提供货物或服务的企业，一般应向有关部门提出申请、注册，应提交资料，对企业按照国家标准局所定标准审查有关项目、索要相关资料，通过分析、评估，对合格企业进行归类和归档，并要求审查后及时整理编目、提出分析报告，公布合格供应商名单。这样做的目的一方面便于对供应商建立信息档案制度；另一方面，将政府采购中的资格预审在年初或提前一年完成。

第四，审计监察制度。采购审计的管理分为两部分，采购审计内容为：审查采购部门的政策与程序，审核采购的数量和成本价格，以及采购过程中发生的一切财务事项。管理审计主要审查投标企业的组织结构、资料系统、工作效率、考核方法等有关管理事项。同时考核采购部门的工作计划的制订和工作进度情况。审计分为定期和不定期两种，内部审计和外部审计相结合。

第五，交货追查制度。核查包括：其一，检查合同的签订，催促其按时完成；其二，根据送交的档案，核查招标采购部门的作业情况、工作范围及采购程序是否合法，一旦发现问题，立即采取惩罚和补救措施；其三，检查中标人的合同执行情况，完成后整理资料归档，以便对物资和项目的使用情况跟踪调查。

8.1.4　美国政府采购的主要方法

从联邦政府与各地政府的情况看，政府采购根据采购数额的大小，分别采取不同的方式。

第一，公开开标的密封招标。一般而言，金额超过25 000美元的大额采购项目，而且要求非常确定的采购，一般通过这种方式进行。金额标准的确定，联邦政府以及各个地方政府的规定有所不同。如亚历山大市规定的金额标准为5万美元；蒙哥马利县规定的金额标准为2.5万美元；而联邦总务局的金额标准则为10万美元。这种方法是指，凡有意参加政府采购的任何供应商均可以按照标书的要求向买方投标，投标过程严格按照法律程序进行，中标的原则是报标方最符合招标要求、最负责任，且报价最低。

具体过程是，集中采购机关或者政府部门采购机构建有供应商目录库，所有企业可以通过网络或者填写固定表格提出申请，申请内容包括企业规模、行业、性质等。集中采购机关或者政府部门采购机构接到企业申请后不需要进行审查而直接给予注册。公开招标时，集中采购机关或者政府部门采购机构应当通过报纸、网络等方式发布招标公告，或者向所有在供应商目录中的与采购项目相关的注册企业发出招标通知。企业投标后，集中采购机关或者政府部门采购机构要通过公开的渠道，如查验经注册会计师审计过的财务报表、企业等级以及了解该企业与其他政府部门合作的历史记录等，对其资信进行详细调查。集中采购机关或者政府部门采购机构认为没有把握的企业，可以要求其交纳保证金，招标结束或者合同履约后予以退回。

在规定的招标期限内，各个有关企业均可以提出投标方案，但是一经投标，企业不得重新更改投标方案。投标期满后，集中采购机关或者政府部门采购机构根据事先公布的采购要求和评比办法，对所有投标方案进行评比，报价最低、最负责任、满足采购一切要求的投标方中标。

这种方式的缺点是形式较为呆板，一般仅适用于有形的具体商品采购，如产品和建筑工程（如警车、武器、化学药剂）等，有些服务也用这种招标方式，如园艺服务等。此外，这种方式必须提出详细的采购要求，而政府部门只知道需要什么商品，并不清楚市场上该商品的性能、价格等具体情况，这就使得政府部门在招标中过于被动。因此，采购中采用公开开标的密封招标方式现在越来越少，更多地采用与企业谈判、协商的方式。

第二，协商采购。协商采购不采用招投标方式，而是政府部门发出征求建议书，与供应商就产品、工程和服务的质量、价格进行协商，最终签订采购合同。投标方根据政府部门的要求，提供技术说明和建议方案，然后由采购机构和用户单位代表组成的评审委员会以及由专业技术人员组成的技术评定组，按照事先公布的评标具体项目和标准确定各投标企业的评分，再通过与评分最高的投标企业谈判确定中标企业。如果谈判破裂，就与评分第二的企业谈判，直到最终确定中标企业。

协商采购方式与公开开标的密封招标方式的不同之处，就在于中标原则的差异，公开开标的密封招标方式按照最低价格法确定中标企业，而不考虑质量等因素；而协商采购方式则按照最佳价值法确定中标企业，质量因素、技术因素、价格因素、社会因素等均要考虑，定量和定性的标准相结合。同时，对签约可能性不大的供应商报价节省了时间，也缩短了采购评估周期和评估经费。近年来，美国政府越来越重视协商采购方法，并通过一些法律为此方法应用提供依据。

第三，报价竞价采购。又称"货比三家"式，采购适用于金额在2 500到25 000美元之间的商品采购，买方基于自己对当地市场的了解，对小额产品报出有竞争力的优惠价格，满足政府需要。这种方式下的采购，程序较为简单，所通知企业的范围较小，一般只从供应商目录中随机抽取 3 至 5 家企业，一起进行竞价，根据竞价结果确定中标企业，并与之签订采购合同。

第四，“采购卡”采购。如果政府采购金额低于 2 500 美元的采购，一般采用政府采购卡的方式进行采购。政府采购卡相当于信用卡，根据工作岗位的不同，有关人员所持政府采购卡的金额和范围各不一样。持卡人员经不同程度的培训后，在授权范围内，寻找合理的价格并遵循采购的规定程序进行采购活动。这种方法程序简单、成本低，并且能够保证各政府机构买到合理的产品和服务。

第五，单一渠道采购。这种采购方式不需要向社会发布公告。只有在下列情况下，才能采用这种方式：一是对政府最有利；二是确实属于独家供应，这就需要在全国甚至全世界范围内进行详细调查；三是法律或政府规定。实行单一渠道采购，合同价格可能会很高，因此极少采用。

随着网络技术的广泛应用，近年美国政府开始采用电子贸易方式采购，采用这种方式采购可以降低采购成本，节省时间，使采购更加合理。

8.1.5　美国政府采购管理的公共使命

美国联邦政府采购立法和其他相关法律除了要确实保证政府采购的经济有效外，还要实现公共利益使命。这些政策考虑包括以下几个方面。

第一，扶持小型企业。所谓小型企业是指：独立所有和经营或在其经营领域不起主要作用的企业。帮助和保护小企业的利益并将政府采购合同的一部分授予小型企业是美国联邦政府的一项采购政策，这项政策在美国政府小企业管理局（SBA）创设伊始即由立法予以确立。由于小企业一般无力承接政府的采购项目，所以为了促进小企业的参与，SBA 同其他政府采购机关在采购中有预留项目，大型政府采购机构有时还将整个合同或部分合同预留给小企业来投标，在有些项目中努力挖掘小企业的竞争机会，增加小企业与政府机构的交易额。

第二，促进困难企业发展。为了帮助有资质的困难企业能有效参与竞争，《小企业法》第 8（a）条款授权 SBA 管理困难企业承接政府采购合同。SBA 可以就供应、服务和施工合同同联邦机构谈判，然后将其分包给困难企业。

第三，向劳动力剩余地区倾斜。将政府采购合同授予劳动力剩余地区的公司是联邦政府的又一项采购政策，只要该项采购既能满足更广泛的采购目标，同时又不会使采购价格高于其他地区。将政府采购合同授予该地区公司时通常要附加一些政府要求。比如，《戴维斯—培根法》规定，劳动力剩余地区的所有政府公共建筑和公共工程的施工合同要对工人支付“通常工资”，而劳动部对工人的通常工资都有明确规定；同时，还要求承包商每周呈报工资单，督促其按规定支付工资。

第四，优先购买美国产品。1933 年制定的《购买美国产品法》是美国政府通过其政府采购立法直接干预国内经济,保护政府采购市场的一部重要立法。该法的宗旨是“扶植和保护美国工业、美国工人和美国投资资本”。这部法律确立了美国产品在美国政府采购中的优先地位。法律规定美国政府必须采购美国产品,除非有关部门或机构的负责人断定,购买美国产品成本不合理或购买它们将不符合美国利益。根据该法,联邦政府在授予合同时,应对国外投标人的报价加计6%的差价,然后同国内投标人的报价进行比较。而当小型企业或位于劳动力过剩地区的企业提出竞争性的国内报价时,对国外的报价则可追加高过12%的差价。

8.1.6 美国政府采购制度给我国的启示

美国政府采购制度经过多年的完善和创新,但一直贯彻三大思想,即维护采购信誉、保持采购透明性、开展充分竞争。由于美国政府采购制度有着庞大的法律体系和操作规程,法律体系非常完善,使得政府采购取得了较高效益,其中有许多值得我们借鉴。根据2008年的一份调查报告,美国联邦政府在高速公路方面的投资,每10亿美元就能够为美国民众解决3 .5万名就业机会。而在高速公路建设方面所需要的钢铁、建材、水泥、电缆、勘察、设计、规划、挖掘、爆破、施工和安装等各个行业的产品或服务的供应商,主要来自美国境内。这得益于《购买美国产品法》、《美国1979年的贸易协定法》、《联邦采购条例》等法律法规对本土产业的特殊保护。而在我国,从中央到地方,各级政府采购部门常常感觉到无章可循。虽然政府采购实践中也在渐渐地援引、移植国外诸多公共政策,但我国政府采购政策的执行力度非常弱小,由于没有相关的、统一的法律规则,几乎所有的公共政策目标都不能达到所预想的效果。

此外,美国在对政府采购官员的选拔和培训方面已经形成了比较经典的法律规章制度,其中政府采购官员有严格的资历要求和选拔制度,不仅有较高的学历要求,而且还必须有成功的政府采购经验,以担当起国家的政府采购重任。这些规则和程序对我国都有借鉴意义,我国《政府采购法》对政府采购人员的专业岗位任职要求也作了规定,如学历应当要求大学本科以上不仅包括经济、技术和法律方面的人才,更需要懂技术、懂经济、懂法律、懂外语的复合型人才。但现实是部分政府采购队伍从业人员缺少专门的学习和训练,导致政府采购工作发生诸多问题,有的甚至影响到政府采购的质量和政府的形象。因此,我国也必须重视政府采购人员的选拔和培训,使政府采购达到最终目标。

讨论案例

美国:政府采购禁止外国公司直接投标

美国是世界上实行政府采购制度较早的国家之一,至今已有200多年的历史。

从1991年开始，美国逐渐完善了政府采购体制和规则，实行集中采购和分散采购相结合的采购模式。

美国政府采购的范围很广，各级政府为了开展日常政务活动或为公众提供公共服务，按照法定的方式、方法和程序，利用国家财政性资金和政府借款，从市场上为政府部门或所属公共部门购买商品、工程及服务的行为，都属于政府采购的范畴。

据美国联邦小企业署(SBA)商业发展专员郭曼丽女士介绍，美国政府采购通常分为联邦、州和市政府三级采购，但各级政府并没有设立一个专门机构来负责，而是由各级政府下属的部门根据自己的需要进行采购。

采购流程有明确规定

美国对政府采购有一个门槛限定，无论采购什么(包括消费类电子产品)，如果采购量超过3 000美元，则必须将采购物品清单在网上进行公布，相关公司或厂家则通过竞标方式，以获得政府合约。而采购金额低于3 000美元的话，各部门则可以直接从厂家或相关公司购买。

美国《联邦采购法规》和政府机构采购规则对采购流程作了明确规定：一是采购计划制定程序；二是合同签订程序；三是合同管理程序。

(1)计划制定程序：政府采购计划既要满足采购需求，同时也要符合所有相关法规和政策规定。并且采购计划要力求详尽，制订计划前要进行市场调研，估算采购价格。

(2)合同签订程序：采购机构根据不同的采购项目、规模和条件，采用竞争性招标、竞争性谈判或其他方式，以最低价原则或以最佳价值原则确定承包商，并与之签订采购合同。

(3)合同管理程序：合同授予后，必须对合同加以管理以确保承包商能够提供符合政府机构要求的产品或服务。

另外，根据相关规定，美国政府采购还要确保完成政府采购中的社会经济政策目标，比如保障小型企业利益、有利于环境保护、节能减排、保护个人隐私等其他政策目标等。

禁止直接从外国公司采购

据郭曼丽女士介绍，参与政府采购的公司必须在规定的期限内递交申请，介绍公司情况(包括过去2年至3年的财务状况)、货物清单等。

参与政府采购的公司的规模可大可小，但美国以法律形式确保小企业获得商业机会。比如，美国政府采购有一些特殊的规定，其中一条是23%的商品必须向小企业购买，以保障小商业、小企业的利益；5%给女性拥有的公司；5%给少数民族；5%给经济相对落后地区。

郭曼丽女士提醒说，如果中标并获得政府合约，也不要盲目高兴，因为如果不能履行合约，罚款也是很严厉的。她建议小公司从小做起，等积累了相应的经验再从事更大规模的政府采购活动。

虽然美国并没有对参与政府采购的公司提出特殊规定，但美国政府禁止各部门直接从外国公司采购。如果外国公司想参加美国政府采购，则必须在美国设分公司，或在美国寻找代理商，方可参与这项活动。

实际上，这一规定已经确保了相当一部分所采购的产品均由美国企业生产。如果某个部门想直接从美国以外的外国公司购买，则必须上报美国总统。

不但重视价格也重视质量

通过竞争性招标（密封投标制）采购是美国传统的政府采购方式，它要求投标人以密封的方式进行投标。而类似美国国防部等敏感部门有一些特殊规定，郭曼丽说。但她表示她对这些特殊规定并不熟悉，许多规定只有内部人才了解。

在谈到美国政府采购可供中国借鉴的经验时，郭曼丽说，美国政府采购非常值得借鉴的一条经验就是采购过程中的公开性和透明性，因为相关资料都被公布在网络上，基本杜绝了暗箱操作。她认为，政府采购不但重视价格，也重视质量。郭曼丽建议计划参与美国政府采购的中国公司可派人参加美国相关部门举办的讲座，尽量多了解美国政府采购的相关情况，以获得更多的机会。

资料来源：《经济参考报》，2010 年 7 月 6 日。

【讨论的问题】

1. 美国政府采购中最值得我国借鉴的经验有哪些？
2. 你认为中国公司怎样才能获得参与美国政府采购的机会？

8.2 德国的政府采购制度

导入案例

德国："分权制衡"不留腐败机会

德国是欧洲经济最发达的国家，每年政府采购数额庞大。为有效监督制约政府采购行为，避免出现腐败、浪费情况，德国政府将政策制定、预算资金管理、采购执行、审计监督和处理投诉等涉及政府采购方方面面的事务分配给不同部门执行，明确分权，从而达到相互监督、相互制约的目的。由于相关制度比较健全、完善，在德国很少听说政府采购曝出丑闻。德国政府在 1998 年修订《反对限制竞争法》时增加了有关政府采购的内容，明确规定了政府采购应遵循的原则，例如，公平竞争、公开透明、禁止歧视、中小企业优先等。作为欧盟成员，德国政府采购还接受欧盟相关规定的约束。

德国政府的采购规划从制定预算开始。各级政府部门编制的预算需经过议会审批。审核期间,议会将从必要性、可行性以及资金额度等方面对采购项目进行讨论,以判断预算是否合理。这种严格的审批制度从一定程度上杜绝了浪费现象。

德国的政府采购分为联邦和地方两个层面。联邦政府各部门的采购主要由内政部的采购中心完成,各州和地方政府由当地的采购部门实行集中采购。根据法律规定,政府必须在媒体上公布采购信息和招标公告,以保证信息渠道畅通。

公开透明、公平竞争是德国政府采购的核心原则。政府采购项目必须通过竞争方式分配,采购活动不得限制投标人范围,对所有投标者需一视同仁。如果复核时发现采购项目在没有多个供应商竞标的情况下被直接给予某个企业,相应采购合同将被视作无效。

为严防联邦政府采购中的腐败行为,德国设立了相当完善的监管机制。首先,政府面向社会公开财政计划和采购招标等信息,全面接受公众监督。其次,内政部采购中心设立了反腐败联系人一职,负责接待公众投诉和举报。另一个投诉渠道是经济与技术部的联邦卡特尔局。卡特尔局在受理投诉后,将进行审查和听证并最终作出裁决。

此外,德国各级政府采购还需接受审计部门的审查。联邦审计署直接向联邦议会负责,监督政府采购预算资金的使用情况,并对招标程序等进行审计,每年向议会提交审计报告。

案例详情链接

《参考消息》, 2011 年 1 月 27 日 。

案例引出的问题

1. 你认为德国政府采购是如何做到不留腐败机会的?
2. 我国政府采购制度在设计上如何借鉴德国经验?

原理知识

德国是 WTO《政府采购协议》(Government Procurement Agreement, GPA)首批缔约国之一,也是世界第二大贸易体和欧洲经济最发达国家。在 GPA 规则和欧盟法律规定的影响下,德国政府采购逐步实现与国际市场的接轨,尤其是其联邦政府采购充分发挥政策功能,既保障了联邦机关职能履行,节约了财政预算资金,又维护了企业的合法权益,促进了经济社会协调发展。德国每年政府采购金额约为 3 300亿欧元,其中使用财政预算资金的采购金额为 2 500 亿欧元,占 GDP 的 11%,

其余为适用政府采购法规的其他采购。在政府采购总额中,州政府、地方政府和其他公共机构的采购占据了绝大部分,联邦政府采购只占12%。

8.2.1 德国的政府采购目标及原则

德国政府采购的总体目标:按照经济节俭的原则,合理利用财政预算资金完成既定的采购任务;当市场竞争失序时,运用财政工具对经济实施有效调控。作为一种经济杠杆和政策手段,德国法律中还明确了政府采购的三个技术性目标:公开透明,促进和利用世界竞争,采购人与私营企业市场地位平等。

德国政府采购的基本原则:一是充分竞争、公开透明。保证采购通过招标方式进行,并符合法定程序和规则。二是地位平等、禁止歧视。使采购人与被采购人处于平等地位,并且对各投标企业一视同仁。三是综合权衡、效益最佳。全面考察投标的长期综合效益,使最经济的投标中标,而不是单纯地追求报价最低。四是量力而行、遵从预算。政府根据实际需求和财政状况制订采购计划,采购项目和金额必须符合批准的预算。五是扶弱济小、平衡协调。将采购项目分包一部分给中小企业,或规定中标人按一定比例将合同转包中小企业,以扶持弱势群体,促进社会平衡和协调发展。六是维护权益、依法救济。维护采购人和投标人的合法权益,保证利益相关人在权益受到侵害时及时获得法律救济。

8.2.2 德国政府采购政策法律

德国是联邦制国家,16个州都有权制定自己的宪法和法律,拥有较强的独立性和较大的自主权。德国政府采购历史悠久,19世纪就有关于政府采购方面的立法。加入欧盟以后,德国政府采购受国内法律和欧盟法律的双重约束。各州和地方政府采购高度分散,没有设置统一的集中采购机构,由市政联合会向政府部门提供采购和合同管理信息系统,并对社会发布政府采购信息。在联邦层面,政府采购以集中采购为主,相关职能部门在政策制定、采购执行、监督管理上分工明确,配合协调。

在政策制定上,分为联邦法律法规、部门规章和部门内部制度,在各自范围内实施。经济与技术部是德国政府采购政策主管部门,其相关职责是:会同由联邦和州政府部门及社会团体组成的货物与服务、工程、抽象采购(如劳务)等三个政府采购委员会,研究拟定国家关于政府采购的法律、法规、政策和制度;与联邦集中采购机构、信息技术协调和咨询机构等合作,制定招投标程序及规范,提出改进政府采购工作的意见和建议;联系世界贸易组织、欧盟执委会、欧盟政府采购咨询委员会等国际组织。国防部、内政部、交通与建设部设立的联邦政府集中采购机构负责拟定业务范围内的联邦政府采购规章制度。联邦政府其他部门负责制定本系统内部采购制度和规程。

在采购执行上,以政府集中采购为主,部门集中采购为辅,兼有少量小额分散采购。德国法律规定,如果联邦采购中货物或服务的合同金额预计超过8 000欧元(不含增值税),就必须实行政府集中采购。相关职能部门分工如下:财政部负责编制政府采购预算、管理采购资金;国防部负责军事方面的集中采购,其中联邦军事技术与采购局采购军事设备、物资和服务,联邦信息管理与技术局采购军用信息和通信系统;内政部政府采购局(联邦采购中心)负责为26个联邦机构、基金会和国际组织采购货物和服务;交通与建设部所属联邦建筑与区域规划局负责联邦机构建筑工程及城市规划采购;联邦政府其他部门自行采购8 000欧元以下的货物和服务(财政部所属联邦海关采购局负责协调财政和海关系统的采购),其中预计合同金额超过1 000欧元的,必须有三家以上供应商参与投标。根据自愿的原则,各部门也可委托联邦采购中心采购8 000欧元以下的货物和服务。

8.2.3　德国政府采购方式和采购程序

德国政府采购的基本程序是:公布采购需求信息、发布招标公告、通过竞争授予合同。法律规定,超过采购限额标准的货物、工程和服务必须集中采购,主要有三种方式:一是公开招标。招标公告通过政府指定机构向社会发布,任何企业都可以参与投标。在工程采购中,通常提前确定供应商备选资格,即由采购人代表、供应代表和有关商业团体组成评委会,评选合格厂商并建立备选库,遇有采购标案,即可从中选择合适厂商并通知其参与竞标。二是有限招标。即邀请有限数量的供应商参与投标,也称为限制性招标。所谓有限,就是对潜在投标人的预选,即公开发布标书后,所有供应商都可以申请参与投标,采购人根据一般采购原则从中选择若干供应商,邀请他们参加竞标。三是协商谈判。为了保密、保护专利等特定目的或适应特殊环境、时限要求,采购人可以采取这种非公开方式实施采购,即将标书发送有限的供应商并通知他们报价,然后双方就采购项目的内容和价格等进行协商,确定中标供应商。按照规定,采用协商谈判方式的,必须尽可能促成不同投标人之间的竞争。以上三种采购方式不是随意选择的,法律规定公开招标是政府采购的主要方式,公共机构的采购一般都应该公开招标。但也有一些例外,特别是如果采购一般性服务的通用条件是依法必须公开的,就可以不进行公开招标,但其选择必须是邀请招标。因此,公开招标优先于邀请招标,邀请招标优先于谈判采购。

针对政府采购中的争议和纠纷,德国设置了法律救济渠道。德国的法院包括三类:宪法法院、普通法院、专门法院(行政法院、社会法院、财政法院等,分别隶属于政府有关部门)。普通法院审理专门法院管辖以外的民事、刑事案件;专门法院介于司法机关和行政机关之间,其审判行为具有准司法性质,本质上属于行政司法。联邦卡特尔局设立了公共采购法庭,履行政府采购案件的行政司法职能。在政府采购纠纷中,采购合同金额低于欧盟采购门槛的,当事人应该向普通法院起诉;如果合同金额达到欧盟采购门槛,则由公共采购法庭受理案件,败诉方可向普通法院体系中的上诉法院上诉。在公用事业领域采购发生纠纷,直接向普通法院起诉。如果投标人认为德国的政府采购法律与欧盟条约存在抵触之处,可以提请欧洲法院救济,救济措施主要有纠正、调解和公证等。

8.2.4 德国政府采购项目预算管理

第一,项目预算编制的特点。德国没有专门的政府采购预算,但政府预算中除了转移支付项目外,基本上都是政府采购项目。政府采购项目预算编制有以下特点。

一是编制周期长。德国政府预算是滚动式的,滚动期为3年,第一年12月份开始布置预算编制工作,第二年编制预算并报国会核批,第三年1月份正式执行。由于编制周期长,德国政府采购项目预算既全面又详细,便于政府采购工作的开展。

二是审核严格。每项支出必须经过论证才能列入预算,跨年度的采购项目也要一次性做出计划。在预算编制期间,财政部要就各部门预算安排做大量协调工作,议会要对各项目进行审核,就必要性、可行性、预算额度进行讨论,反复协调,最终形成法律文件。在这种审核机制下,政府采购项目构成明晰,预算也比较准确。德国政府采购资金节约率是与市场价比较的结果,与预算资金无关。

三是依据资产配置状况确定采购项目。德国对各政府部门的资产配置和使用管理都有专门规定。在预算编制期间,各部门要根据本部门资产配置情况和消耗状况决定添置和更新的采购项目。德国政府采购中浪费现象很少,各部门很少有大规模的采购项目。

第二,预算执行管理。德国政府预算只有在议会批准后才能执行。政府采购项目必须按照预算执行,没有列入预算的项目不能采购,已列入预算的项目不能突破预算额度。由于德国很少在年中追加预算,如果供应商报价高于预算,采购人只能调整需求或降低标准。德国曾规定,政府预算必须在财政年度内执行完毕,不能结转,结果导致“12月热”,即每到年底各部门都突击花钱。为了合理有效使用资金,提高采购质量,目前已对原规定做了修改,允许未执行完毕的项目在下一年度继续执行。

第三,预算资金支付管理。德国的政府采购资金实行财政直接支付,财政部门对各部门政府采购资金的申请审查非常严格,除了合同外,还要审核送货单、收货单等采购凭据,只有合格的支付申请,财政部门才向供应商支付货款。

8.2.5 德国政府采购的监督体系

第一,执行监督。德国政府采购寓监督于执行之中,主要体现在以下几个方面:从机构设置看,制定招标文件、执行招标程序、签订采购合同等职责分别由不同处室负责,而不是由单一部门全面执行。从人员职责看,即使是同一个处室,采购程序也细分到每个环节,由不同采购人员交替执行,每个环节执行完毕后,执行人员必须办理交接手续,在相关标准文件上签字,并对所执行的事务负责。从决策形式看,必须实行团体决策,作重大决策时至少有两人在场,即坚持“四只眼睛”原则,避免个人因素干扰公正。从技术手段看,考虑到纸质文件易被更改且不宜保存,统一将采购文件电子化,便于有关机构和人员对整个采购过程进行核查。设置部门集中采购机构和政府集中采购机构的部门,都有对政府采购实施监督的机构,其主要职责是对采购人员组织培训,界定腐败行为;检查采购文件和采购手续是否完整、合法;检查采购政策的执行情况。

第二,审计。德国政府设立审计署,作为政府采购的专门监管机构。各级审计署不隶属政府,独立于行政机关,只对议会直接负责,可直接签署逮捕令。审计署对所有的官方账目都有审查权,对使用财政资金的单位(包括政府机关、政府参股企业等)进行审计,审查预算资金使用是否合理,政府采购也是审计重点之一。审计署主要通过对政府机关突击审查或抽查的方法进行,也根据需要对要害环节进行完整审计,并向议会提交年度报告。

第三,投诉处理。《反限制竞争法》规定了政府采购的审查程序和司法救济程序,在保护供应商权利的同时,发挥其监督作用。在审查程序方面,联邦和州政府都设立了政府采购审查办公室(以下简称“审查办公室”),供应商对政府采购有争议的,可向审查办公室提出审查申请。20万欧元以上的货物服务、500万欧元以上的工程项目,一旦受到审查即暂停活动。审查办公室可根据调查结果,敦促采购人纠正违法违规行为。

在司法救济程序方面,投诉当事人对审查办公室的处理结果不满意的,可向联邦或州的经济部卡特尔局采购庭投诉(也可不经过审查程序而直接寻求司法救济)。采购庭的受理费一般为2 500欧元~25 000欧元,特殊情况下可允许收取5万欧元。采购庭的工作原则:一是不告不理。除非接到投标人的起诉,否则不启动审查程序。二是只受理合同尚未签订前提出的投诉。合同一经签订,有关纠纷由普通民事法院处理。三是仅就采购行为是否合法进行裁决,并提出需要采取的补救措施(如重新招标等),不涉及对投标人的赔偿(根据民事法律解决)。采购庭受理投诉后要进行审查和听证,在5周内做出裁决并送达当事人,败诉人承担案件受理费和对方律师费。如果当事人对采购庭的处理决定不服,可在采购庭决定送达后两周内向有管辖权的州高级法院提起上诉,高级法院应在3个月内做出裁决。

供应商有投诉的权利,但权利不能滥用。法律规定了几种供应商滥用权利的行为:一是供应商因故意或重大过失,做出虚假的陈述,导致政府采购程序中止或继续中止的行为;二是以阻止政府采购进程或损害竞争对手为目的,提出审核申请的行为；三是以撤回申请谋求补偿或其他利益为目的，提出申请的行为。这些行为一经核实，供应商必须赔偿因此造成的经济损失。

第四，其他监督措施。为了防止政府采购活动出现问题，德国出台了一些规定，如对容易产生问题的敏感领域进行风险分析，制定防范措施；采取“多只眼”原则，增加透明度；实行人员轮换制；将计划、发标、结算“三权分立”；将每一细节记入档案；制订特殊表格填写采购情况归档。

德国对政府采购违规的处罚相当重。政府采购官员一旦违规，舆论监督、媒体曝光，将迫使其引咎辞职，不菲的工资收入和相当高的社会保障也将随之失去。

8.2.6 德国政府采购的人员管理

德国政府采购人员既有公务员，也有根据需要聘用的专业人员，关键决策事务由公务员负责，聘用人员只负责辅助性事务。联邦政府采购人员主要是公务员，州政府公务员占半数，地区政府公务员很少。德国政府采购人员比较集中，联邦政府只有三个部门设立集中采购机构，州和地区也是实行政府集中采购，采购人员规模不大，因此德国现在还没有实行政府采购人员资格管理制度，但对采购人员的综合素质要求较高。政府计划建立系统培训制度，并与慕尼黑、诺丁汉等大学合作开设相关课程，采购人员必须接受培训并通过专业考试后才能上岗。

采购人员要熟悉相关法律法规，具有较强的逻辑分析思维、协调沟通能力，能担任市场调查分析员、项目管理员、招标文件制作人、开标会议主持人等多种角色。因此，联邦政府要求采购人员具有本科以上学历，还要接受过各种形式的采购专业培训活动。目前，在一个采购团队中，每个采购人员都能承担多项工作，还根据采购工作需要，配备相关专业人才，建立复合型的采购队伍。

8.2.7 德国政府采购中的招标制度

招标制度是德国政府采购制度的最重要的组成部分。欧盟的《欧洲投资项目管理法》规定：交通项目超过 20 万欧元的；建筑项目超过 500 万欧元的；服务性项目超过 20 万欧元的；区域性项目，如水力、电力项目超过 40 万、60 万欧元的都必须以招标方式采购。因此，德国的《发标法》也对招标制度进行了详细的法律规定：政府采购合同金额在 20 万欧元以上的项目，必须在欧盟范围内招标，登载在欧盟的一本每天都出版的招标杂志上，一天登载约 300 项招标信息；合同金额在 20 万欧元以下的项目在德国国内招标，德国也出版了一份联邦招标报，登载国内招标信息。

但是，欧盟作为一个有 29 个成员的经济共同体，各国的历史文化、法律体系、语言不同，以及一部分国家由于经济原因没有进入欧元区，要想将一个项目在各成员国中以公开、平等的方式进行招标是件很不容易的事。这也是欧盟统一和经济共同发展的一个主要障碍，是欧盟一直以来不断完善和调整的核心。

欧盟以及德国政府对政府采购项目招标的管理重点主要是放在招标信息的公开和对投标人平等权利的保护方面。一般情况下，政府采购项目都是由各级政府自行组织招标的。法律对招标的操作程序并没有很严格的规定。这一点与我国专门颁布《招标投标法》对整个招标投标操作程序进行严格规定不尽相同。德国的审计署是专门对政府采购活动进行审计和监督的。“人人平等”是欧盟法律的宗旨，因此德国政府不得不放弃过去对项目利润的关注。由于政府采购的经费来自于纳税人，并由议会通过的财政预算确定，所以审计署关注的重点并不是采购费用的节余，而是采购过程的公平、公正性和投标人权益是否得到保护。这与我国当前建立的政府采购及招标投标体系体现出的，仅关注政府出资人、业主利益的指导思想相比，是有很大区别的，更能体现招标投标采购方式的平等、公平和科学的宗旨。

由于对政府采购项目的事后调查是很困难的，因此德国政府更注重事前预防和所有采购程序、信息的公开。据统计，这样可以有效防止 50% 以上采购过程中贿赂问题。

8.2.8　德国电子招投标业务的发展

21 世纪以来，主要国际组织和发达国家都在积极探索、规划和大力推行政府采购电子化。虽然发展很不平衡，但是采购电子化是大势所趋。重要的是，主要国际组织不仅注重采购电子化方法的立法，而且普遍在其实践中实现了电子化。新兴工业化国家和一些中等发达国家也都在采取积极措施，推动政府采购及其电子化的发展。

德国在欧盟各国中在采购电子化发展上卓有成效。德国联邦内政部在 2006 年内，由联邦内政部、经济、交通及建设部共同研发的网络招标系统，将所有政府采购相关作业实现统一电子化，并计划陆续扩展到国防、各邦及各级地方政府采购。未来联邦政府部门所需的商品或服务将全部通过网络招标采购。德国联邦政府要求政府采购信息系统具有统一性，要全部实现电子化。联邦州政府通过法律、决议保证其操作性。并在全面实施前搞了一些实验项目，第一项是数据收集项目；第二项是由财政部组织、在互联网上完成的 150 项采购计划；第三项是观察社会效应，确定 5 000 欧元以下项目，通过电子邮件或手机采购；第四项是改变过去单一在报纸上公布政府采购计划，增加在互联网上发布的比率。经过一段时间的试验，最终，德国联邦内政部宣布，未来联邦政府部门所需的商品或服务将全部以电子招标方式采购。这套由联邦内政部、经济、交通及建设部共同研发的网络招标系统，将所有政府采购相关作业完全统一电子化，并计划陆续扩展到国防、各邦及各级地方政府采购。

8.2.9 德国政府采购给我们的启示

德国政府采购实务方面的有益经验值得我国学习借鉴。近些年，我国不断改进政府采购工作，取得了显著成果，尤其是中央国家机关政府采购，采购规模连年扩大，效率和效益也明显提高。

首先，要营造更公平公正的采购环境。公开、公平、公正、诚信是政府采购“四项基本原则”，在注重降低政府采购成本的同时，还应该进一步落实好公平公正的要求，把它作为促成市场竞争、降低采购成本的根基，在扩大集中采购目录品目范围、规范采购代理机构行为、健全多层次监督体系、拓展市场竞争边界等方面下工夫。

其次，要注重政府采购的综合经济效益。考虑低价的同时，必须综合考量采购价格、使用寿命、日常使用开支、维护保养费用、对环境资源的影响等因素，不能简单地“低价是从”。

再次，进一步创新采购方式和手段。削减不符合规定的部门集中采购，将非本部门、本系统有特殊要求的采购项目统一纳入政府集中采购范畴，防范和惩治化整为零、规避集中采购的行为。完善协议供货、定点采购方式，发展框架协议和“一揽子”采购。

其四，提高政府集中采购专业化水平。政府集中采购机构有必要扩充内设机构，特别是强化政策研究、质量管理、咨询服务、信息化建设部门的职能，形成业务精细化分工、前台运作与后台支持协调配合的合理布局。要加强工作人员采购业务知识和技能的培训，大力培养和引进货物、工程、服务领域的专业人才，积极开展与高校、科研院所的合作交流，提高政府集中采购的专业化水平。

最后，健全争议解决机制。在政府采购活动中，对于供应商、采购人和招标代理机构在合同的订立、效力、履行和违约责任等方面发生纠纷的，通过协商、调解、仲裁和诉讼方式解决；政府采购当事人认为政府采购监督管理部门的具体行政行为侵犯其合法权益的，可以依法申请行政复议，直至提起行政诉讼。

讨论案例

德国电子化采购的主要做法

德国联邦政府高度重视电子化采购，不仅要求所属机构逐步实现电子化政府采购，还鼓励州和地方政府公共机构开展此项业务，从而使德国的电子化政府采购工作取得了迅猛发展。截至2005年9月，联邦、州及地方三级政府中约50个公共部门通过电子招投标平台进行了1 200次电子招投标业务；100多个联邦公共部门在电子政府商场进行了注册，这些公共部门可在已统签的40多个框架协议下，电子购买6 000多种不同的货物和服务。

德国电子化采购主要有十一个业务环节:一是编制部门预算,确定年度采购需求。二是制订采购计划,明确采购目标。三是分析市场,拟定采购文件。四是审定投标人资格,选择采购方式。五是制订并发布招标文件。六是分发采购文件,接受投标。七是组织评标,确定入围供应商。八是组织现场检测,并进行评估。九是定标签约。对欧盟规则外的采购,确定中标供应商,签订合同;对欧盟规则范围内的采购,还需通知落标人落标原因,并公告 14 天。十是视情况进行复审,确定是否签订采购合同。十一是公布采购合同,保存采购档案。

德国电子化政府采购系统主要由供应商管理系统、电子招投标平台、电子政府商场(即电子购买平台)三个子系统组成,各子系统的功能分别是:第一,供应商管理系统。用于存储和管理可参与投标的全部供应商信息,供应商和采购机构可经由该系统完成电子信息的注册、变更等业务,实现及时的信息交流和数据、资料交换(如收发招标文件和合同授予等)。第二,电子招投标平台。用于对那些单价高、数量少的货物、工程和服务项目进行电子化招投标。对于所有参与主体来说,电子招投标全过程是完全透明的,所有确定合同授予的决策过程在任何时候都可被追溯。第三,电子政府商场。电子购买是一种通过电子化手段采购标准性较强的货物和服务的实施方式。电子购买标的一般具有价格不高、数量多的特点。政府集中采购机构可事先与供应商签订框架性协议,并在该平台公布统签电子购买的货物和服务目录。联邦公共部门可根据需要直接通过网络平台下订单,进而完成采购。

德国实行电子化采购后,尽管时间不长,但采购工作效率高、成本低、规范操作、公开透明等优势得以逐步显现,成效显著。主要表现在:第一,节约了政府采购时间,提高了采购业务工作效率。据德国内务部采购局统计,单个采购人员的年均采购金额增长率由 2003 年之前的 23.0% 提高到目前的 55.5%。第二,降低了政府采购的交易成本,节约了财政性资金和企业资金。实行电子化政府采购后,电子文件取代了纸质文件,有效简化了采购业务流程,实现了现有资源与电子化采购系统的有机整合,为采购人、供应商、用户等参与主体之间信息交换提供了便捷的网络渠道。这些都直接或间接地降低了德国政府采购的交易成本,节约了财政性资金和企业资金,增加了社会福利。据统计,德国实行电子化政府采购后,每年财政性资金的节约率在 10% 左右。第三,强化了政府采购市场竞争,有利于形成合理的市场均衡价格,更好地发挥政府采购的政策功能。第四,确保了政府采购信息的及时发布,使政府采购执行、分析决策、监管等工作更为准确、科学和有效。

资料来源:《石油石化物资采购》,2009 年第 10 期。

【讨论的问题】

1. 实行电子化采购给德国政府采购带来哪些好处?

2. 你认为我国是否具备电子化采购的条件?

8.3 英国的政府采购制度

导入案例

英国:优先考虑欧盟内部产品

政府采购在英国政府节约办公成本方面扮演着重要的作用。目前随着办公条件的进步,政府在购买电脑、打印机、复印机、扫描仪等消费类电子产品上的支出在不断增大,成为政府采购的重要组成部分。

遵循"物有所值"基本原则

英国是全世界最早实行政府采购制度的国家,早在1782年就初步建立了政府采购制度,经过超过两个世纪的发展演变,逐步形成了一套较为完善的政府采购体系和运作规则。

英国政府商务办公室负责组织协调中央政府各部门的采购,它是隶属于英国财政部的一个独立部门,与其他中央政府部门的采购人员及采购和供给特许学会一起,共同构成了英国政府采购组织体系。

"物有所值"是英国实行政府采购中所遵循的基本原则,因为政府采购的费用来自纳税人,因此在使用上要非常谨慎,要经得起反复的质询与审核。而具体到消费类电子产品上,大部分办公用品并非一次性投入,因此还要考虑到后期的使用、维护和维修等成本。所以,他们对每一次采购的成本和收益都进行评估,力争使每一镑的花销都获得最好的结果,而不是仅仅关注第一次购买时的低价格。

扶持中小企业参与竞争

公平竞争是自由市场经济的标志,也是英国政府一直秉承的规范。根据有关法律规定,英国政府部门在进行采购时可以自行决定最符合合同要求的竞争形式,但必须实现以最合理的价格完成采购任务。

英国在政府采购时主要强调政府采购的公平竞争机制,除必须遵守现行招投标条例外,尽量让所有市场主体都有公平的机会参与其中,要让中小型企业都能参加政府采购活动,以达到最广泛的竞争。

在消费类电子产品提供方面,英国的中小企业比较有活力。因此英国政府去年年底宣布,允许中小企业免费进入政府采购网,以帮助其尽快度过金融危机。英国政府采购网计划在未来三年内公布上千份小额公共采购合同,单笔最大采购额度可达10万英镑。英国政府采取这一措施正是为了让中小企业尽快在相关领域内拿到合同,找到发展机会。

优先使用欧盟内部产品

英国政府在实施采购时往往会适度倾向于"英国制造"的消费类电子产品。

近些年来,因为英国经济重心转移到金融服务业上,制造业逐渐流失。因此在采购时优先考虑的范围也扩大到了整个欧盟中。

尽管非欧盟国家的供应商也有权投标取得合同,但这种权利仅限于签署政府采购协议成员国的供应商,而且在签署政府采购协议时提出过这种要求;在欧盟的产品和非欧盟的产品报价相当而在签署政府采购协议时并没有提出申请的情况下,欧盟内部的产品有优先权。

这样一来,对于非欧盟企业来说,在提供消费类电子产品时,如果本身产品在欧盟内部具有较强的可替代性,那么在政府采购的投票中并不占优势。但如果提供的产品具有明显的技术优势,将会比较容易在英国的政府采购中占据一席之地。

案例详情链接

《经济参考报》,2010 年 7 月 6 日。

案例引出的问题

1. 你怎样理解“物有所值”的原则?
2. 应对“优先使用欧盟内部产品”,中国企业该怎样行动?

原理知识

当前国际上通行的政府采购制度起源于欧洲。早在 1782 年英国就建立了政府采购,中央各部门的采购活动都是在政策指引的基础上进行。经过长期的发展演变,特别是 1973 年英国加入欧洲经济共同体以后,逐步形成了一套较为完善的政府采购体系和运作规则。1984 年,英国政府提出了推行现代政府采购制度的改革方案,建立了现代政府采购模式,英国财政部设立政府采购办公室,其主要职责是:制订有关政府采购政策和法规,提供采购信息,实施监督和检查。在全国 5 个大区按行业或部门设立了 50 多个采购机构,进行具体的采购业务。除了宣传设施的采购必须由专门的部门负责外,政府各部门对自己的采购决定负责,自由决定是否采用中央采购代理机构为各部门和其他公共机构签订初步采购协议。即使财政部的采购业务也可委托其他部门进行。

8.3.1　英国政府采购的基本原则

英国政府部门和其他公共机构采购商品和服务都必须做到“物有所值”。“物有所值”就是所采购的物品总成本和质量都必须能满足使用者的要求。这是英国政府采购必须遵循的基本原则。“物有所值”是指既要充分考虑价格因素又要考虑质量因素,二者有机结合以满足使用者的需要。

在政府采购中,“物有所值”主要是通过竞争来实现的,公平竞争是政府采购的一个核心原则。根据有关法律规定,政府各部门在进行采购时可以自行决定最符合合同要求的竞争形式,要以最合理的价格采购自己需要的商品和服务。而且,有效的政府采购还能激发供应商之间的竞争,促进更高级竞争的进一步形成,从而有利于未来的采购,使之更加“物有所值”。竞争是政府采购的一条核心原则。

政府不会通过政府采购去追求社会或其他政治目标。但政府部门却可以自由地根据各自政策环境选购友好合作方的产品,同时拒绝与不友好的供应商的往来,拒绝同犯有严重职业犯罪行为或经济状况不佳的供应商做生意。

8.3.2 英国政府采购的基本程序

从决策程序上看,各政府部门的政府采购都实行自我决策。各部门完全可以根据本部门的需要进行采购。各部门在采购决策中受到两方面的制约,一是这些部门所有采购商品和服务都必须在财政部授权支出的范围之内;二是它们的所有支出都必须向议会负责。

财政部通过预算确定收入和借款需求,对未来 3 年中每年的公共支出做一个“总额控制”,并在各部门支出和应急备用资金之间做出总额控制的分配建议,并以此向议会提出资金要求,在每年的“公共支出咨情”中得到解决。下院通过投票批准预算,议会进一步通过“拨款条例”赋予各政府部门支出拨款的正式权力。

政府部门的所有支出都要得到议会授权是一条基本原则。如果有必要,政府部门可通过“补充预算”得到更多资金,但只能专款专用。各部门的支出都要受现金总额的限制,而且只能在资金划拨的财政年度之内支出。在“总额控制”的前提下,政府部门的少部分支出可在法律规定的范围内一次性使用。

每个部门都有一名对政府采购负责的会计官员,会计官员必须按照财政部门颁发的《采购政策指南》和《采购实施指南》实施采购。

各部门的支出受议会“全国账户委员会”的监控,该委员会受“部门审计员兼总审计长”领导的“全国审计办公室”协助。部门审计员兼总审计长享有高度的独立权,既有权决定审计程序及方式,也有权进行一些属于其职能范围的检查,有权决定其向议会所做报告的内容,有权对财政资金使用是否经济有效进行检查。检查目的之一是政府支出采购中是否做到“物有所值”。

综上所述,政府采购是在政府政策、预算控制、个人责任和议会监控的前提下进行的。

英国采购的具体运作,一般都经过以下几个过程:制订采购计划—确定采购需求—执行采购方式(选择供应商)—签订采购合同—合同履行—采购评估。英国权威机构的研究对成功的采购表述为:通过适当的渠道,以适当的价格获得适当数量、适当质量的商品或服务,并在适当的时间送到适当的地点。要达到这一目标,采购所必须经过的每一个过程都要加以认真对待。

第一,制订采购计划。英国预算支出部门一般制订3年的采购计划。计划由财务计划和业务计划两部分组成。编制的计划递交到财政部备案、汇总。财政部有专门负责备案支出部门的管理人员,对3年计划每年进行一次评估,主要是评估当年的采购计划安排的合理性,并对当年各部门支出做出总额控制的分配建议。当年采购计划与支出分配有差距时,财政部会对支出部门当年的采购计划安排提出质询,并有权将计划退回,要求支出部门重新编制。达成一致后,经批准,就由各预算支出部门独立组织实施。

第二,确定采购需求。各预算支出部门完全可以根据本部门的需要进行采购,但所采购的商品和服务,必须在财政部授权的支出范围内。采购部门在确定采购需求上,承担有一定的咨询义务。一些历史较长、规模较大的采购部门或采购代理机构,对于一些经常性、固定的物品还制定标准,进行标准化采购。有的甚至根据用户要求,设计特殊的需求标准,以便供应商对其产品加以改进,在投标时符合用户的要求。

第三,执行采购方式(选择供应商)。根据欧盟政府采购指令等规定,公共采购超过一定数量的必须在欧盟官方杂志上公告,实行国际竞争性招标。

第四,签订采购合同。政府采购合同在欧盟采购指令或财政部制定的政府采购指南以及一些采购行业协会的有关文件中都有范本可参照制定。一般短期的、一次性的采购行为,采用固定价格合同。长期的采购行为,有的就需要采用可变价格合同。合同期限没有特别的规定,视情况而异。在英国,不同采购金额的合同必须由不同授权权限的采购官员负责签订,以明确采购职责和权限。

第五,合同的履行。合同签订后,一般不可改变,并随即按合同约定履行合同。在英国,政府采购资金的支付从时间上看,实行即期付款。一般在收到发票及收据的30天内,要将贷款支付给供应商。对于提前付款,可享受早期付款折扣。从支付人看,实行自行采购或委托代理采购的,由预算支出单位或用户支付;实行集中采购的,由财政部门统一支付。

第六,采购的评估。采购的评估主要是起到对采购的监督、分析和对采购人员能力的评估等多方面的作用。不同的采购机构或采购中介代理机构,往往有不同的方式。较严格的采购评估是聘请独立的财务分析公司和专家进行抽查,被抽查的采购项目从采购计划制订到合同履约的全过程都要进行非常严格和仔细的审查。

8.3.3　英国政府采购法律法规及管理体制

英国政府采购分为货物采购、建设和维修工程采购以及服务项目采购三类。

20世纪80年代以前,英国的政府采购法规仅对前两类加以规定,而对政府部门的服务采购没有做任何程序和法律上的限制。1988年以后的一项立法,要求英国政府服务部门全部参与招标竞争,因而使政府采购的管理范围扩大到所有政府经济活动的领域。

英国的政府采购法律法规大致包括如下内容:一般合同与商业法律;法定职责,如遵守国际条例;专门法律规定,如对行贿受贿或不公正合同条款的处理;旨在消除国别歧视、增强欧洲单一市场内商品和服务自由流动的条约及规定;世贸组织《政府采购协议》和其他国际协定,欧盟是这些签订协约方之一;法律先例等。

英国政府采购实行比较松散的管理体制。从政府采购的机构看,英国中央各部的预算部门和地方政府都拥有自行采购的权力,独立承担本部门、本地区的采购事务,财政部作为政府采购的贯彻、调节和牵头机构主要起管理作用。另外,还有采购代理机构和采购行业协会,协助政府采购的实施。政府采购的法律依据及规定都散见于各类法律法规之中。从政府采购的政策看,英国政府采购政策都偏重于原则和要求,且以采购本身为出发点,较少要求运用政府采购来实现某些经济目标。在英国,除军事采购外,中央一级的政府采购一年达130亿英镑,地方一级的政府采购一年达470亿英镑,合计约占GDP的12%。

8.3.4 英国政府采购的方式

英国政府有多种采购方式,基本方式可以概括为:一是竞争性投标方式,即精心挑选供应商,要求他们以各自的生产产量、产品规格和生产执行情况进行竞争性投标;二是公开招标方式,对于以价格为主要因素又相对较容易些的合同,各部门采取公开招标方式,让任何对合同感兴趣的供应商都参加投标竞争;三是协商和竞争投标相结合,对于较复杂的合同,如私有经济项目,则应采取协商和竞争投标相结合的方式进行;四是竞争性的协商谈判方式,对于少数极为复杂的合同,则只采取有竞争性的协商谈判方式;五是单方投标方式,对于极廉价的采购或极例外的特殊情况,采取单方投标(单一来源采购)的方式;六是投标后再协商的方式,这种方式可以更好地用好资金和改进合同细节,对买卖双方都有好处。

讨论案例

削减政府开支,英国政府想出奇招,请私营企业家对政府采购效益进行审议

——英国对政府采购的另类审议

为削减政府开支,英国政府想出奇招,请善于精打细算的英国零售业大亨菲利普·格林爵士(Sir Philip Green)对其中央政府2009~2010年度政府开支(尤其是政府采购合同项目)进行审议。2010年8月,卡梅伦首相明确授权格林爵士组织专门小组开始审议。10 月 11 日，由这位私营企业家主持完成的政府采购效益审议报告——《菲利普·格林爵士关于效益审议的报告——主要发现及建议》（以下简称报告）公布。英国此次审议政府采购效益的方式虽说另类，但不乏创新。笔者整理其主要内容，供国内同行研究参考。

1. 列举 12 项政府采购案例

报告审议范围包括政府对企业和民众的福利补助 2 700 亿英镑、薪资支付 1 640亿英镑、政府采购支出（包括 IT 项目、差旅费、咨询费等）1 660 亿英镑、资产管理支出 250 亿英镑、其他支出 450 亿英镑等，共计 6 700 亿英镑，涵盖了 2009 ~ 2010 年度英国中央政府部门开支的方方面面。报告公布了政府在用电用气、固定电话服务、打印、纸张、差旅住宿、电脑采购、手机采购、汽车租赁等常见政府采购项目上存在的问题和不足，有的还提出有针对性的对策建议。

案例一：用电、用气采购。报告发现，过去 4 年中每年英国中央政府的用电、用气支出为 4.73 亿英镑，全国公共部门的用电、用气总支出达 28 亿英镑。英国中央政府设有一个专家小组，负责其 75% 的用电、用气开支，每年可节省 5 亿英镑开支。报告认为，中央政府设置专家小组负责政府采购事宜，节省资金效益显著。

案例二：固定电话服务采购。报告称，一份外部审计报告发现，英国政府在固定电话服务采购上的浪费高达 20 亿英镑。英国政府完全可以通过自行购买电话通信装备，达到削减 30% ~40% 开支的效果。报告建议政府就固定电话服务成本开展进一步的紧急审议。

案例三：打印服务采购。审议发现，英国中央政府每年的打印支出为 1.04 亿英镑。各政府部门采购的打印服务各种各样，价格相差较大且毫无竞争性。如，A 类单页打印的市场价为每页 0.26 英镑，实际采购价则高达每页 1.31 英镑，两者价格相差达 5 倍；B 类单页打印的市场价为每页0.11英镑，实际采购价为 0.14 英镑，两者价格相差达 27%；C 类单页打印的市场价为每页 0.06 英镑，实际采购价为 0.11英镑，两者价格相差达 83%；D 类单页打印的市场价为每页 0.17 英镑，实际采购价为 0.20 英镑，两者价格相差达 17%。由此看出，英国中央政府对上述 4 种单页打印服务的采购价格均超出市场价。

案例四：差旅住宿服务采购。审议小组起初被告知，英国中央政府每年差旅住宿支出约为 20 亿英镑，第二次则被告知约为 5 亿英镑，第三次则被告知为 7.68 亿英镑。而最终经过审议发现，该项支出的确切数据为 5.51 亿英镑。中央政府部门每年在伦敦的住宿服务采购量达 4 万次，开支达 3 800 万英镑，平均每晚住宿费为 95 英镑。但审议发现，同样是政府部门，有的在伦敦住宿一晚价格为 77 英镑，有的则达 117 英镑，两者价格相差达 52%。对此，报告建议政府差旅住宿开支应通过采用视频会议等方式达到压缩一半开支的效果。此外，报告称差旅住宿支出的数据均为各政府部门手工填报或向住宿服务供应商索要提供，其数据既不准确也难以获得,很难就差旅住宿服务的采购进行审议。报告还称,中央政府之外的部门和组织的差旅支出很可能更高,但由于缺乏确切数据而无法确认。报告建议政府就差旅住宿服务采购由中央主管部门统一标准,并及时提供确切数据。

案例五:办公设备采购。每年英国中央政府办公用品采购支出达8 400万英镑,由5家大型供应商和83家小供应商提供。同样采购一盒纸,有的只需8英镑,有的却高达73英镑,价格相差达9倍;同样采购一个打印机墨盒,有花费86英镑的,也有花费398英镑的,价格相差近5倍。

案例六:电脑采购。每年英国中央政府要花费6 100万英镑购置台式电脑和笔记本电脑。目前,英国中央政府有台式电脑46万台,笔记本电脑6万台,通常并不从电脑制造商那里直接采购,而是由13家不同的IT服务商提供。各部门也没有统一的采购标准。在笔记本电脑采购中,有的一台353英镑,而有的一台则要2 000英镑,两者价格相差达5倍。报告呼吁,政府如此大量采购电脑,应直接从电脑制造商那里采购,以节省开支。报告质问,如果一个人是自己花钱买笔记本电脑,同样的品牌和型号,既可800英镑购得,也可2 000英镑购得,他难道愿意花费2 000英镑吗?

案例七:租车服务采购。每年英国政府用于租车的开支达2 900万英镑。报告就同一款汽车对4个不同部门的采购情况作了比较,发现同样是租一款福特蒙迪欧1.6L型汽车,租赁时间为1天,有的只需27英镑,有的则高达119英镑,价格相差4倍多。显然,政府对租车服务没有统一的标准和政策。

案例八:手机采购。每年英国中央政府用于手机采购的支出达2 100万英镑。英国中央政府有手机10.5万部,其中的98%仅由1家供应商提供,而这家供应商却与不同的政府部门和下属机构签有68份合同,显然是与不同的政府部门单独进行协商报价,且合同期限也不一样。报告认为,分散采购是造成英国政府采购效益低的一个重要原因。

案例九:政府采购卡。英国政府共有14万张政府采购卡处于使用状态,每张卡每月支出上限为1 000英镑,主要用于在无法获得政府采购系统支持时,为获得廉价商品和服务(如差旅住宿和办公用品购置)而使用。14万张采购卡中,7.1万张卡由4家供应商提供。每年政府通过这些采购卡支出近10亿英镑,其中包括中央政府的5.2亿英镑支出。而这些持卡者的支出行为并未得到政府的监控,也没有统一的采购标准。报告呼吁,所有的政府采购支出行为都应得到授权,并纳入监控范围。

案例十:办公物业。英国中央政府各部门的自动售货机、咖啡机由8家公司通过16份采购合同(每个政府部门签一份合同)来提供。同样是提供一杯咖啡,有的只需0.9英镑,有的则需1.45英镑,价格相差达61%。审议还发现,各部门没有统一的食品采购。

案例十一:IT服务。过去6年,英国政府一直延续一个长期的IT服务合同,该合同每年开支达1亿英镑。该合同提供硬件和软件维护，由于该供应商将其多数业务分包给另一家供应商，实际提供该服务的为2家供应商。该合同所报出的收费标准为每人每天超过1 000英镑，大大超出市场报价。另有一项IT项目还需3年到期。英国中央政府每年为上述IT项目支出达3亿英镑。由于并非所有政府部门都能有效评估IT服务的成本，所以IT项目采购支出显然大于其实际成本。

案例十二：房产管理。英国政府的房产开支每年达250亿英镑，其中仅有6%的房产由中央政府的一个专家小组统一管理。而公共部门的房产，包括国防部和国民医疗服务体系的各分支机构，总值达124亿英镑。由于各部门的房产管理由各部门负责，使用效益低下。如，一个拥有484处房产的部门，平均每年租金为4 700万英镑，但由于未来半年这些房产将面临租约到期或解除，将面临巨额房租损失。又如，由于房产管理失误，一项不必要的租赁项目将造成至少1 500万英镑损失，还有一项价值1 800万英镑的房产租赁支出毫无必要。报告还发现，即便是一个部门内，其房产管理效益也很低。如，某部门在10个不同地方，拥有149处办公室，其中27处在伦敦，而其主要办公设施内仅有30个办公室。事实上，该部门的119个办公室是闲置的，其房产效益损失难以估计。报告建议，中央政府房产管理部门与各政府有关部门应加强沟通与协调，政府部门的房产应由专家来管理，最大限度减少浪费，并提高收益。

2. 归纳审议发现的四大问题

报告将审议中发现的问题归纳为4点：第一，各政府部门采购普通办公用品的价格大不相同。第二，同样一家供货商，其与各部门签订的采购合同价格相差甚大。第三，政府是国家最大的房租户，但其使用和管理房产的效益却较低。第四，政府签订的IT服务合同价格高昂、时间很长，且没有灵活性。

3. 剖析政府采购效益低的原因

报告进一步分析了政府采购效益低的原因：第一，有关政府采购的数据缺乏，且不准确。第二，中央政府对各部政府采购活动缺乏统一管理。第三，政府部门没有节省开支的动力，不把纳税人的钱当成自己的钱一样珍惜。第四，对部门预算中各项政府采购活动没有限定标准。第五，中央政府没有实行统一的政府采购政策。第六，各政府部门缺乏政府采购业务所必需的商业谈判技巧。第七，报告就审议发现的问题提出若干政策建议。

资料来源：《中国政府采购报》，2010年11月3日。

【讨论的问题】

1. 英国政府想出奇招审议政府采购，你对此有何感想？

2. 案例中的做法对我国政府采购有何借鉴意义？

8.4 日本的政府采购制度

导入案例

出门坐公交 购公车不知所云 日本政府开什么车?

近来,人们注意到,美国奥巴马政府提出的政府用车采购提案中,预计全部采用美国车辆,不包括任何日本或者欧洲汽车厂商的产品。一些日本民众将奥巴马这一政策视为贸易保护主义的手段,并呼吁日本政府也明确规定政府用车全部从国产车中采购。

事实上至今为止,日本政府的确从没有硬性规定政府用车从本国购买。不过这种硬性规定实际是不必要的,因为日本的汽车工业已经足够发达,能够为日本政府提供所需要的各种车辆。日本政府目前采购最多的车辆,来自于丰田公司。在小泉和安倍担任首相期间,两人的座车都是丰田世纪 Century 豪华型车。实际,从1968 年开始,日本首相使用的就是丰田世纪轿车,只是不断更新其改型而已。日本政府规定为首相提供两台这种高级轿车用于公务。这种车型在海外很少销售,目前所知只有我国香港特区行政长官采用它为自己的轿车。由于日本的经济情况一直不好,可能担心国民指责政府过于奢侈,到了福田康夫担任首相的时候,他的座车换成了一辆黑色丰田凌志 LS600hl 型公务轿车。这种轿车售价 1 510 万日元,相当于人民币 100 万元,考虑到它还具有防弹装甲等特殊设计,这个价格可说颇为经济。同时,它也远比丰田世纪轿车省油,世纪车每公升汽油可以跑 7.8 公里,而凌志 LS600hl 可以跑 12.2 公里。更换这种轿车,也符合福田提出的建立节能社会的思想。

日本国家政府目前共拥有公用车 4 326 台,这个数字远低于一些国家一个省级单位的用车数量。一个有趣的现象是,由于公共交通远比开车出行出现阻塞的可能性更低,日本的公务员出门,如果不是礼仪性公务,通常乘坐公用电车、地铁的情况更为普遍。2008 年佛山市友好代表团访问日本关西小城伊丹市,伊丹市长藤原保幸先生出席欢迎会并讲话,这位市长竟然是骑自行车前往会场的。值得一提的是这种现象并非特例,很多日本高级官员都有骑自行车上下班的习惯,并将其视为一种锻炼和亲民的举动。

由于日本政府的预算公开,将有限的税金用于有奢侈嫌疑的政府公用车可能招致反感,所以日本政府的公用车购买很是谨慎。2003 年,日本政府提出在十年时间里将全国共用车辆减少 600 台,2007 年,这一目标增加为 890 台,都是尽量表达政府不滥用国民税金的态度。在这一原则下,日本政府的公用汽车涂饰俭朴,基本色调为深黑色,尽量避免引发社会的关注。日本政府并出台计划,努力将公用车辆全部转入低排气型和使用燃料电池的车型，以达到节约能源的目的。

大约因为这个原因，向日本民间人士询问对政府用车的看法，往往让人觉得不知所云，人家常常会反问——市政府也有自己的公用车吗？不过，也有一些对此比较敏感的人认为，政府购买丰田车还是有些奢侈了，更加实用的尼桑车或许更对得起纳税人的钱包吧。

案例详情链接

http://info.auto.hc360.com/2009/06/251729309527.shtml 2009年6月25日。

案例引出的问题

1. 我国企业在政府采购领域受到哪些限制？
2. 日本政府采购公务用车的规定有哪些值得我们借鉴？

原理知识

日本是世贸组织《政府采购协议》最早的签署国之一。因此，日本开展政府采购活动的时间也较早。日本的中央政府、地方政府及政府相关机构的采购均纳入该协议，它包括了47个都道府县和84家公共组织。中央采购招标规定在《会计法》、《预算、决算及会计令》、《国家物品等特定采购程序的特别政令》等法规中；地方政府采购招标规定在《地方自治法》、《地方自治法施行令》等法规中。日本政府采购具备健全的法律规范和质疑机制。

8.4.1 日本政府采购的分散采购制

日本并没有一个统一的采购主管机构，而是由各部或委员会依照自身需要自订采购计划并执行采购工作，由总理府官房外政审议室专门负责制定采购政策和采购法规，属于使用"分散采购方式"的典型国家。由于日本政府采购市场主要的海外供应商来自美国和欧盟，因此在过去几年，美、欧对日本政府采购市场的透明度以及非歧视性待遇方面给予了很大的压力，通过美日、日欧长期的双边磋商，日本的政府采购规模逐步扩大，政府采购市场已逐步调整成一个较为开放的市场，在制度上强调非歧视、公正、透明化等原则。日本政府在投招标法规中明确规定了三种招投标采购方式：一般竞争方式、指明竞争方式和随意契约方式。

第一，一般竞争方式。这种方式占绝对主导地位。日本会计法规定，国家与民间签订合同应采用"一般竞争契约方式",这是招标采购的基本原则,即政府通过在官报上发表招标公告的方式公开邀请具有竞争资格的所有供应商参加投标竞争,价格最低者中标。

第二,指明竞争方式。即选择性招标,实施选择性招标的原因主要有二:因仅有少数供货商有能力参与投标而不适合采用公开招标、使用公开招标不利于采购单位(近年已跃为主因)。适用的具体情况有:①参加竞争的人数较少时;②不适宜采用一般竞争方式;③采购金额较少,包括:预定价格不超过500万日元的工程或制造;预定租金不超过160万日元的租赁;预定价格不超过100万日元的出售;预定租金不超过50万日元的出租;其他合同不超过200万日元的采购。

第三,随意契约方式。即限制性招标,这是会计法规定的最例外的方式,采用这一方式的前提是采购项目必须具有特殊性、专业性和复杂性,或者仅有少数特定厂商可以提供所需产品或服务,或经多轮招标后仅有部分有能力的厂商参与投标。它适用的情况有:①需要特别技术、专利要求的;②紧急情况下所需要的;③不适用一般竞争和指明竞争方式的。

不论采用何种竞争方式,都必须通过中央政府主办的刊物"官报"或与"官报"类似的地方政府公报,发布招标公告、资格预审公告等信息,所有这些公告信息,同时发布在指定的电子信息网上。

8.4.2 日本政府采购的法律体系

日本作为WTO《政府采购协议》缔约国之一,其《政府采购法》律体系以国内相关法和世贸组织《政府采购协议》为基础。一直遵守该协议并规定了适应协议的采购实体和范围,将内阁总理府、总务厅、法务省等30个中央部门,农林渔业金融公库、东海旅社铁道(株式会社)、日本输出入银行等84个政府投资企业的采购纳入该协议的适用范围。日本政府将地方政府的采购排除在协议适用的范围外。除此之外,日本有关采购的国内一般性法规还有:《会计法》、《预算决算与账目公开条例》、《合同式商业交易法规》等。日本为了地方政府适应《政府采购协议》,还特别制定了《地方自治法规行令》,这样,以《会计法》、《地方自治法》和《政府采购协议》为基本法,综合中央政府各部门以及地方政府采购的相关法律法规细则,日本形成独具特色的政府采购法律体系。

8.4.3 日本政府采购的申诉体制和质疑机制

第一,申诉制度。日本政府为保护本国供应商的利益,建立了"非歧视的、透明的、及时的和有效的"程序,并利用法院或其他公平、独立的审查机构审理有关质疑即政府采购申诉新体制。申诉制度由下列三个单位组成:①日本官房长官政府采购办公室。由内阁秘书长担任主席,成员来自各部委机构副职或高层主管,主要任务是决定申诉的审议程序。②政府采购审议委员会。委员会是独立运作的公正单位,负责审议各项申诉,若发现已执行的采购中有不符合 GPA 规定或其他适用规则的,则拟定建议书送政府采购机构查处。委员会由政府采购方面学者、专家和退休官员等组成,目前有 25 名成员。③秘书处。由经济企划厅协调局负责,是受理申诉的联系部门。

第二,政府采购审查与质疑机制。根据 1995 年 10 月 1 日的内阁决定,日本建立了政府采购审查委员会,由科学家、学者和拥有政府采购经历的人士组成,以评价与采购相关的质疑。参加政府采购的或有资格参加采购的相关个人或单位有权启动质疑程序。建立采购审计制度和采购官员轮换制度,通常采购和会计部门的决策应该有超过一个人来制定和确认。从人事政策的角度看,已经建立起采购官员的轮换体系。

需提出质疑的个人或单位,可以向委员会提交;申诉处理的一般程序如下:申诉人向委员会提出申诉,并同时通报推进本部和招标单位;委员会在收到申诉后 7 日内决定是否受理并通知申诉人、招标单位和推进本部,如果申诉被受理,则应公告,并决定参加审理的有关当事人名单,委员会在收到申诉后 10 天内通知招标单位暂停授予合同或者暂停履行合同,如果招标单位对此存有异议,则应向委员会陈述理由,委员会应将该理由抄送审理人;审理后 5 日内最终确定申诉审理人的有关参加人;收到申诉人提起申诉通知后 14 日内,招标单位向委员会提交报告,委员会将该报告复印件送给申诉人和有关参加人;受理后 90 日内委员会提出审理报告和处理建议;次日,该审理报告和处理建议送交申诉人和招标单位;审理报告和处理建议送达后 10 日内,申诉人和招标单位如不服处理结果的,向委员会提交报告。

第三,采购实体进行系统化的内部和外部审计。采购实体内已经建立起了常规化的内部审计系统,但内部审计是非强制性的,内部审计报告也不能公开获得。而根据《宪法》规定,外部审计是强制性的,由审计委员会主管。依据审计委员会"检查政府收入、支出及投资"的职责要求,政府采购是审计的重要内容。外部审计报告可以公开获取,这一报告包括对政府采购的检查结果与审查,每年由内阁提交给国会。

为保护潜在的质疑人免受报复,供应商如果愿意,可以要求在处理正式质疑之前匿名。对质疑结果,如果委员会发现采购过程存在与《政府采购协议》或其他法规相违背的行为,可以提出包括适当补救在内的建议,主要有:启动新的采购程序;不改变采购条件,而重新采购;对采购进行重新评价;由其他供应商执行合同;合同终止。

作为基本原则,采购实体应遵循委员会的建议。与政府采购有关质疑的审查程序规定,如果采购实体不遵循建议,应向委员会报告原因,委员会将把原因的复印件及时提供给政府采购审查办公室,该办公室由总内阁部长担任主任,相关部的副部长是其成员。因此除非采购实体有合法理由,否则必须遵循委员会的建议。

8.4.4 日本政府采购中的道德规范

《国家公共服务法》和《地方公共服务法》规定国家和地方公共雇员是全体国民的公仆,要为公众利益履行职责。这两部法要求采购人员遵守诸多纪律,包括利益冲突、政治活动限制、在营利公司接受职位、参加外部商业活动等。而国家《公共服务道德规范法》、《道德规范法规和条例》提出了相应的道德规范,要求国家和地方政府所有雇员遵守。

此外,《犯罪程序法典》第239(2)条规定,政府采购人员在履行职责过程中,发现了供应商的行贿、提供好处或其他引诱等破坏公正性和独立性的犯罪行为时,需向法院或检察院指控。《刑法》第195条到197条规定,政府采购人员接受、要求或许诺接受与工作职责相联系的贿赂时,将受到最多5年的监禁。如果罪名成立,将没收受贿所得,或支付等量价值。《刑法》对贿赂罪的认定是,只要礼物或好处"与官方职责相关"。

采购人员违反《会计法》及相关条例,或玩忽职守,根据对公共官员进行纪律处罚的《国家公共服务法》第182条,应被开除公职、取消职务、降低工资或行政处罚。在预算执行官员的法律中规定,预算官员有意或失职地出现债务或违反法规与预算进行支付,必须补偿所造成的损失。《刑法》第198条规定,在招标过程中,如果个人提供或许诺提供贿赂给政府官员,将被监禁最多3年或罚款最多250万日元。

《刑法》特别禁止破坏招标和合谋。《刑法》第96条规定,个人如果通过诈骗、武力或出于不公平竞标的合谋来危害公共招标,将处以最多2年监禁或最多250万日元罚款。如果招标程序有关的合谋被认为是私人垄断或不合理的贸易限制,那么个人将处以最多3年监禁或最高500万日元的罚款。当法人代表、雇员或其他法律服务人员,在招标程序中进行私人垄断或不合理贸易限制,将追加处罚,处以最高5亿日元的罚款。在某些案件中,企业应承担经济损失。如果企业决定贿赂政府官员,将临时取消企业参与公共合同或其他商业活动的竞争资格。这种取消是可选的,依不同案例而定。各部门的会计部门具体决定是否需要取消和取消多长时间。一旦决定,仅把通知送到企业。

8.4.5 日本政府采购的启示和经验借鉴

第一,进一步完善政府采购的法律体系,依法管理政府采购。政府采购管理涉及方方面面,而我国目前《政府采购法》配套规章制度建设还相对滞后,虽然我国的《政府采购法》已于2003年1月1日在全国正式实施,但是其可操作性办法还比较少,使许多管理规定在实际工作中无法落实。为此,我国应尽快通过完善的法律体系,弥补《政府采购法》对一些具体问题规定的不足,提高法律的操作性,指导政府采购实践工作,规范政府采购行为,使我国政府采购早日实现有法可依,有章可循的局面。

第二,规范分散采购管理。目前,我国的政府采购和国家投资项目建设实行的是集中采购与分散采购相结合的方式,其中存在着效率低下、政出多门的混乱局面,已经严重阻碍了我国公共采购的顺利开展,更造成了严重的浪费和腐败行为。我国政府采购处于改革初期,要扩大政府采购规模,就必须加强对分散采购的管理,这不仅是改革的需要,也是法律所规定的,按此要求,集中采购范围和分散采购范围应当合理适度,这才是符合我国实际情况的采购管理模式。

第三,构建政府采购制度的申诉机制。目前,政府采购纠纷数量与日增,而新设的仲裁机构未赋予它处理政府采购纠纷的仲裁权,致使许多纠纷被搁置,因采购而形成的经济关系处于不稳定状态,这不利于经济的稳定发展。因此,我国可考虑设置合同申诉委员会,专门处理采购活动中的申诉。

第四,重视信息化建设,大力发展政府采购电子化。目前,我国政府采购指定媒体的基本管理模式与日本一样,但在信息量上和媒体的权威性上,还未形成政府采购信息的汇集点。因此,我们要进一步完善媒体建设,与其他媒体加强协作,形成竞争,促进指定媒体信息公开及管理水平。

讨论案例

绿色政府采购在日本

日本被认为在绿色政府采购方面做出了很多有影响力的工作。1994 年日本制定实施了绿色政府行动计划,拟定了绿色采购的基本原则,鼓励所有中央政府管理机构采购绿色产品。为推动此项行动计划,1996 年日本政府与各产业团体组成了日本绿色采购网络组织(GPN),参与该组织的会员团体承诺将通过购买环境友善物品及服务,减少采购活动对环境的不良影响。GPN 的活动主要包括颁布绿色采购指导原则、拟定采购指导纲要、出版环境信息手册、进行绿色采购推广活动等。这种由政府部门、民间企业、社团组织共同组成的绿色采购团体和联盟,在政府、企业和消费者之间宣传绿色采购观念、提供绿色采购信息以及会员间的信息交流等方面起到很好的作用。2000 年日本颁布了绿色采购法,这是日本为建立循环型社会颁布的六个核心法案之一。绿色采购法规定,所有中央政府所属的机构都必须制定和实施年度绿色采购计划,并向环境部长提交报告;地方政府要尽可能地制定和实施年度绿色采购计划。截止到 2008 年,全日本有 83% 的公共和私人组织实施了绿色采购。

资料来源:http://baike.baidu.com/view/2329293.htm。

【讨论的问题】

1. 日本的分散采购制有哪些特点?

2. 日本的绿色采购是如何做到的?

8.5 韩国的政府采购制度

导入案例

走在世界前列的韩国政府采购电子化

由于传统政府采购方式的低效、不透明、耗费成本,韩国决定改革政府采购运行方式,将政府采购主管机构——采购厅,由采购的执行机构转变成为政府采购的信息中心。配合韩国的电子政务改革,韩国的政府采购电子化从1997年开始,短短的几年间,韩国已经完成政府采购电子化系统的组建。2003年6月,韩国电子政府采购系统被联合国授予"公共服务优秀奖",2004年5月获得经济合作与发展组织"优秀电子政务服务提供奖",韩国政府采购电子化走在了世界的前列。

韩国的政府采购电子化不仅局限于搭建一个电子网络用于传递采购信息和下载采购文件,而是真正意义上的网上交易。在韩国,政府采购电子化不是一种单一的采购运作手段,而是贯穿全国的、统一的政府采购系统。

韩国的政府采购电子化由财政经济部授权采购厅开发和运行。在最初建成的政府机构、采购厅、公司之间的电子数据交换系统(EDI)的基础上,逐步建成商品网上交易市场、电子招投标系统、电子支付系统。从1997年开始实现网上发布采购信息和网上下载招标文件,1999年增加网上订货功能,2000年实现网上投标和电子支付,2002年完成采购到支付的整合,形成由电子招标、电子订货、电子合同和电子支付构成的一个完整的电子政府采购系统。2004年,建成了客户管理系统(CRM),向每一个客户群体提供更便捷、个性化的服务。2005年,"广泛覆盖的电子采购"是韩国采购厅努力的目标,即通过开通移动电话服务,使人们便捷获取政府采购信息,并参与投标活动。

目前,已有11万家供应商进入了供应商库,有3万个采购机构实现网上采购,每天有8万人次访问网站。2005年1~9月份,电子招标项目达到10万个,参加竞争的供应商有150多万家,采购合同金额170亿美元,电子订货额为44亿美元,签订的电子合同达23 000多份。采购资金的99%实现了电子支付,总共213 000笔,支付时间从财政经济部收到清款单到办理支付手续只需4小时,近年每年节约采购资金28亿美元左右。

韩国的政采电子化系统不是一个孤立的采购系统,而是与韩国政府53个职能部门的系统相衔接的整合系统。例如,对投标者的资质确认,只要投标者参与某个项目的投标,系统会自动完成对该投标者的资质确认,因为系统与工商、税务、行业协会等外围系统相衔接,储存于这些外围系统中的关于该投标者的信息资料将被激活,这样,政府采购电子化系统就可以广泛运用其他各系统的资源,将系统内有些资料交由其他系统来提供,加强了采购系统的针对性和功能性。

案例详情链接

《政府采购信息报》,2010年3月16日。

案例引出的问题

1. 韩国是如何做到政府采购电子化的?
2. 韩国政府采购有何特点?

原理知识

在亚洲,韩国是实行政府采购较早的国家。自1949年局部集中采购制度建立后,历经多次变革已日趋完善。作为发展中国家,特别是新兴工业化国家,韩国政府采购制度具有很强的代表性,其政府采购制度的成功经验对正在构建政府采购制度的我国,具有很好的借鉴意义。

8.5.1　韩国政府集中采购机构和职能

韩国实行高度集中统一的政府采购体制,由专门机构负责各部门物资需求计划审批、采购价格确定、采购合同制定和签订以及货物运输和供应。采购厅(又译为调达厅)是韩国政府集中采购的专门机构,为副部级单位,厅长由总理任命,工作完全独立自主。采购厅主要负责政府各部门所需物资的采购、存储、运输和供应;机关后勤服务的采购和服务质量的监督;政府重点工程管理;政府资产管理;供应商投诉处理。采购厅下设2个办公室和4个局:①计划和政策办公室。主要负责政策制定、审查和评估;预算编制及预算执行协调;采购机构及采购人员管理;处理采购诉讼事务。②管理局。负责采购资金管理,政府资金使用检查,公司会计档案管理;商品编目分类,进口商品储存和分配;国内价格调研及公布价格信息;供应物资相关数据的加工处理;政府资产管理人员培训。③采购局。负责组织以韩国货币付款的货物和服务的采购,审查采购规格,评估采购成本。④工程局。负责工程项目的采购及工程合同管理以及重点工程的监督检查。⑤存货及对外采购局。负责主要原材料的存储、销售和国际市场的采购。⑥中央和地方供应办公室。负责政府储备商品的采购、管理和配给。

8.5.2 韩国政府集中采购范围和规模

《国家合同法》规定,采购厅集中采购的范围和限额标准为:中央政府各部门及所属单位,采购价值在30亿韩元(约合人民币2 100万元)以上的工程项目和价值在5 000万韩元(约合人民币35万元)以上的货物和服务项目;地方政府采购价值在100亿韩元(约合人民币7 000万元)以上的工程项目和价值在5 000万韩元(约合人民币35万元)以上的货物和服务项目。1995年,采购厅集中采购金额为4.4万亿韩元(约合人民币308亿元)。

8.5.3 韩国政府采购法律法规体系

韩国于1994年4月15日签署世界贸易组织《政府采购协议》,1997年开放国内政府采购市场。目前已形成较为完善的政府采购法律法规体系,主要包括:《政府采购法》,该法是政府采购方面的"基本法",规定了政府采购的基本原则和基本程序;《政府采购法实施细则》、《国内外采购条款》、《地方财政法》、《政府投资企业会计规则》等;招投标的具体规章制度,包括《供货商或制造商的登记程序与资格》、《标底制定的程序与方法》、《投标商资格条例》、《投标文件格式》等。

8.5.4 韩国实施政府集中采购的成效

近40年来,韩国在推进政府集中采购制度方面取得了显著成效。一是规范了政府采购行为,发挥了集中采购的规模效应,为国家财政节约了大量资金。二是通过强化集中管理,完善管理制度,规范工作程序,促进了政府采购工作的专业化、标准化和制度化,大大提高了工作效率。三是实现了组织机构和人员的集中管理,统一了采购政策和配置标准。四是通过细化分工,加强培训,提高了政府采购工作人员的专业化水平和工作能力。

讨论案例

韩国政府借助网上采购杜绝政府采购黑洞

韩国政府由于在采购中存在各自为政、随意性强,缺乏统筹监管的弊端,各种腐败案件层出不穷。从2002年起,韩国政府利用韩国网络普及率高、网上金融服务成熟、政府办公普遍实现网络化的优势,将政府采购行为由传统的人际交易,改为网络交易,规定各种采购行为必须通过调达厅建立和管理的名为"国家卖场"网站进行。

由于所有的招标、投标和交易过程都被记录下来，并在网上向社会公开；同时，网络采购还从源头上切断了公务员与销售商见面的机会，传统的政府采购模式被彻底改变，交易的透明化杜绝了暗箱操作的可能。调达厅实行网络交易四年多来，无论从提高效率、节约资金、公平交易，还是杜绝腐败等方面，都收到了显著的效果。

网上交易使腐败事件迅速降低

在引进“国家卖场”交易系统之前的2001年，韩国主流媒体关于政府采购腐败事件的报道为166条，平均每两天就有一条。而2002年9月开始启动网络交易之后，关于政府采购腐败事件的报道迅速降低到98条。2004年韩国政府采购实现全部交易网络公开化以来，调达厅官员至今没有发生过一起因腐败问题而受到惩处的事件。2002年，韩国调达厅的清廉指数为6.8（10为满分），到2005年，这一指数上升为8.65，提高了27%。

此外，网上采购还提高了政府的效率，节约了资金。过去，采购需要处理大量的文件，还要安排各种会面和谈判。在韩国引进“国家卖场”网上交易系统后，调达厅公务员平均每人处理的合同件数比引进前增加两倍以上。截至2006年6月底，网络采购为调达厅节约了18万亿韩元（约191.5亿美元，按940韩元兑换一美元）的经费。与此同时，各种供应商也从网络供货中减少了销售环节，节约了营销成本。

实行网上采购的另一个好处是，供货商和需求方通过调达厅监管的“国家卖场”，在网上进行“一站式”网上交易，由供货商在交易后根据各部门需要直接将物资及时送到使用者手中，调达厅在调配物资时，不再需要使用大量的库房存放物资，节约了仓储和监管成本，还省去了运输成本。目前，调达厅每年在网上采购的金额为43万亿韩元（457.4亿美元），对3.5万各政府部门、地方政府、公共机关和学校所需要的物资和工程建设进行政府采购。交易过程中需要银行、（供应商）担保机构、政府机关、建设协会和交易认证发放部门等各部门的协作。为便于交易，“国家卖场”网站有便捷的检索功能，为政府、公共机关和10多万供货商之间，建立了桥梁。

如何解决网上商品可信度问题

在建立网上采购系统的过程中，调达厅也遇到了各种问题。其中最主要的是面对每天10万件以上的网上交易，如何确保商品的可信度，以及如何满足各部门大到建筑机械、小到文具的多样化的需求。此外，有关法律制度的修订、数据安全管理等也需要投入大量的精力。

为解决商品可信度问题，调达厅实行了名为《优秀商品选定制度》的体制，由270名官员、教授和行业专家的评审委员会，根据不同的商品组成评审小组，对商品进行评估，得分在70分以上的才能进入政府采购供货商行列，每三年重新评审一次。同时，调达厅还通过交易和使用过程中的随时监管，剔除不良业者。通过这种方式，一方面政府不断扩大供货商范围，增加采购品目；一方面又保证了商品的质量。

在这一过程中，韩国政府对本国的中小企业和高科技风险企业采取与大企业一视同仁的态度，只要产品合格，能通过审查，就可以进入优秀商品序列，供政府和各公共机关采购。对于缺乏宣传广告资金，销售渠道不发达的韩国中小企业来说，网上政府采购在为他们提供巨大市场的同时，还成为获得有公信力的品质认证的一条捷径，通过“国家卖场”为企业做了最好的广告。由于每三年要重新评审一次优秀商品的资格，为了能保持优秀商品的地位，在激烈的采购市场中生存和发展，各中小企业不断开发新技术新产品，形成了技术开发和企业收益的良性循环。这样做既扩大了政府的选择，又扶植了本国中小企业的发展，促进了经济的繁荣，因此受到韩国企业界的欢迎。

如韩国的“凯迪”公司是一家制作家具门窗的中小企业，2002 年刚刚进入“国家卖场”时，从政府获得的采购额为 40 亿韩元(425.5 万美元)，由于质量可靠，产品技术开发和更新快，2006 年的网上政府采购金额已突破 740 亿韩元(7 872.3 万美元)，业绩扩大 15 倍。在传统的流通市场，这是很难实现的成长速度。由于发展良好，去年凯迪已经开始走向国际市场，谋求更大的发展空间。

韩国网上采购经验中国可借鉴

从韩国的经验来看，网上政府采购确实起到了遏制腐败、提高效率、节约经费、促进经济发展的作用，值得中国借鉴。目前，中国主要政府部门和发达地区网络和办公自动化已经普及，民间物流和配送体系业颇具规模，已经具备了在部分地区进行网上政府采购的基础条件。因此，中国政府也可以适当在中央机关和发达地区进行网上政府采购的试点和推广工作，为今后的政府采购体制改革摸索经验。

在中国推进这一工作的过程中，韩国政府所遇到的几大问题同样也是中国会遇到的。其中包括：(1)网络系统的建设、运营和监管，需要专门的人力和熟悉政府采购制度的专业人员，必须具有大数据量处理、安全、使用便捷、符合政府采购需要的特点。(2)网络交易法规制度的健全。(3)供货商品认证体制。这方面，韩国的专家小组评审、定期更新的优秀商品选定制度值得借鉴。(4)交易系统。韩国的网上金融服务健全，公民和企业在交易中严格执行实名制和信息认证，可信度比较强，信誉可靠。中国在这一领域还有欠缺，建立面向全社会的采购体系，还有一些问题。(5)监督体制。韩国在推行网上政府采购的过程中，有明确的计划和方向，目的就是消除人际交易，彻底实现网络化。这个过程中，韩国实现了所有的需求和交易情况完全向社会公开，以便于社会监督。这种信息公开化、透明化的措施，需要各级政府配合。

资料来源：《经济参考报》，2007 年 2 月 5 日。

【讨论的问题】

韩国政府采购有哪些值得我国借鉴的经验？

8.6 中国香港特别行政区政府采购制度

导入案例

香港将缩减公开招标信息发布媒体

香港特别行政区政府物流服务署网站发布公告称，自2011年4月1日起，政府物流服务署的公开招标项目公告将不会大范围地在特区的报刊上刊登，仅在《政府宪报》和政府物流服务署网站发布。

根据此前的有关规定，政府物流服务署的公开招标项目公告会在特区《政府宪报》、当地报刊、互联网及部分港外杂志上登载。对于此次缩减公开招标信息发布媒体的原因，政府物流服务署并未给出解释，但业内人士分析认为，此举很有可能与香港大幅压缩财政支出安排有关。

据了解，香港政府物流服务署由香港政府车辆管理处、政府物料供应处和政府印务局于2003年7月1日合并而成，主要为香港特区政府各决策局和部门提供物流支援服务，其中包括采购与物流供应、运输和车辆管理以及印刷服务。

案例详情链接

《中国政府采购报》,2011年2月22日。

案例引出的问题

1. 我国企业在国际政府采购领域受到哪些限制？
2. 香港特别行政区政府采购有何特点？

8.6.1 香港特区政府采购管理体制

香港特区经济市场化和国际化程度较高，很早就建立了政府集中采购的管理体制，只有小额物品实施各部门分散采购。香港特区政府采购模式是典型的“配给制”模式，所有政府采购均由政府部门直接进行，不涉及中介机构。

8.6.2 香港特区政府集中采购机构及其职责

承担香港特区政府集中采购职责的是库务局下属的政府物资供应处，该处编制1 368名，工作人员均为公务员。主要职责是：采购、存储和运送文具、清洁用品、电器、通讯器材、执法人员服装布料等通用物品；代理采购各部门特殊物品及超过部门直接采购限额的物品，包括飞机、枪支弹药、电脑系统、医疗器械、药品、五金、建筑材料等，这些物品通常由供应商直接送到使用部门；调派专业人员指导和协助各部门自行采购小额物品；集中处置闲置和报废物品；负责对海外供应商的退货；投诉处理和索赔；为公务员免费运送和暂存私人物品。

8.6.3 香港特区政府集中采购范围

政府物资供应处为80多个政府部门、机构和某些社会团体(包括医院管理局)采购货物、服务和工程。采购对象包括所有的办公用品、财务管理和行政管理等方面的咨询服务、其他类型的合约服务、公共工程等。

8.6.4 香港特区政府集中采购的具体组织实施

政府物资供应处根据《物资供应及采购规则》规定的方式和程序依法采购。该处建有供应商和承包商名册，目前有4 000多个在册供应商。该处拥有现代化的仓库和运输队伍，存储和运送各类通用物品。同时，设有暂支账目，预先缴付采购费用，用户提取物品时向该处支付费用。

8.6.5 香港特区政府集中采购的法律法规体系

根据“一国两制”的安排，香港实行独立的政府采购制度。作为世贸组织中《政府采购协定》的成员之一，香港政府采购遵循的主要法律法规有：《世界贸易组织政府采购协定》、《公共财政条例》、《物料供应及采购规例》。此外，财经事务及库务局局长可以根据实际情况发布“财务通告”，对《物料供应及采购规例》做出补充。从总体上看，目前香港的政府采购制度，从原则精神、政策目标到具体安排，与《世界贸易组织政府采购协定》基本一致，为本地及外地供应商及服务承办商提供公开、公平的竞争环境。

讨论案例

国际上政府采购电子化的基本做法

政府采购电子化的准备工作

(1)精心准备，周密考虑。电子政府采购是一个复杂的系统，由于是政府行为，而且直接关系到政府和商家的利益，从技术性、保密性上以及可操作性上要求都非常高。为此，实行电子政府采购的准备时期都很长。例如，韩国的电子政府采购系统从1997年开始研究开发，直到2002年10月才开始正式运行。我国香港特区的电子政府采购系统从可行性研究到正式投入运作，也花了4年多时间。

(2)统一交易平台,分散操作。由于政府采购制度在全国都是统一的,为了避免重复开发以及规则上的差异,在实行电子政府采购的国家和地区,电子政府采购系统基本上都是财政部统一开发和建设,全国只有一个交易平台,中央和地方都在这个平台上操作。

电子政府采购系统的基本功能

电子采购系统的基本功能因国而异,涉及的功能主要有:

(1)发布采购信息。主要是发布招标公告和中标公告。对于采用招标以外采购方式的,则要发布成交结果公告。

(2)供应商注册。对参加网上采购的供应商必须上网注册,接受资格审查。

(3)电子招投标。将招标文件上网,由经过注册的供应商直接从网上下载。投标供应商在网上投递投标文件。

(4)电子商务。对于小额采购项目,采用电子商务形式,通过网上竞价确定成交供应商。

(5)电子支付。在网上审核支付申请和支付资金。

韩国的电子采购系统比较全面,供应商投标中的价格标实现上网上评估,但商务标还是依靠人工评定。

政府采购电子化的应用范围

国际实践表明,电子政府采购的效果非常显著。首先是节省时间和费用。据香港特区作的测试,由加拿大渥太华向香港传送一份42页的投标文件,特快专递需要3天,费用为57.24美元;传真需要31分钟,费用25.94美元;利用互联网仅需要2分钟,费用为0.16美元。也就是说,通过网上投标比特快专递要快2 160倍,便宜350多倍。如果考虑网上下载标书和无纸化因素,节省的时间和资金更多。第二是给更多供应商投标机会,增强竞争,采购机构有了更大的选择空间;第三是规范采购行为,最大限度地避免人为因素的干扰;第四是提高了透明度,抑制了腐败现象的发生;第五是节省人手,减轻工作量。

资料来源:中国招投标网,2008年11月6日。

Http://www.chinabidding.com/zxzx-detail-2888039.html。

【讨论的问题】

1. 政府采购的电子化有哪些显著的效果?

2. 我国实行政府采购电子化有哪些有利和不利的影响因素?

3. 未来政府采购关注的发展方向在哪里?

8.7 本章实务案例分析

财政部部署2011年政府采购工作重点

记者从财政部获悉,为统筹推进政府采购制度改革与加入《政府采购协议》(GPA)谈判工作,扩大政府采购规模,完善法规制度体系,加快信息化建设步伐,推进科学化精细化管理,丰富采购政策功能,推动政府采购工作迈上新台阶,财政部对2011年政府采购工作进行了部署。

继续扩大政府采购实施范围和规模

适应政府预算体系改革和财政支出结构调整的新变化,按照应采尽采的原则,着力拓展政府采购管理实施范围。加大对服务类采购项目的实施力度,争取将更多的公共服务、专业服务等传统服务项目纳入政府采购范围;积极探索合同能源管理、"云计算"等新型服务业态的政府采购工作,不断拓展服务类采购领域。结合扩大消费需求、强农惠农等积极财政政策的落实,扎实开展保障性安居工程、水利设施建设及抗灾救灾物资等关系民生项目的采购管理工作。

不断完善政府采购法规体系

针对当前政府采购管理中的突出问题,重点在填补空白上下工夫,继续完善政府采购法规制度体系。努力做好政府采购与招标投标两法实施条例的衔接工作,力推《政府采购法实施条例》尽快出台;规范非公开招标的政府采购方式实施程序,研究制定《政府采购非公开招标管理办法》;加强和改进集中采购管理,制定下发《中央单位政府采购协议供货管理办法》、《中央集中采购工作规程》等制度办法;适应形势发展需要,修订《政府采购品目分类表》。各地要结合工作开展实际,切实加强制度建设,解决执行中操作不具体等实际问题,使各项采购活动有法可依,有章可循。

积极发挥政府采购政策功能

围绕国家经济和社会发展政策目标,加强与财政其他宏观调控手段的协调配合,积极发挥政府采购政策功能作用。继续做好政府采购支持节能环保、信息安全产品管理、正版软件使用等工作。尽快出台政府采购扶持中小企业发展的政策措施。研究完善本国产品的认定标准和配套政策。深入研究政府采购支持服务外包产业发展的具体措施。开展政府采购信用担保试点工作。清理规范地方出台的政府采购有关政策,维护全国政府采购市场的统一和完整。推动开展政府采购政策功能效果评价工作,不断提高政策执行效果。

全面提升政府采购监管水平

结合预算管理制度改革要求,有效解决社会关注的政府采购热点、焦点问题,努力提高政府采购监管质量和效率。建立健全政府采购与预算编制、资产管理及绩效评价的有机结合机制,进一步完善和细化政府采购预算,确保采购计划严格按采购预算执行,加强对采购需求的审核监督,防止超标采购、豪华采购等现象的发生。全面开展对集中采购机构的考核工作,积极探索对社会代理机构的考核,促进代理机构完善内部监督制约机制,提高采购效率和服务水平。改进和完善协议供货组织形式,加强对协议供货产品的价格监控,切实解决协议价格高于市场价格等问题。加强评审专家管理,通过多种方式扩大专家数量,改进专家抽取、评审及考核评议制度,严格约束专家评审行为。依法开展投诉举报处理工作,建立健全供应商诚信体系,加大对相关违法违规行为的处罚和公开曝光力度。

规范完善各项基础管理工作

按照推进财政科学化精细化管理要求,以标准化建设为突破口,切实加强各项基础管理工作。规范专家库、供应商库、商品信息库及代理机构库相关信息注册、入库、变更等标准流程,制定采购文件编制、信息公告、采购合同、质疑投诉等标准文本。按照《政府采购代理资格认定办法》(财政部令第61号)有关规定,完善代理机构资格认定工作规程。研究制定政府采购方式变更审批和进口产品审核等工作规程。结合GPA国际分类标准口径,从2011年开始,将自收自支事业单位纳入统计范围,增强工程采购等采购信息统计的全面性和完整性,完善政府采购信息统计制度。

加快推进政府采购信息化建设工作

按照"统一规划、分级建设、基础数据共享"的目标要求,加快推进政府采购信息化建设。推动中央政府采购管理与电子交易一体化系统建设,做好采购管理与部门预算、资金支付及资产管理的衔接等工作。全面开展全国基础数据库建设工作,实现中央地方供应商库、商品信息库、评审专家库和代理机构库间的信息共享。推动改造中国政府采购网站,在中央与各地分网站互联互通的基础上,规范信息分类、改进版面设计,逐步将该网站建设成为全国最具影响力和权威性的政府采购信息网络发布媒体。各地要大力推进政府采购信息化建设,积极做好中国政府采购网地方分网站相关工作,保障和促进政府采购制度改革与发展。

切实做好调查研究和宣传培训工作

创新调查研究和宣传培训方式,加强对战略性、前瞻性及改革实践等重大问题的研究,增强政府采购制度改革工作的持续发展能力。广泛开展调查研究工作,积极与科研院所、高等院校等单位协同合作,推动建立健全符合中国国情的现代政府采购管理体系。有效利用政府采购指定信息发布媒体,重点抓好新出台法规制度政策的宣传、社会关注问题的解释以及违法违纪行为的曝光等工作。积极推进建立政府采购从业人员职业资格制度,研究政府采购师考试相关工作,加快政府采购从业人员职业化进程。继续做好对部门、代理机构相关工作人员的业务培训,特别是对县级和基层人员的培训,加强业务指导和相关系统操作的咨询服务,提高采购操作执行水平。

积极开展加入世贸组织《政府采购协议》谈判工作

按照开展GPA谈判的整体工作部署，统筹对外谈判和国内准备工作。继续做好多边和双边框架下政府采购谈判工作，积极与美国、欧盟等GPA参加方沟通交流，拓展政府采购领域国际交流与合作的广度和深度。根据《财政部关于做好2010－2011年世贸组织〈政府采购协议〉研究工作的通知》（财库［2010］108号）要求，深入开展出价研究，为制定我国加入GPA第3份出价提供依据。系统梳理政府采购有关法律法规，为研究法律政策调整方案提供参考。全面分析加入GPA的影响，为开展配套改革提供相关建议。

资料来源：中国政府采购网，2011年02月18日。

http://www.ccgp.gov.cn/cgtt/201102/t20110218_1506480.shtml。